Christina Klüver | Jürgen Klüver

IT-Management durch KI-Methoden und andere naturanaloge Verfahren

Edition CIO

herausgegeben von Horst Ellermann

Der Schlüssel zum wirtschaftlichen Erfolg von Unternehmen liegt heute mehr denn je im sinnvollen Einsatz von Informationstechnologie. Nicht ob, sondern WIE die Informationstechnik der Motor für wirtschaftlichen Erfolg sein wird, ist das Thema der Buchreihe. Dabei geht es nicht nur um Strategien für den IT-Bereich, sondern auch deren Umsetzung – um Architekturen, Projekte, Controlling, Prozesse, Aufwand und Ertrag.

Die Reihe wendet sich an alle Entscheider in Sachen Informationsverarbeitung, IT-Manager, Chief Information Officer – kurz: an alle IT-Verantwortlichen bis hinauf in die Chefetagen.

Konsequente Ausrichtung an der Zielgruppe, hohe Qualität und dadurch ein großer Nutzen kennzeichnen die Buchreihe. Sie wird herausgegeben von der Redaktion der IT-Wirtschaftszeitschrift CIO, die in Deutschland seit Oktober 2001 am Markt ist und in den USA bereits seit 20 Jahren erscheint.

IT-Management mit ITIL® V3
Von Ralf Buchsein, Frank Victor, Holger Günther und Volker Machmeier

Management von IT-Architekturen
Von Gernot Dern

IT-Controlling realisieren
Von Andreas Gadatsch

Outsourcing realisieren
Von Marcus Hodel, Alexander Berger und Peter Risi

IT für Manager
Von Klaus-Rainer Müller und Gerhard Neidhöfer

Führen von IT-Service-Unternehmen
Von Kay P. Hradilak

Von der Unternehmensarchitektur zur IT-Governance
Von Klaus D. Niemann

Steuerung der IT im Klinikmanagement
Herausgegeben von Helmut Schlegel

Optimiertes IT-Management mit ITIL
Von Frank Victor und Holger Günther

www.viewegteubner.de

Christina Klüver | Jürgen Klüver

IT-Management durch KI-Methoden und andere naturanaloge Verfahren

Mit 58 Abbildungen und 30 Tabellen

PRAXIS

VIEWEG+
TEUBNER

Bibliografische Information der Deutschen Nationalbibliothek
Die Deutsche Nationalbibliothek verzeichnet diese Publikation in der
Deutschen Nationalbibliografie; detaillierte bibliografische Daten sind im Internet über
<http://dnb.d-nb.de> abrufbar.

Das in diesem Werk enthaltene Programm-Material ist mit keiner Verpflichtung oder Garantie irgendeiner Art verbunden. Der Autor übernimmt infolgedessen keine Verantwortung und wird keine daraus folgende oder sonstige Haftung übernehmen, die auf irgendeine Art aus der Benutzung dieses Programm-Materials oder Teilen davon entsteht.

Höchste inhaltliche und technische Qualität unserer Produkte ist unser Ziel. Bei der Produktion und Auslieferung unserer Bücher wollen wir die Umwelt schonen: Dieses Buch ist auf säurefreiem und chlorfrei gebleichtem Papier gedruckt. Die Einschweißfolie besteht aus Polyäthylen und damit aus organischen Grundstoffen, die weder bei der Herstellung noch bei der Verbrennung Schadstoffe freisetzen.

1. Auflage 2011

Alle Rechte vorbehalten
© Vieweg+Teubner Verlag | Springer Fachmedien Wiesbaden GmbH 2011

Lektorat: Christel Roß | Walburga Himmel

Vieweg+Teubner Verlag ist eine Marke von Springer Fachmedien.
Springer Fachmedien ist Teil der Fachverlagsgruppe Springer Science+Business Media.
www.viewegteubner.de

Das Werk einschließlich aller seiner Teile ist urheberrechtlich geschützt. Jede Verwertung außerhalb der engen Grenzen des Urheberrechtsgesetzes ist ohne Zustimmung des Verlags unzulässig und strafbar. Das gilt insbesondere für Vervielfältigungen, Übersetzungen, Mikroverfilmungen und die Einspeicherung und Verarbeitung in elektronischen Systemen.

Die Wiedergabe von Gebrauchsnamen, Handelsnamen, Warenbezeichnungen usw. in diesem Werk berechtigt auch ohne besondere Kennzeichnung nicht zu der Annahme, dass solche Namen im Sinne der Warenzeichen- und Markenschutz-Gesetzgebung als frei zu betrachten wären und daher von jedermann benutzt werden dürften.

Umschlaggestaltung: KünkelLopka Medienentwicklung, Heidelberg
Druck und buchbinderische Verarbeitung: MercedesDruck, Berlin
Gedruckt auf säurefreiem und chlorfrei gebleichtem Papier
Printed in Germany

ISBN 978-3-8348-1015-1

Vorwort

Bücher wie dies hier sind nie nur die Leistung der jeweiligen Autoren, sondern sie können nur durch tatkräftige Unterstützung von hilfreichen Menschen entstehen. Dies gilt für dies Buch ganz besonders, das im Rahmen unserer Lehr-Forschungsprojekte realisiert wurde. Vor allem zahlreiche Studierende der Universität Duisburg-Essen aus den Studiengängen Angewandte Informatik – Systems Engineering, Wirtschaftsinformatik und Betriebswirtschaftslehre sowie des Online Studiengangs Wirtschaftsinformatik (VAWi) der Universitäten Bamberg und Duisburg-Essen haben durch ihr Engagement dies Buch erst ermöglicht. Soweit wir von den Studierenden entwickelte Modelle integriert haben, sind die verantwortlichen Modellierer und Programmierer namentlich genannt worden. Bei den zahlreichen anderen Studierenden, deren Arbeiten entweder aus Platzgründen oder wegen Zeitüberschreitungen nicht aufgenommen werden konnten, möchten wir uns an dieser Stelle sehr herzlich für ihre Mühe bedanken. Einige der nicht aufgenommenen Arbeiten werden wir übrigens im OnlinePlus-Bereich auf der Internetseite des Vieweg+Teubner-Verlages zeigen.

Unser Dank geht ebenso an die Kollegen aus der Fakultät für Wirtschaftswissenschaften der Universität Duisburg-Essen, die uns in mancher Hinsicht geholfen haben.

Dr. Christel Roß und Walburga Himmel von Vieweg+Teubner danken wir für die erneut angenehme und konstruktive Zusammenarbeit.

Ganz besonders jedoch gilt unser Dank Dipl. Wirt. Inf. Frank Körner, Prof. Dr. Bruno Müller-Clostermann und Prof. Dr. Stephan Zelewski, alle Duisburg-Essen. Sie sind in gewisser Weise dafür verantwortlich, dass wir dies Buch überhaupt in Angriff genommen haben, auch wenn alle Fehler und Defizite dieses Buchs natürlich ausschließlich von uns zu verantworten sind. Deswegen ist ihnen dies Buch gewidmet.

Christina Klüver

Jürgen Klüver

Inhaltsverzeichnis

Vorwort V
1   Einleitung: Ein weites Feld... 1
2   Die Organisation und der Mensch.. 11
    2.1   Organisationsstrukturen und deren Dimensionen 12
    2.2   Organisationsstruktur in Projekten 14
        2.2.1   Organisationsstruktur bei geographisch verteilten Projekten...... 18
    2.3   Formale und informale Strukturelemente 19
    2.4   Fallbeispiele: Die Modellierung von institutionellen Kommunikations-
        flüssen durch zwei spezielle Netze 20
        2.4.1   Fallbeispiel: Die Modellierung von Informationsflüssen in einer
            Organisation in Abhängigkeit von den Strukturen durch ein
            einfaches Netz.. 20
        2.4.2   Fallbeispiel: Analyse von Belastungen durch E-Mails in der
            innerbetrieblichen Kommunikation durch ein Simulationsnetz . 25
    2.5   Der Mensch und seine Rolle in der Organisation.................................... 29
        2.5.1   Der allgemeine Rollenbegriff 29
        2.5.2   Rollen-, Entscheidungs-, Kontroll- und Autoritätsstruktur.......... 34
        2.5.3   Verteilung von Entscheidungs-, Kontroll- und
            Autoritätsbefugnissen auf die einzelnen Rolleninhaber.............. 35
        2.5.4   Konkrete Rollen im Projektmanagement 36
    2.6   Fallbeispiel:DieEntstehungsozialerRollendurchindividuelle
        Lernprozesse.. 38
    2.7   Führungsstil 46
    2.8   Kommunikative Kompetenzen 49
    2.9   Kommunikation in geographisch verteilten Teams................................. 53
    2.10 Neuronale Netze und das SEN 53
    2.11 Fallbeispiel: Klassifizierung von Kommunikationsmedien durch ein
        selbstorganisiert lernendes neuronales Netz 60

	2.12	Grundtypen sozialer Interaktion 64
	2.13	Allgemeine Betrachtung der Gruppe / Gruppenbildung 66
	2.14	Einführung in die Grundlagen von Zellularautomaten (ZA) 69
	2.15	Fallbeispiel: Selbstorganisierte Gruppenbildung modelliert mit einem Zellularautomaten (ZA) 73
	2.16	Allgemeine Kommunikationsnetze in Gruppen 77
	2.17	Bildung des konkreten Teams 79
	2.18	Fallbeispiel: Führungsstile und Persönlichkeitstypen modelliert durch ein SEN 84
3	IT-Projektmanagement 89
	3.1	Die Projektplanung 89
		3.1.1 Projektstrukturplan 89
		3.1.2 Größen- und Aufwandsschätzung 90
	3.2	Fuzzy-Mengenlehre und Fuzzy-Logik 97
	3.3	Fallbeispiel: Aufwandschätzungen mit Hilfe eines Fuzzy-Expertensystems 109
	3.4	Aktivitätenzeitplan 114
	3.5	Evolutionäre Algorithmen und der Genetische Algorithmus 119
	3.6	Fallbeispiel: Optimierungen von Personalplanungen durch einen Genetischen Algorithmus 124
	3.7	Risikomanagement 133
	3.8	Fallbeispiel: Bonitätsanalyse (potentieller) Kunden durch ein SEN 138
	3.9	Fallbeispiel: Analyse der Lieferantenstruktur mit einem SEN bei Auslagerung von Teilen der Softwareentwicklung 140
	3.10	Boolesche Netze 142
	3.11	Fallbeispiel: Analyse von Kooperanten durch ein Boolesches Netz 146
	3.12	Die Optimierung von Zeitpuffern 150
	3.13	Evolutionsstrategien 152
	3.14	Fallbeispiel: Die Optimierung von Zeitpuffern durch eine Evolutionsstrategie 154
	3.15	Simulated Annealing 158
	3.16	Fallbeispiel: Anwendung eines SA-Modells auf das Zeitpufferproblem 162

	3.17	Risikoüberwachung ... 164
	3.18	Vorgehensmodelle ... 165
	3.19	Fallbeispiel: Auswahl eines Vorgehensmodells durch ein Self Enforcing Network (SEN) ... 176
4	Projektsteuerung und Projektkontrolle ... 181	
	4.1	Projektcontrolling ... 181
	4.2	Fortschrittsüberwachung ... 183
		4.2.1 Fortschrittsüberwachung auf der Aktivitätenebene ... 183
		4.2.2 Fortschrittsüberwachung auf der Projektebene ... 186
	4.3	Fallbeispiel: Fortschrittsanalyse von Projekten auf der Basis eines SEN ... 192
	4.4	Fallbeispiel: Lösung des Zeitpufferproblems durch einen Genetischen Algorithmus ... 196
	4.5	Fallbeispiel: Bearbeitung des Zeitpufferproblems durch einen Regulator Genetischen Algorithmus ... 198
	4.6	Konfigurations- und Änderungsmanagement ... 204
	4.7	Fallbeispiel: Reaktion auf der Basis einer SEN-Analyse auf veränderte Projektbedingungen ... 207
5	Ein noch weiteres Feld: Modelle nicht nur für IT-Projektmanager ... 211	
	5.1	Fallbeispiel: Modellierung von Businessplänen und der SWOT-Analyse durch Boolesche Netze ... 213
	5.2	Fallbeispiel: Prognose des möglichen Verkauferfolgs neuer Handy-Modelle auf der Basis eines SEN ... 217
	5.3	Fallbeispiel: Simulation des betrieblichen Mahnwesens durch einen Zellularautomaten ... 220
	5.4	Fallbeispiel: Optimierung der Einführung von Standards in Informationssystemen mit einem Genetischen Algorithmus (GA) ... 223
6	Epilog ... 229	
Literatur ... 231		
Index ... 237		

1 Einleitung: Ein weites Feld

Sowohl IT-Management als auch Künstliche Intelligenz (KI) sind Begriffe, auf die ein berühmtes Zitat von Fontane zutrifft: „Das ist ein weites Feld, Luise".[1] Wir werden uns in diesem Buch pragmatisch verhalten und unter IT-Management einfach den Bereich von Projektplanung und Projektmanagement verstehen, bei dem es in einem weiten Sinne um die Entwicklung und den Einsatz von IT, also Informationstechnologien und speziell Software, geht. Der Begriff der KI-Techniken ist schwieriger zu umgrenzen, da mittlerweile alle möglichen Techniken hier zusammengefasst werden, die streng genommen mit der Idee einer künstlichen Intelligenz kaum noch etwas zu tun haben (vgl. die monumentale Übersicht von Russel und Norvig 2003). *Das* Paradigma für KI-Systeme sind jedoch zweifellos die sog. künstlichen neuronalen Netze (KNN). Wir werden in diesem Buch unter dem Stichwort KI bis auf eine Ausnahme, nämlich ein Fuzzy-Expertensystem, Beispiele für die Anwendung neuronaler Netze geben und zwar anhand eines von uns selbst entwickelten neuen Netzwerkes. Deswegen werden wir auch vor allem in diese Modellierungstechnik einführen.

Neben KI-Methoden haben wir im Titel auch von „naturanalogen Verfahren" gesprochen, zu denen man die neuronalen Netze streng genommen ebenfalls zählen kann. Darunter fallen Zellularautomaten und Boolesche Netze, die aus den Forschungsbreichen zum „Künstlichen Leben" (Artificial Life, vgl. z. B. Langton et al. 1992) stammen, Evolutionäre Algorithmen und Simulated Annealing sowie die Methoden der Fuzzy-Logik und Fuzzy-Mengenlehre. Von „naturanalog" sprechen wir deswegen, weil es sich um mathematische Verfahren zur Modellierung und Simulation komplexer Prozesse handelt, die gewissermaßen heuristisch natürlichen Prozessen nachgebildet sind bzw. sich an diesen orientieren. Neuronale Netze z. B. sind in ihrer Grundlogik den fundamentalen Operationsweisen des (menschlichen) Gehirns nach gebildet; Zellularautomaten modellieren einfache Aspekte der Selbstorganisation und Reproduktion von lebenden Organismen; evolutionäre Algorithmen bilden, wie der Name schon andeutet, mathematische Modelle der biologischen Evolution; Fuzzy-Systeme schließlich basieren auf der bekannten Tatsache, dass menschliches Denken häufig „unscharf" operiert, d. h. nicht in präzisen Begriffen und einem strengen „entweder – oder", sondern häufig vage ist und dabei eher ein „mehr oder weniger" verwendet.

Die hier erwähnten Modellierungstechniken werden häufig auch unter dem Begriff des „Soft Computing" zusammengefasst, den wir in einigen unserer Bücher

---

[1] Theodor Fontane „Effi Briest". Im Original heißt es zwar „... das ist ein zu weites Feld", aber so pessimistisch braucht man diese Bereiche nun doch nicht zu verstehen.

ebenfalls verwendet haben (z. B. Stoica-Klüver et al. 2009). Wir halten allerdings diesen Begriff, der von dem Begründer der Fuzzy-Logik Zadeh stammt, für ziemlich unglücklich, da er falsche Assoziationen suggerieren kann. „Soft" ist an diesen Verfahren überhaupt nichts, da es sich um mathematische Modelle handelt und die entsprechenden Programme nach ebenso präzisen Algorithmen operieren, wie es bei herkömmlichen Programmen der Fall ist. Schließlich hat man für die Systeme des „Soft Computing" auch nur die üblichen Rechner zur Verfügung. Deswegen bevorzugen wir die Bezeichnung der naturanalogen Verfahren; bei der näheren Darstellung der von uns hier verwendeten Techniken wird hoffentlich die Sinnhaftigkeit dieses Begriffs deutlich.

Zusätzlich ist leider darauf hinzuweisen, dass die erwähnten Techniken mittlerweile auch unter Begriffen wie Computational Intelligence oder auch Organic Computing abgehandelt werden. In diesen Bereichen geht es ebenfalls darum, mathematische Modelle, die sich an natürlichen Prozessen orientieren, für die Informatik fruchtbar zu machen. Unter Computational Intelligence werden primär Techniken verstanden, die mit dem Begriff des Soft Computing vergleichbar sind, wie Neuronale Netze, Genetisches Programmieren, Swarm Intelligence und Fuzzy-Systeme (u. a. Engelbrecht 2002). Im Zusammenhang mit Organic Computing werden selbstorganisierende Systeme untersucht, daher werden primär Neuronale Netze, Evolutionäre Algorithmen sowie Zellularautomaten behandelt (Müller-Schloer et al. 2004). Wir wollen Ihnen auch nicht die zusätzlichen Begriffe von „Ubiquitous Computing" sowie „Autonomic Computing" vorenthalten, die in diesem Kontext ebenfalls zuweilen verwendet werden, ohne diese näher zu charakterisieren. Bei „ubiquitous" kann man nur spekulativ vermuten, dass damit darauf hingewiesen werden soll, dass die meisten dieser formalen Systeme sog. (potentiell) universale Turing Maschinen sind, was einfach bedeutet, dass mit ihnen jedes komplexe System (und Problem) dargestellt werden kann. Es ist allerdings auch nicht so recht zu verstehen, was die Einführung immer neuer Begriffe für Forschung und Anwendung eigentlich bringen soll und kann, von dem Problem einer zuweilen schon babylonischen Begriffsverwirrung gar nicht zu reden.

Der große Vorteil der hier thematisierten naturanalogen Verfahren ist zweifellos der, dass man mit ihnen Probleme bearbeiten kann, die sich der Analyse mit herkömmlichen mathematischen Verfahren weitgehend entziehen. Das gilt vor allem für sozial- und kognitionswissenschaftliche Fragestellungen, also Probleme, die üblicherweise den eher „weichen" Wissenschaften zugerechnet werden. Wahrscheinlich ist dies auch der Grund für die unglückliche Terminologie des „Soft" Computing. Für ökonomische Probleme sind die naturanalogen Verfahren jedoch ebenfalls sehr gut geeignet, wie wir zeigen werden.

Die wesentlichen Vorzüge der von uns dargestellten mathematischen Verfahren sind vor allem die folgenden: Zum einen sind sie in ihrer jeweiligen Grundlogik mathematisch relativ einfach; man muss kein Mathematiker oder Informatiker sein, um die Grundstruktur verstehen zu können. Zum anderen sind sie, wie bereits bemerkt, universal einsetzbar. Jedes komplexe System kann z. B. durch einen geeigneten Zellularautomaten hinreichend vollständig dargestellt werden; das gleiche gilt für neuronale oder auch Boolesche Netze. Zum dritten schließlich sind diese Methoden ein ideales Mittel, um sog. Bottom-Up Modelle zu konstruieren und damit die Realitätsbereiche, um deren Analyse es geht, gewissermaßen unmittelbar zu modellieren. Damit ist folgendes gemeint:

Wenn man z. B. einen sozialen Bereich wie eine Firma untersuchen will, um die Interaktions- und Kommunikationsprozesse zwischen den Mitarbeitern zu analysieren und ggf. zu optimieren, kann man ein Boolesches Netz verwenden. Die Mitarbeiter, um deren Analyse es geht, werden in einem solchen Modell unmittelbar als die Einheiten des Booleschen Netzes bzw. des logischen Netzes, wie diese Netzwerke auch genannt werden, dargestellt. Entsprechend werden die realen Interaktionen durch Transformationsregeln abgebildet, die die logischen Einheiten des Netzes miteinander verknüpfen und regeln, welche Einheiten aktiv sind und welche nicht. Schließlich wird die soziale Hierarchie der Firma durch eine entsprechende Topologie des Netzes repräsentiert, durch die bestimmt wird, welche Einheiten überhaupt miteinander interagieren und in welche Richtungen die Interaktionen verlaufen können – nur von oben nach unten, auch horizontal oder sogar von unten nach oben. Jeder Aspekt des realen Systems wird also unmittelbar in den Einheiten und Strukturen des formalen Systems dargestellt. Es ist dabei natürlich eine Frage des wissenschaftlichen oder praktischen Modellierungsinteresses, wie reich das formale Modell sein soll und auf welche Eigenschaften des realen Systems man im Modell verzichten kann.

Eine derartige Bottom-Up Modellierung ist mit herkömmlichen mathematischen Techniken häufig nur schwer oder auch gar nicht möglich. Die Eigenschaft der naturanalogen Verfahren, als potentiell universale Turing Maschinen praktisch überall einsetzbar zu sein, ermöglicht es eben auch, jederzeit Modelle zu konstruieren, die jeden gewünschten Grad an Komplexität aufweisen und damit so reichhaltig sind, wie es von der Fragestellung her erforderlich ist. Natürlich sind nicht alle dieser formalen Systeme für unterschiedliche Aufgaben praktisch gleich gut geeignet. Man kann beispielsweise durchaus Zellularautomaten konstruieren, die in der Lage sind, Optimierungsprobleme zu bearbeiten; wir werden im nächsten Kapitel einen Zellularautomaten vorstellen, der zeigt, wie sich durch Selbstorganisation innerhalb einer Menge von Mitarbeitern gute und ggf. sogar optimale Teams bilden können. Dennoch wird man allgemein für Optimierungsprobleme eher in den Bereich der evolutionären Algorithmen gehen, die explizit für Optimierungsaufgaben, wenn auch nicht nur für diese, entwickelt worden sind. Es ist eine Frage der Vertrautheit mit den einzelnen Techniken und mit dem jeweiligen Problem, welche Technik sich für eine spezifische Aufgabe besonders gut eignet. Insbesondere gilt jedoch auch hier die allgemeine Maxime, dass nichts eine gründliche Kenntnis des realen Problems ersetzen kann, auch die beste Technik nicht.

Modellierungen mit einer oder auch mehrerer der hier thematisierten Techniken verlaufen also generell nach folgendem Grundschema: Im ersten Schritt wird der Realitätsbereich, um den es geht, als „komplexes dynamisches System" dargestellt. Gemeint ist damit, dass der Bereich sozusagen als ein Netzwerk aufgefasst wird, das aus bestimmten Einheiten – den „Knoten" – besteht und dessen Einheiten durch spezielle Interaktionsregeln miteinander verbunden sind. Diese Regeln steuern die Dynamik des Netzes, nämlich die Aktivierungen der Einheiten bzw. deren Zustandsänderungen. Zu diesen Interaktionsregeln muss das Netzwerk mit einer „Topologie" versehen werden. Diese Struktur regelt, welche Einheiten miteinander in Wechselwirkungen stehen und wie diese Wechselwirkungen definiert sind. Wir werden diese allgemeinen Hinweise an verschiedenen Beispielen in den folgenden Kapiteln im Detail darstellen.

Im nächsten Schritt wird das Netzwerk, also das entsprechende Programm, „aktiviert", wodurch das formale System seine Dynamik entfaltet. Es ist jetzt wieder eine Frage der konkreten Problemstellung, welche Erkenntnisse aus der Dynamik des Systems gewonnen werden sollen. Geht es um ein Optimierungsproblem, also um die Erhöhung der Effizienz des modellierten Bereichs, dann sollte die Dynamik dazu führen „bessere" Zustände des formalen Systems zu erreichen, diese zu beschreiben und ggf. auch zu zeigen, wie im realen System diese Zustände realisiert werden können. Geht es um Prognosen, dann zeigt die Dynamik, welche Zustände in der nächsten Zeit oder auch langfristig zu erwarten sind und wie man andere Prognosen durch Veränderung bestimmter Parameter erzielen kann. Ebenso lässt sich durch Analyse einer Systemdynamik erkennen, aufgrund welcher Ursachen eine Systementwicklung eingetreten ist, die man ggf. für unvorteilhaft hält.[2]

Der letzte Schritt, der häufig sogar sehr schwierig sein kann, besteht darin, die Ergebnisse der Simulation, also die Resultate der Dynamik des formalen Systems, in die Realität zurück zu übersetzen. Der berühmte Kalauer „der Computer ist die Lösung, aber was ist die Frage" illustriert dies Problem sehr gut: Bei Präsentationen der von Studierenden entwickelten Modelle haben wir immer wieder erlebt, dass die Studierenden im Grunde nicht so recht wussten, was die Ergebnisse ihrer Simulationen für das ursprüngliche Problem inhaltlich bedeuten. Insbesondere war dann auch eine Validierung der Programmergebnisse nicht möglich; ob die Simulationsergebnisse sinnvoll und eine konkrete Antwort auf die Ausgangsfrage sind oder ob sie schlicht Unsinn darstellen, konnte in diesen Fällen nicht mehr entschieden werden. Die von uns bereits angemerkte Notwendigkeit,

---

[2] Die Frage, welche verschiedenen Möglichkeiten mit derartigen Simulationen zu realisieren sind, ist ausführlich behandelt worden in Klüver u.a 2006.

das eigentliche Problem sehr gründlich zu analysieren und in seinen spezifischen Schwierigkeiten zu erfassen, lässt sich in keinem Fall umgehen. Simulationen, auch mit den hier thematisierten Techniken, sind ein wichtiges Hilfsmittel, aber kein Allheilmittel. Nicht zufällig ist die Literatur zum Einsatz von Computerprogrammen voll von entsprechenden Hinweisen, von denen „GIGO - garbage in, garbage out" nur einer der bekanntesten ist.

Wir wiesen oben darauf hin, dass die naturanalogen Verfahren mathematisch gesehen relativ einfach sind und auch von Computerlaien gut verstanden werden können – zumindest was die Grundlogik betrifft. Dennoch ist die Programmierung entsprechender Systeme durchaus nicht trivial; wir haben dazu gemeinsam mit Jörn Schmidt ein eigenes Buch geschrieben (Schmidt u.a. 2010). Programmieren ist freilich nicht Jedermanns Sache und für Praktiker, die Computerprogramme als Hilfsmittel für die Lösung ihrer inhaltlichen Probleme ansehen, ist diese Aufgabe gewöhnlich nur lästig und damit ein Grund, sich überhaupt nicht mit der Konstruktion entsprechender Modelle zu befassen. Aus diesem Grund haben wir für die einzelnen Techniken Shells entwickelt, die relativ einfach zu bedienen sind und mit deren Hilfe sich Anwender, die entweder nicht programmieren können oder es nicht wollen, ihre eigenen problemadäquaten Zellularautomaten, evolutionäre Algorithmen oder auch neuronale Netze selbst konstruieren können – ohne selbst programmieren zu müssen.

Die Mehrzahl der in diesem Buch aufgeführten Beispiele stammt von Studierenden und Diplomanden, die unter unserer Anleitung aus den Shells spezielle Modelle entwickelt haben. Damit konnten die Studierenden sich auf die wichtigste Seite des Modellierens und der Simulation konzentrieren, nämlich aus inhaltlichen Vorgaben ein adäquates Modell zu konstruieren und nach erfolgter Simulation die Ergebnisse inhaltlich zu interpretieren. Die von uns in den folgenden Kapiteln gezeigten Beispiele demonstrieren, wie weit auch Studierende damit kommen können, die vom Programmieren nichts und von den mathematischen Feinheiten unserer Techniken nur wenig verstehen und auch nicht unbedingt wollen. Allerdings mussten auch diese Studierenden erst einmal lernen, wie man inhaltliche Probleme in formale Modelle übersetzen kann und muss, was – s. o. – häufig alles Andere als einfach ist.

Die naturanalogen Verfahren sind im Vergleich zu den herkömmlichen mathematischen und statistischen Methoden relativ jungen Datums, da sie sämtlich erst in der zweiten Hälfte des letzten Jahrhunderts entwickelt wurden. Ihre vielfältigen Anwendungsmöglichkeiten wurden allerdings sehr bald erkannt, vor allem für die Problembereiche, die sich herkömmlichen Analysemethoden entzogen hatten oder nur schwer mit klassischen Verfahren bearbeiten ließen. Gegenwärtig finden sich Anwendungen in den Kognitionswissenschaften, den Sozialwissenschaften einschließlich der Soziologie und sogar in den Geschichtswissenschaften, den Ingenieurswissenschaften und der entsprechenden Praxis sowie in Bereichen der Biologie und Chemie (Stoica-Klüver u.a. 2009). Auch ökonomische Probleme lassen sich mit Hilfe dieser Verfahren bearbeiten:

Im Finanzwesen ist der Einsatz von neuronalen Netzen (NN) heute schon fast eine Standardtechnik wie z. B. beim Scoring und Rating von Kunden bezüglich der Vergabe von Krediten (Vgl. Füser 1995). Bereits zu Beginn der neunziger Jahre zeigten Schöneburg et al., wie NN für die Prognose von Aktien- und Devisen-kursen eingesetzt werden können; ihr Erfolg ist allerdings umstritten (Schöneburg et al. 1994). Auch in der Bilanzanalyse und in der Sanierungsprüfung und –controlling werden NN verwendet (vgl. Rehkugler und Podding 1996; Poddig und Rehkugler 1996; Bennert 2004). Im Marketingbereich können die NN insbesondere für Absatzprognosen und Analysen der Bildung von Marktsegmenten genutzt werden (vgl. Hantschel und Zimmermann 1996; Hruschka und Natter 1996). Auch in dem sogenannten Data Mining Bereich ist es sinnvoll möglich, neuronale Netze einzusetzen (Stoica-Klüver 2008; Bigus 1996). Im Produktionsbereich sind neuronale Netze z. B. in der Reihenfolgeplanung und in der Produktionsplanung und -steuerung einsetzbar (Ruppel und Siedentopf 1996; May 1996).

Ein zweites Beispiel sind die Zellularautomaten. Der Einsatz dieser Systeme bietet sich vor allem da an, wenn es um die Modellierung der Interaktion von Individuen geht – wie im obigen Beispiel, bei dem es allerdings um ein Boolesches Netz ging, das eine Generalisierung von Zellularautomaten darstellt. Darüber hinaus ist es möglich, mit Zellularautomaten Aktienmärkte zu analysieren und in gewissem Maße auch zu prognostizieren (Qiu et al. 2007; Zhou et al. 2008). Weitere Anwendungsgebiete sind das Investitionsverhalten in Aktienmärkten (Wei u.a. 2003), die Erstellung von Wachstumsprognosen für Marketingstrategien (Goldenberg et al. 2001a) sowie Analysen der Innovationstendenzen in verschiedenen Märkten (Goldenberg et al. 2001b). Diese Beispielsliste ist verlängerbar und soll auch nur zeigen, dass der Einsatz naturanaloger Verfahren längst ebenfalls in der Ökonomie seinen Platz gefunden hat. Das gilt entsprechend für Fuzzy-Systeme, die vor allem als sog. Fuzzy-Expertensysteme in der Ökonomie nicht selten verwendet werden; wir werden im dritten Kapitel ein entsprechendes Beispiel detailliert darstellen. Ebenso ist die Verwendung evolutionärer Algorithmen und vor allem des Genetischen Algorithmus auch bei ökonomischen Fragestellungen längst keine Seltenheit mehr (vgl. z. B. für den Bereich des Projektmanagements Chang et al. 2001).

Wenn wir offensichtlich längst nicht die Ersten sind, die naturanaloge Verfahren auf ökonomische Probleme anwenden, dann fragt man sich natürlich, warum wir eine weitere Studie zu diesem Thema publiziert haben. Dafür sind vor allem drei Gründe maßgeblich:

Zum ersten stellen wir sämtliche etablierten naturanalogen Verfahren in diesem Buch vor und zeigen auch die Gemeinsamkeiten dieser auf einen ersten Blick sehr verschiedenen Techniken auf. Wir beschränken uns also nicht, wie sonst üblich, auf eine oder nur wenige ausgewählte Techniken, sondern versuchen, einen möglichst vollständigen Gesamtüberblick zu geben. Zum zweiten konzentrieren wir uns auf den Bereich des IT-Management, der den inhaltlichen Schwerpunkt für das Buch abgibt. Wir werden allerdings in einem Sonderkapitel auch allgemeine Probleme des Projektmanagements anhand entsprechender Beispiele behandeln, da beim IT-Management ebenfalls ständig allgemeine Probleme des Projektmanagements auftauchen. Zum dritten schließlich werden wir in diesem Buch zwei völlig neue Systeme an einigen Beispielen vorstellen, die wir selbst entwickelt haben und von denen wir eines bisher noch nicht publiziert haben. Diese beiden Systeme, nämlich ein selbstorganisiert lernendes neuronales Netz und eine Erweiterung der herkömmlichen evolutionären Algorithmen, werden wir ausführlich darstellen, da sie, wie bemerkt, z. T. noch nicht in anderen Publikationen und insbesondere Lehrbüchern nachzulesen sind.

Das Thema dieses Buches besteht darin, die Anwendungsmöglichkeiten naturanaloger Verfahren auf Probleme des Projektmanagements und insbesondere auf Probleme des IT-Managements zu demonstrieren. Deswegen werden wir keine allgemeine Darstellung der naturanalogen Verfahren als allgemeinen Teil geben, sondern die einzelnen Techniken vor und anhand ausgewählter Fallbeispiele darstellen. Für eine systematische Gesamtdarstellung der Techniken sowie theoretisch und mathematisch wichtige Eigenschaften dieser formalen Systeme können wir auf unsere Studie Stoica-Klüver et al. 2009 verweisen. Dort finden sich auch Hinweise auf Spezialliteratur. Wir werden hier in die Techniken nur soweit einführen, wie es für ein Verständnis der Anwendungsbeispiele erforderlich ist. Dies gilt mit der bereits erwähnten Ausnahme der beiden neu von uns entwickelten Techniken.[3]

Gemäß der Zielsetzung dieses Buches werden wir auch keine systematische und vollständige Einführung in das Gebiet des IT-Managements geben. Wir setzen voraus, dass Leser dieser Studie über Grundkenntnisse im Projektmanagement verfügen. Sowohl im Bereich des Projektmanagements als auch speziell für Probleme des Softwaremanagements gibt es längst gute Einführungsliteratur, auf die wir regelmäßig verweisen werden. Allerdings wird vor jedem Fallbeispiel eine allgemeine Einführung in das entsprechende Problemgebiet gegeben, um den Kontext, in dem das Beispiel zu verstehen ist, explizit zu machen. Jedes Kapitel bzw. Subkapitel wird demnach aus einer allgemeinen Einführung in den Kontext bestehen, an den sich vor jedem Fallbeispiel eine Darstellung der jeweils verwendeten Technik anschließt. Dies geschieht natürlich nicht dann, wenn Techniken verwendet werden, die bereits vorher abgehandelt worden sind.

---

[3] Leser dieses Buchs, die unsere Einführung in naturanaloge Verfahren schon kennen, werden merken, dass wir bei der allgemeinen Darstellung der Techniken zuweilen stark verkürzte Versionen unserer eigenen Texte aus dem Buch von 2009 verwendet haben. Wir hoffen, dass diese Leser uns dies Vorgehen nachsehen werden.

Die Auswahl sowohl der Beispiele als auch der Darstellungen des Bereichs IT-Projektmanagement orientierte sich an der folgenden Überlegung:

Die Gesamtheit der an diesem Buch interessierten Leser setzt sich nach unserer Einschätzung aus drei verschiedenen Gruppen zusammen. Eine Gruppe kennt sich in Problemen des Projektmanagements schon relativ gut aus, aber kennen die von uns dargestellten Techniken (noch) nicht; die Angehörigen dieser Gruppe können dann die einschlägigen Einführungen in das Gebiet des IT-Projektmanagements überspringen oder nur kursorisch lesen. Eine zweite Gruppe ist grundsätzlich mit den Techniken vertraut, aber nicht oder nur wenig mit Problemen des Projektmanagements. Diese Leser brauchen entsprechend die allgemeinen Einführungen in die jeweilige Technik ebenfalls nur kursorisch zur Kenntnis zu nehmen und können sich auf die anderen Themen konzentrieren. Eine dritte Gruppe kennt eigentlich beide Bereiche, nämlich Projektmanagement und naturanaloge Verfahren. Es versteht sich von selbst, dass für die Angehörigen dieser Gruppe das Wichtigste die Beispiele sind – das gilt natürlich generell für das gesamte Buch. Es mag sogar noch eine vierte Gruppe geben, die von beiden Bereichen wenig versteht. Wir hoffen, dass unsere allgemeinen Darstellungen auch für die Leser dieser Gruppe hinreichend ausführlich sind, um etwas von dem Buch zu haben.

Um mögliche Missverständnisse zu vermeiden soll an dieser Stelle ausdrücklich betont werden, dass die hier beschriebenen Programme als Ergänzung zu etablierten Programmen für das Projektmanagement zu verstehen sind und nicht als deren Ersatz. Wir werden zwar zuweilen das Potential der von uns verwendeten Techniken mit etablierter Software vergleichen, meinen aber auch bei einem für unsere Techniken günstigen Vergleichsergebnis nicht, dass damit die herkömmlichen Programme obsolet geworden wären. Es ist immer nützlich, bei schwierigen Problemen mehrere Techniken zur Verfügung zu haben – nicht zuletzt auch deswegen, um die jeweiligen Ergebnisse durch Vergleiche validieren zu können. Entsprechend haben sich einige unserer Studierenden auch bereits konstruktiv Gedanken dazu gemacht, wie verschiedene unserer Programme an etablierte Software, z. B. SAP-Programme, angekoppelt werden könnten.

Dieser Hinweis gilt allerdings nicht für die Modellierung genuin sozialer Probleme, von denen im nächsten Kapitel die Rede sein wird. Hierzu gibt es praktisch keine Standardsoftware und diese Lücke können, wie wir zeigen wollen, unsere Programme schließen. Da alle dieser Programme die Funktion haben, Unterstützung bei schwierigen Entscheidungen zu liefern, können unsere Programme dies auch in Bereichen leisten, die sich einer Unterstützung durch leistungsfähige Software bisher weitgehend entzogen haben.

Die in dieser Studie gezeigten Fallbeispiele sind natürlich praxisorientiert – sonst wären sie keine Beispiele für unser Thema – und verwenden mit einer Ausnahme immer genau eine spezielle Technik. Dies ist nicht zuletzt deswegen von uns so konzipiert worden, um das Verständnis für diese Techniken zu ermöglichen.

1 Einleitung: Ein weites Feld

Dabei haben wir allerdings eine Möglichkeit nicht thematisiert, die man gerade im Bereich des IT-Projektmanagements als einen „Königsweg" bezeichnen könnte: Gemeint ist damit, dass man die hier thematisierten Techniken dazu benutzt, um bereits bestehende Programme weiter zu entwickeln und ggf. optimieren zu können. Das Gesamtprogramm würde dann gewissermaßen seine eigene Entwicklung steuern.

Derartige Möglichkeiten sind von uns und anderen Forschern auch schon mehrfach entwickelt und eingesetzt worden, um beispielsweise bestimmte Programme wie Expertensysteme durch den Einsatz evolutionärer Algorithmen zu optimieren oder um die Regeln für Expertensysteme durch die Verwendung neuronaler Netze zu generieren (z. B. Klüver and Klüver 2010). Man kommt damit in den Bereich der sog. hybriden Systeme, also Systeme, bei den zwei oder mehr Einzelsysteme zu einem Gesamtsystem gekoppelt werden. Wir zeigen im nächsten Kapitel ein derartiges System zur Simulation der Entstehung sozialer Rollen, bei dem mehrere verschiedene neuronale Netze miteinander gekoppelt sind. Probleme der betrieblichen Praxis freilich lassen sich gewöhnlich durch die Verwendung einer einzelnen Technik erfolgreich bearbeiten, so dass wir auf diese zusätzlichen Möglichkeiten hier nur verweisen wollen. Falls wir dies Buch einmal überarbeiten sollten, werden wir jedoch sicher noch ein Beispiel für diesen Königsweg nachliefern.[4]

Ein persönlicher Hinweis ist schließlich am Platze: Wir sind beide keine Wirtschaftswissenschaftler, sondern analysieren vorzugsweise komplexe soziale und kognitive Prozesse auf der Basis von solchen Computermodellen, wie sie in diesem Buch vorgestellt werden. Die von uns selbst neu entwickelten Techniken, die wir bereits erwähnt haben, sind ausschließlich aus allgemeinen theoretischen und mathematischen Gründen entwickelt worden, gehören also „eigentlich" in den Bereich der reinen Grundlagenforschung. Wenn man allerdings Gesellschaft verstehen will, muss man auch zumindest prinzipiell Wirtschaft verstehen, die einer Bemerkung von Jürgen Habermas folgend nun einmal zu den gesellschaftlichen „Leitsystemen" gehört.[5] Außerdem ergab es sich, dass ein Teil unserer Lehrveranstaltungen immer häufiger mit ökonomischen Themen besetzt war und dass Studierende der Betriebswirtschaftslehre in zunehmendem Maße sich für die von uns entwickelten und verwendeten Techniken interessierten.[6] Dies war für uns der Anlass, um uns in das Gebiet des Projektmanagements einzuarbeiten.

---

[4] Korrekterweise muss hier allerdings angemerkt werden, dass der große Mathematiker Euklid, von dem der Begriff des Königsweges stammt, erklärt hatte, dass es zur Mathematik *keinen* Königsweg gibt.

[5] Die beiden anderen Leitsysteme sind laut Habermas Wissenschaft und Politik.

[6] Dies lag nicht zuletzt daran, dass die Informatik in Essen in der Fakultät für Wirtschaftswissenschaften verankert ist und dass es über den Studiengang Wirtschaftsinformatik ständige Berührungen zwischen Wirtschaftswissenschaften und Informatik gibt.

Anschließend stellten wir zu unserer eigenen Überraschung fest, dass die Ergebnisse unserer Grundlagenforschung sich anscheinend hervorragend dazu eignen, praktische betriebliche Probleme erfolgreich zu bearbeiten. Grundlagenforschung und betriebliche Praxis lassen sich offenbar recht gut vereinen. Außerdem haben wir natürlich selbst schon langjährige praktische Erfahrungen im IT-Projektmanagement, nämlich bei der Entwicklung zahlreicher komplexer Computerprogramme durch von uns angeleitete studentische Teams an der Universität Duisburg-Essen, teilweise gefördert durch Drittmittel.

Uns kam zusätzlich zur Hilfe, dass nicht wenige Studierende von uns bereits über beträchtliche praktische Erfahrungen als Softwareentwickler, Projektmanager und andere betriebliche Tätigkeiten verfügen. Einige dieser Studierenden, vor allem die Studierenden aus einem Onlinestudiengang Wirtschaftsinformatik - VAWi (Weiterbildungsstudiengang), bekleiden bereits Positionen im unteren und mittleren Management. Die praktischen Erfahrungen dieser Studierenden waren und sind für uns von gar nicht zu überschätzendem Wert, da sie uns immer wieder auf für uns neue Fragestellungen brachten und vor allem zeigten, wie wichtig die von uns entwickelten Programme für die betriebliche Praxis sein können. Wir können nur hoffen, dass die Leser dieses Buches dies ebenso sehen wie die Studierenden.

Insofern die unter unser Leitung entwickelten Modelle aus verschiedenen Lehrveranstaltungen stammen – Online- wie Präsenzveranstaltungen – können sie auch als Beispiel für interdisziplinär organisierte Lehre, basierend auf der entsprechenden Forschung, angesehen werden. Es wird immer wieder thematisiert, dass interdisziplinäres Denken gerade in wirtschaftlichen Zusammenhängen von Arbeitgebern und Wirtschaftsverbänden dringend gefordert wird; nicht wenige unserer Absolventen haben uns nachträglich berichtet, dass sie gerade aufgrund ihrer interdisziplinären Arbeit in unseren Lehrprojekten auf besonderes Interesse bei potentiellen Arbeitgebern stießen. Interdisziplinarität ist freilich nichts, was sich abstrakt vermitteln ließe, sondern sie kann, wie jede anspruchsvolle Fähigkeit, nur in praktischen Projekten eingelöst werden. Das Allgemeine lässt sich nur im Besonderen vermitteln, wie einer der Begründer des Neuhumanismus, der Philosoph Friedrich Schelling, zu Beginn des 19. Jahrhunderts postuliert hat. Insofern sind vor allem die Fallbeispiele wie jedoch das Buch auch insgesamt ein Beleg dafür, dass praktische Interdisziplinarität sowie die ebenfalls praktische Einheit von Forschung und Lehre durchaus möglich sind.

2 Die Organisation und der Mensch

Eine Organisation wie Wirtschaftsbetriebe, staatliche Institutionen, Kirchen, Parteien oder auch Vereine ist grundsätzlich erst einmal ein sozialer Bereich, der durch bestimmte Verhaltensregeln strukturiert ist. In gewisser Weise ist eine Organisation eigentlich nichts Anderes als ein Set von Regeln, die festlegen, wie die Mitglieder der entsprechenden Organisation miteinander interagieren und kommunizieren, welche sozialen und beruflichen Rollen die Mitglieder einnehmen müssen, mit wem bestimmte Mitglieder interagieren müssen und mit wem nicht, welche Kriterien über den Erfolg bestimmter organisationsbedingter Tätigkeiten entscheiden und noch verschiedene Dimensionen organisatorisch fixierten Handelns mehr.

Die speziellen Regeln einer Organisation legen also fest, wie sich die verschiedenen Mitglieder zu verhalten haben, um je nach Aufgabe den allgemeinen Zielen der Organisation gerecht zu werden – seien dies ökonomische Ziele, religiöse und karitative oder politische. Man kann dies auch so formulieren, dass die Regeln einer Organisation festlegen, was für ein Sozialbereich diese ist und worauf in Bezug auf die Mitglieder sozial zu achten ist. Für den Inhaber einer verantwortungsvollen Position in einer Organisation ist es deswegen unerlässlich, sich des speziellen sozialen Charakters seiner Organisation bewusst zu sein, um erfolgreich handeln zu können.

„Regeln" sind freilich nur ein allgemeiner Begriff dafür, dass hier sehr unterschiedliche Aspekte zu beachten sind. Wir werden in diesem Kapitel eingehen auf organisatorische Strukturen, soziale und berufliche Rollen, soziale und kommunikative Kompetenzen, um erfolgreich leiten zu können, unter-schiedliche Persönlichkeitstypen, kommunikative Situationen und Kommunikationsmedien und noch einiges mehr. Es kann gar nicht häufig genug betont werden, dass jeder langfristig erfolgreiche Projektleiter zumindest grundsätzlich über Kenntnisse und Kompetenzen in diesen Bereichen verfügen muss, da sonst bei aller Fachkompetenz das eigene Handeln als Leiter ad hoc bleibt und der Erfolg – wenn er denn eintritt – bestenfalls auf eigenen praktischen Erfahrungen beruht, die jedoch unreflektiert geblieben sind.

In diesem Kapitel steht demnach *der Mensch in der Organisation* im Mittelpunkt und damit der schwierigste Teil im Managementprozess. Es gibt viele Techniken, die man sich als Manager aneignen kann, viele Tools, die als Unterstützung zur Verfügung stehen. Es gibt allerdings kaum Programme, wie erwähnt, die das Soziale erfassen. Wir haben aus diesem Grund in einigen Fallbeispielen gezeigt, wie sich bestimmte Probleme durch Einsatz der hier thematisierten Techniken durchaus im Modell darstellen und bearbeiten lassen und welche Ergebnisse man damit zur Entscheidungsunterstützung erzielen kann.[7] Natürlich muss in der Praxis letztlich jeder Projektmanager selbst bestimmen, wie aus eine Gruppe von Menschen ein erfolgreiches Team wird und wie sich die einzelnen Charakteren am besten führen lassen.

Das Allgemeine an einer Organisation ist deren Struktur, nämlich die generelle Gliederung in Teilorganisationen und die daraus resultierenden Regeln. Beginnen wir also mit diesem Aspekt.

2.1 Organisationsstrukturen und deren Dimensionen

Jede Organisation verfügt über bestimmte Organisationsstrukturen, die das soziale Handeln bestimmen. Mit Strukturen sind „verfestigte Handlungsmuster" gemeint, die von allen Organisationsmitgliedern anerkannt werden und nicht ständig hinterfragt werden. Die Handlungsmuster beziehen sich auf Verhaltensregeln, die explizit (z. B. durch Kompetenzabgrenzungen) oder implizit (untereinander ausgehandelt) aufgestellt werden (Kühn 1992). Dadurch wird sichergestellt, dass die Mitglieder der Organisation in einer erwartbaren Weise und insbesondere im Sinne der Organisation handeln.

Die Verhaltensregeln werden top-down (also von oben nach unten) aufgestellt, d. h., die Verwaltungsspitze steuert das Ordnungsgefüge und auf den nachfolgenden Hierarchieebenen werden die Regeln konkretisiert und präzisiert. Es ist zu beachten, dass die internen Regeln der einzelnen Abteilungen nicht den übergeordneten Regeln und den Zielen der Gesamtorganisation widersprechen, auch wenn die internen Regeln anders lauten können als die übergeordneten.

Allgemein wird zwischen einer sogenannten *Aufbauorganisation (statischer Aspekt)* und einer *Ablauforganisation (dynamischer Aspekt)* unterschieden (z. B. Hindel et al., 2009). Auf der Ebene der Aufbauorganisation werden die jeweiligen Kompetenzen sowie Befugnisse geregelt und damit auch die jeweiligen Rollen festgelegt (Ruf und Fittkau 2008; Hindel et al. 2009). Dadurch entsteht die formale Organisationsstruktur der Unternehmung (Bea et al. 2008).

Auf die Projektaufbauorganisation übertragen, bedeutet dies, dass eine Aufteilung zwischen einer permanenten und einer temporären Organisation erfolgen kann. Es werden jeweils Rollen definiert, die in den folgenden Teilen genauer beschrieben werden.

---

[7] Leser, die an weiteren Beispielen interessiert sind, wie sich genuin soziale Probleme modellieren und bearbeiten lassen, seien auf frühere Publikationen von uns verwiesen, insbesondere Klüver et al. 2006 sowie Klüver und Klüver 2007.

2 Die Organisation und der Mensch

In der Aufbauorganisation wird die Anzahl der Gremien festgelegt, die von der Projektgröße abhängig ist (Wieczorrek und Mertens 2008, Hindel et al. 2009, Pfetzing und Rohde 2009). In der Ablauforganisation werden die Arbeitsabläufe organisiert. Auf dieser Ebene muss die Umsetzung der Aufgaben erfolgen. Bezogen auf ein Projekt, liegt die Konzentration auf einzelnen Phasen des Projekts. Beide Strukturaspekte (statische wie dynamische) müssen berücksichtigt werden.

Die Organisationsstruktur kann sehr komplex sein und wird nach bestimmten Merkmalen bzw. Dimensionen analytisch geordnet:

- Differenzierung (Spezialisierung)
- Zentralisierung
- Standardisierung (Formalisierung)

Differenzierung der Organisationsstruktur

Die *Differenzierung* (Spezialisierung) bezieht sich auf die Untergliederung einer Gesamtaufgabe in Teilaufgaben, die jeweils bestimmten Mitarbeitern zugeordnet werden. Der Grad der Arbeitsteilung hängt von der Organisationsstruktur ab. In diesem Kontext werden die vertikale sowie die horizontale Dimension der Differenzierung betrachtet.

Die vertikale Differenzierung bezieht sich auf die Anzahl der Hierarchieebenen und damit wird die Distanz zwischen Organisationsspitze und Basisebene ausgedrückt: Je mehr Hierarchieebenen, desto größer die Distanz. Diese Distanz wirkt sich zum Beispiel auf die Informations- sowie Kommunikationsstrukturen aus.

Bei der horizontalen Betrachtung wird zwischen *segmentierender und funktionaler Differenzierung* unterschieden. Bei der segmentierenden Differenzierung erfüllen alle Mitarbeiter auf einer Hierarchieebene die gleichen Aufgaben. Es handelt sich demnach um „gleichartige" Untersysteme. Die funktionale Differenzierung ist dadurch charakterisiert, dass die Aufteilung einer Gesamtaufgabe in Untereinheiten mit spezifischen (unterschiedlichen) Leistungen erfolgt.

Für gesellschaftstheoretisch interessierte Leser sei darauf hingewiesen, dass diese drei Formen der Differenzierung in der gegenwärtigen theoretischen Soziologie eine wichtige Rolle spielen, so z. B. bei Niklas Luhmann und Jürgen Habermas. Mit den jeweiligen Differenzierungsformen werden zentrale Phasen der Entwicklung von Gesellschaften charakterisiert. Wir haben diese Differenzierungstheorie bereits als Basis für eine mathematische Theorie der soziokulturellen Evolution verwendet (Klüver 2002) und ein entsprechendes Modell, den Social Cultural Cognitive Algorithm (SCCA) konstruiert. Dies Modell wird, allerdings ohne den theoretischen Unterbau, in diesem Kapitel verwendet, um die Entstehung allgemeiner sozialer und beruflicher Rollen zu simulieren.

Zentralisierung[8]

Die Dimension *Zentralisierung* bezieht sich auf die Entscheidungs- und Machtbefugnisse. Liegt ein hoher Grad von Zentralisierung vor, so sind die Entscheidungsbefugnisse im Wesentlichen in der Organisationsspitze zentriert (s. *Einfluss-Projektorganisation*).

Ein hoher Grad von *Dezentralisierung* liegt dann vor, wenn fast alle Entscheidungsbefugnisse auf der Basisebene vorliegen. Die ausgegliederten Teile der Organisation verfügen über eine weitgehende Selbständigkeit und Unabhängigkeit (s. *Reine Projektorganisation*).

Standardisierung[9]

Durch *Standardisierung* (Formalisierung) werden die Kompetenzen und die Arbeitsabläufe dauerhaft geregelt. Im letzen Kapitel werden wir übrigens ein Modell zeigen, das die Optimierung der Einführung von Standards durch einen Genetischen Algorithmus demonstriert.

Liegt ein hoher Grad der Formalisierung vor, so werden die Handlungsalternativen der Mitglieder durch rigide Regeln eingeschränkt. Im Extremfall hat der Mitarbeiter überhaupt keinen Handlungsspielraum, d. h. bei Eintritt bestimmter Voraussetzungen (Bedingungen) *muss* eine bestimmte und erwartete Handlungsweise erfolgen. Man spricht dann von „Konditionalprogrammen" (Kühn, 1992, 303); in der Terminologie komplexer Systeme kann man die Mitarbeiter auch als extern gesteuerte deterministische Systeme bezeichnen.

Das andere Extrem ist dadurch gekennzeichnet, dass die Mitarbeiter ihre Handlungen selbst bestimmen können; in diesem Fall liegt eine niedrige Formalisierung vor. Systemtheoretisch entspricht dies dem Fall selbstorganisierender Systeme.

2.2   Organisationsstruktur in Projekten

Zur Charakterisierung der Organisationsstruktur ist folgende Definition gut geeignet: Es ist die „Gesamtheit der Organisationseinheiten und der aufbau- und ablauforganisatorischen Regelungen zur Abwicklung eines bestimmten Projektes" (DIN 69901 in: Ruf und Fittkau 2008, 70)

Abhängig von der Aufbau- und Ablauforganisation werden formale Organisationsstrukturen bestimmt, in denen die einzelnen Rollen festgelegt werden. Es wird nicht weiter überraschen, dass es nicht nur eine Organisationsstruktur gibt. Die Betriebs- sowie die Projektgröße sind durchaus entscheidend dafür, welche Organisationsstruktur gewählt wird. Im Folgenden wird daher die Systematik verfolgt, mit Kleinprojekten anzufangen.

---

[8] Bea et al. (2008, 61) verwenden in diesem Kontext den Begriff „Delegation".

[9] Bea et al. (2008, 61) bezeichnen diese Dimension als „Koordination".

Stabs- / Einfluss-Projektorganisation

In der Stabs- bzw. Projektorganisation wird ein Projektleiter bestimmt, der die Teammitglieder koordiniert und berät, die aus verschiedenen Abteilungen stammen können. Zusätzlich muss er die jeweils leitenden Stellen über den Fortschritt des Projekts informieren. Es werden ggf. zusätzliche Projektleiter bestimmt, die für einzelne Bereiche zuständig sind. Durch die Beschreibung dieser Rolle mit Begriffen wie „koordinieren", „beraten" sowie „berichten" wird es deutlich, dass der (die) Projektleiter keine Weisungsbefugnis gegenüber den Projektmitarbeitern hat.

Die Gefahr bei dieser Organisationsform liegt darin, dass der Leiter, wie bereits erwähnt, nicht weisungsbefugt ist und sich dadurch etliche Probleme ergeben können. Es hängt sehr viel von der Persönlichkeit und der Kompetenz (soziale wie fachliche) des Leiters ab, ob er von den Mitarbeitern akzeptiert wird. Sollten Sätze fallen wie „Sie haben mir nichts zu sagen", dann ist es klar, dass aus dem Projekt nur etwas wird, wenn die Mitarbeiter selbst motiviert sind und die Selbstorganisation im Projekt sehr gut funktioniert. In diesem Fall muss die Geschäftleitung über die soziale Kompetenz verfügen (bzw. der Lenkungsausschuss), um den richtigen Projektleiter auszuwählen und diesen entsprechend auch zu unterstützen. Es können sehr leicht Situationen entstehen, in denen ein Geschäftsleiter von der Projektleitung erwartet, bestimmte Vorgehensweisen durchzusetzen, in informellen Interaktionen jedoch genau dieser Geschäftsleiter den Mitarbeitern mitteilt, dass er persönlich nicht viel davon hält. Der Projektleiter befindet sich damit in einer kaum lösbaren Konfliktsituation, wenn er nicht über eine hinreichende persönliche Durchsetzungskraft verfügt.

Die positiven Aspekte dieser Organisationsform liegen darin, dass der Personaleinsatz sehr flexibel ist und die bestehende Organisation nur geringfügig verändert wird. Aus diesen Gründen ist diese Organisationsform für kleine und mittlere Projekte geeignet, sowie ggf. zum Projektstart, auch wenn anschließend eine andere Organisationsform geeigneter ist (Wieczorrek und Mertens 2008).

Matrix-Projektorganisation

Für mittlere bis große Projekte kommt die Matrix-Projektorganisation in der Praxis häufig vor. In diesem Fall hat der Projektleiter eine Weisungsbefugnis für die Projektmitarbeiter. Die Projektmitarbeiter haben jedoch das Problem, dass sie in ihren jeweiligen Abteilungen verbleiben und damit zeitteilig die Abteilungstätigkeiten erledigen sowie die Arbeiten im Projekt. Man braucht nur zu erwähnen, dass die Mitarbeiter damit „Diener zweier Herren" sind (Pfetzing und Rohde 2009, 66).[10] Die Abstimmung zwischen dem Projektleiter sowie den jeweiligen Abteilungsleitern muss stets erfolgen, zum Beispiel hinsichtlich der

---

[10] Der Begriff selbst ist dem Titel einer Komödie des italienischen Barockdichters Goldoni entnommen, in der genau diese Situation sehr amüsant abgehandelt wird.

zeitlichen Einteilung für die jeweiligen Aufgaben. Da bei dieser Organisationsform sehr schnell Konflikte zwischen den verschiedenen Leitern entstehen können, muss insbesondere der Projektmanager über ein hohes Maß an Konfliktfähigkeit verfügen (Wieczorrek und Merten 2008).

Um mögliche Verwirrungen auszuschließen, muss darauf hingewiesen werden, dass der Begriff der „*Matrix*organisation" für alle Mathematikinteressierte missdeutbar ist, da insbesondere die vorhandenen Visualisierungen dieser Organisationsstruktur in der Literatur nicht sehr viel mit einer mathematischen Matrixdarstellung zu tun haben. Der Begriff ist, wenn überhaupt, nur nachvollziehbar hinsichtlich der Weisungsbefugnisse, nämlich dass zum Beispiel der Projektleiter sowie der Abteilungsleiter zur gleichen Zeit eine Weisungsbefugnis bezüglich des Mitarbeiters X haben.

Der Vorteil dieser Organisationsstruktur besteht darin, dass die Mitarbeiter nicht in ihre jeweiligen Abteilungen reintegriert werden müssen und das Know-how unterschiedlicher Mitarbeiter ausgenutzt werden kann. Somit bietet sich diese Organisationsstruktur bei interdisziplinär angelegten Projekten an sowie in dem Fall, dass mehrere Projekte zugleich durchgeführt werden (Bea et al., 2008).

Reine Projektorganisation

Diese Organisationsstruktur bietet sich für große Projekte mit einer langen Projektdauer an. Der Projektleiter hat die gesamte Verantwortung für das Projekt und damit die personelle wie fachliche Verantwortung (Hindel et al., 2008). Die Mitarbeiter sind für die gesamte Projektdauer dem Leiter unterstellt und sind ebenfalls von anderen Aufgaben entbunden. Diese Organisationsform bedeutet eine Umstrukturierung hinsichtlich der bisherigen Unternehmensstruktur (u.a. Bea et al. 2008) und ist daher für einen kleinen Betrieb oder für eine kurze Projektdauer ungeeignet.

Zusammenfassend kann man festhalten, dass die unterschiedlichen Modelle der Projektorganisation einen differenzierten Selbstständigkeitsgrad der einzelnen Projekte zulassen.

Zu diesen klassischen Organisationsstrukturen werden insbesondere für IT-Projekte die „Organisation ohne strukturelle Projektausrichtung" sowie das „Chefprogrammiererteam" thematisiert (Ruf und Fittkau 2008).

Im ersten Fall handelt es sich um eine Organisationsform, die nur für sehr kleine Projekte geeignet ist. Die bestehende Organisationsstruktur wird nicht verändert und das IT-Projekt wird lediglich koordiniert.

Im zweiten Fall besteht die Idee darin, dass wenige Spezialisten einem besonders qualifizierten und erfahrenen Mitarbeiter zugeordnet werden. Die Organisation verläuft „intern" und ist insbesondere für IT-Entwicklungsaufgaben, die in einer (sehr) überschaubaren Zeit erledigt werden können, geeignet (Ruf und Fittkau, 2008; s. Tabelle 2-1).

Konsequenzen

Die projektspezifischen Organisationsformen sind je nach Projektgröße und Dauer des Projektes zu bestimmen. Darüber hinaus ist es relevant, wie viele unterschiedliche Abteilungen aus einem Unternehmen zusammenarbeiten müssen (Hindel et al., 2009).

Tabelle 2-1: Übersicht der Organisationsformen (nach Wieczorrek und Mertens, 2008, 32; Ruf und Fittkau, 2008, 84). OSP = Organisationsform ohne strukturelle Projektausrichtung; PO = Projektorganisation; PT = Programmiererteam

Organisations-form \ Kriterien	OSP	Einfluss-PO	Matrix-PO	Reine PO	Chef-PT
Bedeutung für das Unternehmen	gering	gering	groß	sehr groß	mittel
Projektumfang	sehr klein	gering	groß	sehr groß	mittel
Unsicherheit hinsichtlich Zielerreichung	gering	gering	hoch	mittel	gering
Technologie	Standard	Standard	neu / Standard	neu	neu / Standard
Projektdauer	kurz - mittel	kurz	mittel - lang	lang	kurz - mittel
Komplexitätsgrad	gering	gering	mittel	hoch	mittel - hoch
Bedürfnis nach zentraler Steuerung	gering	gering	groß	sehr groß	gering
Mitarbeitereinsatz	nebenamtlich	nebenamtlich	Teilzeit	hauptamtlich	hauptamtlich
Anforderungen an Persönlichkeit	hohe	hohe	hoch qualifiziert	hoch qualifiziert	hoch qualifiziert
Risiko	gering	gering / mittel	mittel / groß	groß	mittel
Projektressourcen	keine eigenen	wenig eigene	eigene	eigene	eigene

Streng genommen, handelt es sich hier um *Grundtypen* von Organisationsstrukturen, die auch miteinander kombiniert werden können. Wieczorrek und Mertens (2008) weisen darauf hin, dass sich für den Projektstart die Einflussorganisation, für die Durchführung die Matrix- oder die reine Projektorganisation und für den Abschluss die reine Organisationsform anbieten. Entsprechend sind Mischformen auch während einer Projektdurchführung sinnvoll (vgl. Hindel et al. 2009).

Bea et al. (2008) verweisen in diesem Kontext auf den „situativen Ansatz" der Organisationstheorie: Eine bestimmte Organisationsstruktur sollte durch eine bestimmte Situation bestimmt werden, die einen Einfluss auf das Mitarbeiterverhalten hat. Gemeint ist mit diesem Hinweis, dass eine Organisationsstruktur je nach Projektsituation auch verändert werden kann und sollte. Damit wird angestrebt, dass die Arbeit effizienter gestaltet wird. Starre Strukturen können kontraproduktiv sein, so wenn beispielsweise eine Matrixorganisation in einem Unternehmen konsequent bevorzugt wird, die sich aber für bestimmte Projekte und in einer bestimmten Situation eher negativ auf das Mitarbeiterverhalten auswirkt.

Allerdings ist auch hier zu beachten, dass Umstrukturierungen auch Probleme nach sich ziehen können; daher sollten entsprechende Maßnahmen mit allen Beteiligten besprochen werden.

2.2.1 Organisationsstruktur bei geographisch verteilten Projekten

Geographisch verteilte Teams – oder „virtuelle Teams" (Gilsa, von et al., 2004) - bedeuten eine zusätzliche Herausforderung: Je nach vorherrschender Organisationsstruktur in dem jeweiligen Betrieb können Probleme auf allen Ebenen entstehen: Wenn davon ausgegangen wird, dass durch die Organisationsstruktur die Rollenverteilung vorgenommen wird, und die Erwartungen jeweils unter-schiedlich definiert werden (s.w.u.), sind Missverständnisse und Konfliktpotentiale vorprogrammiert. Sind zusätzliche Sprach- und Kulturbarrieren vorhanden, wenn die Projektmitarbeiter in verschiedenen Ländern angesiedelt sind, dann ergeben sich ganz neue Probleme, die mit den etablierten Methoden und der gewohnten Vorgehensweise nicht gelöst werden können (Pfetzing und Rohde 2009).[11]

Angefangen von Outsourcing bis hin zu großen Projekten steigt die Anzahl überregionaler oder internationaler Projektarbeit. In der Literatur wird in diesem Kontext kaum Bezug auf die Organisationsstruktur genommen, sondern es werden primär die kommunikativen, rechtlichen oder Finanzierungsprobleme thematisiert.

Die Zusammenhänge dürften auch sehr schwer herauszuarbeiten sein, da die Probleme stets situativ entstehen: Liegt beispielsweise eine Einflussprojektorganisation vor, wobei der Projektleiter nur eine koordinierende Funktion hat, welche Einflussmaßnahmen hat er dann hinsichtlich des Teilprojekts, das ausgelagert wird? Dies gilt sogar für eine reine Projektorganisation: Der Projektleiter hat dort sämtliche Befugnisse für „sein" Projekt. Im Falle einer Kooperation mit anderen Institutionen und anderen Ländern, in denen die Projektleiter eine andere Funktion haben, nämlich gerade nicht über sämtliche Befugnisse verfügen, entstehen fast zwangsläufig Koordinations- und Abstimmungsprobleme; insbesondere dürften die Projektleiter ständig über den jeweils anderen Leiter irritiert

---

[11] Die Verlagerung der Nokia-Werke von Bochum nach Rumänien und die dort entstandenen Probleme für die dortige Arbeitsorganisation ist, wie verschiedenen Berichten zu entnehmen war, ein sehr plastisches Beispiel für kulturell bedingte Probleme, die im vorherein von der Nokia Geschäftsleitung offenbar nicht bedacht worden waren. Die Bemerkung des damaligen NRW-Ministerpräsidenten Rüttgers im August 2009, dass „rumänische Arbeiter kommen und gehen wann sie wollen", charakterisiert zwar nur ein irritierendes Vorurteil des Redners, verweist jedoch auf das objektive Problem möglicherweise unterschiedlicher, weil kulturell bedingter Arbeitsnormen.

sein, da sie automatisch annehmen, der Andere ist in der organisatorisch gleichen Situation wie man selbst.

Vor allem dürften „Machtspiele" eine wesentliche Rolle spielen. Hierdurch ergeben sich besondere Anforderungen an die Organisationsstruktur, die stets ausgehandelt werden müssen. Wenn beispielsweise der Lenkungsausschuss bereits aus Personen unterschiedlicher Nationen besteht, können Probleme auftreten, die durch das kulturell unterschiedliche Weltbild entstehen (Pfetzing und Rohde 2009; siehe auch Fußnote 11). Dies bezieht sich sowohl auf das Rollenverständnis als auch auf kommunikative Kompetenzen. Daher ist es in solchen Konstellationen unumgänglich, sich mit den kulturellen Rollen zu beschäftigen (s.w.u.)

2.3 Formale und informale Strukturelemente

Die Unterscheidung zwischen formalen (formellen) und informalen (informellen) Strukturelementen ist aus verschiedenen Gründen sinnvoll. Die formalen Strukturen sind bewusst geschaffen, haben einen offiziellen Charakter und dienen u.a. der Regelung von projektbezogenen Sitzungen. Der Ablauf sollte genau festgelegt werden und insbesondere die Protokollierung sollte nicht vernachlässigt werden.

Die informellen Strukturen sind grundsätzlich differenzierter zu betrachten. Sie umfassen zum Beispiel die Kommunikation zwischen Kollegen und die Verhaltensweisen, die zum Teil von der formalen Struktur abweichen können. Die Sozialisation der Mitarbeiter oder die Einstellung zum Betrieb, die Beziehungen zwischen den Mitarbeitern und Vorgesetzten, spezifische Gruppennormen etc. werden in informellen Zusammenhängen deutlich.

Ein Projektleiter kann diese Strukturen effektiv unterstützen, da beispielsweise Kommunikationswege abgekürzt werden können, Abstimmungen sehr schnell erfolgen und die Motivation der Mitarbeiter gesteigert werden können. Insbesondere ist der Projektleiter selbst sehr gut über seine Mitarbeiter informiert, wenn er genau zuhört und die Mimik, Gestik und Körperhaltung genau beobachtet (dazu Stoica-Klüver et al. 2007).

Da andererseits gerade die informellen Strukturen sich negativ auf eine Organisation auswirken können, zum Beispiel durch Intrigen oder private Gespräche, die sich zu sehr ausdehnen, muss eine genaue Balance hinsichtlich der Zeit, die für informelle Strukturen eingeräumt wird, hergestellt werden. Zu viel Zeit dafür einzuräumen, bedeutet die Gefahr zu erhöhen, dass Privatangelegenheiten, die negative Beurteilung durch die Leitung oder die Kollegen dominieren. Dies gilt insbesondere für das häufig thematisierte Problem des Mobbings. Zu wenig Zeit hingegen kann das Risiko des „Dienstes nach Vorschrift" erhöhen, der sich auf ein Projekt mehr als nur negativ auswirken kann.

In der Praxis bedeuten informelle Strukturen, die entsprechend eine informelle Kommunikation erlauben, für den Projektleiter, dass er sich Wissen über die Mitarbeiter aneignen kann und zwar in mehrfacher Hinsicht. Einerseits erhält der Projektleiter Informationen, die sich zwar auf das Privatleben beziehen aber die sich auch auf die Projektarbeit auswirken können. Eine Zusammenarbeit kann erschwert werden, wenn Affären entstehen, die unmittelbar zu Konflikten im Team führen, oder wenn Krankheiten in der Familie eines Mitarbeiters vorhanden sind, die sich naturgemäß negativ auf die Arbeit auswirken. Sofern der Projektleiter über derartige Probleme informiert ist, kann er durch Gespräche und andere Maßnahmen darauf hinwirken, diese Probleme zu lösen – soweit sie das Projekt betreffen und belasten.

Andererseits sind gerade die informellen Gespräche wichtig, in denen mehr über die Fähigkeiten und Kenntnisse der Mitarbeiter in Erfahrung gebracht werden kann. In der Stellenausschreibung werden nur bestimmte Fähigkeiten verlangt, die ein Bewerber mitbringt. Darüber hinaus haben viele Mitarbeiter unter Umständen zusätzliche Kompetenzen, die sie in offiziellen Gesprächen nicht erwähnen. So kann ein Leiter, der genau zuhört, mitbekommen, dass er wesentlich mehr Ressourcen zur Verfügung hat, als er ursprünglich glaubte. Er kann natürlich auch erfahren, dass die Kompetenzen eines Mitarbeiters zu hoch eingeschätzt wurden und die Projektarbeit genau deswegen darunter leidet.

Abschließend sollen nun zwei Beispiele der Probleme der innerbetrieblichen Kommunikation, insbesondere in Abhängigkeit von den Organisationsstrukturen, näher analysiert werden.

2.4 Fallbeispiele: Die Modellierung von institutionellen Kommunikationsflüssen durch zwei spezielle Netze

2.4.1 Fallbeispiel: Die Modellierung von Informationsflüssen in einer Organisation in Abhängigkeit von den Strukturen durch ein einfaches Netz[12]

Ausgangspunkt dieses Beispiels ist die realistische Hypothese, dass in jeder Organisation die interne Kommunikation das Problem des „Verzerrens" hat. Gemeint ist damit die schlichte Tatsache, dass es immer Mitglieder der Organisation gibt, die aus Gründen der Arbeitsüberlastung, persönlicher oder auch innerbetrieblicher Problem, schlechten Gesundheitszustandes und viele

---

[12] Das Modell und die damit erzielten Resultate hat unser ehemaliger Student Udo Butschinek in seiner Magisterarbeit in Kommunikationswissenschaft realisiert. Für Einzelheiten des Modells, die hier nicht dargestellt werden vgl. Butschinek 2003.

andere mehr erhaltene Nachrichten nur mit einer bestimmten Gestörtheit weitergeben. Das bekannte Kinderspiel „Stille Post" illustriert dies Problem recht plastisch. Ist eine Nachricht bei einem Mitarbeiter angelangt, der als „Verzerrer" fungiert, dann wird er die entsprechende Nachricht nur fehlerhaft weitergeben. Empfängt ein zweiter Verzerrer diese Nachricht, dann wird die Fehlerrate noch größer usf. Wir abstrahieren hier von der Möglichkeit, dass zwei Fehler sich gegenseitig kompensieren können, so dass die Nachricht am Ende wieder korrekt ist; in anderen Modellen von uns ist dieser Effekt – unintendiert – durchaus aufgetreten (Klüver und Klüver 2007). Zur Vereinfachung wird hier davon ausgegangen, dass die Fehlerrate kumulativ wächst, also proportional zur Anzahl der verzerrenden Einheiten ist.

Eine klassische Möglichkeit zur Lösung des Verzerrungsproblems, die insbesondere in der Technik häufig verwendet wird, ist die Einführung von Redundanzen. Für das hier vorliegende Problem bedeutet dies die Einführung zusätzlicher Kommunikationswege, so dass also eine Nachricht nicht nur von einem Mitarbeiter empfangen wird, sondern von zwei oder sogar mehr. Das ist natürlich mit zusätzlichen Kosten verbunden, so dass sich die Frage stellt, ob es überhaupt lohnend ist, redundante Kommunikationswege einzuführen und wenn ja, wie viele. Dazu kommt noch das Problem, dass bei redundanten Kommunikationsflüssen die Mitarbeiter mehr Nachrichten erhalten als ohne Redundanz, was wieder zu erneuten Fehleranfälligkeiten führt. Ein entsprechendes Modell, das die Frage nach der Nützlichkeit von Redundanz untersucht, wird demnach nicht nur berücksichtigen müssen, dass Redundanz die Wahrscheinlichkeit korrekter Informationsweitergabe erhöht, sondern auch, dass genau diese Redundanz ebenso die Korrektheit der Kommunikation verschlechtern kann.[13] Im darauf folgenden Beispiel wird das Problem ebenfalls thematisiert, dass eine Erhöhung der Zahl der eingehenden Informationen eine erhöhte Belastung der Mitarbeiter bedeutet.

Für das Modell wurden einige vereinfachende Annahmen gemacht:

Modelliert wird eine hierarchische Organisation mit verschiedenen Ebenen, in der der Kommunikationsfluss nur in einer Richtung verläuft, nämlich von oben nach unten. Für die Anzahl A_n der Organisationsmitglieder auf einer Ebene n gilt, dass $A_n = A_{n+1} - 1$; jede untere Ebene enthält also genau ein Mitglied mehr als die nächst höhere. Die erste Ebene (von oben gesehen) hat genau ein Mitglied, den Chef. Jedes Mitglied auf einer Ebene ist mit mindestens einem Mitglied auf der nächst höheren und auf der folgenden Ebene verbunden, wobei das Mitglied von der höheren Ebene nur Nachrichten empfängt und an die niedrigere Ebene nur Nachrichten sendet. Die Nachrichten bestehen aus natürlichen Zahlen, beginnend bei 1;

---

[13] „Kommunikation" bedeutet hier ziemlich untheoretisch einfach die Weitergabe und der Empfang von Nachrichten bzw. – ebenfalls untheoretisch – die von Informationen.

erhält ein Mitglied mehr als eine Nachricht, wird beim Empfänger der Mittelwert aller Nachrichten gebildet und anschließend weiter gesendet. Im einfachsten Fall liegt hier demnach ein Einlinienmodell vor, im Allgemeinen jedoch ein Mehrlinienmodell. Einheiten auf der gleichen Ebene haben keine Verbindungen.

Falls ein Empfänger ein Verzerrer ist, verändert er die Nachricht um einen vorher festgelegten Verzerrungsfaktor Vf, dessen Werte zwischen 0.1 und 1.0 liegen können. Dieser ist gewöhnlich gleich für alle Verzerrer, um die Experimente übersichtlich zu halten; man kann natürlich auch per Zufallsverteilung unterschiedliche Werte von Vf an die Einheiten verteilen, die als Verzerrer fungieren. Erfahrungsgemäß macht das jedoch bei größeren Modellen keinen großen Unterschied. Die verzerrenden Einheiten werden per Zufall über das Gesamtnetz verteilt, wobei die oberste Einheit selbst davon ausgenommen ist („der Chef macht keine Fehler"). Wie realistisch das ist, sei dahin gestellt.

Eine weitere nicht unbedingt realistische Annahme besteht darin, dass Nachrichten nicht nur von oben nach unten gesendet werden, sondern dass außerdem jede Nachricht alle Hierarchieebenen durchläuft. Dabei wird offensichtlich nicht berücksichtigt, dass eine von der obersten Einheit gesendete Nachricht häufig nur an die zweithöchste Ebene gerichtet sein kann. Zusätzlich wird außer Acht gelassen, dass die Einheiten der zweiten oder auch dritten Ebene sozusagen von sich aus Nachrichten versenden könnten. Ebenso ist auch bei hierarchischen Systemen durchaus denkbar, dass von den unteren Ebenen Nachrichten nach oben gesendet werden, z. B. in Form von Rückfragen oder Vorschlägen. Diese Idealisierungen jedoch lassen sich dann vertreten, wenn es wie hier nur um die Auswirkungen von statistischen Verteilungen geht, Differenzierungen wie die angesprochenen also im Mittelwert praktisch wieder verschwinden.

Für die Experimente mit diesem Modell wurde nun die Redundanz r folgendermaßen definiert als $r = fak/max$, wobei fak die Anzahl der tatsächlich vorhandenen Verbindungen ist und max die Maximalzahl an möglichen Verbindungen. Im streng hierarchischen Modell ist demnach die Anzahl der minimal möglichen Verbindungen $min = \sum 1k * (\sum ei + 1)$, wenn k die Anzahl der Ebenen ist und $\sum ei$ die Anzahl der Elemente auf einer Ebene. Entsprechend ist die Anzahl der maximal möglichen Verbindungen $max = (\sum ei) * (\sum ei + 1)$, wieder summiert über die Anzahl der Ebenen. $r = 1$ ist demnach die Verbindung aller Einheiten auf einer Ebene mit sämtlichen Einheiten der unteren Ebene; der Fall der minimal möglichen Verbindungen wird der Übersichtlichkeit halber als $r = 0$ gesetzt und entsprechend werden dann die zusätzlichen Verbindungen hinsichtlich des r-Wertes gesetzt.

Da jede Einheit genau den Nachrichtenwert weitergibt, den sie empfangen hat (einschließlich der ggf. vorgenommenen Verzerrung), ist die einzige verwendete Funktion übrigens die ein- oder n-stellige Identitätsfunktion mit zusätzlichem Verzerrungswert.

2 Die Organisation und der Mensch

Wenn eine Einheit nur an eine andere sendet (Fall der minimal möglichen Verbindungen), dann wird die Nachricht wie gerade bemerkt weiter geleitet. Falls eine Einheit jedoch an mehr als eine Einheit sendet, gilt folgende Regel für eine zusätzliche Verzerrung:

$$WN = (1/Vf) * (out/maxout) \qquad (2.1)$$

mit out = Output des Elementes und maxout = der größte im Netzwerk vorkommende Output.

Damit wird der oben erwähnten Problematik Rechnung getragen, dass bei vielen Nachrichten die Wahrscheinlichkeit wächst, selbst Fehler zu machen, auch wenn die Einheit „eigentlich" gar kein Verzerrer ist.

Die Experimente werden ausgewertet nach der (prozentualen) Häufigkeit, mit der die Einheiten auf der untersten Ebene die korrekten Nachrichten erhalten, also die, die von der obersten Ebene gesendet wurden. Als variierte Parameter wurden dabei untersucht die Anzahl der Ebenen, die Anzahl der Elemente pro Ebene, die Anzahl der verzerrenden Elemente und die Größe des Redundanzwertes r. Da die verzerrenden Elemente per Zufall über das Netz verteilt wurden, wurden pro Netz mehrere tausend Durchläufe mit verschiedenen Verteilungen berechnet. Ein repräsentatives Ergebnis stellt die folgende Visualisierung dar, bei der aufgezeigt wird, wie viele Elemente der untersten Ebene prozentual bei bestimmten Redundanzwerten die korrekte Nachricht erhalten haben. Dabei bedeutet ein heller Grauton 0 – 25%, der folgende dunklere Grauton 26 – 50 %, dann 51 – 75 % und schwarz schließlich 76 – 100 %. Anders ausgedrückt, je höher z. B. der schwarze Balken ist, desto mehr Elemente haben die korrekte Nachricht erhalten und desto günstiger ist der entsprechende Redundanzwert für die Organisation.

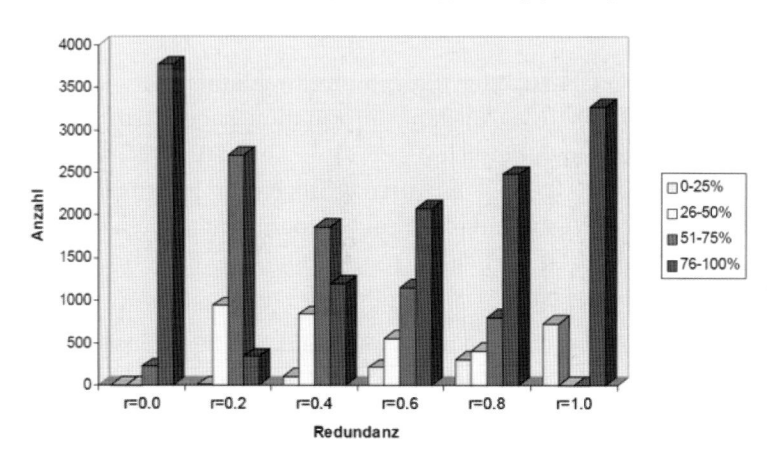

Abbildung 2-1: v = 10, vf = 20, 120 Elemente, 3 Ebenen

In der Abbildung kann man deutlich erkennen, dass die besten Resultate bei r = 0, also gar keiner Redundanz, erzielt werden. Bei einer Redundanz von 0.2 – 0.4 verschlechtern die Ergebnisse sich, ab 0.6 werden sie wieder besser. Bei r = 1.0, also der maximalen Anzahl von Kommunikationswegen, liegt das zweitbeste Ergebnis vor. Bei diesem System wäre es also am besten, gar keine Redundanz vorzusehen.

Das Erstaunliche war nun für uns, dass sich im Trend dies Ergebnis in praktisch allen Experimenten wieder finden ließ. Als Verdeutlichung zeigen wir die Ergebnisse von einem anderen Netz mit *vier* Ebenen. Bei Zunahme der Ebenen ist übrigens zu erwarten, dass die Informationen auf der unteren Ebene nicht mehr so häufig unverzerrt ankommen. Das erklärt die unterschiedlichen Werte in der folgenden Darstellung.

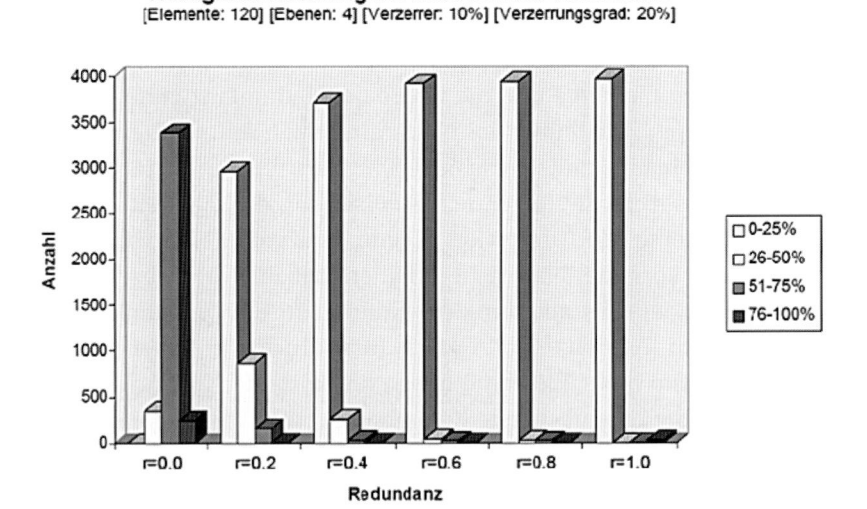

Abbildung 2-2: v = 10, vf = 20, 120 Elemente, 5 Ebenen

Während im Fall r = 0.0 bei nahezu allen Programmdurchläufen 51 - 75% der Elemente auf der untersten Ebene die Ausgangsinformation haben, trifft dies in gleichem Ausmaß bei r = 1.0 für den Bereich 0 - 25% zu. Ab r = 0.2 wächst die 0 - 25%-Säule an. Auch in diesem Fall ist es offensichtlich am günstigsten, auf Redundanz völlig zu verzichten. Generell gilt für alle Experimente, dass sich – mit unterschiedlichen Prozentwerten natürlich – regelmäßig die Einführung von Redundanz letztlich nicht lohnend ist.

Natürlich muss man bei einer Übertragung auf die Realität bei diesen Ergebnissen sehr vorsichtig sein, da die oben erwähnten Vereinfachungen in einer komplexeren Realsituation die Ergebnisse nur bedingt valide machen. Aufmerksamen Lesern ist vermutlich auch nicht entgangen, dass die Berechnung der Verzerrung beim Empfang von Nachrichten aus zusätzlichen Kanälen eigentlich ein weiterer Parameter ist, dessen Einfluss auf die Redundanz streng genommen auch hätte getestet werden müssen. Falls man diesen Wert wesentlich reduziert, könnte der Einführung von Redundanzen eine größere Bedeutung zukommen. Dennoch lässt sich zumindest so viel sagen, dass das Problem der Verzerrung von Informationen in sozialen Bereichen nicht unbedingt durch Einführung von Redundanz lösbar ist, sondern dass häufig andere Wege gefunden werden müssen. Nur nebenbei sei angemerkt, dass bei anderen Organisationsstrukturen, z. B. bei einer Matrixorganisation, sich die Frage nach (zusätzlichen) Redundanzen so nicht stellt, wenn ohnehin alle bzw. die meisten Mitglieder mit allen bzw. den meisten kommunizieren.

2.4.2 Fallbeispiel: Analyse von Belastungen durch E-Mails in der innerbetrieblichen Kommunikation durch ein Simulationsnetz

Das zweite Beispiel basiert auf einer empirischen Studie, die von einem unserer ehemaligen Diplomanden bei den Rheinisch Westfälischen Elektrizitätswerken (RWE) durchgeführt worden ist.[14] Ziele des gesamten Projekts waren a) die Erhebung der aktuellen Belastung der Mitarbeiter durch den täglichen E-Mail Verkehr, b) die Konstruktion eines Simulationsmodells, das die Ist-Situation der Belastung darstellen kann und c) die Durchführung verschiedener Szenarios, in denen die Auswirkungen auf die Belastungen untersucht werden sollten, die verschiedene organisatorische Veränderungen der Bearbeitung von E-Mails bewirken. Etwas genauer: Während es im vorigen Beispiel darum geht, Auswirkungen der Veränderungen von Kommunikationswegen zu untersuchen, geht es hier um die Auswirkungen von zeitlichen Veränderungen, nämlich der Organisation von Bearbeitungszeiten des innerbetrieblichen E-Mail Verkehrs.

Die methodische Basis für den empirischen Teil des Projekts waren schriftliche Befragungen der Mitarbeiter sowie Experteninterviews zu den Ergebnissen der Mitarbeiterbefragungen. Die schriftliche Befragung bestand aus geschlossenen Fragen, bei denen die Mitarbeiter die geschätzte Anzahl von gesendeten und empfangenen E-Mails, die Art der Bearbeitung, die geschätzten Belastungen und benötigte sowie andere Daten in numerische Intervalle eingeben konnten. Es nahmen insgesamt 132 Mitarbeiter aus verschiedenen Abteilungen teil; die Befragung erfolgte natürlich anonym, aber die Mitarbeiter konnten ihren jeweiligen Abteilungen zugeordnet werden. Die interviewten Experten gehörten dem gleichen Unternehmen an, nahmen an der schriftlichen Befragung jedoch nicht teil. Wir geben die wichtigsten Ergebnisse der Befragungen in Auszügen wieder, ver-

---

[14] Die empirische Studie, die Konstruktion des Modells und die Simulationsexperimente wurden von Nikolai Broz im Rahmen seiner von den RWE geförderten Diplomarbeit durchgeführt. An dieser Stelle möchten wir Herrn Sebastian Pernotzki von den RWE für seine konstruktive Kooperation danken.

zichten jedoch aus Datenschutzgründen auf genauere statistische Aussagen, da Vertraulichkeit zugesichert war, und beschränken uns auf Trends:

Jeder Mitarbeiter erhält im Durchschnitt 28 E-Mails pro Tag und sendet selbst in der gleichen Zeit 26 E-Mails. Diese Zahlen differieren stark in Abhängigkeit von den Abteilungen, können aber als repräsentativ für das gesamte Unternehmen (und nicht nur für dies Unternehmen) angesehen werden. Die durchschnittliche Bearbeitungszeit für das Lesen von empfangenen E-Mails sowie das Schreiben eigener E-Mails ergibt sich nach Einschätzung der Mitarbeiter als ca. 3 Minuten für das Lesen (im Schnitt) und ca. 5 Minuten für die eigene Bearbeitung. Das scheint nicht viel zu sein. Rechnet man jedoch die Gesamtzeit, so ergibt sich die auf einen ersten Blick erstaunliche Tatsache, dass jeder Mitarbeiter pro Tag zwischen drei und vier Stunden auf das Lesen und Bearbeiten von E-Mails verwendet und nach deren Schätzungen mehr als vier Stunden, wenn man die Zeit dazu rechnet, die durch die ständigen Unterbrechungen gebraucht wird. Die zu diesen Ergebnissen befragten Experten hielten diese auf den subjektiven Schätzungen der Mitarbeiter basierende Gesamtzeit für etwas zu hoch, stimmten jedoch überein, dass eine Gesamtzeit von ca. 3 Stunden durchaus realistisch ist. In dieser Hinsicht stellt das untersuchte Unternehmen wahrscheinlich keine Ausnahme dar.

Die meisten Mitarbeiter bearbeiten einkommende E-Mails sofort oder versuchen es zumindest. Das bedeutet eine regelmäßige Unterbrechung der eigenen Arbeit und damit natürlich einen Verlust der Konzentration. Dies ist mittlerweile auch schon mehrfach empirisch untersucht worden (z. B. Mark et al. 2005). Insbesondere entsteht dadurch ein doppelter Zeitverlust, indem der Mitarbeiter sich a) auf den neuen Inhalt der E-Mail konzentrieren und die eigene Antwort vorbereiten und schreiben muss sowie b) sich anschließend wieder auf die eigene Arbeit beziehen muss. Beides erfordert Zeit, die bei kontinuierlicher Beschäftigung mit der eigenen Arbeit zusätzlich vorhanden wäre.

Obwohl die meisten Mitarbeiter angaben, sich durch E-Mails nur wenig stören zu lassen und in ihrer Konzentration nur gering gehindert zu werden, erklärten wieder die meisten Mitarbeiter, dass der tägliche E-Mail Verkehr sie durchaus belastet. Dass diese zusätzliche Belastung eine potentielle Quelle für Fehler und Irrtümer ist, wurde sowohl von den meisten Mitarbeitern als auch von den zusätzlich befragten Experten so gesehen.

In einem Simulationsmodell sollte, wie bemerkt, untersucht werden, ob andere Bearbeitungsformen – bei gleichbleibender Anzahl der zu sendenden und empfangenen E-Mails – sowohl Zeitersparnis als auch Verringerung der Belastung bewirken können. Das Modell besteht aus einem Netz, in dem die Einheiten die 132 Mitarbeiter repräsentieren, die an der Befragung teilnahmen. Die Verknüpfungen zwischen den Einheiten bedeuten die Kommunikationen durch E-Mails; diese werden selbst als kleine Einheiten dargestellt. Da die Befragungen ergaben, dass fast alle E-Mails innerhalb des Unternehmens gesendet und empfangen werden

2 Die Organisation und der Mensch

und da die Kommunikationen innerhalb der Abteilungen signifikant häufiger waren als zwischen den Abteilungen, konnte die durchschnittliche Intensität der Kommunikationen zwischen den verschiedenen Mitarbeitern einigermaßen realistisch eingegeben werden.

Die folgende Abbildung zeigt einen Ausschnitt aus dem Netz; die großen Quadrate sind die Mitarbeiter, die kleinen die E-Mails:

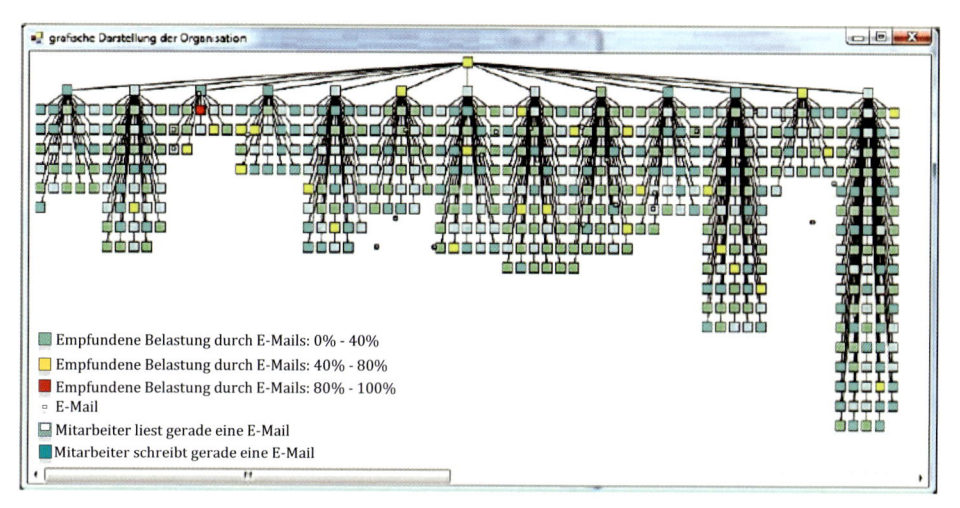

Abbildung 2-3: Auszug aus dem Kommunikationsnetzwerk

Die verschiedenen Farben bei den Mitarbeiterquadraten symbolisieren die unterschiedlichen Belastungsgrade der Mitarbeiter. Die Belastung wird berechnet anhand der jeweils empfangenden und gesendeten E-Mails, der pro E-Mail benötigten Umstellungszeit sowie durch einen subjektiv empfundenen Belastungsfaktor, der sich aus der schriftlichen Mitarbeiterbefragung ergab. Die Werte liegen zwischen 0 und 1; ein Belastungswert von 1 entspricht einer dreistündigen Beschäftigung mit E-Mails pro Tag (die Schätzung der Experten) in der oben angegebenen Form. Die formalen Repräsentanten der Mitarbeiter verhalten sich demnach so, dass sie ihre Arbeit unterbrechen, um auf ankommende E-Mails möglichst sofort reagieren. Das Modell ist also eine möglichst genaue Umsetzung der innerbetrieblichen Realität, also ein klassisches Bottom-Up Modell (s. Kapitel 1).

Das Ziel der Simulationen war, wie oben bemerkt, zu untersuchen, inwiefern Änderungen der Art, mit E-Mails umzugehen, Veränderungen der Belastung bewirken. Wir verzichten hier darauf, technische Details der Simulationsdurchführungen anzugeben, und geben gleich die wesentlichen Ergebnisse wieder:

Untersucht wurden fünf verschiedene Formen des Umgangs mit E-Mails, nämlich

a) die eben skizzierte Form der sofortigen Zuwendung zu neuen E-Mails,

b) die Bearbeitung neuer E-Mails in Zeitblöcken, also zusammenhängenden Zeiten, in denen nur E-Mails bearbeitet wurden (ca. eine Stunde),

c) die Einführung eines Freitags, an dem keine E-Mails bearbeitet werden dürfen,

d) die partielle Substitution von E-Mails durch andere Kommunikationsformen wie Telefon und

e) die Kombination von b) und d).

Von den Formen a) - d) erwies sich die Form b) als die beste und Form a) als die schlechteste. Es ist intuitiv einsichtig, dass Form c) in der Tat nicht viel an Belastungsverringerung einbringt im Vergleich zu Form a), da die am Freitag nicht bearbeiteten E-Mails am folgenden Montag erledigt werden müssen und sowohl neben der laufenden Arbeit als auch zusätzlich zu neu ankommenden bzw. zu sendenden E-Mails. Die Simulationsergebnisse jedenfalls bestätigten dies. Auch die partielle Substitution von E-Mails durch andere Kommunikationsmedien ist zwar günstiger als die bisher praktizierte Form a) und auch günstiger als die Freitagslösung c), aber für sich genommen nicht so günstig wie die Lösung b). Das liegt sicher daran, dass auch z. B. telefonische Kontakte während der Arbeitszeit letztlich ebenso wieder eine Unterbrechung der eigenen Arbeit bedeutet, auch wenn es vermutlich für die meisten Mitarbeiter einfacher ist, ein Problem mündlich per Telefon als schriftlich durch E-Mails zu klären; bei der Mitarbeiterbefragung stellte sich unter Anderem heraus, dass die Mehrzahl der E-Mails in einer bestimmten Form gehalten werden, also offiziellen Charakter haben. Telefonate dagegen haben häufig einen eher zwanglosen Charakter. Das gute Abschneiden von Form b), also den Zeitblöcken, liegt vor allem daran, dass hier wesentliche Umstellungszeiten gespart werden können. Das gilt so nicht für die anderen Formen.

Es liegt nun nahe, die beiden besten Formen zu kombinieren, also Lösung e) zu untersuchen. Das ist auch geschehen und brachte in der Tat Verbesserungen selbst gegenüber Form b), jedoch keine sehr hohen. Dennoch könnte es sich für einen Betrieb durchaus lohnen, hier ebenfalls Änderungen anzustreben. Uns ist allerdings leider nicht bekannt, ob die RWE die Simulationsergebnisse auch praktisch umgesetzt haben.

So unterschiedlich die beiden Modelle inhaltlich auch sind, fällt doch eine verblüffende Gemeinsamkeit bei den Resultaten auf: So wie im ersten Beispiel die Einführung von mehr Redundanzen sich eher als kontraproduktiv erwies, jedenfalls bis zu einer gewissen Grenze, so zeigt sich beim zweiten Modell, dass auch hier Redundanzen eher negative Effekte haben. Gemeint ist die Belastung, die durch zahlreiche E-Mails nur „zur Kenntnisnahme" hervorgerufen wird. Für einen effizienten Kommunikationsfluss sind derartige E-Mails zweifellos redundant, da sie gewöhnlich nur zur formalen Absicherung der Absender dienen und für die meisten Empfänger keine relevante Information beinhalten. Nach Meinung der Experten allerdings würde man an diesem Punkt kaum etwas ändern können; deswegen wurde dies Problem nicht in die Simulation aufgenommen.

Man kann an diesen Beispielen hoffentlich bereits erkennen, was die grundlegende Logik von Netzwerkmodellen ist und welche Erkenntnisse sich daraus ergeben können. Hier handelt es sich freilich noch nicht um die im ersten Kapitel angesprochenen Netzwerke wie Boolesche Netze oder neuronale Netze. Diese sind Gegenstand der weiteren Fallbeispiele in diesem und den nächsten Kapiteln.

2.5 Der Mensch und seine Rolle in der Organisation

Die oben aufgezeigten Merkmale / Dimensionen der Organisationsstruktur sind sehr allgemein beschrieben worden, insbesondere hinsichtlich der Rollenverteilung, der Entscheidungs- und Autoritätsstruktur sowie der Kontrolle. Die Rolle als zentraler Begriff für eine Organisation wird nun zunächst allgemein betrachtet. Es wurde bereits erwähnt, dass eine Rolle verschiedene Facetten hat, die durch die institutionelle Zuweisung nicht unbedingt erfasst werden. Die unterschiedlichen theoretischen Auffassungen des Rollenbegriffs können als Hilfestellung für die Analyse der jeweiligen Rolle betrachtet werden. Abschließend wird eine Übersicht der institutionellen Rollen aufgezeigt, sowie die Erwartungen, die mit der jeweiligen Rolle verknüpft sind.

2.5.1 Der allgemeine Rollenbegriff

Der Rollenbegriff ist eng mit den Begriffen *Position* und *Status* verbunden. Mit Position ist der Ort oder Platz, den eine Person einnimmt gemeint, bei dem Status handelt es sich um eine *bewertete* Position. Es wird differenziert zwischen einem *zugeschriebenen* Status, den eine Person auf Grund der sozialen Herkunft inne hat, und einem *erworbenen* Status. Dabei handelt es sich um eine Position, die auf Grund eigener Leistungen erworben wird (Hornung und Lächler 1982). In Betrieben sollte es eigentlich eine Selbstverständlichkeit sein, dass es dort nur einen erworbenen Status gibt. Es ist jedoch eine Binsenweisheit, dass auch in Betrieben der sog. Nepotismus vorkommt, nämlich die Zuweisung eines Status an den „Neffen des Chefs".[15]

Die *soziale Rolle* wird definiert als „ein Bündel von Verhaltenserwartungen (einschließlich Eigenschaften oder äußerer Merkmale), die sich in wiederkehrenden Situationen an den Inhaber bestimmter sozialer Positionen oder an eine bestimmte Persönlichkeit richten." (Doehlemann 1992, 22). Eine andere Definition beschreibt

---

[15] Das ist schon fast ein Kalauer, da Nepotismus sich vom lateinischen Wort für Neffe ableitet.

die Rolle als „das durch Erwartungen gesteuerte Handeln, das der Inhaber einer bestimmten Position in einer bestimmten Situation erbringen sollte. Ansprüche können an das Verhalten des Rolleninhabers (Rollenverhalten) und an die Erscheinung eines Rollenträgers (Rollenattribute) gerichtet werden." (Hornung und Lächler 1982, 177).

In diesen Definitionen wird also die Bedeutung einer Rolle dadurch näher erläutert, dass sie direkt mit den Erwartungen anderer an den Rolleninhaber in Zusammenhang gebracht wird. Das „durch Erwartungen gesteuerte Handeln" ist in sozialen Kontexten besonders wichtig. Es muss eine Selbstverständlichkeit sein, dass ein Untergebener die Anweisungen von Vorgesetzten befolgt. Ein Manager hingegen muss sein Verhalten gemäß seiner Rolle anpassen. Das fängt damit an, dass ein „Jeans- und T-Shirt-Träger" zum „Anzug-mit-Krawatte-Träger" wird. Die fachliche, soziale sowie kommunikative Kompetenz werden jeweils erwartet und müssen sich im Handeln des Rollenträgers realisieren.

Genau betrachtet hat ein Mensch zahlreiche und unterschiedliche Rollen, die er einnehmen muss oder will. Allgemein können die Rollen folgendermaßen klassifiziert werden:

- *psychische Rollen*: der Beleidigte, der Zornige oder der Freigebige (streng genommen handelt es sich hier um die Charakterisierung von bestimmten Charaktertypen und damit auf jeden Fall um eine psychologische Kategorie);
- *Primärrollen*: „einfach vorhandene" Rollen wie Vater oder Mutter;
- *kulturelle Rollen*: verinnerlichte Basispersönlichkeiten wie der „Deutsche", der „Franzose";
- *mitmenschliche Rollen*: Kollege oder Freund, Freundin;
- *formale Rollen*: Vorgesetzter, Untergebener, Konkurrent, Schlichter;
- *soziale Rollen*: sind später erworbene oder berufsbezogene Rollen: u.A. Manager (nach Doehlemann 1992, 23).

Diese unterschiedlichen Rollen spielen in einem Projekt sowohl auf der formellen als auch auf der informellen Ebene eine sehr große Rolle. In einer Stellenausschreibung bzw. bei der Bestimmung des Projektleiters werden die sozialen und formalen Rollen definiert. Hingegen beeinflussen „der Beleidigte", der „Spaßmacher" (psychische Rollen) oder „der Deutsche", „der Inder" (kulturelle Rollen) die Arbeit im Team. Diese Problematik wird im weiteren Verlauf in verschiedenen Kontexten erneut aufgegriffen.[16]

---

[16] Wenn „der Deutsche" oder „der Franzose" als kulturelle Rollen definiert werden, ist natürlich gemeint, dass die entsprechenden Rolleninhaber sich auf eine typische Weise verhalten, die angeblich der jeweiligen nationalen Kultur entspricht – z.B. das berühmte Stehenbleiben eines deutschen Fußgängers an einer roten Ampel, obwohl nirgends ein Auto zu sehen ist, kein Kind in der Nähe ist und auch kein Polizist.

Die *Erwartungen*, die an eine Rolle gestellt werden, sind auf drei Ebenen zu differenzieren:

- *Muss-Erwartung*: bei Erfüllung erfolgt keine Belohnung, bei Unterlassung erfolgt eine Sanktion. Derartige Erwartungen werden z. B. durch gesetzliche oder andere schriftlich fixierte Vorschriften vorgegeben.
- *Soll-Erwartung*: bei Erfüllung erfolgt keine Belohnung, bei Unterlassung erfolgt Tadel. So muss z. B. ein Manager seine Kompetenzen und sein Wissen permanent erweitern.
- *Kann-Erwartung*: bei Erfüllung erfolgt eine positive Reaktion, bei Unterlassung erfolgt kein Tadel.

Die Rollen, gedeutet als Verhaltens*regeln*, sind nicht unbedingt ohne Probleme auszuführen. Zwei typische Rollenkonflikte sind hier zu nennen, nämlich der Interrollenkonflikt und der Intrarollenkonflikt:

Der Interrollenkonflikt: Dieser ist dann gegeben, wenn bestimmte Erwartungen an zwei oder mehreren Rollen, die ein Mensch inne hat, miteinander konkurrieren bzw. unvereinbar sind.

Nehmen wir beispielsweise an, dass kurzfristig eine wichtige Vorstandssitzung einberaumt wurde. An diesem Tag hat ein Vorstandsmitglied seinen Hochzeitstag und wollte mit der Partnerin diesen Tag mit einem Theaterbesuch und anschließendem Essen feiern. Jetzt entsteht der Konflikt, dass dies Vorstandsmitglied einerseits in seiner Rolle als Manager sich nicht erlauben kann, die Sitzung abzusagen, andererseits möchte er auch nicht die Partnerin in seiner Rolle als Ehemann enttäuschen. Hier entsteht also ein Konflikt zwischen einer mitmenschlichen und einer sozialen Rolle.

Der Intrarollenkonflikt: Dieser Konflikt entsteht, wenn unterschiedliche, nämlich widersprüchliche Erwartungen an ein und dieselbe Rolle vorhanden sind.

Nehmen wir wieder beispielsweise an, dass in der entsprechenden Position von einem Manager erwartet wird, dass er kostendeckend arbeitet und gegebenenfalls rationalisiert. Seine Mitarbeiter erwarten jedoch von ihm, dass er ihnen genügend Mittel zur Verfügung stellt, damit die Projektplanung und -Durchführung optimal erfolgen kann und dass er insbesondere genügend Personal einstellt. Das ist natürlich noch nicht notwendig ein Konflikt, wird aber dann zu einem, wenn die Geschäftsleitung derartige Kürzungen erwartet, dass die Mitarbeiter sich von dem Manager im Stich gelassen fühlen.

Zusätzlich werden auch Verhaltens*normen* mit den jeweiligen Rollen verbunden: damit ist gemeint, dass die Mehrzahl der (Gesellschafts-)Mitglieder einheitliche Vorstellungen darüber hat, welches Verhalten in einer bestimmten Situation angemessen ist. Das klingt zunächst sehr abstrakt und tatsächlich ist es noch zusätzlich verwirrend dadurch, dass die meisten Menschen den Erwartungen entsprechen, ohne zu wissen warum. Sie handeln unbewusst, da sie diese Erwartungshaltungen im Laufe der Sozialisation internalisiert haben, ohne dass diese Prozesse jemals bewusst wurden. Deshalb werden im Folgenden die Grunddefinitionen der Rolle verdeutlicht.

In der Soziologie wird die Rolle unter Anderem aus der mikrosoziologischen und aus der makrosoziologischen Perspektive analysiert. Im ersten Fall wird ein System von „unten nach oben" betrachtet und bedeutet konkret, dass die Interaktionen und Wechselwirkungen zwischen den Menschen thematisiert werden. Im zweiten Fall wird ein System von „oben nach unten" betrachtet und die Analyse konzentriert sich auf gesamtgesellschaftliche Wirkungszusammenhänge.

Beide Perspektiven spielen auch im Kontext des Projektmanagements eine entscheidende Rolle. Durch die Interaktion bzw. die Kommunikation zwischen Individuen entstehen Rollenerwartungen (mikrosoziologischer Ansatz). Die wohl sehr bekannte Unterscheidung zwischen Fremdrolle und Selbstrolle ist dabei wesentlich. Bei den Fremdrollen handelt es sich um die Erwartungen anderer an einen Rolleninhaber, in der Selbstrolle stellt sich ein Rolleninhaber vor, was andere wohl von ihm erwarten. Auf dieser Ebene wird die jeweilige Rolle sehr konkret erfasst und die daran geknüpften Erwartungen ausgehandelt. Streng genommen umfasst diese Definition mehrere Dimensionen der Rolle: die soziale wie die formale Rolle, implizit jedoch auch die psychische Rolle, die sich auf die Persönlichkeit bezieht. Dies gilt z. B. für Rolleninhaber, die permanent mit Kunden zu tun haben und von denen erwartet wird, dass sie ständig freundlich lächeln.

Es wurde bereits darauf hingewiesen (s. *Organisationsstrukturen*), dass die Verhaltensregeln zwar top-down aufgestellt werden, in den jeweiligen Abteilung werden diese jedoch konkretisiert. Dies geschieht durch das hier angesprochene Aushandeln der Verhaltenserwartungen, die mit einer bestimmten Rolle verbunden sind. Dadurch entstehen Rollennormen konkret, durch deren Regelhaftigkeit und Voraussagbarkeit das soziale Handeln erleichtert wird.

In den Handlungen definiert und typisiert somit das Individuum gemeinsam mit Anderen die Rollen und Situationen (Berger und Luckmann 1977). Die Fähigkeiten der Typisierung werden im Laufe der Sozialisation sehr häufig unbewusst entwickelt und die meisten Individuen besitzen mehr oder weniger diese Fähigkeiten. Die Fähigkeit zur Typisierung ist jedoch im Alltag notwendig, da dadurch die Einschätzung und Interpretation der Situation sehr schnell geschehen kann und damit auch die Verhaltenserwartung, die jeweils vorausgesetzt wird. Weder die Inhaber von Rollen noch die Handlungssituationen sind mit anderen Inhabern und Situationen identisch. Wenn jedoch durch Typisierung eingeschätzt werden kann, dass es sich bei bestimmten Rollen und Situationen in der und der Hinsicht um etwas Typisches und damit prinzipiell Bekanntes handelt, können entsprechende Einschätzungen und darauf basierendes Handeln schnell und ohne problematisierende Überlegungen durchgeführt werden.

Zugleich jedoch beinhaltet die Typisierung die Gefahr des „Schubladen-Denkens", das auf Klischees basiert. Wenn eine kulturelle Rolle lautet „der Deutsche", „der Franzose" dann verbindet jeder damit auch bestimmte Vorstellungen (es müsste empirisch eruiert werden, wie viele Ausländer immer noch der Meinung sind, dass „typisch deutsch" darin besteht, Sauerkraut mit Eisbein zu essen, an der roten Ampel stehen zu bleiben und ständig äußerst diszipliniert zu sein). Da Niemand davon frei ist, muss gerade im professionellen Handeln darauf geachtet werden, dass die psychischen oder kulturellen Rollen nicht mit den formalen bzw. mit den sozialen Rollen „vermischt" werden. Gerade in geographisch verteilten Teams muss darauf geachtet werden, denn schließlich gelten die kulturellen Rollen, falls es sie in diesem Sinne gibt, streng genommen auch für die Regionen innerhalb von Deutschland (der Bayer ist...., der Norddeutsche ist....).

Die makrosoziologische Perspektive hingegen untersucht die Auswirkungen der Sozialisation und die dadurch erworbenen Fähigkeiten und Voraussetzungen, um in Rollen handeln zu können. Aus dieser Perspektive handelt es sich bei Rollen um *institutionelle* Rollen, die an gesellschaftliche Erwartungen an Positionsinhabern gebunden sind, die "überindividuell vorgeformte Aufgaben zu erfüllen" haben (Doehlemann 1992, 24). Die Rollennormen werden als *Systemerfordernisse* betrachtet, die der Aufrechterhaltung der Werte, der Ordnungs- und Funktionsprinzipien von Gesellschaften – und auch eines Betriebs – dienen.

In diesem Fall wird eine einheitliche Rolleninterpretation angestrebt sowie ein konformes Verhalten, das sozial kontrolliert wird. Auf die allgemeine Organisationsstruktur bezogen, sind es die Rollen und Verhaltenserwartungen, die von der Verwaltungsspitze aufgestellt werden. Diese Dimension ist unabdingbar, damit ein System funktioniert. Gerade weil die Rollenerwartungen durch Interaktionen ausgehandelt werden, kann es leicht geschehen, dass Unterschiede in dem Verständnis einer Rolle und in den entsprechenden Erwartungen auftreten. Die institutionell definierten Rollen können Missverständnisse korrigieren und gibt beispielsweise einem Manager die Möglichkeit, sich seiner institutionellen Rolle gemäß zu verhalten, ohne dass Mitarbeiter die Anweisungen verweigern oder in Frage stellen können (siehe unten).

Dieser Punkt ist deswegen so wichtig, da bei einem kooperativen Führungsstil (siehe unten) der Projektleiter selbst Gefahr läuft, sich zu sehr mit den Teammitgliedern zu identifizieren. In der empirischen Sozialforschung und der Kulturanthropologie wird dieses Problem mit dem Begriff „Going Native" sehr gut charakterisiert. Die Rollendistanz wird nicht mehr gewahrt und gerade deshalb ist die institutionelle Rolle als Kontrollinstanz zu betrachten. Damit kann ein Leiter selbst die nötige Distanz in einer Situation, die dies erfordert, wieder aufbauen.[17]

Die soziologische Analyse der Rolle umfasst demnach sowohl das Formelle als auch das Informelle, wobei Letzteres die größeren Schwierigkeiten verursacht. Dies hängt damit zusammen, dass es zu jeder Rolle bestimmte Freiheitsgrade hinsichtlich des Ausführens (und des Verständnisses) gibt (Stoica-Klüver et al. 2007). Wie eine Rolle mit diesen Freiheitsgraden ausgeführt wird, hängt von der eigenen Persönlichkeit ab und von den Machtbefugnissen, die einer Rolle zugesprochen werden. Um dies zu verdeutlichen, wird im Folgenden die Rollenstruktur näher betrachtet.

2.5.2 Rollen-, Entscheidungs-, Kontroll- und Autoritätsstruktur

Es wurde bereits erwähnt, dass in der Aufbauorganisation, die Rollen jeweils definiert und zugewiesen werden, wodurch eine *Rollenstruktur* entsteht, die als eine wesentliche Ausprägung der Organisationsstruktur angesehen wird. Die Rollenstruktur ergibt sich konkret durch die Zuordnung von Organisationsrollen zu jeweiligen Berufspositionen.

In der Soziologie sind die ebenfalls in der Organisationsstruktur bereits eingeführten Begriffe, nämlich die der segmentierenden und funktionalen Differenzierung, für die Rollenstruktur von Bedeutung.

Bei der segmentierenden Rollendifferenzierung werden die Aufgabenvolumen in inhaltlich gleichartige Teile gegliedert. Die Rolleninhaber sind entsprechend austauschbar und sollte ein Rolleninhaber durch Urlaub oder Krankheit ausfallen, können andere Rolleninhaber die Aufgaben übernehmen. Der Vorteil dabei ist, dass durch den Wegfall eines Rolleninhabers – also eines Mitarbeiters -, das Gesamtsystem nicht gestört wird (zumindest sieht es nach außen so aus, denn für die Mitarbeiter, die die Arbeit von Kollegen übernehmen müssen, ist es eine massive Störung). Diese Rollendifferenzierung tritt gewöhnlich nur in sehr großen Betrieben auf, in denen es möglich und notwendig ist, Abteilungen auf Grund der Größe zu unterteilen, die jedoch gleiche bzw. ähnliche Aufgaben erfüllen.

Bei der funktionalen Differenzierung wird die Gesamtaufgabe in fachspezifische Teile unterteilt und der Ausfall eines Rolleninhabers kann zu gravierenden Problemen führen, da ein Ersatz nicht ohne weiteres gefunden werden kann. Diese Aufteilung ist überwiegend bei komplexen Aufgaben notwendig (Kühn 1992). Für

---

[17] Der methodische Begriff des „Going Native" stammt aus der Kulturanthropologie und bedeutet eigentlich „so werden wie die Eingeborenen", was auf die Herkunft des Begriffs aus der britischen Kolonialzeit verweist. Gemeint war damit primär die Gefahr – aus Sicht der britischen Behörden -, dass die Verwaltungsbeamten und Offiziere in den Kolonien sich zu sehr mit den „Eingeborenen" einließen und sich dadurch ihrer Kontroll- und Herrschaftsfunktionen beraubten.

ein komplexes Softwareprojekt werden zum Beispiel unterschiedliche Experten benötigt, so dass Einzelne unentbehrlich sind.

Eng mit der segmentierenden und funktionalen Differenzierung sind die Begriffe Entscheidungs-, Kontroll- und Autoritätsstruktur verknüpft.

2.5.3 Verteilung von Entscheidungs-, Kontroll- und Autoritätsbefugnissen auf die einzelnen Rolleninhaber

Mit der Entscheidungs- bzw. der Autoritätsstruktur (die Begriffe werden oft synonym verwendet) wird jeweils festgelegt, wer eine Entscheidungs- bzw. Anordnungsbefugnis hat. Zugleich wird damit klar gestellt, dass die untergebenen Mitarbeiter die Ausführungspflicht haben. Dieser Punkt wurde bereits weiter oben behandelt.

Streng genommen umfasst der Entscheidungsbegriff, welche Handlungsmöglichkeiten einem Rolleninhaber zustehen. Der Projektleiter in einer Einflussorganisation hat beispielsweise nur eine koordinierende Handlungsmöglichkeit, nicht jedoch die Weisungsautorität. Die Entscheidungsstruktur wird auf der obersten Leitungsebene bestimmt und institutionalisiert (z. B. durch Stellenbeschreibungen). Der Autoritätsbegriff hingegen bezieht sich auf die Durchsetzungsfähigkeit, wobei die Autoritätsstruktur mit der Entscheidungsstruktur übereinstimmen kann; dies ist jedoch nicht zwingend. So kann und muss mitunter ein Projektleiter, der die Weisungsbefugnisse hat, die Autoritätsstruktur einem Experten im Bereich der Softwareentwicklung überlassen, wenn der Leiter selbst kein Experte auf diesem Gebiet ist.

Hinsichtlich der Autoritätsstruktur gibt es drei Unterscheidungsmerkmale:

- *Amtsautorität* (oder positionale Autorität): Eine Person erhält die Autorität durch das zugewiesene Amt und der damit verbundenen Position. Häufig wird dies durch eine Ernennungsurkunde dokumentiert und durch Organisationsvorschriften abgesichert. Die untergeordneten Mitarbeiter unterliegen einem gewissen „Anerkennungszwang". Dies hat den Vorteil, dass untergeordnete Mitarbeiter die Entscheidungen nicht permanent in Frage stellen dürfen und Anweisungen schlicht befolgen müssen.
- *Personale* (oder charismatische) *Autorität:* Die Ausstrahlung einer Person ist ausschlaggebend, damit eine Person über Autorität verfügt. Häufig werden Stelleninhaber nur auf Grund ihrer Wirkung als Autorität anerkannt, auch wenn die fachliche Kompetenz fehlt.
- *Funktionale Autorität* (oder Fach- und Sachautorität): Die fachliche Kompetenz eines Stelleninhabers ist herausragend, wodurch alle dessen Autorität anerkennen, selbst wenn keine herausragende Position damit verbunden ist.

Erfahrungsgemäß zeigt es sich, dass die Amtsautorität ebenfalls über Freiheitsgrade in der Ausführung verfügt. Die Freiheitsgrade beziehen sich jedoch auf die Entscheidungskompetenz. Ein Sachbearbeiter wird sich streng an die Vorgaben halten, ein Abteilungsleiter kann selbstständig Entscheidungen treffen, die weitreichender sind. In wichtigen Angelegenheiten ist es daher am besten, sich direkt an Denjenigen zu wenden, der über die Amtsautorität verfügt. In wiefern dies möglich ist, hängt jedoch von der vertikalen Differenzierung der Organisationsstruktur ab und davon, welche Kommunikationswege zugelassen werden.

2.5.4 Konkrete Rollen im Projektmanagement

Um die unterschiedlichen Aspekte des Rollenbegriffs zu konkretisieren, werden im Folgenden einige Rollen und beispielhaft die damit verknüpften Erwartungen und Kompetenzen aufgeführt.

Tabelle 2-2: Rollen und Erwartungen im Managementbereich (nach Gadatsch, 2008, 35ff)

Rolle	Erwartungen	Kompetenzen
Auftraggeber	Ernennung des Projektleiters, legt die Ziele fest, unterstützt den Projektleiter	Verantwortlich für Projektcontrolling, soziale Kompetenz, Konfliktschlichtung
Lenkungsausschuss	Organisation; Ernennung des Projektleiters; Unterstützung des Projektteams	Organisation; Alle Beteiligten sollten über soziale wie kommunikative Kompetenzen verfügen
IT-Projektleiter	Auswahl der Mitarbeiter, Erteilung von Arbeitsaufträgen, Verantwortung für Ergebnisse, Berichterstattung Projektführung	BWL-Kenntnisse; Organisation und Personalführung; Vertragsrechtliche Kenntnisse Projektmanagement; Soziale, kommunikative, organisatorische, Führungskompetenzen, Motivationsfähigkeiten, Belastbarkeit, Leistungsbereitschaft, Teamfähigkeit, Kritikfähigkeit
Teammitglied	Erstellung von Projektplanung und Ausführung der Arbeitspakete	Erstellung eines Soll-Konzepts, Modellierung von Arbeitsabläufen
Externe Mitarbeiter	Einbringen des Know-hows	Spezialwissen; Teamfähigkeit, soziale Kompetenzen, Objektivität, Argumentationsfähigkeit
IT-Projektcontroller	Unabhängiger Berater	Sicherstellung der Planung, Steuerung und Kontrolle des Projektes
Externer Projektmanager	Neutrale Person	Lösung potentieller Konflikte; Konfliktfähigkeit, Fach und Kulturkenntnisse, soziale Kompetenz

2 Die Organisation und der Mensch

Tabelle 2-3: Rollen im Qualitätsmanagement. In ISO/CD 9001:2007 sind die Aufgaben, Rechte und Pflichten für BOL und QM ausreichend definiert, die anderen Rollen kaum bzw. nur unzureichend (Wagner und Käfer 2008, S. 12ff)

Qualitätsmanagement, während des Aufbaus:

Rolle	Erwartungen	Kompetenzen
Beauftragter der obersten Leitung (BOL)	Festlegung der Verantwortungen und Befugnisse innerhalb der Organisation; Leitungsmitglied der Organisation benennen Geeignete Prozesse der Kommunikation einführen	Delegationsfähigkeit Wahrnehmung von Konflikten Identifizierung von Verbesserungspotentialen Kommunikative Kompetenzen
Qualitätsmanager (QM)	Definition und Festlegung der Struktur, Management des internen Audits, Durchführung des Management-Reviews; Aufbau eines Qualifizierungsprogramms	Kommunikative Sicherstellung der Systemwirksamkeit, Aufgabenwahrnehmung Ermittlung der Effektivität und Effizienz, analytische Kompetenzen, soziale Kompetenzen
Qualitätsbeauftragter (QB)	Unterstützt den QM ab einer bestimmten Größe	s. QM
Prozessverantwortlicher (PzV)	Führung des Prozessteams, unterstützen dezentralisiert das QM-System	Koordination, Schulungskompetenzen
Prozessteam (PzT)	Optimierung der Prozesse, Entwicklung neuer Ideen zur Optimierung, Hinterfragen	Kommunikative, Fähigkeit zur Hinterfragung, Kreativität
Interner Auditor (IA)	Schwachstellen aufzeigen und Verbesserungsmaßnahmen veranlassen, Überprüfung der Wirksamkeit	Analytische Kompetenz, kommunikative Kompetenz, Planungsfähigkeit

Die beiden Tabellen umfassen lediglich eine kleine Übersicht der möglichen Rollenverteilungen sowie der damit verbundenen Erwartungen. Je nach Projektgröße sowie der Wahl eines Vorgehensmodells (s. nächstes Kapitel) sind weit mehr Rollenverteilungen möglich. Ein kleiner Blick genügt jedoch, um zu sehen, dass die sozialen wie kommunikativen Kompetenzen praktisch jeder Rolle zugewiesen werden. Die Beschreibungen dieser Tabelle werden übrigens in dem folgenden Rollenmodell verwendet.

2.6 Fallbeispiel: Die Entstehung sozialer Rollen durch individuelle Lernprozesse

Die tabellarische Auflistung der verschiedenen Rollen, die von den Mitgliedern eines Projektteams eingenommen werden können (und häufig auch müssen) zeigt deutlich auf, dass soziale Einheiten, die eine gemeinsame Aufgabe übernehmen, nicht homogen sein können, sondern dass sie differenziert bezüglich unterschiedlicher Rollen sein müssen. Anders gesagt, gerade die Gemeinsamkeit der Aufgabe verlangt, dass die Teammitglieder verschieden sind. Nun ist es häufig nicht so, dass die erforderlichen Unterschiede zwischen den Mitgliedern von Anfang an bestehen, sondern dass erst innerhalb des gemeinsamen Kooperationsprozesses die Mitglieder durch individuelle Lernprozesse ihre jeweiligen Rolleninhalte gewissermaßen akquirieren. Dies konnten wir, nebenbei bemerkt, sehr deutlich studieren anhand eines Online-Kurses in Wirtschaftsinformatik, bei dem die Teilnehmer von uns die Aufgabe erhielten, gemeinsame Teams zu bilden. Durch die Bearbeitung dieser Aufgabe übernehmen die Teilnehmer unterschiedliche Rollen in den – virtuellen – Teams und lernten, sich diesen Rollen gemäß zu verhalten und einschlägige Kenntnisse zu erwerben (falls sie zu Beginn des Kurses noch nicht über derartige Kenntnisse verfügten).

Obwohl die Entstehung sozialer Rollen durch individuelle Lernprozesse streng genommen nicht zu den Problemen des IT-Managements im engeren Sinne gehört, die in diesem Buch die wesentlichen Themen darstellen, wollen wir an einem Modell zeigen, dass auch diese sehr komplexen sozialen Prozesse, die die Grundlage aller gesellschaftlichen Bereiche darstellen, durch die hier thematisierten Techniken in mathematischen Modellen analysiert werden können. Das ist nicht selbstverständlich, da es hier um Themen der sog. „weichen" Wissenschaften geht, die sich nach Überzeugung vieler Wissenschaftler der Behandlung durch mathematische Verfahren entziehen (s. Einleitung).[18]

Das Modell, das im Folgenden vorgestellt wird, ist in einem gänzlich anderen Zusammenhang entwickelt worden, auf den hier nur verwiesen werden kann, nämlich die Analyse von sozio-kulturellen Evolutionen (Klüver, J. 2002; Klüver and Klüver 2010), also den historischen Entwicklungen ganzer Gesellschaften. Die in diesem Modell verwendeten Techniken, nämlich sog. bi-direktionale neuronale Netze (BAM-Netze), ein neuronales Netz in Form einer sog. Selbstorganisierenden Karte (Kohonen-Karte), Zellularautomaten und Boolesche Netze werden hier nicht im Einzelnen erläutert. Auf Boolesche Netze werde wir in einem der nächsten Fallbeispiele ausführlich eingehen und Zellularautomaten werden noch in diesem Kapitel dargestellt. Die beiden im Modell verwendeten neuronalen Netztypen

---

[18] Der berühmte amerikanische Evolutionsbiologe Richard Lewontin illustrierte dies einmal durch die Bemerkung, dass gegenüber der Komplexität sozialer und kognitiver Prozesse die Probleme der Molekularbiologie „trivial" wären (Lewontin 2000).

spielen in diesem Buch weiter keine Rolle und werden deshalb nur hinsichtlich ihrer Leistungsmöglichkeiten erläutert.

Das Modell basiert auf der allgemeinen Annahme, dass individuelle Lernprozesse die Basis für die Entstehung und Veränderung sozialer Strukturen bilden; anschließend wirken eben diese sozialen Strukturen auf die individuellen Lernprozesse zurück. Man kann hier von einem „dialektischen" Zusammenhang zwischen kognitiver Entwicklung und sozialer Variation sprechen. Anstatt des ehrwürdigen und häufig nur schwammig gebrauchten Begriffs der Dialektik sprechen wir hier lieber von einer permanenten Rückkoppelung zwischen individueller kognitiver Ebene und der des Sozialen. Wenn es hier demnach um die Entstehung bzw. Bildung von Teams geht, dann geschieht dies dadurch, dass die Mitglieder lernen, bestimmte Rollen zu übernehmen, woraus sich eine bestimmte soziale Teamstruktur ergibt, die ihrerseits auf die individuellen kognitiven Prozesse einwirkt.

Im Modell gehen wir davon aus, dass zu Beginn eines Simulationsablaufs die Mitglieder eines noch zu bildenden Teams sozial und kognitiv noch eine verhältnismäßig homogene Gruppe bilden, sich also hinsichtlich ihrer Kenntnisse wenig voneinander unterscheiden und noch keine speziellen Rollen einnehmen. Natürlich kommt es in der Realität häufig vor, dass den Mitgliedern bestimmte Rollen einfach zugewiesen werden. Wir wollten jedoch wie im obigen Beispiel des Online-Kurses zeigen, wie derartige Teambildungen auf der Basis von Rollenübernahmen sozusagen selbstorganisiert verlaufen können (vgl. auch das Fallbeispiel 2.14 in diesem Kapitel). Die weitgehende Homogenität zu Beginn wird dadurch simuliert, dass die Mitglieder als Zellen eines Zellularautomaten repräsentiert werden. Diese Zellen sind in dem Sinne homogen, dass sie gleiche Beziehungen zueinander haben; es gibt also z. B. keine Hierarchien. Außerdem sind die Zellen anfänglich in Zuständen, die im Wesentlichen quantitativ gleich sind; unten wird erläutert, was damit gemeint ist. Visualisiert werden derartige Zellkonfigurationen durch ein Gitter, bei dem eine Zelle ein Quadrat in diesem Gitter ist. Abb. 2.4 zeigt ein derartiges Gitter:

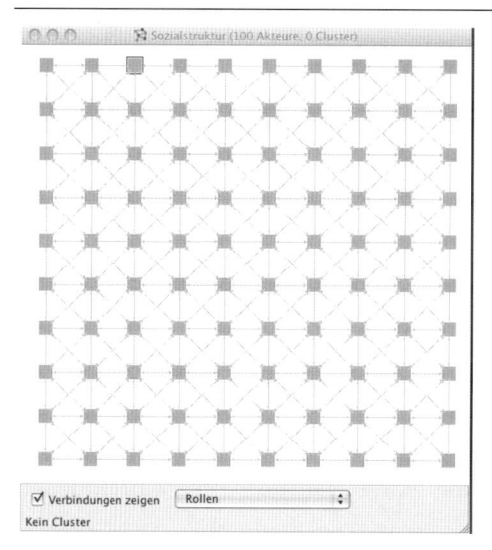

Abbildung 2-4: Der ZA im Anfangszustand

Üblicherweise werden die Zustände von Zellen eines Zellularautomaten durch einfache numerische Werte dargestellt (s. u. 2.13). Der von uns hier verwendete Zellularautomat ist wesentlich komplexer, da jede Zelle selbst aus einer Kombination der beiden erwähnten neuronalen Netze (BAM-Netze und Kohonen-Karte) besteht. Wenn man jede Zelle als die formale Repräsentation eines Teammitglieds nimmt, dann stellen die zugehörigen Netze gewissermaßen das kognitive Innenleben der Mitglieder dar, sie repräsentieren also die in einem Teammitglied ablaufenden kognitiven Lernprozesse. Die Verwendung von zwei verschiedenen Netzwerktypen hat folgende Gründe:

Unter „Lernen" verstehen wir hier die Aneignung und Ordnung von kognitiven Kategorien bzw. Begriffen sowie der Attribute, die die jeweilige Kategorie sozusagen definiert.[19] Die Kategorie „Hund" beispielsweise wird durch Attribute der Art „vier Beine", „Fell", „bellen" etc. charakterisiert. Der entsprechende Lernprozess einer Aneignung derartiger Kategorien und Attribute kann nun einerseits dadurch stattfinden, dass ein Lerner beim Wahrnehmen von Objekten mit den Eigenschaften eines Hundes die Kategorie „Hund" von anderen Individuen in seiner sozialen Umgebung übernimmt; in diesem Fall wäre es ein Lernen durch explizite Instruktion und damit eine Form des sog. überwachten Lernens. Andererseits kann es auch vorkommen, dass ein Lerner zwar bestimmte Wahrnehmungen hat – von Attributen natürlich -, es jedoch Niemanden gibt, der eine zugehörige Kategorie vermitteln kann. In diesem Fall muss der Lerner gewissermaßen kreativ werden: Er bildet Analogien, d. h. er überprüft, welche bereits ge-

---

[19] Es ist mittlerweile eine allgemein akzeptierte Position der Kognitionswissenschaften, dass das Lernen von Kategorien zu den wichtigsten Komponenten menschlicher Lernprozesse zählt (vgl. z.B. Lakoff 1987).

lernten Kategorien über Attribute verfügen, die den aktuell wahrgenommenen relativ ähnlich sind. Der Lerner führt dann eine neue Kategorie ein, indem er sozusagen das Neue an seine bereits gelernten Wissensbestände „anschließt". Jeder erfahrene Lehrer (im allgemeinen Sinne) und jeder Lerntheore-tiker weiß, dass die Aufgabe etwas Neues zu lernen, nur dadurch vom Lerner erfolgreich gelöst werden kann, wenn ein derartiger Anschluss an etablierte Wissensbestände möglich ist.

Im Modell wird die Aneignungsaufgabe durch die BAM-Netze geleistet, über die, wie bemerkt, jede Zelle verfügt. BAM-Netze operieren, wie der Name „bi-direktional" schon sagt, in zwei Richtungen[20]: Nach erfolgtem Lernprozess – sei es durch Übernahme oder durch eigene Konstruktion einer neuen Kategorie – kann ein BAM-Netz durch Eingabe der Attribute die entsprechende Kategorie assoziieren und umgekehrt kann es durch Eingabe einer Kategorie die zugehörigen Attribute generieren. Wenn man eine soziale Interaktion simuliert, bei der bestimmte Kategorien verwendet werden, dann „weiß" das BAM, was damit gemeint ist. Ebenso kann ein BAM auf einen Hinweis „da ist ein Objekt mit bestimmten Eigenschaften" sozusagen antworten „das ist ein Hund". Natürlich geht es bei der Bildung von Teams im IT-Bereich nicht um das Lernen bzw. Erkennen von Hunden. Das zugrunde liegende Prinzip jedoch lässt sich auch hier anwenden, wenn es z. B. um das Erkennen bestimmter Programmiersprachen anhand spezieller syntaktischer Eigenschaften geht.

Auch wenn man sich bei einer Simulation von Lernprozessen auf die Aneignung von Kategorien beschränkt, reicht es selbstverständlich nicht aus, die gelernten Kategorien ungeordnet zur Verfügung zu haben. Die Kategorien müssen vielmehr selbst in einen systematischen Zusammenhang gebracht werden; in den Kognitionswissenschaften nennt man derartige Ordnungen auch „semantische Netze". Bekannte und einfache Beispiele für derartige semantische Netze sind Taxonomien der ‚Art „Hunde sind Säugetiere, Säugetiere sind Wirbeltiere, Tiere sind Lebewesen". Wie komplex semantische Netze schon für spezielle Wissensbereiche sein können, haben wir u. a. in Klüver und Klüver 2007 gezeigt.

Die Generierung eines derartigen semantischen Netzes für die verschiedenen Teammitglieder ist Aufgabe der Kohonen-Karte, die dies durch eine spezifische Form des selbstorganisierten Lernens realisiert. Etwas genauer gesagt besteht die Operationsweise einer Kohonen-Karte darin, verschiedene Objekte – hier semantische Kategorien – aufgrund der Ähnlichkeit ihrer Attribute zu ordnen, d. h. in dieser Hinsicht ähnliche Objekte zusammen zu bringen und unähnliche voneinander zu trennen. Mit diesem Prinzip der Ähnlichkeitsgruppierung, wenn auch nur mit diesem Prinzip, war die Kohonen-Karte inspirierendes Vorbild für das von uns entwickelte Self Enforcing Network (SEN), das unten in 2.9

---

[20] BAM steht für bi-directional associative memory.

beschrieben wird. Die beiden Netzwerktypen wirken nun derart zusammen, dass die BAM-Netze lernen, Kategorien und charakteristische Merkmale, die Attribute, miteinander zu assoziieren. Nach erfolgten Lernprozessen werden die Kategorien und ihre Attribute an die Kohonen-Karte übergeben, die für jeden Lerner, d. h. für jede Zelle des Zellularautomaten, die einen Lerner repräsentiert, ein semantisches Netz nach dem Ähnlichkeitsprinzip konstruiert. Die Abbildung 2.5 zeigt das Ergebnis eines derartigen Lern- und Ordnungsprozesse:

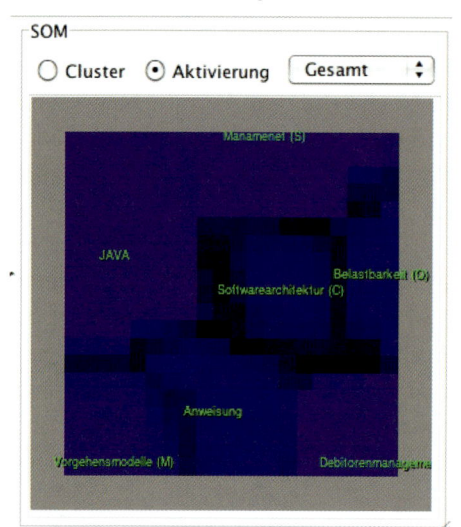

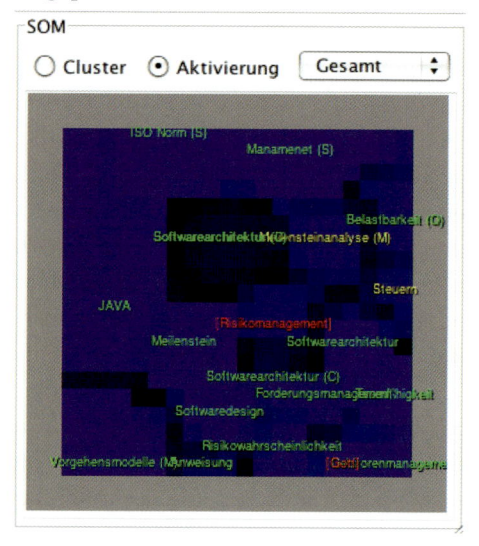

Abbildung 2-5: Das Resultat einer Kohonen-Karte auf der Basis der Lernprozesse verschiedener BAM-Netze. Im linken Bild wird das Wissen des Akteurs zu Beginn der Simulation gezeigt. Im rechten Bild wird das Innenleben des Akteurs nach 200 Iterationen gezeigt. Der Akteur hat u. A. die Konzepte „Risikomanagement" von seiner sozialen Umgebung gelernt und „Meilensteinanalyse" durch Analogie entwickelt.

Die Zellen des Zellularautomaten verfügen zu Beginn über ein bestimmtes Grundwissen in Form von insgesamt hundert Kategorien mit jeweils ca. 5 – 8 Attributen. Von diesen Kategorien werden vor dem Start einer Simulation jeder Zelle 10 Kategorien, ausgewählt nach dem Zufallsprinzip, übergeben. Anschließend beginnt der Lernprozess für die einzelnen Zellen: Jede Zelle erhält regelmäßig neue Listen von Attributen ohne die zugehörigen Kategorien. Die Zelle überprüft dann die Nachbarn in ihrer unmittelbaren Umgebung, ob diese Kategorien für die neuen Attribute haben. Findet die Zelle auf diesem Weg neue Kategorien mit Attributen, werden diese dem bisherigen Wissensvorrat hinzuge-fügt. Da dies am Anfang einer Simulation nicht selten der Fall ist, wächst der Wissensvorrat jeder Zelle relativ rasch an (s. Abb. 2.5, rechtes Bild), bis die Zellen einer bestimmten Umgebung verhältnismäßig ähnliche Wissensbestände haben. Dies gilt freilich nur dann, wenn die jeweiligen Nachbarzellen tatsächlich die gewünschten Informationen besitzen. Für weiter entfernte Zellen gilt das erst recht nicht, da deren Wissensvorräte sich aufgrund ihrer Umgebungsbedingungen in andere Richtungen entwickeln können – ebenfalls natürlich in Abhängigkeit von den neuen Attributslisten, die ihnen übergeben werden. Am Ende dieser Entwicklungsphase können sich Cluster von Lernern gebildet haben, wobei die Lerner eines Clusters weitgehend ähnliche Wissensbestände haben, die jedoch von Cluster zu Cluster verschieden sind. Damit haben sich Subgruppen von Spezialisten für unterschiedliche Aufgaben gebildet. Allerdings ist diese Clusterbildung nicht notwendig immer der Fall aufgrund der Stochastik bei den Verteilungsprozessen.

Wenn die Zellen von ihren unmittelbaren Nachbarn keine neuen Kategorien mehr übernehmen können, beginnt die zweite Phase der Lernprozesse, nämlich die beschriebene Methode der Analogiebildungen. Die Zellen erhalten weiter nach dem Zufallsprinzip verteilt verschiedene Listen von Attributen, für die sie in Analogie zu den bereits gelernten Kategorien neue Begriffe bilden. Außerdem werden auch weiter die Nachbarzellen überprüft, ob sie nach einer gewissen Zeit doch neue Informationen liefern können. Da die Attributslisten mit semantischen Kategorien benannt werden müssen, werden diese Bezeichnungen von den Nachbarn übernommen, so dass eine gemeinsame neue Terminologie entsteht. Bei großen Systemen kann es allerdings vorkommen, dass in verschiedenen Subgruppen die gleichen Attributslisten mit verschiedenen Begriffen gekennzeichnet werden, was gewissermaßen einer Entstehung verschiedener Fremdsprachen entspricht. Die Abbildung 2.6 zeigt das Ergebnis eines Lerners, der ein semantisches Netz gebildet hat, das aus übernommenen und eigenständig entwickelten Kategorien besteht:

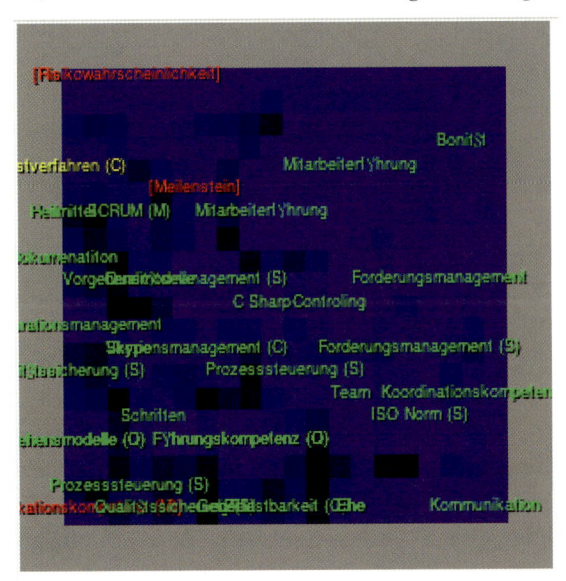

Abbildung 2-6: Übernommene und eigenständige Begriffe wurden zu einem semantischen Netz zusammen gefügt. Risikowahrscheinlichkeit, Meilenstein und Kommunikationskompetenz wurden sozial gelernt, Testverfahren wurde per Analogieschluss entwickelt. Dieser Akteur hat die Rolle eines Softwareentwicklers (S) übernommen und hat zusätzlich Kenntnisse aus dem Bereich Controlling (C) und Qualitätsmanagement (Q).

Durch diese Lernprozesse ist die anfängliche Homogenität der Gesamtgruppe differenziert worden, so dass sich die Mitglieder teilweise deutlich unterscheiden. Dadurch, dass jede Zelle ein spezielles Wissen entwickelt – insbesondere durch die Analogiebildung -, kann jede Zelle als Repräsentantin einer speziellen Rolle verstanden werden. Diese Auflösung der ursprünglichen Homogenität wird modelliert dadurch, dass der Zellularautomat sich sukzessive in ein Boolesches Netzwerk transformiert (s. u.). Dies zeigt Abbildung 2.7:

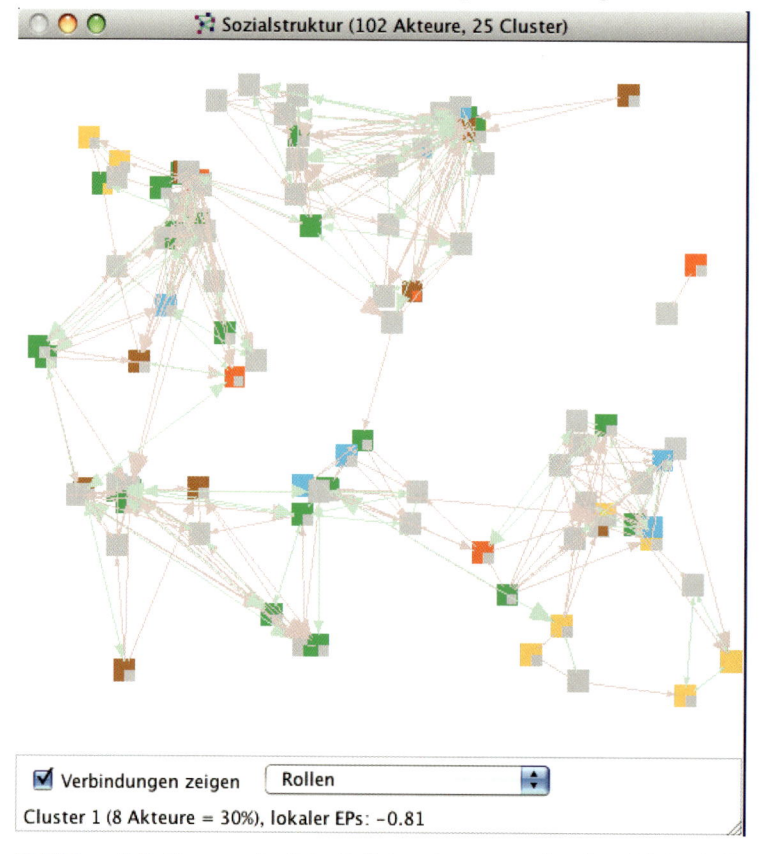

Abbildung 2-7: Der ursprüngliche Zellularautomat transformiert sich in ein Boolesches Netz

Die direkt miteinander verbundenen Zellen sind sich in ihren Wissensbeständen und damit in ihren Rollen vergleichsweise ähnlich und umgekehrt. Hat eine von zwei Zellen mehr Wissen als die andere, dann wird die erste Zelle über der anderen platziert – es entsteht eine soziale Hierarchie. Am Ende derartiger Simulationen ist eine Gruppe bzw. ein Team entstanden, dessen Mitglieder sich differenziert haben in verschiedene Spezialistenrollen.

Zur Illustration zeigen wir noch ein letztes Beispiel zweier Lerner im Vergleich, das besonders plastisch die Resultate der ziemlich komplexen Lernprozesse darstellt. Diese Akteure haben beide die Rolle eines Softwareentwicklers ein-

2 Die Organisation und der Mensch

genommen. Die folgenden Abbildungen zeigen die jeweiligen Lernergebnisse nach 150 Iterationen. Die Unterschiede zwischen den beiden Akteuren sind durchaus bemerkenswert:

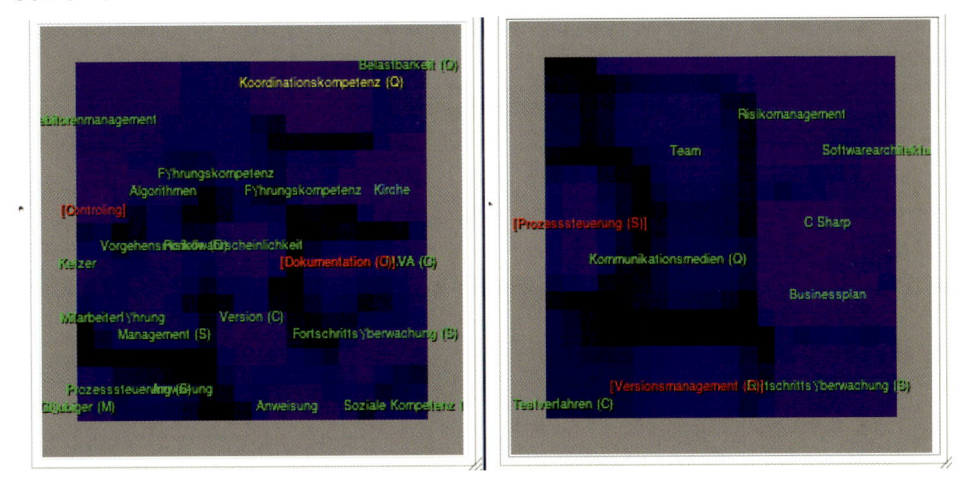

Abbildung 2-8: Zwei Akteure, die die Rolle des Softwareentwicklers haben.

Der Akteur im linken Bild hat die Konzepte „Dokumentation" und „Controlling" sozial gelernt sowie „Koordinationskompetenz" per Analogieschluss entwickelt. Er verfügt zusätzlich über Wissen aus den Bereichen des Controllings (C), des Managements (M) sowie des Qualitätsmanagements (Q). Der Akteur im rechten Bild hat die Konzepte „Prozesssteuerung" und „Versionsmanagement" sozial gelernt. Insgesamt verfügt dieser Akteur über weniger Wissen. Somit werden die individuellen Unterschiede zwischen zwei Individuen deutlich, die zwar dieselbe Rolle haben, jedoch über ein unterschiedliches Wissen und verschiedene semantische Zuordnungen verfügen.

Wenn man die Regeln des Gesamtsystems, die wir hier nur skizziert haben, als mathematischen Formalismus versteht, dann kann man mit ziemlicher Plausibilität sagen, dass diese Ergebnisse im Detail nicht vorhersagbar sind. Man muss das Programm ablaufen lassen, um zu sehen, was aus den einzelnen Mitgliedern und dem Gesamtsystem wird. Dies ist ein Indiz dafür (für mathematisch Interessierte), dass es sich bei diesem System um eines handelt, das in der Sprache der Berechenbarkeitstheorie „nicht algorithmisch komprimierbar" ist. Gemeint ist damit, dass es keine mathematische Beschreibung zur exakten Prognose des Systems gibt, die kürzer ist als das Programm: Algorithmisch nicht komprimierbare Systeme können nur durch konkrete Simulationen prognostiziert werden. Das soll allerdings genug an Mathematik sein.

Man nennt übrigens Systeme wie dies Modell „hybride Systeme", da in ihnen verschiedene Techniken zu einem Gesamtprogramm kombiniert werden. Die oben erwähnte Komplexität sozio-kognitiver Prozesse macht es plausibel, dass auch nur durch relativ komplexe Modelle eine adäquate Problemdarstellung und Problembearbeitung möglich ist. Die mehr praxisbezogenen Fallbeispiele, die in diesem Kapitel und den folgenden Kapiteln dargestellt werden, sind jedoch glücklicherweise wesentlich einfacher, da sie jeweils nur eine bestimmte Technik der Modellierung verwenden.

Wenden wir uns jetzt wieder den mehr praktischen Problemen des Projektmanagements zu. Mit den bisher aufgeführten Definitionen wird die Bedeutung der Betriebssoziologie für die Unternehmensführung deutlich: Von den Führungskräften wird erwartet, dass sie über einschlägige Kompetenzen verfügen, um ein Unternehmen intern stabil zu halten. Die innere Stabilität bedeutet nicht, ein „statisches System" zu schaffen; es bedeutet vielmehr, dass ein System (Betrieb) in der Lage sein muss, flexibel auf Einwirkungen von Außen zu reagieren und sich den Umweltanforderungen zu stellen, ohne dass die innere Struktur auseinander bricht. Um diese innere Struktur zu verdeutlichen, werden im Folgenden drei Bereiche angesprochen:

- Führungsstil
- Kommunikationskompetenz
- Gruppenbildung

2.7 Führungsstil

Von dem Führungsstil hängt der Erfolg einer Organisation sehr stark ab. Die Herausforderungen für einen Projektleiter sind entsprechend hoch, da er stets abwägen muss, welcher Führungsstil für die gesamte Gruppe geeignet ist und wie einzelne Mitarbeiter geführt werden müssen. Psychische Rollen oder die verschiedenen Charakterausprägungen der Persönlichkeit spielen bei der Führung einer Gruppe eine wesentliche Rolle.

Da die klassischen Führungsstile bekannt sein dürften, werden sie hier nur kurz erwähnt:

1. autoritärer (vorgesetztenorientierter) Führungsstil,

2. kooperativer (demokratischer, untergebenenorientierter) Führungsstil,

3. Laisser-faire (permissiver, nicht direktiver) Führungsstil.

Ad 1. Autoritärer Führungsstil:

Beim autoritären Führungsstil hat der Vorgesetzte alle Entscheidungsbefugnisse und er beruft sich streng genommen auf die Amtsautorität. Typisch für diesen Führungsstil ist, dass den Mitarbeitern mit negativen Sanktionen gedroht wird und positive Anreize nicht vorhanden sind. Das Wort des Leiters ist Gesetz und die Aufgaben müssen sofort ausgeführt werden.

Auf den ersten Blick scheint dieser Führungsstil eher unbrauchbar zu sein, da er praktisch nicht mitarbeiterorientiert ist. Wie immer im Leben hat auch diese Medaille zwei Seiten: Manche Mitarbeiter brauchen genau diesen Führungsstil. Auf Grund ihrer Sozialisation sind sie es gewohnt, dass sie stets Anweisungen erhalten, die sie sofort ausführen. Sie möchten selbst gar nicht selbstständig denken, sie müssen wissen, was und wann sie es zu tun haben.

Auf der anderen Seite ist dieser Führungsstil insbesondere dann wichtig, wenn Mitarbeiter bestimmte Anordnungen nicht ausführen wollen oder die Anordnungen nicht ernst nehmen. Unabhängig davon, wie der Leiter die Rolle allgemein ausführt (z. B. prinzipiell kooperativ), muss jedem Mitarbeiter klar sein, dass eine Diskussion in bestimmten Fällen zwecklos ist. Das führt zwar zu Konflikten auf persönlicher Ebene, der Mitarbeiter muss aber die Anordnung befolgen, da er sonst mit Sanktionen rechnen muss (Kühn 1992). Mit anderen Worten, es muss genau kalkuliert werden, in welchen Situationen genau dieser Führungsstil, wenn auch nur kurzfristig, *notwendig* ist.

Wird jedoch nur dieser Führungsstil konsequent beibehalten, ist die Arbeitsatmosphäre alles andere als positiv. Besonders kreative und selbstständige Menschen lassen sich nicht bevormunden und die Gefahr, dass nur Dienst nach Vorschrift gemacht wird, ist sehr groß. Ein anderes Problem besteht darin, dass bei Ausfall der Führung eine Instabilität in der Gruppe auftreten kann, da alle auf den Vorgesetzten fixiert waren und entsprechend nicht selbstständig arbeiten konnten (oder wollten).

In diesem Kontext spielt die Persönlichkeit natürlich eine wesentliche Rolle: Falls ein Leiter sich stets autoritär verhält, ist dies häufig ein Indiz für Unsicherheit oder für einen unstillbaren Drang nach Macht. Beide Aspekte sind keine guten Eigenschaften für einen Leiter. In der Praxis zeigt es sich sehr häufig, dass die Mitarbeiter eine derartige Persönlichkeit nicht ernst nehmen können. Dies wird besonders deutlich, wenn eine derartige Leiterpersönlichkeit nicht erkennt, dass autoritäres Verhalten von der Rollenverteilung her unangemessen ist. Uns wurde sogar von einem Verleger berichtet, der ernsthaft glaubte, dass er mit seinen Autoren genauso autoritär umgehen kann wie mit seinen Mitarbeitern. In diesem Fall war der autoritäre Führungsstil zu einem integralen Teil der Persönlichkeit geworden.

Dennoch sei nochmals betont, dass mitunter genau dieser Führungsstil *notwendig* ist. Die Kunst besteht darin, die Balance zu halten.

Ad 2. Kooperativer Führungsstil

Die Zusammenarbeit steht hier – nicht weiter überraschend – im Vordergrund. Der Leiter stimmt sich mit den Mitarbeitern ab, bringt sich selbst aktiv mit Ideen ein, koordiniert und nimmt insbesondere die Mitarbeiter ernst. Die Mitarbeiter entwickeln solidarische Beziehungen sowohl untereinander als auch dem Leiter gegenüber.

Es dürfte evident sein, dass bei komplexen Softwareprojekten dieser Führungsstil nach Möglichkeit zu bevorzugen ist. Die gemeinsame Bearbeitung einer Aufgabe, in der jedes Mitglied seine Kompetenzen einbringen kann, ist motivationsfördernd. Insbesondere profitiert der Leiter am meisten von seinen Mitarbeitern. Es ist praktisch unmöglich, dass sich ein Softwaremanager in allen Bereichen gleichermaßen gut auskennt. Häufig werden neue Entwicklungen nicht mehr wahrgenommen. Haben die Mitarbeiter die Motivation und den Ehrgeiz, sich einzubringen, dann kann ein Leiter sicher sein, dass deren Kenntnisstand erhöht wird, und die Wahrscheinlichkeit, dass die Projekte erfolgreich durchgeführt werden, ist sehr viel höher.

Allerdings sei auch hier angemerkt, dass die Realisierung des kooperativen Führungsstils nicht immer ausreichend ist, damit sich alle konstruktiv einbringen. Hier hängt erneut viel von der Persönlichkeit des Leiters ab, jedoch auch von seiner Fach- und Sachkompetenz. Auch bei dem kooperativen Führungsstil muss die Autorität anerkannt werden. Da diese nicht über die Amtsautorität vermittelt wird, müssen die Mitarbeiter auch den Eindruck erhalten, dass der Leiter weiß, wovon er redet oder sonst ehrlich zugibt, dass er auf seine Mitarbeiter angewiesen ist.

Ad 3. Laisser-faire Führungsstil

In diesem Fall wird auf eine Führung weitgehend verzichtet. Es wird demnach eine gewisse Form der Selbstorganisation erwartet. Die Mitarbeiter sollen sich untereinander abstimmen, ohne dass Jemand die Leitung übernimmt.

Dieser Führungsstil ist gewiss der problematischste, da zwar nach außen hin auf eine Führung verzichtet wird; dies entspricht jedoch nicht unbedingt und schon gar nicht immer der menschlichen Natur. Wie bereits oben bemerkt, brauchen die meisten Menschen klare Führungsstrukturen, an denen sie sich orientieren können. In diesem Fall werden die sozialen und personellen Rollen eine wesentliche Bedeutung erhalten. Eine sog. Führernatur übernimmt automatisch die Führung (oder versucht es zumindest). Sind mehrere in der Gruppe vorhanden, die über dieses Persönlichkeitsmerkmal verfügen, ist es nicht schwer, sich vorzustellen, dass Jeder die Leitung übernehmen will. Das Resultat sind dann gewöhnlich Konkurrenzkämpfe, bei denen viel Zeit und Energie damit verschwendet wird, eine Hackordnung innerhalb der Gruppe herzustellen. Dies kann dann im Extremfall sogar dazu führen, dass dem eigentlichen Leiter die Führungsposition gewissermaßen abhanden kommt.

Kurzfristig kann dies jedoch eine sehr konstruktive Form der Führung sein, nämlich dann, wenn die Arbeitsteilung von den Mitarbeitern selbst durchgeführt werden soll. Sind die Projektmitglieder beispielsweise auf mehreren Gebieten sehr gut, können die Mitarbeiter ihre eigenen Präferenzen realisieren, wodurch letztlich die Arbeitsmotivation gesteigert und zugleich die Bearbeitungszeit verringert wird.

Grundsätzlich gilt, dass es nicht „den Führungsstil" gibt (Pfetzing und Rohde, 2009). Wie aufgezeigt wurde, muss ein Leiter situativ entscheiden, welcher Führungsstil notwendig ist. Darüber hinaus spielen die Organisationsstrukturen eine Rolle und damit zusammenhängend, wie rigide die einzelnen Verhaltensregeln aufgestellt werden. Zusätzlich kann ein Führungsstil in einem Projekt mit bestimmten Mitarbeitern sehr gut funktionieren, bei einem anderen Projekt mit einer anderen Gruppe zeigt es sich, dass der Führungsstil verändert werden muss. Nicht von ungefähr wird von einem Projektleiter eine sehr ausgeprägte soziale wie kommunikative Kompetenz neben der fachlichen Sachautorität erwartet (s. o.).

Auch hier sollte man freilich die berühmte Kirche im Dorf lassen. Man kann von keinem einzelnen Leiter erwarten, dass er sämtliche Führungsstile virtuos beherrscht und je nach Situation optimal einsetzt. Bestimmten Persönlichkeiten liegen bestimmte Führungsstile mehr als andere Stile, was eigentlich selbstverständlich ist. Wichtig ist, dass einem Leiter die Vor- und Nachteile eines spezifischen Führungsstils in einer bestimmten Situation klar sind und dass er zumindest erfolgreich versuchen kann, zu extreme Formen seines spezifischen Führungsstils abzumildern und zu relativieren. Wir werden am Ende dieses Kapitels in einem Fallbeispiel zeigen, wie ein Modell erstellt werden kann, in dem mögliche bzw. empfehlenswerte Kombinationen von Führungsstilen und Persönlichkeitstypen von Teammitgliedern untersucht werden können.

2.8 Kommunikative Kompetenzen

Von großer Bedeutung sind, wie bereits mehrfach betont, die Kommunikations- und Informationsstrukturen. Wer kann mit wem interagieren und über welche Kanäle - dies sind wesentliche Fragen.

Kommunikative sowie soziale Kompetenzen werden als *Schlüsselqualifikationen* definiert und entsprechend erwartet. Bei Befragungen jedoch, was eigentlich kommunikative Kompetenz ist, gaben häufig Befragte die Antwort: „Mit anderen Menschen reden zu können". Nun, wenn dies ausreichend wäre, könnte niemand von einer Qualifikation sprechen.

Es ist nicht überraschend, dass es zu diesem Thema unzählige Definitionen und Theorien gibt. Klaus Merten hat z. B. bereits im Jahre 1977 160 Definitionen von Kommunikation aufgezählt. Doch auch diese Definitionen müssen erheblich erweitert werden, denn Kommunikation spielt mittlerweile auch im technischen Bereich eine wesentliche Rolle. Somit wird nur ein kleiner Aspekt von Kommunikation auf einer alltagspraktischen Ebene behandelt, der sich insbesondere auf zwischenmenschliche Kommunikationen bezieht (für mehr Informationen siehe Stoica-Klüver et al. 2007).

Das folgende (einfache) Kommunikationsmodell gehört zu den bekanntesten und wurde von Shannon und Weaver als eine mathematische Informationstheorie entwickelt, um eine automatische Informationsübertragung zu ermöglichen. Auf den ersten Blick erscheint dieses Sender-Empfänger-Modell sehr einfach; dieser Eindruck täuscht jedoch, da sowohl bei der technischen als auch bei einer menschlichen Übertragung von Informationen viele Störungen auftreten können, die es dem Empfänger unmöglich machen, die empfangene Nachricht im Sinne des Senders zu entschlüsseln.

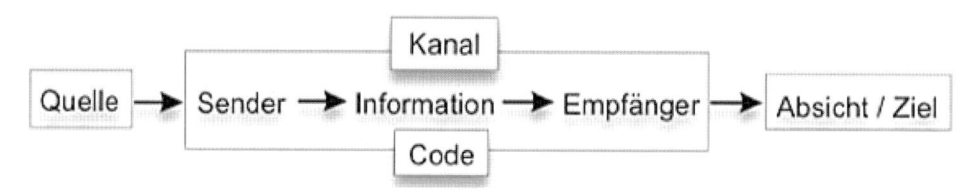

Quelle → Sender → Information → Empfänger → Absicht / Ziel
(Kanal / Code)

Abbildung 2-9: Das Kommunikationsmodell nach Shannon und Weaver

Dieses Modell kann auf eine menschliche Kommunikation übertragen und vereinfacht folgendermaßen interpretiert werden:

WER (*Sender*) SAGT (*Kanal*) WAS (*Information*) aus welcher QUELLE (Wissen) zu WEM (*Empfänger*) WIE (*Code*) über welchen KANAL WOZU (Absicht / Ziel) und unter welchen Voraussetzungen (Informationsverwertung)

Die *Quelle* kann in diesem Kontext als vorhandenes Wissen interpretiert werden; der Sender produziert entsprechend der Situation und der Absicht bzw. des Ziels eine Nachricht, die von dem Empfänger verarbeitet wird.

Es ist vielleicht erstaunlich, dass die Quelle nicht als Bestandteil des Senders dargestellt wird; bezogen auf technische Informationssysteme macht dies natürlich Sinn. Diese Differenzierung kann ebenfalls für menschliche kommunikative Prozesse fruchtbar gemacht werden. Es ist ein Unterschied, ob ein Projektmanager, der ein Softwareprojekt leitet, einen betriebswirtschaftlichen oder Informatik-Hintergrund hat, aus welcher Quelle er also sein Wissen bezieht. Das vorhandene Wissen verschiedener Sender ist jeweils unterschiedlich und daher können sehr viele Störungen bei dem Empfänger auftreten, wenn der Empfänger die Quelle nicht kennt oder mit der Nachricht eine andere Quelle assoziiert.

Man stelle sich z. B. vor, dass ein Projektmanager im Zusammenhang mit einer Software-Entwicklung den Begriff „Controlling" als eine notwendige Voraussetzung für den Erfolg einführt. Er selbst hat einen betriebswirtschaftlichen Hintergrund (*Quelle*), seine Mitarbeiter sind alle Informatiker. Kaum wird das Wort „Controlling" ausgesprochen, wehren sich alle Mitarbeiter und behaupten, sie könnten keine vernünftige Software entwickeln, wenn sie ständig kontrolliert werden. Das ist ein Beispiel aus der Praxis und zeigt, wie häufig Wissensunterschiede zu Störungen der Kommunikation führen können. Je nach Ausbildung der Informatiker wird der Begriff „Controlling" falsch assoziiert, was natürlich umgekehrt zu Irritationen beim Manager führt, da er nicht nachvollziehen kann, warum die Mitarbeiter damit ein Problem haben.[21]

Die größte Gefahr besteht im Alltag häufig darin, dass Menschen aneinander vorbeireden, ohne es zu merken. Ein Beobachter würde wahrnehmen, dass beide Gesprächspartner dasselbe Thema verfolgen. Häufig wird jedoch übersehen, dass das Thema aus unterschiedlichen Perspektiven (aus unterschiedlichen Quellen) besprochen wird. Dies kann man beispielsweise häufig bei interdisziplinären Forschungsprojekten beobachten, wenn etwa Informatiker und Soziologen kooperieren sollen und beide von „Struktur" reden. Abgesehen davon, dass sowohl bei Soziologen als auch bei Informatikern dieser Begriff nicht selten ziemlich unpräzise gebraucht wird, meinen beide Kooperationspartner im Zweifelsfall deutlich verschiedene Sachverhalte. Ganze Forschungsbereiche sind an derartigen Kommunikationsproblemen gescheitert. Im Zusammenhang mit der sog. Pseudointeraktion (s. u.) wird dieses Problem noch einmal aufgegriffen.

Die „Kodierung" einer Nachricht ist ein schwieriger und zugleich ein wesentlicher Aspekt der Kommunikation. Die einfachste Überlegung ist, dass sich die Kodierung auf die Sprache selbst bezieht. Die individuelle Verarbeitung der Informationen muss in einer sprachlichen Form kodiert werden, um anderen die eigenen Gedanken übermitteln zu können (aber auch, um eigene neue Gedanken entwickeln zu können). Zu der Kodierung einer Nachricht gehören allerdings noch zusätzliche Aspekte: So kann z. B. die Stimmlage, die Betonung einzelner Wörter und die Wortwahl als eine spezielle Form der Kodierung interpretiert werden.

Es ist zum Beispiel sehr schwer herauszufinden, ob Jemand eine Äußerung ironisch meint, insbesondere dann, wenn die Person einem nur flüchtig bekannt ist. Dies ist noch viel schwieriger, wenn ein Ausländer, der Sprachschwierigkeiten hat, etwas ironisch meint. Im Grunde müsste dann schon häufig ein Schild hoch gehalten werden mit der Aufschrift „Das war ein Witz, Mensch".[22]

Es kann auch durchaus geschehen, dass in festen Teams bestimmte Kodierungen entstehen, die von Außenstehenden nicht verstanden werden (Informatiker-Jargon) und diese ganz gezielt eingesetzt werden, um sich von den „Anzugträgern", also den Angehörigen des Managements, zu unterscheiden. Kodierungen können also bewusst eingesetzt werden, um sich von anderen abzugrenzen, aber auch, um bestimmte Effekte beim Empfänger zu erzielen. Bekannt ist dies auch

---

[21] Für Leser, die keine Betriebswirte sind: Mit „Controlling" ist nicht, wie umgangssprachlich üblich, die Kontrolle der Personen und/oder ihres konkreten Handelns gemeint, sondern die des Zustands und des Fortschritts des Projekts insgesamt.

[22] Das sagte zumindest Kommissar Matthies in der TV-Serie „Großstadtrevier".

beim sog. Imponiergehabe, wenn einfache Sachverhalte künstlich durch komplizierte Terminologien sozusagen aufgebläht werden.[23]

Ein zusätzliches Problem bei der Interpretation einer Nachricht durch den Empfänger entsteht durch die Wahl des Kanals. Betrachten wir ein Medium, das kaum noch aus unserem Leben wegzudenken ist, nämlich das Telefon. Wie häufig ist zu beobachten, dass beispielsweise am Telefon eine Wegbeschreibung übermittelt wird und dabei die Hände für die Richtungsanzeige benutzt werden. Unglücklicherweise kann der Zuhörer diese Unterstützung nicht wahrnehmen; dies zeigt jedoch, wie selbstverständlich die Gestik als eine Unterstützung der verbalen Kommunikation verwendet wird. Der gewählte Kommunikationskanal kann demnach bewirken, dass Informationen oder Kodierungen, die sonst ohne Probleme richtig wahrgenommen werden, durch das Fehlen des Sichtkontaktes falsch interpretiert werden. Bekannt sind diese Phänomene natürlich auch im Internetchat bzw. in der schriftlichen Mitteilung, also immer dann, wenn wir nur eine reduzierte Möglichkeit haben, den Gesprächspartner in seiner ganzen Persönlichkeit wahrzunehmen.

Für den Fall der menschlichen Kommunikation wird normalerweise nicht von einer Kodierung gesprochen, sondern es wird unterschieden zwischen *verbaler* (sprachlicher) und *nonverbaler* Kommunikation. Genauer: Kommunikation besteht aus Worten und paralinguistischen Phänomenen (Tonfall, Schnelligkeit oder Langsamkeit der Sprache, Pausen, Seufzen etc.), Körperhaltung, Ausdrucksbewegungen (Körpersprache) usw., d. h. Verhalten jeder Art.

Die Notwendigkeit, die verbale sowie die nonverbale Kommunikation zu beherrschen, braucht wohl nicht weiter betont zu werden. Es gibt eine Fülle an Theorien, die sich genau aus diesem Grund mit Kommunikation aus verschiedenen Perspektiven beschäftigen. Die Schwierigkeit liegt häufig darin, die nonverbale Kommunikation richtig zu interpretieren. Nehmen wir das klassische Beispiel, dass Jemand mit verschränkten Armen steht oder sitzt. Die Interpretation, die praktisch immer erfolgt, ist, dass die Person damit Introvertiertheit ausdrückt oder sich angegriffen fühlt. Die Verschränkung der Arme reicht jedoch für eine Interpretation nicht aus. Wesentlich wichtiger ist die sonstige Körperhaltung, der Tonfall etc. Wenn der Gegenüber also nicht ganzheitlich wahrgenommen wird, kommt es zu Fehlinterpretationen (Stoica-Klüver et al. 2007)

Die Beherrschung des richtigen Tonfalls spielt ebenfalls eine wichtige Rolle. Es wurde bereits erwähnt, dass jede Rolle mit bestimmten Freiheitsgraden ausgeführt werden kann. Dies bezieht sich häufig auf die Art und Weise, wie Jemand seine Rolle ausführt. Ein Leiter, der die Amtsautorität hat, kann sich im Alltag sehr ko-

---

[23] Bei dem großen Soziologen Niklas Luhmann heißt es dann „Reduktion von Komplexität durch Transformation in die Temporaldimension", wenn gemeint ist „eins nach dem anderen und nicht alles auf einmal".

operativ verhalten, in entscheidenden Situationen muss er jedoch die Amtsautorität einsetzen. Dies geschieht zum Beispiel durch einen Tonfall, bei dem jeder Mitarbeiter merkt, dass kein Widerspruch geduldet wird.

2.9 Kommunikation in geographisch verteilten Teams

Die Informations- und Kommunikationsmedien (IUK) spielen bei geographisch verteilten oder „virtuellen" Teams eine wesentliche Rolle. Dabei ist zu beachten, dass je nach Medium die Informationen nicht immer vollständig aufgenommen werden können. Die Wahl des „Kanals" sollte entsprechend sorgfältig ausgewählt werden.

In der Zwischenzeit gibt es eine Fülle von Tools und Programmen, die eine elektronische Kommunikation erleichtern. Microsoft bietet die Möglichkeit des „Life Meetings", so dass die Kommunikationspartner sich zur gleichen Zeit die Dokumente, Präsentationen etc. anschauen können. Eine Video- und Audioübertragung lässt sich problemlos einrichten. Die Tendenz ist generell bei Projektarbeiten vorhanden, dass im Intranet spezielle Projektseiten entstehen, so dass die Projektmitarbeiter dort Zugriff auf die Dokumente nehmen können, chatten und im Forum diskutieren.

Es ist unumgänglich, dass spezielle Kommunikationsregeln aufgestellt werden, damit die Projektmitglieder nicht mit E-Mails überlastet werden oder mit Forumsbeiträgen, die als solche nichts als Zeitverschwendung sind. Wenn etwa, wie wir es bei wissenschaftlichen Foren nicht selten erlebt haben, einzelne Teilnehmer praktisch private Dialoge führen nach der Art „ich halte Deine Überlegungen für sehr richtig und habe mir auch schon Gedanken dazu gemacht", dann fragt sich jeder andere Teilnehmer, was das denn in einem Forum soll. Die in Fallbeispiel 2.1 behandelte Problematik des ausufernden E-Mail Verkehrs beruht nicht zuletzt auf genau diesem Problem der irrelevanten Informationen.

Nicht nur aber insbesondere bei geographisch verteilten Teams ist die richtige Wahl der Kommunikationsmedien von wesentlicher Bedeutung. Deswegen folgt nun das nächste Fallbeispiel, das sich mit der Klassifizierung von Kommunikationsmedien beschäftigt. Vorher jedoch müssen kurz die Grundprinzipien neuronaler Netze und vor Allem die Grundlogik des von uns entwickelten Self Enforcing Network (SEN) dargestellt werden.

2.10 Neuronale Netze und das SEN

Neuronale Netze lassen sich, ähnlich wie die Booleschen Netze, mathematisch als Graphen darstellen, die nicht nur gerichtet sind – das sind die Booleschen Netze auch – sondern auch gewichtet. Ebenso wie bei den Booleschen Netzen gibt es topologische Strukturen und Interaktionsregeln, die die Aktivierungen der einzelnen Elemente bzw. Knoten steuern; bei neuronalen Netzen spricht man allerdings nicht von Interaktionsregeln, sondern von „Funktionen", von denen in diesem Beispiel die wichtigste die sog. Aktivierungsfunktion ist. Zusätzlich gibt es noch Lernregeln. Diese haben die Aufgabe, die Gewichtungen der Verbindungen zwischen den Knoten so zu modifizieren, wie es die jeweilige Lernaufgabe verlangt. Da die neuronalen Netze sich heuristisch am Vorbild des Gehirns orientieren, spricht man nicht von Elementen oder Knoten, sondern von (künstlichen) Neuronen. Die numerischen Werte, die die Verbindungen gewichten, werden als Gewichte w_{ij} bezeichnet (von englisch weight), wobei i das sendende Neuron ist und j das empfangende.[24]

Die meisten Typen neuronaler Netze sind in Schichten eingeteilt, wobei gewöhnlich eine Schicht die Inputschicht darstellt; die Neuronen dieser Schicht werden zu Beginn „extern aktiviert", d. h. sie erhalten einen bestimmten Input in Form numerischer Werte. Eine zweite Schicht ist die Outputschicht: Wie es der Name sagt, enthält die Outputschicht die Informationen über das Verhalten des Netzes bzw. die von ihm erzielten Ergebnisse. Häufig gibt es noch sog. Zwischenschichten, die dem englischen Vorbild folgend auch als „verborgene Schicht" (hidden layer) bezeichnet werden. Das ist recht missdeutbar, da an dieser Schicht bzw. Schichten nichts verborgen ist.

Eine erste Klassifikation von Netzen besteht darin, dass man folgende Unterscheidungen trifft: a) Die erste Klasse sind Netze, die als „feed forward" Netze nur Verbindungen von der Inputschicht über die Zwischenschichten zur Outputschicht haben. b) Eine zweite Klasse sind die „feed back" Netze (wieder eine unglückliche Bezeichnung), die zusätzlich auch Verbindungen von der Outputschicht über die Zwischenschichten zur Inputschicht aufweisen. Damit wird gewissermaßen die Richtung des Informationsflusses gesteuert, der im ersten Fall nur „vorwärts", also vom Input zum Output verläuft, und im zweiten Fall auch „rückwärts", also auch von der Outputschicht zur Inputschicht. Dies wird im folgenden Bild visualisiert:

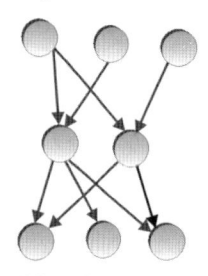

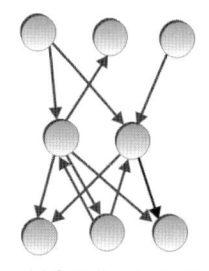

a) feed forward Netz   b) feed back Netz

Abbildung 2-10: Richtungen des Informationsflusses bei zwei möglichen Netztopologien

---

[24] Einzelheiten zu neuronalen Netzen finden sich in Stoica-Klüver et al. 2009.

Gemeinsam ist diesen beiden Netzwerktopologien, dass es offensichtlich keine „horizontalen" Verbindungen gibt, also keine zwischen den Neuronen einer Schicht. Das ist natürlich nicht zwingend und es gibt zahlreiche Netztypen, die wir zusammenfassend als „rekurrent" bezeichnen, bei denen es auch horizontale Verbindungen gibt.[25] Im Fall der sog. „Vollvermaschung" bestehen sogar Verbindungen zwischen allen Neuronen und zwar in beiden Richtungen. Bei derartigen Netztopologien gibt es auch keine Unterscheidungen zwischen den Schichten mehr; es wird je nach Aufgabe festgelegt, welche Neuronen einen Input empfangen – möglicherweise alle – und welche Neuronen – ggf. wieder alle – den Output repräsentieren. Wir werden unser Fallbeispiel mit einem rekurrenten Netzwerk durchführen, das wir speziell für Klassifikationszwecke entwickelt haben.

Eine zweite Klassifikation besteht darin, welchen Lerntypus ein bestimmtes Netzwerk realisieren soll. Die drei wichtigsten Lernformen sind:

a) überwachtes Lernen (supervised learning),

b) bestärkendes Lernen (reenforcing learning),

c) selbstorganisiertes Lernen (self-organized learning).

Das überwachte Lernen besteht darin, dass dem Netz ein Ziel (target), gewöhnlich in Form eines Vektors, vorgegeben wird. Die Lernaufgabe besteht dann darin, den Outputvektor bzw. die vorher bestimmten Outputneuronen möglichst nahe an die Werte des Zielvektors anzupassen. Dies geschieht durch Einsatz einer speziellen Lernregel, also eines Algorithmus, der die Gewichte systematisch modifiziert bis die gewünschte Nähe des Outputvektors zum Zielvektor erreicht ist. Man kann auch noch andere Netzparameter modifizieren, aber dies ist das Grundmuster.

Das bestärkende Lernen, das nur relativ selten verwendet wird, verläuft ähnlich wie das überwachte Lernen, allerdings ohne die Vorgabe eines Zielvektors. Man gibt dem Netz sozusagen eine Richtung des Lernprozesses vor, z. B. dass die Werte des Outputvektors immer größer bis zu einem bestimmten Schwellenwert werden sollen – das Netz erhält jedoch diesen Schwellenwert nicht – und bringt durch Einsatz einer entsprechenden Lernregel das Netz dazu, sich diesem Schwellenwert anzunähern. Diese Lernform hat Ähnlichkeiten mit dem Verhalten von evolutionären Algorithmen; diese werden wir in den beiden nächsten Kapiteln etwas genauer darstellen.

Das selbstorganisierte Lernen kommt ohne jede externe Zielvorgabe aus und besteht darin, aufgrund bestimmter Informationen eine logische Ordnung der ent-

---

[25] Streng genommen ist die Bezeichnung „rekurrent" etwas zu grob, da man zusätzliche Unterscheidungen treffen kann. Für unsere Zwecke jedoch genügt es, wenn man rekurrent" als Bezeichnung für Netztopologien nimmt, bei denen es nicht nur „vertikale" Verbindungen gibt.

sprechenden Daten zu erzeugen. Man kann auch sagen, dass durch selbstorganisiertes Lernen eine vorher nur implizit vorhandene Ordnung explizit gemacht wird.[26] Beim menschlichen Lernen lässt sich für diesen Lerntypus als Beispiel der Aufbau eines sog. semantischen Netzes nennen: Wenn Kinder Hunde und Katzen beobachten und anschließend in einem Aquarium oder Teich Fische sehen, dann ordnen sie diese Wahrnehmungen derart, dass in einem semantischen Netz Hunde und Katzen relativ nahe beieinander platziert werden und die Fische weiter entfernt. Wenn diese Kinder zusätzlich Delphine beobachten und darauf hingewiesen werden, dass dies keine Fische sind, dann werden sie Delphine zwischen „Fische" sowie „Hunde" und „Katzen" einordnen. Dieser Lerntypus ist sicher der komplexeste; unser Netzwerk operiert mit ihm.[27]

Das Problem, um das es im nächsten Fallbeispiel geht, besteht darin, zu zeigen, welche speziellen Kommunikationsmedien für eine spezifische Kommunikationssituation besonders gut geeignet sind. Logisch gesehen lässt sich diese Aufgabe auch so verstehen, dass bei Vorgabe einer bestimmten Kommunikationssituation die Medien der Situation zugeordnet werden, die einen hinreichenden Eignungsgrad aufweisen. Diese Aufgabe wird durch ein von uns neu entwickeltes Netzwerk gelöst, das nach dem Prinzip des selbstorganisierten Lernens operiert und durch eine bestimmte Lernregel eine rekurrente Netztopologie aufbaut. Da diese Lernregel nach einem bestimmten Verstärkungsprinzip operiert, nennen wir dies Netz ein „selbstverstärkendes Netz" bzw. in der englischen Terminologie ein „Self Enforcing Network", kurz SEN.

Ein SEN besteht aus drei gekoppelten Teilen:

a) Es gibt eine sog. semantische Matrix, in der logisch-semantische Beziehungen zwischen den verschiedenen Objekten enthalten sind, die vom SEN geordnet werden sollen. Wenn man z. B. als inhaltliche Basis für die semantische Matrix eine übliche Datenbank verwendet, dann sind in der Matrix insbesondere die Beziehungen zwischen Objekten und Attributen enthalten, also die Information darüber, ob ein spezielles Objekt A über ein Attribut X verfügt. Wenn es nur darum geht, ob ein Attribut vorliegt oder nicht, reicht eine binäre Codierung aus – 1 für „liegt vor", 0 für „liegt nicht vor". Will man zusätzlich ausdrücken in

---

[26] Dies lässt sich für Probleme des Data Mining sehr gut verwenden (vgl. z.B. Stoica-Klüver 2008).

[27] Ein semantisches Netz ist – wieder – ein gerichteter Graph, der auch gewichtet sein kann und dessen Knoten aus Begriffen bestehen. Die Verbindungen zwischen den Begriffen drücken gewöhnlich logisch-semantische Beziehungen zwischen den Begriffen aus. Man kann allerdings die Verbindungen auch als „assoziative Grade" interpretieren: Beim Begriff „Paris" wird man unmittelbar „Frankreich" oder auch „Eiffelturm" assoziieren; diese beiden Begriffe würden dann direkt mit „Paris" verbunden sein. Ein Begriff wie „London" wäre dagegen vermutlich nur indirekt mit „Paris" verbunden, z. B. über den Begriff „Hauptstadt" (vgl. dazu Klüver et al. 2006).

welchem Maße ein Attribut vorliegt – stark, mittel, schwach etc. . -, dann wird die Matrix reell codiert, gewöhnlich mit Werten zwischen 0 und 1. Ein Beispiel für eine binär codierte Matrix, das von Ritter und Kohonen (1989) stammt, zeigt die folgende Graphik; Ritter und Kohonen haben diese Technik für selbstorganisiert lernende Netze u. W. zuerst verwendet.

	Adler	Kuh	Löwe
fliegt	1	0	0
Fleischfresser	1	0	1
Säugetier	0	1	1

b) Der zweite Teil eines SEN ist das eigentliche Netzwerk. Die Gewichtsmatrix, nämlich die Darstellung der Gewichtswerte in Matrixform, enthält vor Beginn des eigentlichen Lernvorgangs nur Werte w = 0. Die Neuronen des Netzwerks repräsentieren die Objekte, in diesem kleinen Beispiel also die Begriffe für die drei Tiere, sowie die Attribute. Das Netz hat also in diesem extrem einfachen Beispiel sechs Einheiten (das Originalbeispiel von Ritter und Kohonen ist wesentlich größer, aber wir bringen hier nur einen Ausschnitt).

Die Aktivierungsfunktion eines SEN kann optional eingestellt werden. Man kann die einfache lineare Aktivierungsfunktion wählen:

$$A_j = \sum A_i * w_{ij}, \qquad (2.2)$$

wobei A_j der Aktivierungswert des „empfangenen" Neurons j ist, A_i die Aktivierungswerte der „sendenden" Neuronen i und w_{ij} die Gewichtswerte zwischen den Neuronen i und j. Diese sehr einfache Funktion ist vermutlich die biologisch plausibelste und hat wegen ihrer Einfachheit den Vorzug, dass sie das Verständnis der Netzwerkprozesse wesentlich erleichtert. Bei großen und insbesondere rekurrenten Netzwerken, in denen viele Neuronen miteinander direkt verbunden sind, hat sie jedoch den Nachteil, dass wegen der Linearität die Aktivierungswerte schnell sehr groß werden können. Dann ist man gezwungen, zusätzliche „Dämpfungsparameter" einzubauen, die verhindern, dass die Aktivierungswerte über einen bestimmten Schwellenwert wachsen – gewöhnlich 1. Dies ist freilich ein nicht nur mathematisch sehr unelegantes Verfahren, sondern auch gerade für Benutzer, die mit derartigen Netzen nicht vertraut sind, reichlich schwierig, die passenden Parameterwerte einzustellen. Wir haben deswegen zwei Varianten der linearen Aktivierungsfunktion entwickelt und in das SEN implementiert:

$$A_j = \sum A_i * w_{ij}/k \qquad (2.3)$$

Bei dieser Variante wird die Dämpfung der Aktivierungswerte einfach dadurch realisiert, dass eine Mittelwertbildung vorgenommen wird (k ist die Anzahl der sendenden Neuronen). Bei vorgegebenem A_i zwischen 0 und 1 und w_{ij} im gleichen

Intervall, bleiben die A_j gewöhnlich unter 1 und nur in Extremfällen zwischen 1 und 2.

$$A_j = \sum lg_3 (A_i+1) \tag{2.4}$$

Diese Variante lässt sich als „linear logarithmisch" bezeichnen.

Bei Ausgangswerten der Gewichte und A_i zwischen 0 und 1 werden die logarithmischen Werte natürlich negativ; deswegen ist der Summand +1 hinzugefügt. Da dies Werte zwischen 1 und 2 ergibt, haben wir als logarithmische Basis 3 genommen. Die bisherigen Erfahrungen zeigten, dass meistens die linear-logarithmische Funktion die stabilsten Ergebnisse liefert.

Zusätzlich ist es möglich, die bekannte sigmoide Funktion zu verwenden, die jedoch nach unseren experimentellen Erfahrungen häufig keine befriedigenden Ergebnisse liefert, d. h. das Netzwerk stabilisiert sich häufig nicht.

Die Gewichtsmatrix für ein SEN enthält, wie bemerkt, zur Beginn nur Gewichtswerte w = 0. Die Gewichtswerte, mit denen ein SEN für eine bestimmte Aufgabe arbeitet, werden aus der semantischen Matrix gemäß folgender Lernregel generiert:

Wenn die semantische Matrix binär codiert ist, dann werden die Matrixelemente gleich 0 direkt in die Gewichtsmatrix übertragen, d. h. sie sind auch gleich Null in der Gewichtsmatrix. Ein Element der semantischen Matrix mit dem Wert 1 wird in der Gewichtsmatrix mit w = 0.1 implementiert. Eine Gewichtsmatrix, die aus der einfachen semantischen Matrix im obigen Beispiel generiert wird, sieht dann so aus:

	Adler	Kuh	Löwe
fliegt	0,1	0	0
Fleischfresser	0,1	0	0,1
Säugetier	0	0,1	0,1

Falls aus speziellen Gründen diese Gewichtsmatrix noch nicht ausreicht, wird der Lernschritt wiederholt, so dass die Werte 0 bleiben und die Werte von 0.1 auf 0.2 erhöht werden. Gewöhnlich reichen diese Werte nach unseren Erfahrungen aus; nur in seltenen Fällen müssen die Gewichtswerte auf 0.3 oder höher gesetzt werden.

Falls die semantische Matrix reell codiert ist, wie in unserem Fallbeispiel, dann wird folgende Generierung vorgenommen: Die Werte der semantischen Matrix gleich Null bleiben Null – wie im binären Fall. Ein reell codierter Wert größer als Null wird im ersten Schritt um 0.01 erhöht, im zweiten insgesamt um 0.02 etc. Aus einem Wert 0.3 in der semantischen Matrix wird dann also im ersten Schritt 0.31, im zweiten 0.32 usf.

Vor Begin einer Netzwerkoperation sind die Aktivierungswerte A_i aller Neuronen auf 0 gesetzt. Eine Simulation wird dadurch gestartet, dass bestimmte Neuronen mit einem extern eingegebenen numerischen Wert größer als Null aktiviert werden; gewöhnlich ist dies ein Wert in der Größenordnung von 0.1 oder 0.2. Das Netzwerk erreicht dann einen Attraktor, gewöhnlich einen Punktattraktor, der die endgültigen Aktivierungswerte für alle Neuronen festlegt. Ein Punktattraktor ist ein Zustand, der sich nicht mehr verändert, obwohl das System weiter operiert; ein Attraktor der Periode n ist eine Folge von Zuständen, die nach der n-ten Iteration des Systems periodisch wiederkehren.

Bei Klassifizierungsaufgaben werden meistens die Neuronen extern aktiviert, die die Attribute eines Objekts repräsentieren, das in Bezug auf bereits vorhandene Objekte eingeordnet werden soll. Wenn also beispielsweise in das obige einfache Netz eine neue Eingabe eingefügt und durch das Netz eingeordnet werden soll, etwa „Eule" mit den Attributen „fliegt", „nicht Säugetier", „Fleischfresser", dann wird das Neuron „Eule" zusätzlich in das Netz eingegeben und die Neuronen „fliegt" sowie „Fleischfresser" werden extern aktiviert.

c) Der dritte Teil eines SEN ist ein Visualisierungsteil. Dieser besteht darin, dass die Stärke der Endaktivierungen das Maß dafür ist, wie ähnlich die verschiedenen Objekte einander sind. Haben zwei Objekte eine annähernd gleiche oder nur gering verschiedene Endaktivierung, dann gelten sie als ähnlich und umgekehrt. Der Visualisierungsalgorithmus transformiert die Ähnlichkeiten in geometrische Distanzen, wobei räumliche Nähe eine semantische Ähnlichkeit ausdrückt und größere räumliche Distanzen ein hohes Maß an Unähnlichkeit. Wenn man etwa sich räumlich vorstellen will, wohin „Eule" relativ zu den anderen drei Tieren gehört, dann wird vom Visualisierungsalgorithmus das Neuron „Eule" ins Zentrum des Gitters platziert, das auf dem Monitor erzeugt wird; die anderen Tiere, d. h. natürlich ihre Repräsentationen durch Neuronen, werden dann von „Eule" in ihre Richtung gewissermaßen gezogen. Am Ende platzieren sich die Neuronen um die „Eule" herum, wobei in diesem Fall „Adler" ganz nahe an „Eule" sein dürfte und „Kuh" relativ entfernt.

Die in diesem Buch gezeigten Visualisierungen von SEN in den jeweiligen Fallbeispielen arbeiten sämtlich mit sog. Referenztypen. Dies bedeutet, dass bestimmte Objekte jeweils fest vorgegeben sind, an denen sich die vom Benutzer erstellten Eingaben orientieren. Wenn also, wie im nächsten Beispiel, es darum geht, dass für eine bestimmte Kommunikationssituation die am besten geeigneten Medien ausgewählt werden sollen, dann werden die Medien als Referenztypen in das SEN fest eingegeben; der Benutzer gibt die Charakteristika seiner Situation als Eingabe an. Dies Verfahren geht auch umgekehrt, so dass man beispielsweise eine Anzahl von Kommunikationssituationen als Referenztypen fest vorgibt und für ein Medium als Eingabe bestimmen lässt, in welcher Kommunikationssituation es am besten verwendet werden sollte.

Die Formel für die Berechnung der Distanz zwischen zwei Objektneuronen ist einfach durch die Berechnung der Differenz zwischen den Endaktivierungswerten der beiden Neuronen definiert.

2.11 Fallbeispiel: Klassifizierung von Kommunikationsmedien durch ein selbstorganisiert lernendes neuronales Netz

Die Wahl der Kommunikationsmedien und der Kommunikationsstrategie ist, wie bereits bemerkt, insbesondere bei geographisch verteilten Teams von wesentlicher Bedeutung. Es werden Werkzeuge für die folgenden Arten der Teamkommunikation benötigt:

1. Textkommunikation (schriftlich)
    - Diskussionen
    - Mitteilungen
    - Ankündigungen
2. Verbale (orale) Kommunikation
    - bilateral (zwei Teilnehmer)
    - multilateral (drei bis fünf Teilnehmer)
3. Visuelle Kommunikation
    - Präsentation
    - Bildschirmfreigabe
    - synchrone Arbeit an Dokumenten
4. Datenablage / Versionsverwaltung
    - Dateiaustausch
    - Datenablage
    - gemeinsame Arbeit an Dokumenten

Für Arbeitsprozesse, die komplexe Entscheidungsprobleme behandeln, ist die Kommunikation über möglichst viele digitale Kanäle notwendig, um sicher zu stellen, dass keine Missverständnisse vorliegen. In der Zusammenarbeit muss ein Vertrauen zwischen den Mitgliedern hergestellt werden, das durch die möglichen technischen Probleme beeinträchtigt werden kann.

Ein großer Teil der Kommunikation und der Bearbeitung der Dokumente findet asynchron und zeitversetzt statt. Idealerweise sollten Änderungen an der Software oder an den Dokumenten für alle Teammitglieder zu jedem Zeitpunkt verfügbar sein (s. Änderungsmanagement, Versionsverwaltung). Die ersten Schwierigkeiten beginnen mit der Bestimmung eines Programms, das für die Mitglieder leicht handhabbar ist. Wird ein spezielles Clientprogramm (wie z. B. TortoiseSVN) zusätzlich benötigt, sind die nicht versierten Benutzer überfordert. Daher müsste zum Beispiel in diesem Fall eine WebDAV-Erweiterung aktiviert werden, die es diesen Mitgliedern erlaubt, die Dateifreigabe als Ordner ins Betriebssystem einzubinden. Allein dieses kleine Beispiel zeigt, dass es nicht nur unterschiedliche

Programme gibt, die ein Änderungsmanagement und eine Versionsverwaltung ermöglichen, sondern dass zusätzliche Optionen berücksichtigt werden müssen, wenn die Benutzer nicht mit den Programmen umgehen können.

Darüber hinaus ist zu beachten, dass die genutzten Werkzeuge und Datenformate mit den verschiedenen Plattformen und Betriebssystemen kompatibel sein müssen. Die unterschiedlichen Betriebssysteme wie MAC OS, Linux und Windows weisen für sich schon Unterschiede auf Grund unterschiedlicher Versionen auf, die es nicht gerade erleichtern, die kompatiblen Medien zu finden. Die Teammitglieder (zumindest jeweils ein Mitglied in jedem Team) müssen entsprechend technisch versiert sein, um die Einrichtung, Konfiguration und Administration der Medien zu gewährleisten und gleichzeitig die Kompatibilität zu sichern. Der Koordinationsaufwand ist ebenfalls nicht zu unterschätzen, wenn international verteilte Teams zusammen arbeiten, die nicht nur unterschiedliche Systeme verwenden, sondern auch kulturelle Unterschiede aufweisen. Die Koordination erweist sich bereits innerhalb eines Landes als ziemlich schwierig, der Aufwand steigt entsprechend der Anzahl der beteiligten Länder.

Selbst wenn ein geeignetes Medium wie Skype für die synchrone Kommunikation eingesetzt wird, das zurzeit sehr aktuell ist, können Missverständnisse entstehen, wenn Teammitglieder im Voice over IP–Modus miteinander sprechen und andere lediglich den Chatbereich bei Skype nutzen. Die Kommunikation im Skype-Chat oder bei Telefonkonferenzen gestaltet sich als anspruchsvoll, da grundsätzlich mehrere Teilnehmer auf einmal sprechen können und die Verfolgung der Kommunikation sich als sehr schwierig gestaltet, wenn sich oftmals nicht mehr zuordnen lässt, welche Antwort zu welcher Frage gehörte. Wird zusätzlich ein Medium verwendet, das zum Beispiel ein Desktopsharing ermöglicht, kann es erst recht zu Problemen kommen, wenn nicht klar ist, welches Dokument gerade besprochen wird.

Ein generelles Problem der asynchronen Kommunikation stellt die Verzögerung beim Warten auf eine Antwort dar. Die Zeitressourcen der einzelnen Teammitglieder können dadurch nicht immer effektiv ausgenutzt werden.

Es wird deutlich, dass eine effektive Zusammenarbeit von der Wahl der Medien abhängt. Es muss berücksichtigt werden, dass bereits zu Beginn Kommunikationsstörungen entstehen können. Insbesondere in der Forming-Phase (s. u. *Gruppenbildung*) ist es für viele Beteiligte schwierig, andere einzuschätzen, wenn sie nicht die Mimik und Gestik ihrer Gesprächspartner sehen können.

Mittlerweile gibt es zahlreiche Kommunikationsmedien, die diverse technische Möglichkeiten anbieten; diese verfügen jeweils über Vor- und Nachteile und sind mit unterschiedlich hohen Kosten verbunden. Eine schnelle Übersicht, welches Medium bzw. welche Medienzusammensetzungen in einer bestimmten Situation effektiv sind, bietet die Simulation mit dem Self Enforcing Network (SEN) an, dessen Grundlogik bereits dargestellt wurde. Als Referenztypen sind folgende

Medien gewählt worden, die hinsichtlich ihrer Effizienz, Sicherheit und Kosten mit insgesamt 23 Attributen untersucht wurden:

Tabelle 2-4: Auszug der semantischen Matrix[28]

	Effizienz					Sicherheit	Kosten
	Dokumente versenden	Dateien versenden	all to all	Weisung	Abstimmung	Sicherheitsstatus	Bereitstellungskosten
Telefon	nein	nein	beschränkt	ja	beschränkt	niedrig	ab 30
Telefax	ja	nein	nein	ja	nein	sehr niedrig	ab 50
Brief	ja	nein	nein	ja	nein	mittel	ab 0
AB/Mailbox	nein	nein	nein	ja	nein	niedrig	ab 20
Webkonferenz	ja	ja	ja	ja	ja	sehr hoch	Softwarelizenz 5.000
Webinare WebEx	nein	nein	ja	nein	ja	mittel	ab 1.000
Videokonferenz	nein	nein	ja	ja	ja	mittel	ab 8.000
E-Mail	ja	ja	beschränkt	ja	beschränkt	hoch	ab 1.000
Wiki	ja	ja	ja	nein	nein	hoch	ab 1.000
Second Life	ja	nein	ja	ja	ja	niedrig	ab 10.000 bis 200.000
Handy	beschränkt	beschränkt	beschränkt	ja	beschränkt	niedrig	ab 50
Instant Messaging	ja	ja	ja	ja	beschränkt	sehr hoch	ab 1.000
Forum	ja	ja	ja	nein	ja	hoch	ab 1.000
Internettelefonie	nein	nein	ja	ja	beschränkt	hoch	ab 1.000
Weblog	nein	nein	nein	nein	nein	mittel	ab 5.000
Mailbox	nein	nein	nein	ja	nein	niedrig	ab 50

In der ersten Simulation (Abb. 2.11) wurden die wichtigsten Attribute für die Kommunikationssituation eingegeben, in der Verteilte Teams miteinander kommunizieren müssen. Attribute wie *maximaler Sicherheitsstatus, all to all, Dateien*

---

[28] Das Grundmodell wurde von Olga Gerstner und Sven Gerhardus mit allerdings anderen Techniken realisiert.

2 Die Organisation und der Mensch 63

versenden, Abstimmung, Kompatibilität, gemeinsames Arbeiten etc. wurden entsprechend stark aktiviert (mit 1.0).

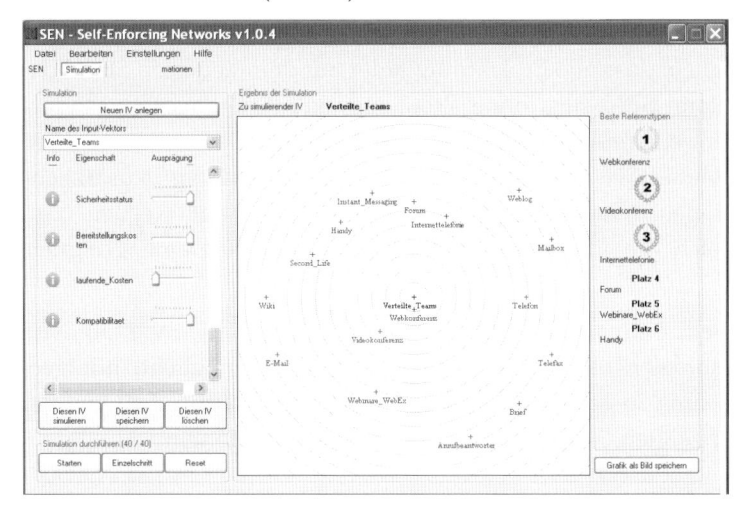

Abbildung 2-11: Empfohlene Kommunikationsmedien für Verteilte Teams

Wie deutlich zu erkennen ist, empfiehlt das SEN für diese Kommunikationssituation in erster Linie die Webkonferenz (ein Medium ist umso besser geeignet, je näher es dem Zentrum ist). Wie in der Tabelle 2.4 bereits dargestellt wurde, verfügt die Webkonferenz über einen sehr hohen Sicherheitsstatus, der für die Kommunikation in verteilten Teams sehr wichtig ist. Auch die anderen Kriterien, wie Dateien versenden, Abstimmung etc. werden durch dieses Medium gewährleistet. An zweiter Stelle wird dann die Videokonferenz und an dritter Stelle, mit einem großem Abstand, die Internettelefonie empfohlen.

In der zweiten Simulation wurde das beste Kommunikationsmittel für die Situation gesucht, in der es um eine direkte Weisung von einem Chef zu einem Untergebenen geht. In der folgenden Abbildung (linke Seite des Bildes) sind wieder einige Attribute zu sehen, die einen Teil der Eingabe bilden:

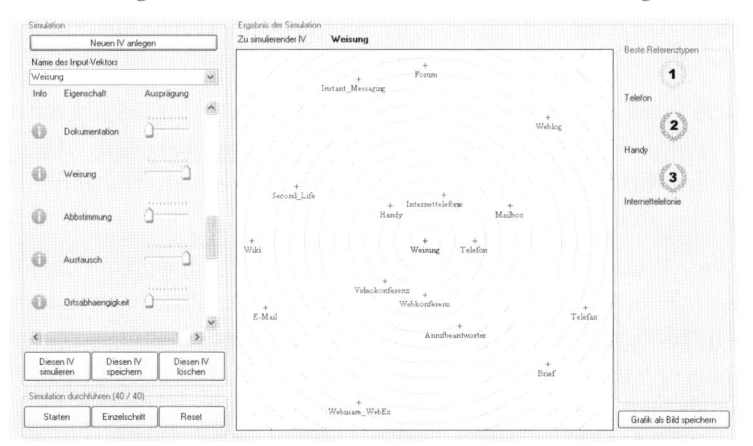

Abbildung 2-12: Empfohlene Kommunikationsmedien für die Situation der Weisung

Die Attribute *hören, sprechen, one to one, Weisung, Absprache, Schnelligkeit* wurden für die Kommunikationssituation mit 1.0 aktiviert. Wie es sich zeigt, ist häufig das Telefon eben doch unersetzbar.

Es ist praktisch unmöglich, dass alle Projektmitglieder auf dem neuesten Stand der Technik sind; daher kann SEN stets ohne Probleme aktualisiert werden, indem neue Medien mit den entsprechenden technischen Möglichkeiten eingegeben werden. Die Kompatibilität zwischen den Betriebssystemen sowie ggf. zusätzliche technische Anforderungen können im Programm berücksichtigt werden. Auf dieser Basis können sich die Projektmitglieder sehr schnell auf eine geeignete Technik einigen.

Abschließend sei noch einmal darauf hingewiesen, dass die Vielfalt von Kommunikationstechnologien es einerseits überhaupt erst ermöglicht, mit geographisch verteilten Teams zu arbeiten, andererseits dadurch häufig die Qual der Wahl entsteht. Wie wir zeigten, kann SEN hier eine wichtige Hilfe sein.

2.12 Grundtypen sozialer Interaktion

Obwohl natürlich keine einzelne soziale Interaktion identisch mit einer anderen ist, gibt es auch in diesem Bereich bestimmte Regelmäßigkeiten, die es erlauben, spezifische Grundtypen sozialer Interaktion zu identifizieren. Da es naturgemäß sehr wichtig sein kann, zu erkennen, welche Interaktionsformen in einer bestimmten Situation dominieren bzw. faktisch zu erkennen sind, werden im Folgenden die wichtigsten Grundtypen dargestellt (Stoica-Klüver u.a. 2007), die im Zusammenhang mit der Gruppenbildung von wesentlicher Bedeutung sind.

1). Eine *Pseudointeraktion* liegt vor, wenn beide Interaktionspartner lediglich ihren eigenen Verhaltensmustern folgen und ihre individuellen Verhaltensabsichten in den Vordergrund stellen. Es findet keine gegenseitige Beeinflussung statt, auch wenn die Partner in einer zeitlich festgelegten Abfolge aufeinander reagieren. Die Pseudointeraktion findet sich bei allen rituellen Handlungsabläufen, wie beispielsweise bei Grußritualen oder Höflichkeitsformulierungen im Umgang mit den Mitarbeitern.

Ein Leiter muss sich bewusst machen, dass diese Interaktionsform zu Beginn einer Diskussionsrunde typisch ist. Die Anwesenden sind zunächst nur daran interessiert, ihre eigenen Erfahrungen, Erlebnisse des Tages etc. den jeweiligen Interaktionspartnern mitzuteilen.

Problematisch ist die Pseudointeraktion, wenn die Gesprächspartner zwar dasselbe Thema haben, jedoch nur ihre jeweils speziellen Vorstellungen verfolgen und dem Anderen nicht richtig zuhören. Bei der Softwareentwicklung können dadurch viele Probleme entstehen, denn anschließend heißt es: „Wir haben es doch so besprochen". Keiner der Gesprächspartner hat gemerkt, dass sie zwar beispielsweise die Umsetzung als Hauptthema hatten, die Richtungen der Beiträge jedoch auseinandergingen. Allgemein gilt, dass Pseudointeraktionen häufig nur schwer zu erkennen sind.

Ein reales Beispiel aus einer ehelichen Interaktion kann dies recht gut illustrieren, das von einer unser ehemaligen Studentinnen dokumentiert wurde. Es geht um die Anschaffung eines ersten Computers für den gemeinsamen Sohn; M steht für den Ehemann, F für die Frau.

M: Also, es geht hier nicht um Technik. Wir müssen uns über die pädagogischen Probleme Gedanken machen, die damit verbunden sind... (*Frau unterbricht*)

F: Ja, aber (*Mann redet weiter*)

M: dass Kinder mit solchen Medien konfrontiert werden.

F: Ja, aber, da ist ja noch WLAN integriert und da haben wir auch Bluetooth und alles – da ist ja im Grunde alles drin und er kann dann alles praktisch damit machen.

M: Ja, aber wir müssen wirklich zuerst an das pädagogische Problem denken. Also alleine diese Geschichten jetzt in den Schulen mit den Gewaltspielen und was damit alles zusammenhängt (*da fällt ihm die Frau ins Wort*)

F: Ja, aber wenn man eine Kontrolle hat und wir könnten entsprechend über bestimmte Codes dann dafür sorgen, dass er sich gar nicht bestimmte Seiten im Internet anguckt und dann entsprechend was ganz anderes macht. Diese technischen Möglichkeiten, die dieser Laptop anbietet – das ist wirklich unglaublich.

M: Es geht hier wirklich nicht um Technik, sondern wir haben eine Verantwortung.

Beide Interaktionpartner würden sicher behaupten, dass sie sich über die Anschaffung eines Computers für den Sohn unterhalten haben. Tatsächlich reden sie über unterschiedliche Problemdimensionen bei der Anschaffung des Computers.

2). Eine *asymmetrische Interaktion* ist charakterisiert durch das ungleiche Verhalten der Interaktionspartner: Ein Partner verhält sich nach einem festen Plan mit einer bestimmten Absicht und der andere Partner kann lediglich darauf reagieren, ohne selbst einen Einfluss auf die Interaktion ausüben zu können.

Asymmetrische Interaktionen sind grundsätzlich durch einseitige Machtverteilungen gekennzeichnet. Anweisungen der Vorgesetzte an Mitarbeiter/innen sind typische Beispiele für diese Interaktionsform. Generell kann man davon ausgehen, dass hierarchisch strukturierte Situationen praktisch nur derartige Interaktionen zulassen.

3). Eine *reaktive Interaktion* liegt dann vor, wenn beide Interaktionspartner lediglich aufeinander reagieren, ohne jedoch eigene Verhaltensziele zu verfolgen. Die Interaktionspartner handeln spontan aus einer bestimmten Situation heraus. Typische Beispiele für reaktive Interaktionen sind Verhaltensweisen, die in Streitgesprächen, Paniksituationen oder unwichtigen Plaudereien stattfinden. Es ist beispielsweise ausreichend, dass eine Person anfängt, einen Witz zu erzählen, damit andere einstimmen und ihrerseits die neuesten Witze erzählen.

Diese Interaktionsform ist zu bevorzugen, wenn beispielsweise eine Gedankensammlung erfolgen soll (bekannt auch unter dem Begriff *Brain Storming*). Es ist davon auszugehen, dass die Interaktionspartner sich von anderen Aussagen inspirieren lassen, um eigene Ideen zu entwickeln.

Die Aufgabe eines Leiters ist es dabei, die Ideen jeweils zu strukturieren und insbesondere verstärkt auf die Zielsetzung der Diskussion hinzuweisen. Durch unterschiedliche Assoziationen kann nämlich das eigentliche Thema verloren gehen. Insbesondere kann eine reaktive Interaktion bewusst zu Beginn einer längeren Diskussion gefördert werden, um in einer *warming up* Phase bei den Teilnehmern anfängliche Befangenheit, Schüchternheit und/oder Unwilligkeit, an der Diskussion überhaupt teilzunehmen, zumindest etwas zu beseitigen.

4). Die *wechselseitige Interaktion* ist charakterisiert dadurch, dass beide Interaktionspartner nach einem bestimmten Plan handeln und dennoch aufeinander eingehen, sich gegenseitig zuhören und auf die Aussagen des Anderen inhaltlich und argumentativ Bezug nehmen. In diesem Kontext kann von einem echten Austausch gesprochen werden.

Es ist unumgänglich, eine wechselseitige Interaktion herzustellen, wenn ein sachliches und zielorientiertes Gespräch stattfinden soll. Dies ist beispielsweise die Voraussetzung für jede Mitarbeiterbesprechung, wenn es darum geht, gemeinsam Lösungen für interne Probleme und Aufgaben zu finden. Der Leiter hat auch in dieser Situation eine schwierige Position, da er stets darauf achten muss, dass die Personen nicht nur ihre eigene Zielsetzung verfolgen dürfen, sondern auch die der Gruppe insgesamt im Auge behalten müssen.

2.13 Allgemeine Betrachtung der Gruppe / Gruppenbildung

Die Auseinandersetzung mit den Grundbegriffen einer sozialen Gruppe ist unumgänglich, da die Teamarbeit als eine spezifische Gruppenarbeit beschrieben werden kann. In der Soziologie werden die Gruppen nach *primären* und *sekundären* sowie *formellen* und *informellen* Gruppen unterschieden:

- *Primärgruppe*: Sie besteht aus einer kleinen Mitgliederzahl, die Mitglieder kennen sich persönlich und entwickeln ein starkes Zusammengehörigkeitsgefühl durch den regelmäßigen Kontakt.
- *Sekundärgruppen*: Diese können in einer Organisation bzw. Institution auftreten, die aufgrund der Größe der Mitgliederzahl keinen engen Kontakt zwischen allen Mitgliedern zulässt. Dies wird bei geographisch verteilten Teams verschärft.
- *Formelle Gruppen*: Sie sind in der Regel aus der Betriebsorganisation (Aufbauorganisation) entstanden und dienen einem bestimmten betrieblichen Ziel. Die Gruppen haben einen eher unpersönlichen Charakter, die Regeln und Rollenverteilungen sind vorgeben.

- *Informelle Gruppen*: Sie entstehen durch gemeinsame Interessen innerhalb formaler Organisationen. Informelle Gruppen haben keine formal festgelegte Struktur.

Die Bildung von Gruppen lässt sich in vier Phasen beschreiben (Tuckmann 1965):

a) Formierungsphase (forming)

In dieser Phase entsteht bei den einzelnen Gruppenmitgliedern eine gewisse Unsicherheit aufgrund der neuen Situation. Es muss individuell geklärt werden, welche Verhaltensmuster von der Gruppe akzeptiert bzw. nicht akzeptiert werden, welche Normen vorhanden sind, an denen sich die neuen Mitglieder orientieren können, welches Gruppenziel vorhanden ist, das für die Mitglieder verbindlich ist etc.

Es ist besonders darauf zu achten, dass keine Missverständnisse entstehen. Die soziale sowie die kommunikative Kompetenz des Leiters spielen in dieser Phase eine wesentliche Rolle. Somit spielen hier Kenntnisse über Grundtypen und Steuerung der sozialen Interaktion eine wesentliche Rolle.

b) Konfliktphase (storming)

Zwischen den einzelnen Gruppenmitgliedern entstehen Konflikte, die als Ursache für die Bildung von Untergruppen anzusehen sind. In dieser Phase distanzieren sich einige Mitglieder von den bestehenden Gruppennormen und einige Partner oder Gruppenführer werden abgelehnt. Das Gruppenziel und die gestellten Aufgaben werden in Frage gestellt.

In dieser Phase werden die Rollen festgelegt. Es herrscht sehr viel Anspannung, daher sollte darauf geachtet werden, dass Gruppenzwänge nicht überhand nehmen. Der Leiter sollte darauf achten, alle gleich zu behandeln, und explizit darauf verweisen, dass alle Mitglieder sehr wichtig für das Projekt sind mit ihren jeweiligen Kompetenzen.

c) Normierungsphase (norming)

In dieser Phase werden die Gruppenregeln ausgehandelt und es entwickelt sich der Gruppenzusammenhalt (Gruppenkohäsion); die Mitglieder akzeptieren sich gegenseitig und das sog. „Wir-Gefühl" wird ausgeprägt. Zwischenmenschliche Probleme werden gelöst und zur Lösung der Gruppenaufgabe findet ein offener Informationsaustausch statt.

Der Projektleiter kann bei der Regelfindung durch gezielte Fragen behilflich sein und sollte darauf achten, dass wichtige Regeln schriftlich fixiert werden.

d) Leistungsphase (performing)

Die Gruppe konzentriert sich auf ihre Aufgabe und die unterschiedlichen Rollenbeziehungen werden akzeptiert. In dieser Phase können die individuellen Fähigkeiten der einzelnen Gruppenmitglieder genutzt werden, wodurch die Erreichung des Gruppenziels sowie die Lösung von Gruppenproblemen ermöglicht werden.

Der Leiter sollte hier durch positive Rückmeldung das gewünschte Verhalten verstärken.

Die Beschreibung der einzelnen Phasen bedeutet nicht, dass die einzelnen Phasen in jeder Gruppe gleichermaßen ablaufen müssen, sondern die Beschreibung entspricht lediglich einem häufig beobachteten Verlauf. Ein neuer Durchlauf der einzelnen Phasen kann entstehen, wenn ein Personalwechsel stattfindet oder die Gruppe mit neuen Aufgaben konfrontiert wird. Dies bedeutet zum Beispiel für ein neues Projekt, dass sich eine bereits bestehende Gruppe erneut gründen (konstituieren) muss (Hornung und Lächler 1982; Pfetzing und Rohde 2009).

Um zu gewährleisten, dass eine Organisation einen relativ reibungslosen Ablauf ermöglicht, sollten folgende Punkte beachtet werden:

- *Gruppenorganisation*: Die Gruppe ist umso arbeitsfähiger, je besser die einzelnen Mitglieder integriert sind.
- *Gruppenklima*: Je größer der Gruppenzusammenhalt (Gruppenkohäsion) ist, desto arbeitsfähiger ist die Gruppe; dies gilt vor allem dann, wenn das Gruppenziel von der Gruppe selbst bestimmt ist, bzw. die Gruppe sich damit identifiziert. Kooperation und Konkurrenz sollten einander die Waage halten.
- *Gruppenzusammensetzung*: Die Gruppenmitglieder sollten eine für die Zusammenarbeit grundsätzlich notwendige Homogenität aufweisen, sich in ihrer Heterogenität jedoch gegenseitig ergänzen und stützen. Damit ist gemeint, dass die Mitglieder einerseits insofern über eine gemeinsame Wissensbasis verfügen müssen, um sich problemlos verständigen können (s.o. die Hinweise zu dem Problem verschiedener Quellen). Andererseits müssen die Mitglieder unterschiedliche Kompetenzen haben, um arbeitsteilig auch komplexe Aufgaben erledigen zu können.

Der Führungsstil spielt bei der Gruppenbildung sowie für das Gruppenklima eine entscheidende Rolle. Prinzipiell können die Regeln leichter befolgt werden, wenn die Regeln von den Teammitgliedern selbst aufgestellt wurden. Eine Erweiterung der klassischen Führungsstile berücksichtigt zusätzlich den Entscheidungsspielraum der Gruppen, je nach Führungsstil.

Hier muss erneut auf die Aufgabe eines Managements hingewiesen werden, das dafür verantwortlich ist, die innerbetrieblichen Strukturen so anzulegen, dass ein langfristiges „Überleben" und d. h. die Anpassungsfähigkeit einer Institution ermöglicht wird, einschließlich der Strukturen zur optimalen Bildung von Gruppen. Maßgeblich dafür sind die Kommunikationsstrukturen, die durch die Organisation festgelegt bzw. ermöglicht werden. Aus diesem Grund werden mögliche Kommunikationsnetze kurz skizziert. Vorher jedoch werden wir im nächsten Fallbeispiel zeigen, wie eine Gruppe auch durch Selbstorganisation entstehen kann, also nur durch das Handeln der Mitglieder und ohne explizite Steuerung durch einen Leiter. In einem weiteren Fallbeispiel wird dann gezeigt, wie mit Hilfe eines

SEN Führungsstile und Mitarbeitertypen einander optimal zugeordnet werden können.

2.14 Einführung in die Grundlagen von Zellularautomaten (ZA)

Die Grundidee der ZA ist die folgende: Gegeben ist ein Gitter von Zellen, die gewöhnlich als Quadrate konzipiert und visualisiert sind. Die Entwicklung findet in Raum und Zeit statt und die einzelnen ZA unterscheiden sich in den *Dimensionen* (es gibt ein-, zwei- sowie drei-dimensionale ZA) und in der *Gittergeometrie* des zugrunde liegenden Raums. Eine Zelle hat z. B. – in einem zweidimensionalen Zellraum mit einer quadratischen Gittergeometrie – acht „Nachbarn", d. h., es gibt zu jeder Zelle genau 8 weitere Zellen, die an die erste Zelle anschließen – rechts, links, oben, unten und an den vier Eckpunkten. Die benachbarten Zellen bilden die *Umgebung* der ersten Zelle (neighbourhood). Wenn man nur die vier Zellen berücksichtigt, die an den Seiten der quadratischen Zelle anliegen, spricht man von einer *von Neumann-Umgebung;* nimmt man auch die vier Zellen an den Eckpunkten dazu, hat man eine sog. *Moore-Umgebung.* Natürlich sind auch andere Umgebungskonstellationen möglich, aber diese beiden sind gewissermaßen die Standardtypen.

Wenn man ZA generell analysieren will, ohne damit ein spezielles reales System modellieren zu wollen, ist es häufig einfacher, dazu eindimensionale ZA zu verwenden. Die Umgebungszellen, die natürlich auch hier unterschiedlich viele sein können, sind dann die Zellen, die rechts und links von der Zentrumszelle platziert sind; will man größere Umgebungen zur Verfügung haben, nimmt man die jeweils übernächsten Zellen usf.

ZA stellen eine besonders wichtige Klasse *diskreter Systeme* dar. Die Zellen befinden sich in bestimmten Zuständen, d. h., jeder Zelle wird ein bestimmter Wert zugeordnet, der üblicherweise als natürliche Zahl dargestellt wird.

Die Dynamik dieser Systeme ergibt sich wie immer bei Bottom-Up Modellen durch *Übergangsregeln* (rules of transition), die die lokal bedingte Zustandsveränderung der einzelnen Zellen steuern. Dabei hängt die Zustandsveränderung einer Zelle ausschließlich von den Zuständen ab, die ihre Umgebungszellen und sie selbst zu einem bestimmten Zeitpunkt t einnehmen. Im Falle der Moore-Umgebung wirken acht Zellen auf die Zustandsveränderung einer Zelle ein, in Abhängigkeit von dem Zustand der Zelle selbst; im Falle der von Neumann-Umgebung sind es vier Umgebungszellen. Eine Regel kann z. B. die Form haben: Wenn die Zellen nur die Zustände 1 und 0 einnehmen können und wenn (im Falle der von Neumann-Umgebung) zum Zeitpunkt t die linke Umgebungszelle 1 ist, die rechte ebenfalls 1, die obere 0, die untere 1 und die Zelle selbst 0, dann geht die Zelle im nächsten Zeitschritt t+1 in den Zustand 1 über.

Die Umgebung stellt eine symmetrische Relation für die jeweiligen Zellen dar, da alle Wechselwirkungen symmetrisch sind: Die Umgebung einer Zelle wirkt auf die Zentralzelle ein, diese wiederum fungiert ebenfalls als (Teil)Umgebung für ihre Umgebungszellen. Etwas formaler heißt dies, dass wenn eine Relation U (= Umgebung) existiert für zwei Zellen Z_1 und Z_2, also $U(Z_1, Z_2)$, dann gilt auch $U(Z_2, Z_1)$. Generell gilt außerdem für die Geometrie eines ZA, dass sie als homogen charakterisiert werden kann: Die Topologie ist bei gängigen ZA stets global gleich, d. h., der Umgebungstyp (z. B. von Neumann oder Moore) charakterisiert den ZA topologisch vollständig. Dies ist anders bei Booleschen Netzen (BN), wie im nächsten Kapitel gezeigt wird. Bei BN ist allgemein weder die Symmetrie- noch die Homogenitätsbedingung erfüllt. Man kann ZA deshalb auch als eine spezielle Klasse von BN mit vereinfachter Geometrie ansehen.

Wenn man nun ohne Beschränkung der Allgemeinheit als einfachstes Beispiel binäre ZA nimmt, deren Zellenzustände durch 0 und 1 repräsentiert sind, dann haben wir im Falle der Moore-Umgebung $2^8 = 256$ verschiedene Zustände *für die Umgebung*. Die Umgebungszustände werden hier als geordnete Teilmengen dargestellt, also als Acht-Tupel von z. B. der Form (1,0,0,0,1,1,0,1). Da jede Zelle *in der Umgebung* zwei mögliche Zustände einnehmen kann, erhalten wir insgesamt $2^{2^8} = 2^{256}$ mögliche Regeln für die Übergänge, was etwa 10^{85} entspricht. Man kann daraus die kombinatorische Vielfalt erkennen, die sich mit dem einfachen Grundschema von ZA erzeugen lässt; tatsächlich ist es möglich, praktisch jede gewünschte Systemmodellierung hiermit durchzuführen.

Bei praktischen Anwendungen ist es allerdings meistens gar nicht erforderlich, die gesamten kombinatorischen Möglichkeiten auszunutzen. Häufig reicht es, nur allgemeinere Umgebungsbedingungen festzusetzen, die von mehreren der kombinatorisch möglichen Umgebungszustände erfüllt werden. Man spricht in diesem Fall von *totalistischen Regeln*, also Regeln, die die Umgebung einer Zelle gewissermaßen als Ganzheit charakterisieren.

ZA-Regeln nützen also die Möglichkeiten aus, die sich durch kombinatorische Zusammenfassungen der Zustände der Umgebungszellen und der Zentralzelle ergeben. Es sei noch einmal betont, dass Moore- und von Neumann-Umgebungen zwar die Standardformen von Umgebungen sind, dass jedoch nichts dagegen spricht, auch andere Umgebungsgrößen einzuführen. Bei der ZA-Modellierung eines Räuber-Beute-Systems arbeiteten wir z. T. mit erweiterten Moore-Umgebungen, d. h., wir berücksichtigten auch die Zustände der Zellen, die sich unmittelbar an die Umgebungszellen der Zentralzelle anschlossen. Dies war erforderlich, um den Räuberzellen die Möglichkeit zu geben, über ihre Moore-Umgebung hinaus zu prüfen, ob es in größerer Entfernung evtl. eine Beutezelle gibt und sich dann dorthin zu bewegen. Bei dem nächsten Fallbeispiel werden wir sogar mit noch größeren Umgebungen arbeiten.

2 Die Organisation und der Mensch

Wie man sich rasch überlegt, hat eine erweiterte Moore-Umgebung 8 + 12 + 4 = 24 Zellen; eine n-fache Erweiterung von Moore-Umgebungen ergibt, was sich durch vollständige Induktion zeigen lässt

$$(2n+1)^2 - 1 \text{ Zellen.} \tag{2.5}$$

Diese Überlegungen gelten allerdings nur für zweidimensionale ZA. Wenn man aus z. B. Visualisierungsgründen dreidimensionale ZA entwickeln will, was wir für ein „Falken-Tauben-System" gemacht haben, also ein Räuber-Beute-System, das gewissermaßen in der Luft realisiert wird, dann hat eine einfache Moore-Umgebung im dreidimensionalen Raum bereits 26 Zellen und generell gilt für einfache Moore-Umgebungen in n-dimensionalen Räumen, dass die Zahl ihrer Zellen

$$k = 3^n - 1 \tag{2.6}$$

beträgt.

Man kann jetzt auch die Anzahl der möglichen Regeln für den Fall angeben, dass die Anzahl der möglichen Zellenzustände n > 2 ist bei k Umgebungszellen. Bei binären ZA mit Moore-Umgebungen hatten wir 2^{2^8} Regeln bei $2^8 = 2^{2^3}$ Umgebungskonfigurationen. Entsprechend erhalten wir allgemein n^k mögliche Regeln und n^{n^k} verschiedene Möglichkeiten, Regelsets für verschiedene ZA zu konstruieren. Bei mehr als zwei Zellenzuständen also wächst die Anzahl der Möglichkeiten, unterschiedliche ZA zu konstruieren, rasch ins Astronomische; alleine aus diesem Grund bereits werden ZA, die reale Systeme modellieren sollen, praktisch immer mit totalistischen Regeln konstruiert. Formal kann man ZA-Regeln einerseits, wie in vielen Programmiersprachen üblich, als IF-THEN Regeln darstellen; mengentheoretisch ist es andererseits auch möglich, Regeln als geordnete Mengen, n-Tupel, darzustellen, wie dies bereits ansatzweise geschehen ist. Dies soll jetzt etwas genauer erfolgen.

Sei wieder n die Anzahl der möglichen Zellenzustände und k die Größe der Umgebung. Eine Regel lässt sich dann darstellen als ein k+2-Tupel der Form

$$(i_1, i_2, \ldots i_k, j_t, j_{t+1}), \tag{2.7}$$

wenn $i_1, i_2, \ldots i_k$ die Zustände der Umgebungszellen, j_t der Zustand der Zentralzelle zum Zeitpunkt t und j_{t+1} der Zustand der Zentralzelle zum Zeitpunkt t +1 sind. Kommt es auf den Zustand der Zentralzelle bei der Regel nicht an, lässt man j_t weg.

Zusammengefasst lässt sich sagen, dass die Vorzüge von ZA-Modellierungen vor allem darin bestehen, dass man die empirisch bekannten Wechselwirkungen und Interaktionen zwischen den zu modellierenden Elementen eines Systems unmittelbar darstellen kann. Dies ist vor allem dann wesentlich, wenn sowohl die Elemente als auch deren Wechselwirkungen selbst erst genau analysiert werden müssen. Prinzipiell kann man jedes Problem in ZA-Modellierungen darstellen, das sich dafür eignet, unter Aspekten der *Dynamik formaler Systeme* betrachtet zu werden.

Die ZA-Regeln und deren Auswirkungen auf die Systemdynamik repräsentieren dann die verschiedenen realen systemischen Wechselwirkungen. Experimente mit ZA bedeuten also bei konstanten Regeln einerseits die Wahl unterschiedlicher Anfangszustände, um deren Wirksamkeit einschätzen zu können, und andererseits die Variation der in den Regeln enthaltenen Parameter.

So einfach die Grundlogik von ZA ist, so bedeutsam sind zahlreiche Ergebnisse, die durch ZA-Modellierungen erzielt werden konnten. So konnten u. a. Epstein und Axtell (1996) durch die Konstruktion des ZA „Sugarscape" zeigen, dass einige traditionelle Annahmen der Ökonomie hinsichtlich kapitalistischer Märkte revidiert werden müssen, wenn diese von der Ebene der individuellen Akteure aus modelliert werden. Ein anderes berühmtes Beispiel ist die Modifizierung des Eigenschen Hyperzyklus (ein mathematisch-biochemisches Modell der Entstehung des Lebens), von dem Maynard Smith zeigte, dass dieser instabil ist, d. h. äußerst anfällig, gegenüber Parasiten. Boerlijst und Hogeweg (1992) konstruierten einen ZA, der die ursprünglichen Schwächen des Hyperzyklus nicht mehr aufweist und außerdem wesentlich einfacher ist als das Modell von Eigen. Die vielfältigen Anwendungsmöglichkeiten von ZA sind noch längst nicht vollständig erkannt. Ebenfalls klassisch geworden ist ein ZA des Soziologen und Ökonomen Thomas Schelling (1971), der mit diesem Modell die Entstehung von ethnischen Segregationen untersuchte, um die Entwicklung von Ghettos in amerikanischen Großstädten zu studieren.[29]

Abschließend soll noch kurz auf eine wichtige Erweiterungsmöglichkeit für ZA-Modellierungen eingegangen werden. Die bisherigen Betrachtungen bezogen sich auf *deterministische ZA,* d. h. Systeme, deren Regeln immer und eindeutig angewandt werden, falls die entsprechenden Bedingungen, in diesem Fall Umgebungsbedingungen, vorliegen. *Stochastische Systeme* unterscheiden sich von deterministischen dadurch, dass bei Eintreten der entsprechenden Bedingungen die Regeln nur mit einer gewissen Wahrscheinlichkeit p in Kraft treten. Deswegen müssen Informationen über stochastische Systeme neben den üblichen Regelangaben auch noch die Wahrscheinlichkeitswerte enthalten, die für die jeweiligen Regeln gelten. Falls alle Wahrscheinlichkeitswerte p = 1 sind, geht das System wieder in den deterministischen Fall über; p = 0 bedeutet, dass die Regeln „gesperrt" sind, d. h. auch bei Vorliegen der entsprechenden Umgebungsbedingung wird die Regel nicht ausgeführt. Diese Möglichkeit einer stochastischen Regelformulierung, die insbesondere bei der Modellierung sozialer Prozesse häufig sehr wichtig sein kann, lässt sich natürlich auch bei ZA realisieren. Man muss allerdings bei der Formulierung der Regeln stets darauf achten, dass die Summe

---

29 Nicht nur aber auch für seine ZA-Modellierungen hat Schelling übrigens 2005 die Hälfte des Nobelpreises in Ökonomie erhalten.

der Teilwahrscheinlichkeiten für eine bestimmte Umgebungsbedingung stets gleich 1 sein muss, da irgend ein Schritt immer ausgeführt werden muss.

2.15 Fallbeispiel: Selbstorganisierte Gruppenbildung modelliert mit einem Zellularautomaten (ZA)

Nach dieser allgemeinen Einführung in die Grundlogik von ZA können wir uns nun dem eigentlichen Fallbeispiel zuwenden. Wir haben oben darauf hingewiesen, dass ein Team aus „heterogenen" Mitgliedern zusammengesetzt sein sollte, also aus Mitgliedern, deren spezifische Kompetenzen unterschiedlich sein sollten und sich wechselseitig ergänzen. Natürlich kann man auch darauf achten, dass von den Persönlichkeiten her das Team eher homogen sein müsste, aber das lassen wir für das Modell außer Acht. Wir gehen davon aus, dass die Aufgabe des Teams darin besteht, bestimmte Softwareprodukte im Auftrag von Kunden und auf Anweisung sowie Kontrolle eines Projektleiters zu entwickeln. Es soll also ein Team gebildet werden aus einer bestimmten Gesamtzahl von Mitarbeitern. Grundlage des Modells ist ein zweidimensionaler ZA.

Für das Modell gehen wir davon aus, dass das Team aus sechs Personen besteht, von denen jede über eine spezifische Kompetenz verfügen soll. Beispielsweise soll ein Mitglied nicht nur generell gute Programmierfähigkeiten haben, sondern speziell für die Entwicklung von Benutzeroberflächen qualifiziert sein. Ein anderes Mitglied soll sich in den Algorithmen gut auskennen, die wahrscheinlich die logische Grundlage für die Software bilden werden; ein drittes Mitglied soll die Fähigkeit haben, neue Algorithmen zu entwickeln, falls die bekannten Algorithmen nicht ausreichen. Ebenfalls erforderlich sind Kenntnisse auf dem Gebiet des Testens und der Validierung von Prototypen sowie die (sozialen) Fähigkeiten, mit Kunden und Vorgesetzten zu verhandeln und Änderungswünsche bezüglich der Software aufzunehmen. Da wir weiter unten und in den folgenden Kapiteln die vielfältigen Aufgaben behandeln, die bei derartigen Teams anfallen, können diese skizzenhaften Hinweise genügen. Falls nicht sechs sondern z. B. nur drei oder vier Qualifikationen benötigt werden, von denen einige besonders wichtig sind, können diese gewissermaßen doppelt besetzt werden, also durch zwei Teammitglieder, die beide über eine besonders wichtige Kompetenz verfügen. Wir bleiben bei dem ersten Modell jedoch bei der Annahme, dass jede Qualifikation genau einmal vorhanden sein muss; in einem zweiten Modell wird gezeigt, wie Teams mit Mehrfachbesetzungen für eine Qualifikation gebildet werden können.

In die Logik von Zellularautomatenmodellen übertragen bedeuten diese ersten Festlegungen, dass ein Teammitglied durch eine Zelle repräsentiert wird, die in einem bestimmten Zustand ist. Dieser Zustand, der der Einfachheit halber durch eine natürliche Zahl zwischen 1 und 6 dargestellt wird, ist die formale Wiedergabe der spezifischen Qualifikation. In diesem einfachen Grundmodell hat also jedes formale Teammitglied genau eine Qualifikation und die anderen Qualifikationen nicht. Natürlich kann man auch durch eine reelle Codierung die Höhe der Qualifikationen darstellen, so dass eine 0 bedeutet, eine bestimmte Qualifikation ist gar nicht vorhanden, eine 0.5, dass sie in mittlerer Höhe vorhanden ist und eine 1, dass das betreffende Mitglied eine sehr hohe Qualifikation hat. Außerdem kann ein Mitglied auch über mehrere Qualifikationen verfügen, so dass der Zustand ein mehrdimensionaler Vektor wäre. Beispielsweise würde ein Vektor Q = (0.5, 1, 0, 0.2) bedeuten, dass eine Qualifikation im mittleren Maße vorhanden ist, eine zweite sehr hoch einzuschätzen ist, eine dritte gar nicht vorhanden ist und eine vierte nur gering. Da wir eine entsprechende Codierung im nächsten Kapitel unter dem Stichwort „Personaleinsatzplanung durch einen Genetischen Algorithmus" vorstellen werden, begnügen wir uns hier mit der einfachen Codierung durch einen Skalar in Form natürlicher Zahlen.

Ein Team im ZA-Modell wird durch eine Zentrumszelle sowie fünf weiter Zellen in der Moore-Umgebung dargestellt; dabei kommt es auf die geometrische Position der Zellen nicht an. Die Zellen in der Umgebung besitzen die formalen Repräsentationen der verschiedenen Qualifikationen, die die Zentrumszelle nicht hat. Dabei bedeutet der Begriff „Zentrumszelle" nicht, dass diese Zelle so etwas wie eine Leitungsfunktion repräsentiert. Da, wie wir bemerkten, die Umgebungsrelation in ZA symmetrisch ist, sind die Umgebungszellen auch Zentrumszellen für die erste Zelle. Wir unterstellen, dass das Team keine explizite Hierarchie aufweist; anderenfalls würde sich eher ein Boolesches Netz zur Modellierung anbieten.

Die Zellen in unserem ZA können einen von zehn verschiedenen Zuständen annehmen, nämlich von 1 – 6 je nach Qualifikation und 0, was eine leere Zelle bedeutet. Inhaltlich besagt eine Zelle im Zustand 0, dass eine andere Zelle in einem der anderen neun Zustände in diese leere Zelle wechseln kann. „Wechseln" bedeutet, dass die leere Zelle in den Zustand übergeht, den die „wechselnde" Zelle hat, z. B. 5. Die Zelle, die vor dem Wechseln im Zustand 5 war, geht anschließend in den Zustand 0 über. Tatsächlich findet also gar kein Wechsel in Form räumlicher Bewegung statt, jedoch auf dem Monitor sieht es so aus, als ob eine Zelle sich bewegt.

Die „Aufgabe" jeder nicht leeren Zelle besteht nun darin, durch entsprechende „Bewegungen" sich in eine Moore-Umgebung einzufügen, in der fünf Zellen genau eine der fünf Qualifikationen hat, also in einem der entsprechenden Zustände ist, in dem die erste Zelle nicht ist. Dies geschieht dadurch, dass jede Zelle die auf dem Gesamtgitter vorhandenen leeren Zellen überprüft, deren Moore-Umgebung analysiert, das Resultat dieser Analyse mit dem der Untersuchung der eigenen Moore-Umgebung vergleicht und auf der Basis dieses Vergleichs entscheidet, ob die Zelle in eine der freien Zellen wechselt. Der Vergleich besteht natürlich darin, ob sich mehr oder weniger Zellen in den gewünschten Zuständen in einer der alternativen Moore-Umgebungen befinden als in der ursprünglichen Umgebung. Findet die Zelle keine bessere Umgebung, dann bleibt sie an ihrem alten Ort; falls bessere Umgebungen existieren, wechselt die Zelle in die beste Umgebung.

Etwas formaler ausgedrückt ist die Logik des Modells die folgende: Eine optimale Moore-Umgebung U einer Zelle 1 im Zustand Z_1 enthält fünf Zellen 2, 3, ...,6 in den Zuständen Z_2, Z_3, ..., Z_6. Dabei gilt, dass $Z_1 \neq Z_2$, $Z_1 \neq Z_3$, $Z_1 \neq Z_4$ etc. Ebenso gilt für alle $Z_i \neq 0$. Entsprechend wird die Ungleichheit der anderen Zustände untereinander als Bedingung formuliert. Das Programm zählt nun zuerst die Anzahl der Zellen in der ursprünglichen Umgebung, wie viele Zellen die obigen Ungleichheitsbedingungen erfüllen. Eine leere Zelle wird anschließend überprüft, wie viele Zellen dieser Umgebung die Ungleichheitsbedingungen erfüllen. Das gleiche geschieht mit den anderen leeren Zellen. Offensichtlich ist die leere Zelle der Ort, an den die erste Zelle „umziehen" sollte, diejenige, die am meisten Zellen in ihrer Umgebung hat bei Erfüllung der Ungleichheitsbedingungen.

Die entsprechenden Regeln lauten dann:

IF Zelle N ist im Zustand $Z_N \neq 0$ THEN zähle Zellen in Moore-Umgebung, für die die Ungleichheitsbedingungen erfüllt sind (natürlich muss dies in strenger Form geschehen, aber aus Gründen der Verständlichkeit bleiben wir in dieser relativ informellen Schreibweise). Deren Zahl sei j.

IF Zelle K ist im Zustand $Z_K = 0$ THEN zähle Zellen in der Umgebung von K, für die die Ungleichheitsbedingungen erfüllt sind; deren Zahl sei m.

IF m > j für alle Umgebungswerte j (= Anzahl der die Ungleichheitsbedingungen erfüllenden Zellen) THEN versetze N an die Stelle von K (im obigen Sinne der scheinbaren Bewegung einer Zelle).

Da diese Regeln für alle Zellen gelten, entfaltet sich eine z.T. durchaus komplexe nicht lineare Dynamik; häufig sind ZA sogar als ein Paradigma reiner Nichtlinearität bezeichnet worden (z. B. Holland 1998). Die Dynamik endet dann, wenn das System einen Punktattraktor erreicht hat, also einen Gesamtzustand, der sich nicht mehr ändert. Es kann übrigens auch geschehen, dass das System zwar einen Attraktor erreicht, aber keinen Punktattraktor. Dann „oszilliert" das System zwischen zwei und evtl. noch mehr Zuständen. Inhaltlich bedeutet das, dass zwar Lösungen für das Problem der Gruppenbildung gefunden wurden, aber keine eindeutige. Ein Benutzer muss sich dann entscheiden, welche Lösung er nehmen will.

Streng genommen handelt es sich hier um ein Optimierungsproblem, da aus einer vorgegebenen Population von Mitarbeitern möglichst gute Gruppen zusammengestellt sind. Ist jedes Mitglied in genau einer guten Gruppe, dann ist ein globales Optimum erreicht, das nicht mehr verbessert werden kann. Obwohl Zellularautomaten gewöhnlich nicht für Optimierungsaufgaben herangezogen werden, sondern eher für Prognosen und ähnliche Systemanalysen, wollten wir mit diesem

Beispiel zeigen, dass auch Optimierungsaufgaben mit ZA erfolgreich bearbeitet werden können.

Zwei Zustände des ZA werden in den folgenden Screenshots gezeigt. Die verschiedenen Zustände, die eine Zelle einnehmen kann, werden durch unterschiedliche geometrische Muster und Farben visualisiert. Zu Beginn werden die nicht leeren Zellen nach dem Zufallsprinzip über den Bildschirm verteilt, was wir hier nicht zeigen. Das erste Bild zeigt die erfolgreiche Bildung eines Teams, in dem alle Qualifikationen genau einmal vorhanden sind (unterer Bildrand). Für die Generierung des zweiten Bildes wurden die Regeln dahingehend modifiziert, dass jede nicht leere Zelle mindestens eine Nachbarzelle im gleichen Zustand (gleiche Qualifikation) und mindestens eine weitere Zelle in einem bestimmten anderen Zustand (eine bestimmte andere Qualifikation) suchen soll. Dadurch entstehen offensichtlich andere Teamzusammensetzungen.

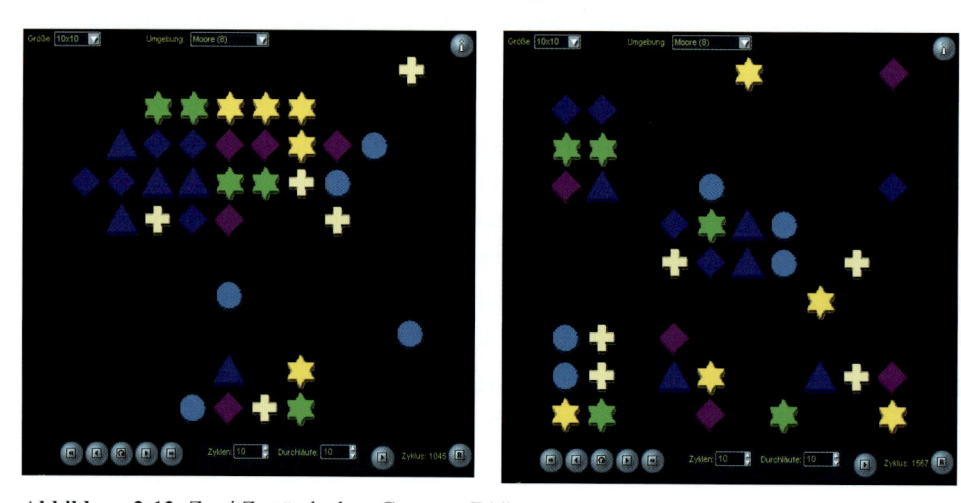

Abbildung 2-13: Zwei Zustände des „Gruppen-ZA"

Vermutlich ist die Teambildung, die im zweiten Bild dargestellt wird, eine Form, die in der Realität häufiger eine Rolle spielt, als die erste Form der Teambildung. Sehr häufig braucht man bestimmte Qualifikationen in einem Team – je nach Aufgabenstellung – häufiger als andere Qualifikationen. Zu zeigen war hier auch „nur", dass praktisch beliebige Formen der Teambildung durch einen derartigen Zellularautomaten realisiert werden können.

Man sieht übrigens im zweiten Bild, dass am oberen Bildrand zwei Zellen gewissermaßen in einer Außenseiterposition übrig geblieben sind. Auch das – für die entsprechenden Mitglieder betrübliche – Resultat kommt leider nicht selten vor. Bei der Simulation einer realen Grundschulklasse in Dortmund mit einem ähn-

2 Die Organisation und der Mensch 77

lichen Zellularautomaten identifizierte das Programm korrekt den (einzigen) Außenseiter in der Klasse. Der zuständigen Lehrerin war dies Problem durchaus bekannt und sie versuchte, mit pädagogischen Mitteln das Problem zu lindern (Klüver et al. 2006). Wie eine Firmenleitung mit entsprechenden Problemen umgeht bzw. umgehen sollte, müssen wir hier der Leitung überlassen.

Damit verlassen wir erst einmal die Zellularautomaten, die jedoch in einem weiteren Fallbeispiel noch einmal benützt werden.

2.16 Allgemeine Kommunikationsnetze in Gruppen

Unter den Begriff *Kommunikationsvernetzung* können vielfältige Bereiche fallen, insbesondere wird zunehmend auch die computergestützte Kommunikation diskutiert. Die Kommunikationsnetze werden in diesem Kontext unter den Gesichtspunkten der institutionellen Strukturen behandelt.

Die Hierarchiestrukturen beeinflussen die Kommunikation innerhalb einer Institution. Die Kommunikation und der Informationsaustausch sind formell also durchaus abhängig von den horizontalen wie vertikalen Strukturen. Die Entstehung von Konflikten wird ebenfalls durch die Struktur, organisatorisch wie kommunikativ, determiniert (vgl. Hugo-Becker und Becker 1996).

Die folgende Abbildung zeigt mögliche Kommunikationsnetze, die innerhalb einer Institution von Bedeutung sind:

Totalstruktur   Stern   Kette   Ypsilon   Kreis

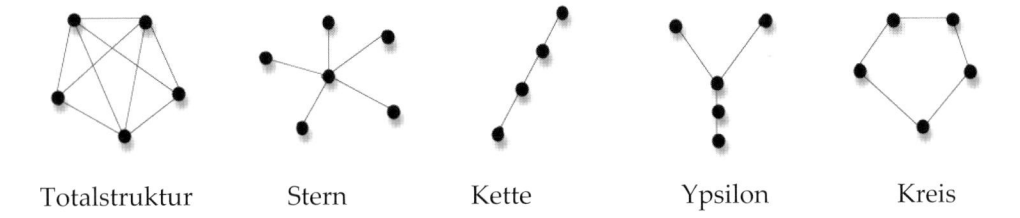

Abbildung 2-14: Kommunikationsnetze (nach Bock-Rosenthal 1992, 346).

- *Totalstruktur*: alle Mitglieder können miteinander kommunizieren. Die Zufriedenheit der Mitglieder scheint hier am größten zu sein, es ist jedoch zu beachten, dass ein hoher Kommunikationsaufwand vorhanden ist. Die Totalstruktur ist nur dann zu bevorzugen, wenn darin das Gruppenziel liegt oder sehr komplexe Aufgaben zu lösen sind.
- *Stern*: Das ist eine eher autoritäre Kommunikationsstruktur und ist leistungsfähig, weil die Informationen und Aufgabenverteilungen schnell erfolgen können.

- *Kette*: Sie entspricht üblichen hierarchischen Kommunikationsstrukturen. Es ist zu beachten, dass die Informationen nicht so schnell weitergeleitet werden können; zusätzlich entsteht die Gefahr des Informationsverlustes oder der Verzerrung (s. Fallbeispiel 2.1).
- *Ypsilon*: Hier liegt eine „Doppelspitze" als Führung vor. Das offensichtliche Problem dabei besteht in den Abstimmungsfragen auf der Leitungsebene.
- *Kreis*: Es ist eine ähnliche Struktur wie die Totalstruktur, wenn auch die Mitglieder nicht alle unmittelbar kommunizieren können. Sie kann als demokratisch angesehen werden, erfordert jedoch längere Kommunikationswege.

Es sei hier nur darauf hingewiesen, dass zuweilen auch die oben thematisierten Kommunikationsmedien durchaus eine Kommunikationsstruktur mit beeinflussen können, beispielsweise wenn nicht alle Teilnehmer über die gleiche technische Ausstattung verfügen.

Die Kommunikationsformen müssen entsprechend zielorientiert gewählt und bestimmt werden. Es ist demnach die Aufgabe der Unternehmensführung zu entscheiden, welche Kommunikationsstrukturen für den eigenen Betrieb in einer bestimmten Situation zu bevorzugen sind. Die Zufriedenheit einzelner Mitarbeiter ist maßgeblich von den kommunikativen Bedingungen bestimmt. In einer Gruppe entstehen automatisch kommunikative Vernetzungen, die sich negativ auswirken können. Es gibt kaum eine Gruppe, in der es nicht „Dauerredner" und „Dauerschweiger" gibt. Wird in der Gruppe demnach die „Totalstruktur" gewählt, da eine wechselseitige Kommunikation angemessen ist, so ist damit zu rechnen, dass der Mitarbeiter, der lieber schweigt, sich extrem unter Druck fühlt. Das ist erst recht der Fall, wenn Kollegen sagen: „Nun sag doch auch mal endlich was". Die kommunikativen Kompetenzen der einzelnen Mitarbeiter wirken sich ebenfalls auf die Gruppe aus. Ist Jemand nicht in der Lage, die Sachen klar, kurz und prägnant auszudrücken, entsteht bei den Zuhörern Ungeduld; drückt sich Jemand zu verkürzt aus, ist dies für die Gruppe ebenfalls ein Problem, denn da sind Missverständnisse vorprogrammiert, wodurch leicht eine *Pseudointeraktion* entstehen kann.

Aus diesem Grund ist die Auseinandersetzung mit Rollen, Kommunikation, Führungsstil und Gruppenbildung von einer großen Bedeutung. Es entstehen grundsätzlich dynamische Prozesse, die reflektiert werden müssen, damit eine Situation oder ein Konflikt nicht eskaliert. Insbesondere ist eine Auseinandersetzung mit den einzelnen Themen hilfreich für die Teambildung. Die entscheidende Frage ist, nach welchen Kriterien ein Mitarbeiter für ein Projekt ausgewählt wird. Die fachliche Kompetenz steht natürlich im Vordergrund (soziale, formale Rolle), die ist jedoch für ein erfolgreiches Team nicht hinreichend. Führt sich Jemand z. B. als informeller Leiter auf und wählt im Umgang mit seinen Teamkollegen die asymmetrische Kommunikationsform, so kann ein Leiter fast sicher sein, dass diese nicht positiv angenommen wird (abgesehen davon, dass ein Leiter selbst nicht davon angetan sein dürfte, dass sich ein Untergebener als Chef aufspielt).

Sofern es überhaupt auf Grund der Organisationsstrukturen möglich ist, sich ein Team selbst zu bilden, sind alle bisher genannten Punkte wichtig, die leider hier nur angerissen werden konnten. Die bisher gezeigten Fallbeispiele konnten hoffentlich einige zusätzliche Klärungen bringen.

2.17 Bildung des konkreten Teams

>>*There are four people named Everybody, Somebody, Anybody and Nobody. There was an important job to be done and Everybody was asked to do it. Everybody was sure that Somebody would do it. Anybody could have done it, but Nobody did it. Somebody got angry about that, because it was Everybody's job. Everybody thought Anybody could do it, but Nobody realized that Everybody wouldn't do it. It ended up that Everybody blamed Somebody, when Nobody did what Anybody could have done.* >> [unknown Team Member] (Hindel et al., 2009, 125).

Leider ist das „unknown" Teammitglied nicht bekannt, denn für diese schöne Beschreibung müsste man ihm danken. Es ist zugleich ein Vorgriff auf die Themen in den nächsten Kapiteln, denn dort wird immer wieder betont, wie wichtig es ist, die Verantwortlichkeiten klar zu definieren. Doch bevor die Verantwortung verteilt wird, muss erst ein Team gebildet werden.

Natürlich muss anhand der Projektdefinition bestimmt werden, welche Kenntnisse, und damit Qualifikationen, die einzelnen Mitarbeiter haben müssen. Die Qualifikation der Mitarbeiter und deren Einsatz ist wiederum ein Hinweis auf die Personalstruktur eines Unternehmens. In sehr großen Projekten, die ein bestimmtes Vorgehensmodell als Standard einsetzten, sind die Rollenbeschreibungen sowie die erwarteten Kenntnisse genau definiert. Ist dies nicht der Fall, so muss ein Manager überlegen bzw. sich von Experten unterrichten lassen, welche Kenntnisse für welche Softwareprojekte genau erforderlich sind. Beispielsweise werden in „Software Engineering Body of Knowledge" (SWEBOK) Anregungen gegeben, welche Kenntnisse für Software Engineering erforderlich sind, die in Auszügen im Folgenden dargestellt werden:

Tabelle 2-5: Body of Knowledge (angelehnt an Hindel et al., 2009, 129)

Software Requirements	Software requirements fundamentals, requirements process, requirements analysis etc.
Software Design	Software design fundamentals, key issues in software design, software structure and architecture etc.
Software Construction	Software construction fundamentals, managing construction, practical considerations
Software Testing	Software testing fundamentals, test levels, test techniques, test related measures, test process
Software Maintenance	Software maintenance fundamentals, key issues in software maintenance, maintenance process etc.
Software Configuration Management	Management of SCM process, software configuration identification, software configuration control, software configuration status accounting, software configuration auditing, software release management and delivery
Software Engineering Management	Initiation and scope definition, software project planning, software project enactment, review and evaluation, closure, software engineering measurement
Software Engineering Process	Process implementation and change, process definition, process assessment, process and product measurement
Software Engineering Tools and Methods	Software Tools: requirements, design, testing, configuration management, quality etc. Methods: heuristic, formal, prototyping
Software Quality	Software quality fundamentals, software quality management process, practical considerations
Knowledge Areas and Related Disciplines	Computer engineering, computer science, mathematics, management, project-, quality management, software ergonomics, systems engineering

Es ist natürlich auch notwendig, Mitarbeiterprofile zu haben, die zum Beispiel aus einer Datenbank abgerufen werden können. Es ist wichtig, zwischen Wissen, Können und Erfahrung zu unterscheiden. Das Wissen bedeutet nicht, dass es auch umgesetzt werden kann. Das sind jedenfalls Kriterien, die abgefragt werden oder in Erfahrung gebracht werden sollten (Hindel et al. 2009). Es dürfte übrigens offensichtlich sein, dass wir in dem Fallbeispiel zur Selbstorganisation von Teams uns an derartigen Qualifikationslisten orientiert haben.

Dabei handelt es sich allerdings um die institutionellen und formalen Aspekte der Teambildung. Der einzelne Mensch im Team bringt jedoch die gesamte Persönlichkeit und nicht nur seine Kenntnisse mit. Für viele Außenstehende sind z. B. Programmierer ohnehin „Menschen für sich". Nur gibt es „den" Programmierer nicht.

Kleuker (2009) hat neun Personentypen beschrieben und es dürfte unmöglich sein, dass sich ein Leser nicht in dem einen oder anderen Typ wiederfindet (s. Tabelle 2.6):

Tabelle 2-6: Charakterisierung von Typen (angelehnt an Kleuker 2009, 334f)

Typ	Stärken	Schwächen
Specialist	Aufgeschlossen neuer Techniken gegenüber, kann sich schnell einarbeiten	Wenig kooperationsfähig
Completer, Finisher	Sehr sorgfältig (bis ins Detail)	Wenig kooperationsfähig, undiplomatisch
Implementer	Systematisch, integer, loyal zum Unternehmen	Ablehnend gegenüber neuer Ideen
Teamworker	Anpassungsfähig, kommunikativ	Konfrontationen werden vermieden
Monitor Evaluater	Ausgeglichen, entdeckt schnell Fehler	Zu kritisch, nicht sehr entschlussfreudig, herabsetzend in Analysen
Shaper	Leitet und koordiniert gerne, besorgt, ob die Ziele erreicht werden	Ungeduldig, reizbar, impulsiv, gibt evtl. zu schnell auf
Coordinator	Diszipliniert, Teamführer, bemüht, Ziele zu erreichen, gut in der Besetzung von Projektrollen	Kein kreativer Denker, geht die Aufgaben zu ruhig an
Resource Investigator	Bringt Ideen von außen, diplomatisch, viele Außenkontakte	Großer Enthusiasmus, lässt die Sachen aber schnell fallen
Plant	Originelle Ideen, gibt Anregungen und Vorschläge, dominierend	Introvertiert, Details interessieren nicht, wenig kritikfähig

Es ist wichtig zu erwähnen, dass *Typ* nicht mit *sozialer Rolle* verwechselt werden darf. Die *Typ-Bezeichnung* ist eine psychologische Charakterisierung, die soziale Rolle stellt eine soziale Dimension dar. Die Beobachtung der Typen soll und kann helfen, sich die Auswirkungen der verschiedenen psychischen Rollen, die sich auch als Charaktere bezeichnen lassen, deutlich zu machen.

Wie wichtig die Charakterisierungen der Mitarbeiter ist, zeigt zum Beispiel die Entwicklung eines sog. *Process Communication Model* (PCM), dass in größeren Unternehmen in mehr als 20 Ländern eingesetzt wird; auch die NASA stellt die Astronautenteams nach dem PCM zusammen (Hindel et al. 2009). Darin werden lediglich 6 Charaktere beschrieben und einige Charaktere decken sich mit den Typen, die in Tabelle 2.6 beschrieben wurden:

Tabelle 2-7: Process Communication Model (nach Hindel et al. 2009, 130)

PCM-Typ	Charakter	Motivation	Demotivation	Reaktionen
Träumer	einfallsreich, leicht zu führen, nachdenklich, introvertiert, ruhig,	schätzt Einsamkeit und braucht Zeit zum Überlegen, um kreativ zu sein, wird durch Andere motiviert	Unruhige Umgebung, Führungslosigkeit	Aufgaben werden nicht fertig gestellt; zieht sich vom Tagesgeschehen zurück
Workaholic	denkt logisch, verantwortungsvoll, organisiert, zeitgetrieben	Anerkennung von Leistung, Bonus, logische Argumentation	Fehlende Argumentationen, wenn es zu persönlich wird, „Need-to-Know-Prinzip"	Übt Kritik aus, ist frustriert, Beschwerden (Geld, Fairniss, andere Mitarbeiter etc.)
Widerständler	sensibel, freundlich, mitfühlend, gefühlsgetrieben	Angenehme Umgebung (Räumlichkeiten und Kollegen)	Auf Fehlern herumreiten, Selbstherrlichkeit	übt Kritik aus, sozialisiert sich mit anderen, hat Selbstzweifel
Revolutionär	spontan, kreativ, ausdrucksstark, tatkräftig, verspielt	Braucht ständigen Gedankenaustausch persönlicher Kontakt, Spaßfaktor	Zeitliche Einschränkungen, Prediger	Opportunismus, macht Vorwürfe, beschwert sich
Bewahrer	hingebungsvoll, beobachtend, gewissenhaft, hartnäckig	Anerkennung von Leistung, Verpflichtung hinsichtlich der Ziele	Selbstherrlichkeit, Machtspiele, Neudefinitionen	ist selbstgerecht, verbale Attacken
Befürworter	kann sich anpassen, überzeugend, charmant, einfallsreich, aktionsorientiert	Risikobereitschaft, Geld	Unentschlossenheit, Schwäche, Konfrontation	argumentiert aufwendig, negative Dramaturgie, bricht Regeln

Nach Möglichkeit sollte die Teamzusammensetzung eher heterogen sein (s. das vorige Fallbeispiel in Bezug auf die Heterogenität der fachlichen Kompetenzen); das bedeutet, dass es grundsätzlich schwierig ist mit einem Team zu arbeiten, in dem überwiegend ein Charaktertypus überwiegt. Sind überwiegend „Revolutionäre" im Team könnte es sein, dass mehr diskutiert als gearbeitet wird; ist der Manager selbst ein „Träumer", dann wird das Projekt schnell zum Albtraum.

Die Teamgröße spielt ebenfalls eine große Rolle, die zugleich von dem Projektumfang abhängig ist. Erfahrungsgemäß können drei gut aufeinander eingestellte Teammitglieder schnell über sich hinauswachsen und mehr leisten, als sie selbst mitunter für möglich gehalten hätten. Schon bei einer Teamgröße von vier jedoch entsteht z. B. häufig die Frage, wer die Aufgaben des Kaffeekochens und der

Unterhaltung übernimmt. Ein Viererteam funktioniert meistens nur dann sehr gut, wenn praktisch jeweils zwei Zweierteams entstehen, die je nach Aufgabe eine unterschiedliche Personenkonstellation aufweisen.

Je größer die Teams werden, umso schwieriger ist es, ein „Wir-Gefühl" zu entwickeln und umso größer wird die Gefahr, dass sich Niemand (*Nobody*) für die Aufgaben verantwortlich fühlt bzw. davon ausgeht, dass es Jemand anders (*Somebody*) tun wird. Damit hätten wir die eingangs zitierte Situation.

Ein Manager muss zusätzlich darauf achten, dass er die Mitarbeiter nicht allein nach persönlichen Sympathien auswählt. Das gilt nicht nur, weil es sehr bald auffällt; für die Teamzusammensetzung kann dies äußerst kontraproduktiv sein, wenn die einzelnen Mitarbeiter auf Grund ihrer Persönlichkeiten nicht zusammen arbeiten können. Wir werden auf dies Problem im nächsten Kapitel unter dem Stichwort der Personalplanung in einem Fallbeispiel noch einmal zurückkommen.

Mitarbeiter wiederum, die auf Grund von Antipathien nicht zusammenarbeiten können, müssen angeleitet werden. Hier hilft es häufig als Leiter deutlich zu machen, dass Jeder seine für das Projekt unverzichtbaren Kompetenzen aufweist, und dass nur in dieser Zusammensetzung das Projekt erfolgreich wird. Das hilft häufig, den Mitarbeitern zu einer anderen Einstellung gegenüber den Kollegen zu verhelfen und den Kollegen damit aus einem anderen Blickwinkel zu betrachten.

Eines ist jedoch klar: Bereits die Formulierungen „könnte", „häufig" etc. weisen darauf hin, dass es kein Patentrezept gibt, wie die Mitarbeiter geleitet werden können, wie Konflikte am besten gelöst werden können. Es liegt in der Persönlichkeit, wie die Rolle Manager ausgefüllt wird, ob ein Projekt Aussicht auf Erfolg hat oder nicht. Sonst muss man hoffen, dass das Projekt so interessant und wichtig für die Mitarbeiter ist, dass sie „trotz" Manager oder „trotz" persönlicher Probleme eine intrinsische (von innen heraus) Motivation mitbringen, die Niemand reduzieren kann. Doch das kommt nicht unbedingt häufig in der Realität vor.

Ein guter Manager ist in der Lage, die Organisationsstrukturen so zu verinnerlichen, dass er in der Lage ist, diese transparent zu machen. Er ist in der Lage, sich in die Rolle anderer hineinzuversetzen und damit eine Argumentationsweise zu entwickeln, die eine Veränderung im Denken der Mitarbeiter bewirken kann (Stoica-Klüver et al. 2007). Er weiß, wer für bestimmte Aufgaben geeignet ist und kann die Kompetenzen gezielt einsetzen und sogar dafür sorgen, dass die Mitarbeiter einen eigenen Ehrgeiz entwickeln und weit mehr tun, als sie tun müssten.

Allein die Aufgabe, Menschen zu führen, ist eine große Herausforderung, die soziale und kommunikative Kompetenzen verlangt, die erst durch viel Erfahrung richtig entwickelt werden können. Als Softwaremanager sind allerdings diese Kenntnisse bei weitem nicht ausreichend, wie in den nächsten beiden Kapiteln gezeigt wird.

2.18 Fallbeispiel: Führungsstile und Persönlichkeitstypen modelliert durch ein SEN

Zu den schwierigen – und notwendigsten – sozialen Kompetenzen gehört es, wie bereits erwähnt, die Mitarbeiter einzuschätzen und zu entscheiden, welcher Führungsstil am besten geeignet ist. Es wurde ebenfalls bereits darauf hingewiesen, dass ein Projektmanager durchaus einen Führungsstil bevorzugen kann, wenn dieser der eigenen Persönlichkeit am besten entspricht. Wie sich das eigene Verhalten – und damit der Führungsstil – den einzelnen Mitarbeiterpersönlichkeiten gegenüber anpassen müsste, hängt davon ab, ob man erkennt, welches Verhalten ein Mitarbeiter braucht. Es gibt sehr kreative Persönlichkeiten, die sehr eigenständig arbeiten und die mit einem partizipativen oder delegativen Führungsstil nicht zurecht kommen. Sie brauchen eher einen autoritären Führungsstil, da sie sich sonst stets verzetteln und vor lauter Kreativität nicht die Aufgaben erfüllen, die von ihnen erwartet werden. Mit SEN kann überprüft werden, welcher Mitarbeitertyp welchen Führungsstil am besten akzeptieren kann und umgekehrt, welcher Führungsstil für welche Mitarbeitertypen am besten geeignet ist. Falls ein Mitarbeiter gar nicht weiß, welchem Typen er am meisten entspricht, kann das mit Hilfe von SEN ebenfalls modelliert werden. In den folgenden Beispielen wird vorausgesetzt, dass sowohl die Leiter als auch die Mitarbeiter die Klassifizierung ihrer jeweiligen Stile bzw. Typen bereits vorgenommen haben.

Beispiel 1:

Als Referenztypen werden die einzelnen Führungsstile eingegeben. In diesem Fall werden zur Charakterisierung der Führungsstile jedoch nicht deren entsprechende Attribute gewählt, sondern die Attribute, die den jeweiligen Persönlichkeitstypen entsprechen. Somit werden zwei unterschiedliche Charakterisierungsmengen bzw. Kategorien in einen Modell zusammengefasst (s. Subkapitel 2.7 für die Führungsstile und Tabelle 2.7 für die Mitarbeitertypen). Damit ist folgendes gemeint: Es werden die Charakterisierungen aller Mitarbeitertypen als Attribute angegeben (*einfallsreich, leicht zu führen, ist demotiviert bei Führungslosigkeit* etc). In der semantischen Matrix wird entsprechend für den Führungsstil „autoritär" bei den Attributen „leicht zu führen" und „demotiviert bei Führungslosigkeit", die Eigenschaften, die für Mitarbeitertyp „Träumer" typisch sind, eine 1.0 eingegeben, da davon ausgegangen wird, dass ein Träumer sehr gut mit einem autoritären Führungsstil in dieser Hinsicht zurechtkommt. Es ist auch anzunehmen, dass dieser Mitarbeitertyp weniger gut mit einem delegativen Führungsstil zurecht kommt. Entsprechend werden die oben angegebenen Eigenschaften bei dem delegativen Führungsstil mit einem niedrigen Wert in der semantischen Matrix belegt (z. B. wird für die Charakterisierung „demotiviert bei Führungslosigkeit" eine 0 in der semantischen Matrix eingegeben).

2 Die Organisation und der Mensch

Der Benutzer muss in diesem Fall also die Attribute angeben, die den Mitarbeitertypen entsprechen, um den geeigneten Führungsstil zu erhalten. Bei diesem Modell wird also die Attributzuordnung gewissermaßen umgekehrt: Der Führungsstil wird durch die Attribute der Mitarbeiter charakterisiert, die den jeweiligen Führungsstil brauchen.

In der Abbildung 2.15 wird eine entsprechende Zuordnung durch SEN gezeigt.

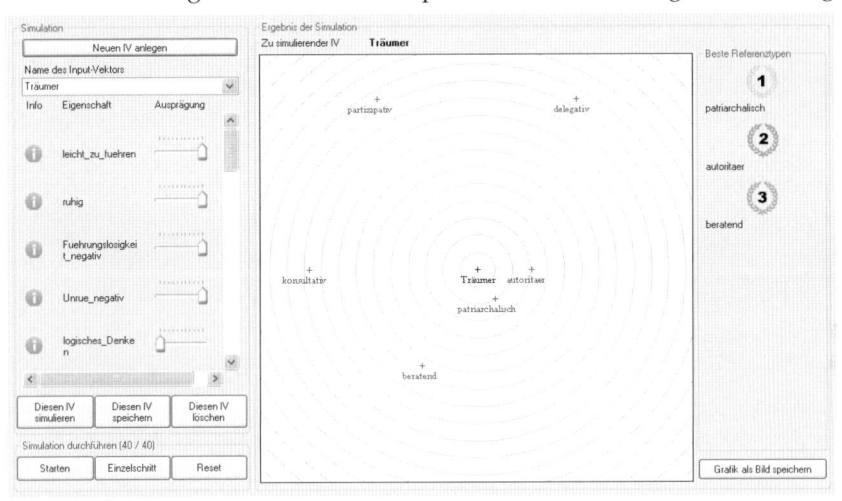

Abbildung 2-15: Charakterisierungen des Mitarbeitertypen „Träumer" und der geeignete Führungsstil

In diesem Fall wurden die Charakterisierungen eingegeben, die in der Tabelle 2.7 für den Mitarbeitertyp „Träumer" nach PCM aufgeführt wurden: „ist leicht zu führen, ist ruhig, hasst Führungslosigkeit" etc. Das SEN identifiziert die Führungsstile „patriarchalisch", „autoritär" und „beratend" als besonders gut geeignet.

In dem nächsten Beispiel steht „Workaholic" im Zentrum (Abb. 2.16):

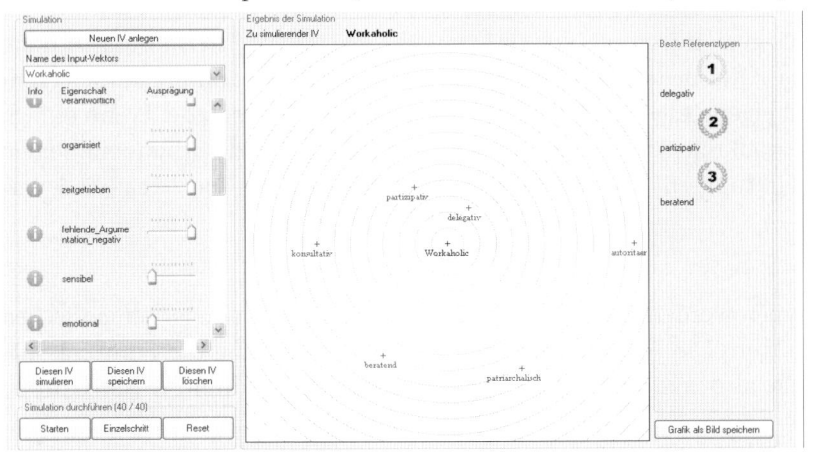

Abbildung 2-16: Charakterisierungen des Mitarbeitertypen „Workaholic" und der geeignete Führungsstil

Das SEN empfiehlt in diesem Fall die Führungsstile „delegativ", „partizipativ" und „beratend".

Es ist allgemein bekannt, dass es in der Praxis jedoch kaum „reine" Mitarbeitertypen gibt, sondern eher eine Mischform vorkommt. Das nächste Beispiel zeigt die Ergebnisse für einen derartigen Fall:

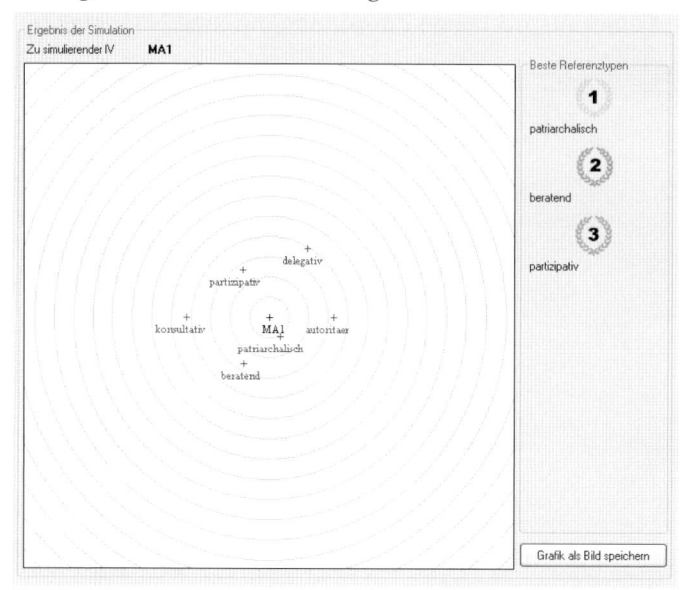

Abbildung 2-17: Geeigneter Führungsstil für einen Mitarbeiter.[30]

Das Beispiel zeigt, dass dieser Mitarbeiter eine interessante Mischung an Führungsstilen braucht, die in der Praxis durchaus vorkommt. Einerseits braucht er eine klare Führung und damit verbundene Anordnungen, daher ist der patriarchalische Führungsstil an erster Stelle im SEN; andererseits ist auf den zweiten und dritten Platz jedoch der beratende und partizipative Führungsstil gesetzt, also als geeignet empfohlen. Das kommt nach unseren Erfahrungen dann vor, wenn ein Mitarbeiter hinsichtlich seiner eigenen Programmierarbeit sehr kreativ ist und eigene Ideen einbringt. Da braucht er Freiheitsgrade. Wenn es sich jedoch um die konkrete Ablieferung der Arbeit geht, braucht der Mitarbeiter einen sehr rigiden Führungsstil, sonst würde er sich in seiner eigenen Kreativität verlieren.

Beispiel 2:

Als Referenztypen werden in diesem Fall die Mitarbeitertypen in der semantischen Matrix eingetragen. Die Attribute entsprechen jetzt denen, die die Führungsstile charakterisieren, also „ordnet an", „überzeugt vor einer Anordnung", „die Gruppe

---

[30] Die Eingabe der Attribute beruht auf tatsächlichen Beobachtungen und Einschätzungen eines unserer Mitarbeiter durch uns.

2 Die Organisation und der Mensch 87

entscheidet" etc. Hier werden also die Mitarbeiter gewissermaßen durch ihre Bedürfnisse hinsichtlich eines bestimmten Führungsstils charakterisiert. Der Benutzer gibt demnach die jeweiligen Charakterisierungen ein, die für ihn als Manager zutreffen – und damit seinem Führungsstil entsprechen -, und erhält als Ergebnis die Mitarbeitertypen, die mit seinem Führungsstil am besten zurecht kommen.

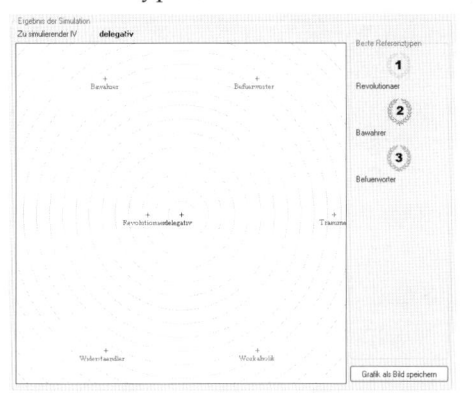

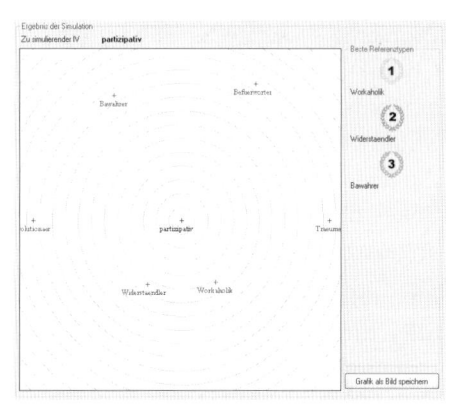

Abbildung 2-18: Führungsstile und Mitarbeitertypen. Im linken Bild kommt mit dem delegativen Führungsstil der „Revolutionär" zurecht; im rechten ist der partizipative Führungsstil am besten für den Workaholic und Widerständler geeignet.

Auch hier gilt, dass es die „reinen" Führungsstile nicht gibt. Nehmen wir an, ein IT-Manager kann mit den folgenden Charakterisierungen beschrieben werden: Er ordnet an (Attribut mit 0.3 aktiviert), er trifft immer die Entscheidungen (1.0) und will jedoch vor der Entscheidung überzeugen (0.7); lässt Rückmeldungen zu (0.7), informiert gerne (0.8), stellt das Problem der Gruppe gegenüber dar (0.7), nimmt Gruppenvorschläge an (0.6), lässt jedoch keine Gruppenentscheidung zu (0.0); zusätzlich koordiniert er gern (0.8). Das Ergebnis durch SEN ist das folgende (Abb. 2.19)

Abbildung 2-19: Führungsstil als Mischform und die Mitarbeitertypen, die von diesem Führungsstil angezogen werden.

Das Ergebnis zeigt, dass dieser Führungsstil für viele Mitarbeitertypen geeignet ist, nicht jedoch für den „Workaholic" und den „Befürworter", da diese beiden peripher angeordnet bleiben.

Es sei darauf hingewiesen, dass diese Modelle bewusst nach den Beschreibungen im Text durchgeführt wurden. Dadurch handelt es sich um eine Reduzierung der Probleme, da jeder Praktiker (aber auch Theoretiker) weiß, dass die Charakterisierungen erweitert und präzisiert werden müssten. Die Simulationsergebnisse zeigen jedoch, dass einerseits der geeignete Führungsstil für bestimmte Mitarbeiter angezeigt wird und andererseits, dass die „reinen" Führungsstile für die meisten Mitarbeitertypen ungeeignet sind. Lediglich in einem Fall (s. Abb. 2.17, linkes Bild) wurde bei dem delegativen Führungsstil der „Revolutionär" sehr nah angezogen.

Eine differenzierte Analyse der Führungsstile und der Mitarbeitertypen kann mit SEN für verschiedene Gruppen individuell angepasst werden. Dadurch können Irritationen häufig vermieden werden. Beispielsweise ist es nicht immer nachvollziehbar, warum bestimmte Mitarbeiter mit dem eigenen Führungsstil absolut nicht zurecht kommen, die meisten jedoch schon. Durch die Eingabe der eigenen Beobachtungen hinsichtlich des Mitarbeiters ist es insbesondere in Stresszeiten wesentlich leichter nachvollziehbar, dass ein Mitarbeiter rigide Vorgaben braucht, auch wenn auf den ersten Blick das nicht so erscheint. Damit kann der eigene Führungsstil für diese speziellen Mitarbeiter leichter angepasst werden. Dies setzt natürlich voraus, dass die Eingaben in SEN differenziert erfolgen. Es kann zum Beispiel eine Erweiterung des Modells erfolgen, indem die Charakterisierungen der Typen aus Tabelle 2.6 integriert werden.

Damit schließen wir die Darstellung der sozialen Dimensionen ab. Wir haben diese relativ ausführlich behandelt, da diese Aspekte des Projektmanagements, wie bemerkt, gewöhnlich etwas zu kurz kommen. Die nächsten Kapitel gehen nun näher auf Probleme des IT-Projektmanagements ein.

3 IT-Projektmanagement

In diesem Kapitel wird die *Ablauforganisation* thematisiert, die insbesondere durch die Projektplanung charakterisiert ist. Eine gute Projektplanung kann verhindern, dass sich einzelne Bestimmungsgrößen im Laufe des Projekts zu sehr verändern; es ist zu beachten, dass die Zunahme einer Größe sich entsprechend auf mindestens eine andere Größe auswirkt. Wird beispielsweise der Funktionsumfang verändert, so hat es eine direkte Auswirkung auf die Zeit sowie Kosten. Derartige Probleme lassen sich nicht vermeiden, mit einer guten Strategie kann jedoch die Erfolgswahrscheinlichkeit erhöht werden.

3.1 Die Projektplanung

Zu den schwierigsten Problemen gehört gewiss die Projektplanung. Darin enthalten ist die Schätzung von Größe, Aufwand und Kosten. Es gibt verschiedene Phasen der Projektplanung.

In der *Planungsphase* werden verschiedene Planungsschritte durchgeführt und es ist zu beachten, dass eine Projektplanung niemals abgeschlossen ist. Es sind viele Rückkopplungen zwischen den einzelnen Teilschritten vorhanden und die Planung muss stets aktualisiert bzw. detailliert werden. Und eines darf man nie vergessen: Der erste Tote auf dem Schlachtfeld ist stets der eigene Plan. Diese alte militärische Weisheit gilt gewiss auch für jede Projektplanung. Dennoch ist eine sorgfältige Planung das A und O für ein erfolgreiches Projekt.

Zu Beginn der Planung werden der Projektumfang sowie die sog. Meilensteine festgelegt wie z. B. bestimmte Zwischenergebnisse, die abhängig sind von der Projektdefinition. Anschließend wird ein Projektstrukturplan erstellt sowie eine Größen- und Aufwandsschätzung vorgenommen. Daraus resultiert ein Aktivitätenzeitplan (Ablaufplan), in dem die Meilensteine dokumentiert werden. Die Kostenplanung ist letztlich davon abhängig, wie die einzelnen Teilschritte festgelegt wurden (Hindel et al. 2009; Bea et al. 2008).

Im Folgenden werden die einzelnen Planungsschritte exemplarisch erläutert.

3.1.1 Projektstrukturplan

Nach DIN 69901 bedeutet Projektstrukturplan „die vollständige hierarchische Anordnung aller Elemente eines Projekts" (in Hindel et al. 2009, 53)

In der Praxis ist es häufig sinnvoll (insbesondere bei großen Projekten) zwischen den folgenden drei Gliederungsprinzipien der Projektstrukturplanung (PSP) zu unterscheiden (Pfetzing und Rohde 2009; Ruf und Fittgau, 2008; Gadatsch 2008):

- *Phasenorientierter PSP*: Die Untergliederung erfolgt in Bezug auf die einzelnen Phasen, z.B: Spezifikation, Entwurf, Implementierung, Integration, Einführung
- *Objektorientierter Strukturplan*: Die einzelnen Teile des Systems bzw. des Produktes werden zerlegt und spezifiziert.
- *Funktionsstrukturplan*: Die Reihenfolge der einzelnen Aufgaben werden festgelegt; diese Form ist sinnvoll, wenn arbeitsteilig gearbeitet wird und eine bestimmte Reihenfolge der Tätigkeiten vorliegt.

3.1.2 Größen- und Aufwandsschätzung

Liegt der Projektstrukturplan vor, muss eine geeignete Schätzmethode gewählt werden, um den Projektaufwand ermitteln zu können. Je nach Projektgröße, jedoch insbesondere nach Erfahrungswerten, die in einem Unternehmen vorliegen, können geeignete Schätzmethoden gewählt werden.

Im *Mengengerüst* wird die jeweilige benötigte Anzahl an z. B. Personal, Geräte etc. pro Arbeitspaket angegeben. Ist ein Arbeitspaket sehr groß, wird der Aufwand für die einzelnen Vorgänge geschätzt; die ermittelten Werte werden aggregiert, um den Aufwand des jeweiligen Pakets zu ermitteln. Entsprechend werden alle Werte aggregiert, bis ein Gesamtaufwand geschätzt werden kann.

Im Zusammenhang mit der Größen- bzw. Aufwandsschätzung treten gleich mehrere Probleme auf. Einerseits müssen Schätzungen teilweise erfolgen, bevor das Team überhaupt zusammengestellt wurde. Andererseits neigen gerade Manager dazu, die Schätzungen zu optimistisch zu bewerten – nach dem Motto: „Das schaffen wir schon". Insbesondere Manager, die selbst keine Erfahrungen auf dem Gebiet der Softwareentwicklung haben (u. A. keine Programmierkenntnisse), können den Aufwand nicht selbstständig einschätzen. Dazu geben Hindel et al. (2009, 56f) einige wertvolle Hinweise:

1. Schätzungen sollten grundsätzlich gemäß einer nachvollziehbaren Methodik erfolgen.
2. Sind Vergangenheitsdaten vorhanden, sollten diese herangezogen werden (Erfahrungswerte). Bei innovativen Projekten ist dies jedoch nicht ohne weiteres möglich.
3. Die Schätzungen sollten von den Experten durchgeführt werden. Ist dies nicht möglich, da Schätzungen abgegeben werden mussten, bevor das Team zusammengestellt wurde, sollten die Schätzungen durch Reviews überarbeitet werden.
4. Die Dokumentation sollte nachvollziehbar sein, wobei mögliche Risiken nicht vernachlässigt werden dürfen.

Allgemein sollte bedacht werden, dass Schätzungen nicht von vornherein sehr detailliert durchgeführt werden können. Sobald Änderungen in der Planungsphase entstehen, ändern sich u.U. auch die Aufwandsschätzungen; dies gilt auch für die Arbeitspakete. In jeder neuen Projektphase müssen demnach auch die Größen- und Aufwandsschätzungen überprüft werden.

Die Methoden werden in der Literatur unterschiedlich klassifiziert: So werden zum Beispiel Methoden wie CoCoMo oder Slim unter *algorithmischen* (Wieczorrek und Mertens 2008; Pfetzing und Rohde 2009), *parametrischen* (Bea et al. 2008) oder *erweiterten* Methoden (Hindel et al. 2009) eingeordnet. Darüber hinaus werden Analogieverfahren (Funktionsmethoden, Data-Point-Methode, Relationsmethode), Kennzahlenmethode (Prozentsatz-, Multiplikationsmethode), erweiterte Methoden (Expertenbefragung, Schätzklausur, top-down und bottom-up) eingesetzt, die ebenfalls mitunter unterschiedlich eingeordnet werden.

Im Folgenden werden drei Schätzmethoden näher beschrieben:

1. Analogieschätzung
2. Expertenschätzung
3. Parametrische Verfahren (Cocomo, Function Point)

Analogieschätzungen

Analogieschätzungen beziehen sich, wie der Begriff schon andeutet, auf Ähnlichkeiten. Liegen bereits Daten und Erfahrungen in quantifizierter Form aus früheren Projekten vor, ist der Aufwand relativ gut einzuschätzen. Die Erfahrungswerte werden in Form von Kennzahlen abgeleitet, d. h., es werden jeweils Punkte für die einzelnen Aktivitäten vergeben, die für weitere Berechnungen herangezogen werden.

Es wird zwischen der a) Multiplikations- und b) Prozentsatz-Methode unterschieden:

a) Analogieschlüsse hinsichtlich der Größe des Projektes; in diesem Fall wird die *Multiplikationsmethode* verwendet.

Es wird ein linearer Zusammenhang zwischen einer Produktgröße (z. B. Lines of Code, LoC) und einer Ergebnisgröße angenommen (Kosten, Entwicklungs- und Testaufwand etc.). Zusätzlich wird ein Faktor C definiert, der beispielsweise den Schwierigkeitsgrad, die Komplexität und die Risiken beinhaltet. Häufig wird auch die Programmiersprache berücksichtigt, was äußerst problematisch ist (insbesondere im Zusammenhang mit den Codezeilen). Gewöhnlich wird dabei die folgende Formel verwendet:

Entwicklungsaufwand (in Personentagen) = Faktor C * Modulgröße (in LoC)

b) Analogieschlüsse von einer Phase auf eine andere; dabei handelt es sich nicht um ein eigenständiges Schätzverfahren. Die Werte einer Phase werden durch Multiplikation mit einem Faktor (Prozentsatz) in die nächste Phase übertragen. Hat ein Experte zum Beispiel den Aufwand für die Kodierung und den Modultest mit 310 Personentagen angesetzt, wird der jeweilige Aufwand für die anderen Phasen mittels der Prozentsatzmethode ermittelt.

Expertenschätzungen

Expertenschätzungen sind in der Praxis häufig anzutreffen, es fehlt jedoch oftmals an einer entsprechenden Systematik (Hindel et al. 2009). Die Schätzungen können sowohl *top-down* als auch *bottom-up* durchgeführt werden. Bei der top-down-Methode wird der Aufwand für das Gesamtsystem geschätzt, bei der bottom-up-Methode werden die Arbeitspakete auf der untersten Ebene des PSP geschätzt und das Gesamtergebnis ergibt sich aus der Summation der einzelnen Teilergebnisse.

Als Beispiel für eine primär top-down-Methode wird die *Delphi-Methode* beschrieben: Die Experten setzen sich zusammen und schätzen den Gesamtaufwand, und zwar unabhängig voneinander. Ein Moderator ist unbedingt erforderlich, der den Ablauf bestimmt. Um die unabhängige Expertenschätzung zu gewährleisten, darf nur über die Aufgabenstellung diskutiert werden, nicht jedoch über die Schätzung. Nach Abgabe der jeweiligen Schätzungen stellt der Moderator die Ergebnisse dar und fasst die Zahlenwerte und die Abweichungen zusammen. Jeder Experte überarbeitet auf der Basis der entsprechenden Resultate für sich daraufhin die eigene Schätzung, wobei sich der Prozess so lange wiederholt, bis eine ausreichende Annäherung aller Schätzwerte erreicht ist. Das endgültige Schätzergebnis ist letztlich der Durchschnittswert aller einzelnen Schätzungen.

Auf dieser Basis können gute Schätzergebnisse erzielt werden. Es ist jedoch nachvollziehbar, dass dies nur gelingen kann, wenn sowohl der Moderator als auch die Experten „tatsächliche" Experten sind.

Die *informelle Expertenschätzung*, die eine hohe Akzeptanz sowie Verbreitung hat, kann sowohl *top-down* als auch *bottom-up* eingesetzt werden. In diesem Fall sollten sich mindestens zwei Experten einigen und ihre Schätzwerte in einer Schätzdokumentation festhalten. Die getroffenen Annahmen, Risiken, Teilschätzungen etc. sollten bei der Dokumentation nicht vernachlässigt werden (Hindel et al. 2009).

Als Beispiel für die bottom-up Methode dient die *Drei-Punkt-Schätzung*. In diesem Fall werden die Experten nach drei Schätzungen gefragt:

1. *Optimistisch*: es handelt sich um den Idealfall, der mit dem geringsten Wert angegeben wird.
2. *Realistisch*: der wahrscheinlichste Fall wird angegeben mit einem mittleren Wert.
3. *Pessimistisch*: was kann schlimmstenfalls passieren, entsprechend mit einem hohen Wert versehen.

Das Verfahren hat den Vorteil, dass sowohl der Schätzwert als auch die Unsicherheit der Schätzung ermittelt wird. Hindel et al. (aaO.) geben dafür ein Beispiel, die auf statistischen Erfahrungswerten sowie auf der PERT-Technik („Program Evaluation and Review Technique") beruht:

3 IT-Projektmanagement

Die dafür verwendeten Formeln lauten:

$$Gewichteter\ Schätzwert\ (PERT) = \frac{Optimistisch + 4\ (Realistisch) + Pessimistisch}{6} \quad (3.1)$$

$$Standardabweichung = \frac{Pessimistisch - Optimistisch}{6}$$

$$Gesamtunsicherheit = \sqrt{\sum (Standardabweichung)^2}$$

Die folgende Abbildung dient als zusätzliche Veranschaulichung der Schätzmethode:

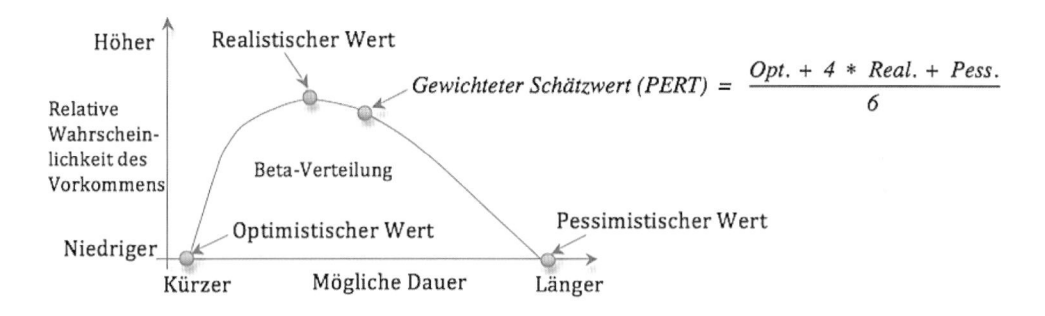

Abbildung 3-1: Schätzermittlung mit der PERT-Methode (nach Hindel et al. 2009, 62)

Wird zum Beispiel ein optimistischer Wert von 3, ein realistischer von 5 und ein pessimistischer von 8 angegeben, dann ist der Schätzwert für den Aufwand 5,17 mit einer Standardabweichung von 0,83.

Parametrische Verfahren

Bei der parametrischen Methode wird der Zusammenhang zwischen der Produktgröße und dem Aufwand mit Hilfe von Regressionsanalysen hergestellt. In der Praxis werden das CoCoMo- bzw. das Function Point-Verfahren für die Aufwandschätzung im Softwarebereich eingesetzt; beide erfordern das Sammeln statistischer Daten über einen längeren Zeitraum sowie ein fundiertes Wissen.

Die CoCoMo-Methode (Constructive Cost Model)

Das Modell wurde von Boehm (1981) entwickelt und basiert auf Analogieschätzungen mittels Codezeilen (Lines of Code – LoC) sowie auf gewichteten Einflussfaktoren wie Entwicklungsmodi (wie einfach ist die Softwareentwicklung), Kosten, Zuverlässigkeit, Änderungshäufigkeit im System, Erfahrung im Anwendungsbereich und Verwendung von Tools. In einer erweiterten Version, nämlich

Cocomo II werden zusätzlich Wiederverwertung, COTS-Software (Commercial of the Shelf) und Reengineering berücksichtigt (Hindel et al. 2009).

Cocomo II beinhaltet drei verschiedene Modelle, die sowohl für ein gesamtes Projekt als auch für Schätzungen zu verschiedenen Zeitpunkten innerhalb eines Projektes eingesetzt werden können (Bea et al. 2008):

a) Das „Application Composition"-Modell wird in den frühen Projektphasen eingesetzt, oft für die Entwicklung von Prototypen. Das Modell ist sehr gut für risikoreiche Aufgaben geeignet, wie die Gestaltung der Benutzerschnittstellen, Integration der Software in ein Gesamtsystem etc.

b) Das „Early Design"-Modell wird für eine grobe Aufwandschätzung, ebenfalls in den frühen Projektphasen eingesetzt. Das Modell ist hilfreich, um verschiedene Varianten der Software- und Systemarchitektur zu schätzen, wenn noch wenige Informationen zur Verfügung stehen.

c) Das „Post-Architecture"-Modell ist für ein detailliertes Modell notwendig, nachdem die Entscheidung hinsichtlich der Software und Systemarchitektur gefallen ist.

Das folgende Beispiel für die Aufwandschätzung soll die Vorgehensweise konkretisieren:

Für die Berechnung des Aufwands werden eine Konstante A, die Produktgröße G und ein Exponentialfaktor B definiert. Die Konstante A wird auf der Grundlage vorhandener Projektdaten ermittelt und bezieht sich auf die durchschnittliche Produktivität (Mannmonate / Thousands of source of LoC). Für die Produktgröße G soll die intellektuelle Arbeit quantifiziert werden, die für die Softwareentwicklung notwendig ist.

Es sind einige Effekte zu berücksichtigen, wie die Veränderungen der Anforderungen (zum Beispiel durch den Kunden) oder die Wiederverwendbarkeit von Codes, die eine entsprechend andere Vorgehensweise bei der Implementierung voraussetzen.

Der Exponentialfaktor B erfasst den Aufwand durch den Einfluss der sog. *Scale Drivers*; das sind Skaleneffekte (*economies* und *diseconomies of scale*), die sich durch unterschiedliche Probleme im Projekt ergeben und quantifiziert werden müssen. Dabei ist zu beachten, dass die Einflüsse, die in diesen Faktor eingehen, den Aufwand erheblich erhöhen können. Ist es zum Beispiel nur sehr schwer, eine Einigkeit zwischen den Entwicklern und Kunden herzustellen, so erhöht sich der Aufwand erheblich (Bea et al., 2008; Kleuker, 2009). Im *Early Design-Modell* werden *sieben*, im *Post Architecture-Modell* werden *siebzehn* solcher Kostentreiber definiert.[31]

---

[31] Chang et al. 2001 zeigen übrigens, wie COCOMO durch Einsatz eines Genetischen Algorithmus optimiert werden kann.

3 IT-Projektmanagement

In einer Formel zusammengefasst ergibt sich zunächst der nominale Aufwand:

$$MM_{nominal} = A * G^B \qquad \begin{array}{l} \text{MM = Aufwand in Mannmonaten} \\ \text{A = Konstante (Mannmonate / Thousands of source of LoC)} \\ \text{G = Produktgröße in Codezeilen (thousands of source LoC)} \end{array} \qquad (3.2)$$

Das Ergebnis wird einer genaueren Analyse unterzogen, um einen realistischen Aufwand zu erhalten. Hierzu werden zusätzliche Kostentreiber untersucht, die mit dem nominalen Aufwand multipliziert werden. Daraus ergibt sich:

$$MM_{real} = MM_{nominal} * \left(\prod_i AM_i\right) \qquad \begin{array}{l} AM_i \text{ Aufwandsmultiplikatoren, die sich auf} \\ \text{Grund verschiedener Kostentreiber ergeben.} \end{array} \qquad (3.3)$$

Die Bedeutung der Erfahrung und der statistischen Auswertung kann hier nicht stark genug betont werden. Die Codezeilen können sehr häufig nicht bestimmt werden, insbesondere wenn es sich um neue Produkte handelt oder Software im Forschungskontext entwickelt wird. Darüber hinaus wird praktisch vorausgesetzt, dass die Software „elegant" programmiert wird. Damit ist gemeint, dass der Programmierer nicht *eine* unnötige Quellcodezeile hat. Dies ist in der Praxis häufig anders. Nicht selten geht man als Programmierer nach dem Trial-and-Error-Prinzip vor, da man selbst nicht weiß, wie ein Problem am besten gelöst werden kann. Es ist ebenfalls abzuwägen, ob vielleicht ein uneleganter Programmierer längere Zeit und mehr Code braucht, dafür aber eine sehr schnelle Auffassungsgabe hat, was bedeutet, dass das Problem schnell verstanden wird. Häufig wird die meiste Zeit dafür benötigt, um zu überlegen, wie ein Problem umgesetzt werden kann. Darüber hinaus muss klar sein, welchen Stellenwert zum Beispiel Kommentare haben: Gehören sie noch zum LoC oder nicht.

Hinweis: Die Grundlogik, sich auf Erfahrungswerte zu beziehen, ist allgemein jedoch sehr fruchtbar einzusetzen. In der Literatur wird wiederholt darauf verwiesen, dass diese oder ähnliche Berechnungen für innovative oder für forschungsbasierte Software nicht anzuwenden sind. Dennoch wird ein erfahrener Projektleiter den Aufwand sehr genau einschätzen können, denn auch wenn die Projekte inhaltlich völlig unterschiedlich sind – sonst wären sie jeweils nicht innovativ – so ist der Aufwand doch sehr ähnlich. Erfahrungsgemäß sind sogar die LoC in ähnlichen Dimensionen, daher ist die Denkweise in solchen Dimensionen, nämlich in Bezug auf Erfahrungswerte, sehr nützlich, auch wenn auf die komplizierten Berechnungen verzichtet wird. Allerdings gibt es bei innovativer Grundlagenforschung natürlich auch Situationen, in denen man tatsächlich auf keine Erfahrungswerte – auch nicht durch Analogie – zurückgreifen kann. Das ist aber nicht so häufig der Fall, wie zuweilen suggeriert wird.

Function-Point-Methode

Bei dieser Methode wird der Aufwand aus den Produktanforderungen abgeleitet. Es werden Kategorien bestimmt wie z. B. Eingaben, Abfragen etc., die durch einfach, mittel, schwer etc. klassifiziert werden. Die so gewichteten Werte werden zu einer vorläufigen Function-Point verdichtet (Hindel et al. 2009; Bea et al. 2008; Gadatsch 2008).

In einem zweiten Schritt werden Einflussfaktoren wie Verwaltung, Wiederverwendbarkeit, Komplexität etc. gewichtet. Die Klassifikation und Gewichtung der Anforderungen geschieht mittels Tabellen, Richtlinien und Beispielen. Aus dem zweiten Schritt werden die Schätzungen für das aktuelle Projekt abgeleitet.

Kombination der Delphi-Methode mit der Drei-Punkt-Schätzung

Die einzelnen Methoden können auch miteinander kombiniert werden. Als Beispiel wird hier die von Hindel et al. (aaO) vorgeschlagene Kombination gezeigt: In einem Workshop wird nach der Delphi-Methode eine Drei-Punkt-Schätzung durch Experten durchgeführt. Das Ergebnis fließt anschließend in den Aktivitätenzeitplan.

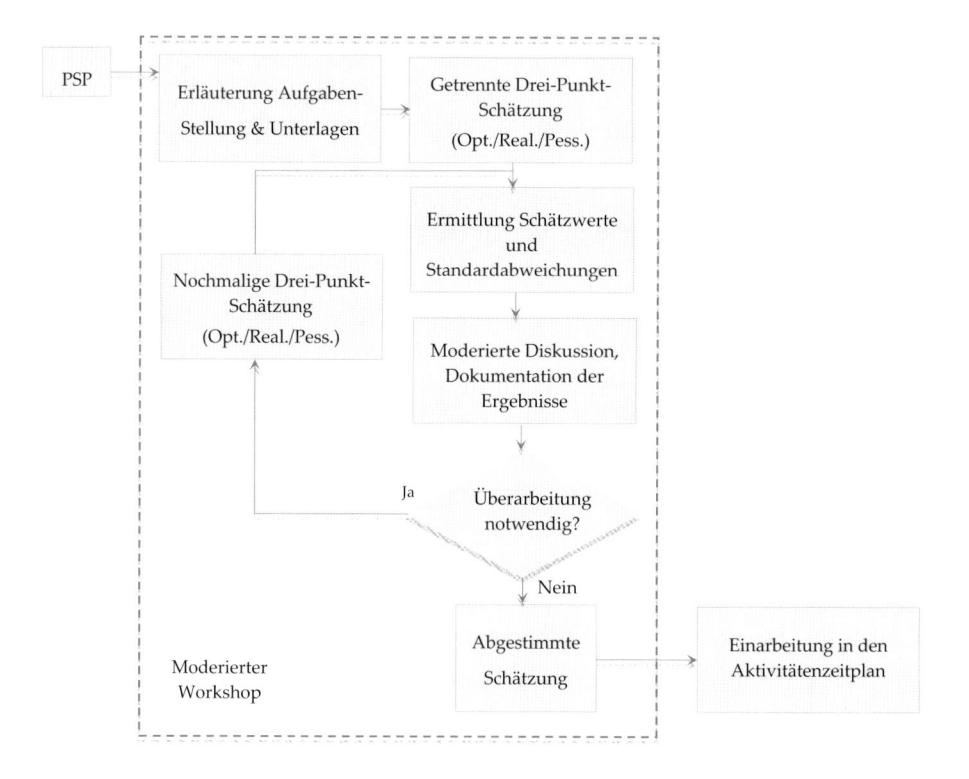

Abbildung 3-2: Ein Anwendungsvorschlag nach Hindel et al. 2009, 64 (vgl. dazu das folgende Fallbeispiel)

Hinweis: Häufig wird auf die Größenschätzung verzichtet, was zu Folgeproblemen führen kann. Nach Hindel et al. (a.a.O.) sollten folgende Schätzschritte für die Softwareentwicklung durchgeführt werden:

1. Die Größe der zu erstellenden Produkte erfolgt unter Berücksichtigung der Kriterien:
   - Lines of Code
   - Anzahl der Module, Masken, Felder etc.
   - Function Points
   - Angabe der Parameter für den Schwierigkeitsgrad, Größe, Komplexität, Risiko etc.
2. Aufwandsschätzung: auf Grundlage der Größenschätzung wird der jeweilige Aufwand in Arbeitsstunden oder Personentage für die einzelnen Arbeitspakete geschätzt.
3. Kostenschätzung: Personalkosten (mit den zugehörigen Personalkostensätzen) * geschätzter Arbeitsaufwand. Die Kosten für zusätzliche Ressourcen wie Entwicklungsumgebung, Material etc. dürfen nicht vernachlässigt werden.

Für Softwarekomponenten sollte die Größenschätzung auf jeden Fall durchgeführt werden. Diese Schätzungen sind ebenfalls für die Erstellung der Dokumente und für die Anzahl der Testfälle von Bedeutung.

Aufwandsschätzungen sollten mittels einer Schätzmethode durchgeführt werden, die in Abhängigkeit von der Größenschätzung gewählt werden muss. Darauf gehen wir im nächsten Fallbeispiel ausführlicher ein, bei dem ein „Fuzzy-Expertensystem" verwendet wird. Allerdings müssen wir zum Verständnis einige ausgewählte Definitionen der Fuzzy-Mengenlehre und Fuzzy-Logik bringen sowie eine Beschreibung von Fuzzy-Expertensystemen. Dabei haben wir versucht, uns auf die notwendigsten Begriffe zu beschränken; für weiterführende Darstellungen verweisen wir auf unser Buch Stoica-Klüver et al. 2009.

3.2 Fuzzy-Mengenlehre und Fuzzy-Logik

Das Konzept der Fuzzy-Mengenlehre (fuzzy set theory) oder auch der Theorie der unscharfen Mengen als Orientierung für die Fuzzy-Logik geht zurück auf den Mathematiker Zadeh, der die Grundlagen dafür bereits in den sechziger Jahren entwickelte (das englische Wort fuzzy ist am besten im Deutschen mit „unscharf") wiederzugeben). Die Grundidee von Fuzzy-Mengen bzw. unscharfen Mengen, wie wir im Folgenden sagen werden, ist in etwa diese:

Seit dem Begründer der klassischen Mengenlehre Georg Cantor werden Mengen definiert als „Zusammenfassungen wohl unterschiedener Objekte". Daraus ergibt sich insbesondere die Forderung, dass bei einer gegebenen Menge M ein Element x entweder eindeutig zur Menge M gehört oder nicht. Ein Objekt, das an uns vorbei fliegt, ist entweder ein Vogel oder nicht; falls nicht, ist es entweder ein Insekt oder nicht; falls nicht, ist es entweder ein Flugzeug oder nicht etc.

Klassische Kognitionstheorien vertraten generell die Ansicht, dass die wahrnehmbare Welt von uns in Hierarchien von Begriffen gegliedert ist, die sich sämtlich genau bzw. „scharf" voneinander unterscheiden lassen. Entsprechend operiert ja auch die herkömmliche mathematische Logik mit genau unterschiedenen Wahrheitswerten, nämlich 0 und 1, falsch oder wahr (vgl. z. B. die binären Booleschen Funktionen in Booleschen Netzen in den entsprechenden Fallbeispielen weiter unten). Allerdings ist diese Grundannahme aus philosophischer und kognitionstheoretischer Sicht häufig bezweifelt worden, da Menschen eben auch in „unscharfen" Begriffen wie „mehr oder weniger" denken und sprechen. Wir sind es ja auch im Alltag durchaus gewöhnt, dass Objekte nicht unbedingt in genau eine Kategorie passen. Ist ein Teilnehmer von „Wer wird Millionär", der 10 000 Euro gewonnen hat nun „reich" oder nicht? Er ist es „mehr oder weniger", da „Reichtum" wie viele unserer Alltagsbegriffe, vom jeweiligen Kontext abhängt. In einem Millionärsklub ist unser Gewinner „weniger reich", unter Verkäufern von Obdachlosenzeitungen sicher „mehr". Hier sind klassische Mengenlehre und Logik nur noch sehr bedingt anzuwenden. Erst die Erweiterung der klassischen Mengenlehre und Logik durch Zadeh gab die Möglichkeit, eine Mathematik des „Unscharfen" zu entwickeln.

Eine *unscharfe Menge* wird jetzt folgendermaßen definiert:

Gegeben sei eine Teilmenge A einer Grundmenge G, $A \subseteq G$.

Für jedes $x \in A$ wird eine *Zugehörigkeitsfunktion* (ZGF) $\mu_A \in R$ definiert (gesprochen mü-a), mit $0 \leq \mu_A(x) \leq 1$; bei diesem Intervall nennt man **A** eine *normalisierte unscharfe* Menge, da auch andere Intervalle möglich sind. Wir werden im Folgenden immer eine normalisierte unscharfe Menge meinen, wenn wir nur von unscharfer Menge reden.

Dann ist die unscharfe Menge **A** eine Menge geordneter Paare der Form

$$\mathbf{A} = \{(x, \mu_A(x))\} \tag{3.4}$$

mit $x \in A$ und $\mu_A(x) \in [0,1]$.

Falls gilt $\mu_A(x) = 1$ oder $\mu_A(x) = 0$ für alle $x \in A$, nennen wir **A** eine scharfe Menge (engl. crisp set).

Eine Menge, wie sie in der traditionellen Mengenlehre üblicherweise verwendet wird, ist also in gewisser Weise ein Grenzfall von unscharfen Mengen, nämlich eine scharfe Menge mit $\mu_A(x) = 1$ für alle $x \in A$; man verzichtet dann auf die Angabe der $\mu_A(x)$.

Bei dieser Definition ist Folgendes zu beachten: Eine ZGF μ_A –, diese Symbolik hat sich praktisch etabliert –, ist immer in Bezug auf die Menge $A \subseteq G$ definiert. Die ZGF legt also für jedes Element x von A fest, in welchem Maße x zu A gehört. Je näher $\mu_A(x)$ am Wert 1 liegt, desto mehr gehört x dann zu **A**, je näher $\mu_A(x)$ bei 0 liegt, desto weniger gehört x zu **A**.

Eine unscharfe Menge **A** ist nach obiger Definition eine Teilmenge des cartesischen Produkts A×R, genauer eine Teilmenge des cartesischen Produkts der Menge A mit der Menge der reellen Zahlen im Intervall [0,1]. Nicht die Elemente der Menge A, sondern geordnete Paare aus einem Element x∈A und einem zugehörigen $\mu_A(x)$ sind also Elemente von **A**. (Das cartesische Produkt zweier Mengen M und N wird definiert als die Menge aller geordneter Paare (x, y) mit x ∈ M und y ∈ N, wobei „geordnet" bedeutet, dass es auf die Reihenfolge ankommt.)

Man kann durchaus weitere unscharfe Mengen **B** und auf derselben Menge A definieren mit entsprechenden Zugehörigkeitsfunktionen μ_B und μ_C, die ganz andere Werte für ein und dasselbe Element x ∈ A haben können.

Die Definition der unscharfen Menge als Teilmenge eines cartesischen Produkts ist zugleich die Definition einer Funktion, nämlich gerade der ZGF. Einige Autoren definieren aus diesem Grunde die unscharfe Menge nur als $\{\mu_A(x)\}$. Die gewählte Darstellung durch geordnete Paare hat den Vorteil, dass sie für beliebige Grundmengen, auch z. B. solche ohne Ordnung, verwendbar ist.

Man nennt übrigens **A**, wenn μ_A nur im Wertebereich zwischen 0 und 1 liegt, eine normalisierte unscharfe Menge; die Skalierung kann auch anders gewählt werden. Hier werden wir nur auf normalisierte unscharfe Mengen Bezug nehmen.

Die unscharfen Mengen sollen an einem einfachen Beispiel illustriert werden.

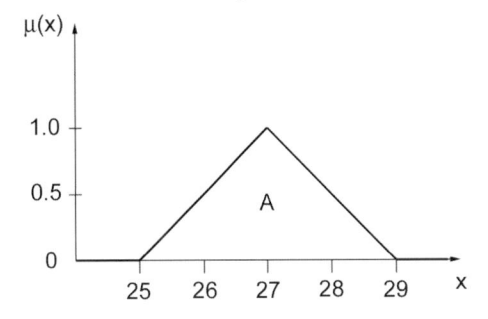

Abbildung 3-3: Eine ZGF als symmetrische Dreieckskurve

Die Graphik veranschaulicht eine unscharfe Menge **A**, nämlich eine Menge von Temperaturen in Grad Celsius, die die Eigenschaft „ungefähr 27 Grad" besitzen. Die Menge A ⊆ G sei – muss aber nicht – als beschränkt auf das Intervall von 25 bis 29 Grad angenommen; sie kann als infinit definiert werden mit Temperaturen als reellen Zahlen im Intervall (25,29). Die Grundmenge G ist natürlich die Menge aller zulässigen Temperaturwerte. Wir werden die Menge **A** hier als endliche Menge verwenden, wobei wir annehmen, dass unser Thermometer nur mit der Genauigkeit von 0.5 Grad ablesbar ist.

A ist dann wie folgt definiert:

$\mathbf{A}$ = {(25;0),(25.5;0.25),(26;0.5),(26.5;0.75),(27;1),(27.5;0.75), (28;0.5),(28.5;0.25),(29;0)}.

(Diese Schreibweise stellt die Elemente mit den zugehörigen µ-Werten für die jeweiligen Mengen dar.) Man sieht hier übrigens den Vorteil, den die Definition einer unscharfen Menge als cartesisches Produkt bringt, nämlich die Möglichkeit, die unscharfe Menge als Kurve – hier als Dreieckskurve – zu visualisieren.

Die Temperaturen 25 und 29 mit $\mu_A(x) = 0$ werden hier zur Menge $\mathbf{A}$ gezählt.

Die ZGF ist definiert als

$$\mu(x) = 1 - 0.5 \cdot |(x - 27)| \text{ im Intervall } [25, 29] \tag{3.5}$$

Natürlich können eleganter aussehende ZGF verwendet werden, etwa „Glockenkurven" und andere mehr.

Dass eine Definition unscharfer Mengen, wie sie oben angegeben ist, insbesondere auch im sozialen Bereich sinnvoll sein kann, kann man sich an weiteren Beispielen aus unserem Alltagsdenken klar machen:

Man stelle sich eine Gruppe von Menschen vor, die ihre Interaktionen danach realisieren, welche Gefühle sie füreinander haben. Nun ist es gewöhnlich nicht so, dass man einen anderen Menschen entweder vollständig sympathisch oder vollständig unsympathisch findet. Normalerweise mag man den einen Menschen „etwas mehr", den anderen „etwas weniger", einen dritten „noch etwas weniger" etc.

In der empirischen Sozialforschung trägt man diesem Umstand Rechnung durch Skalierungen, d. h. Konstruktion einer „Sympathieskala" in beliebiger Differenziertheit, auf die man den Sympathiewert, den ein Mensch für einen anderen Menschen hat, einträgt.

Mengentheoretisch entspricht dies genau dem Konzept der unscharfen Mengen: Gegeben sei als Grundmenge G die Menge aller mir bekannten Menschen und als Teilmenge A die Menge aller (mir) sympathischen Menschen. Dann gilt für jeden Bekannten x, dass

$$0 \leq \mu_A(x) \leq 1, \tag{3.6}$$

d. h., jeder Bekannte ist „mehr oder weniger" sympathisch bzw. unsympathisch. Für die jeweiligen Lebensgefährten(innen) lgf gilt nebenbei bemerkt hoffentlich μ_A (lgf) = 1; für die, hoffentlich nur wenigen, Feinde f gilt entsprechend μ_A (lgf) = 0.

Die klassischen mengentheoretischen Operatoren bestehen darin, aus einer oder mehreren (scharfen) Mengen neue (scharfe) Mengen zu erzeugen. So ist z. B. der Durchschnitt zweier Mengen M und N – M ∩ N – definiert als die Menge, die aus genau den Elementen besteht, die M und N gemeinsam haben. Entsprechend geht es bei Operatoren der unscharfen Mengen darum, aus vorgegebenen unscharfen Mengen neue unscharfe Mengen zu erzeugen und die Unschärfe der neuen Mengen zu bestimmen, d. h., aus den vorgegebenen Zugehörigkeitsfunktionen

ZGF$_i$ der Ausgangsmengen die ZGF-Werte für die Elemente der neuen Menge zu bestimmen.

Die auch in diesem Zusammenhang wichtigsten Operatoren sind die der Vereinigung, der Durchschnittsbildung und der Komplementbildung. Wir stellen diese kurz dar, da sie logisch gesehen dem ODER, dem UND sowie der Negation NICHT entsprechen. Diese werden bei der Konstruktion von Fuzzy-Expertensystemen wichtig.

Für unscharfe Mengen erhalten wir die folgenden Definitionen:

A und **B** seien unscharfe normalisierte Mengen auf ein und derselben Grundmenge G mit μ_A und μ_B als ZGF.

Dann gilt für die Vereinigungsmenge

$$\mathbf{A} \cup \mathbf{B} = \{(x, \mu_{A \cup B}(x)) | \mu_{A \cup B} > 0 \text{ für alle } x \in A \cup B\} \text{ und}$$

$$\mu_{A \cup B}(x) = \max(\mu_A(x), \mu_B(x)). \tag{3.7}$$

max (a,b) ist der größte Wert von a und b oder mehr Elementen; entsprechend ist min (a,b) der kleinste (s. u.).

Für den Fall scharfer Mengen A und B mit jeweiligen µ-Werten = 1 für alle Elemente von A oder B erhält man offensichtlich die klassische Definition.

Da die Vereinigung von Mengen prädikatenlogisch dem „ODER" entspricht, kann die Menge A∪B in diesem Beispiel sprachlich als die unscharfe Menge aller Temperaturen, die ungefähr 27 oder ungefähr 29 Grad entsprechen, bezeichnet werden.

Entsprechend wird der Durchschnitt der Mengen **A** und **B** definiert:

$$\mathbf{A} \cap \mathbf{B} = \{(x, \mu_{A \cap B}(x)) | \mu_{A \cap B}(x) > 0, \text{ für alle } x \in A \cap B\} \text{ und}$$

$$\mu_{A \cap B}(x) = \min(\mu_A(x), \mu_B(x)). \tag{3.8}$$

Für die obige Beispielsmengen **A** und **B** erhält man dann

$$\mathbf{A} \cap \mathbf{B} = \{(27.5; 0.25), (28; 0.5), (28.5; 0.25)\}.$$

Da der Durchschnitt von Mengen prädikatenlogisch dem „UND" entspricht, kann die Menge A∩B hier sprachlich als die unscharfe Menge aller Temperaturen, die ungefähr 27 und ungefähr 29 Grad entsprechen, bezeichnet werden.

Für den Fall, dass A und B scharfe Mengen sind, also die µ-Werte gleich 1 sind für alle jeweiligen Elemente der beiden Teilmengen, ergibt sich wieder die klassische Definition.

Die Komplementmenge $\mathbf{A}^C$ zu einer Menge **A** ergibt sich ebenfalls sehr einfach:

$$\mathbf{A}^C = \{(x, \mu_A{}^C | \mu_A{}^C > 0 \text{ für x für alle } x \in A^C)\} \text{ sowie}$$

$$\mu_A{}^C(x) = 1 - \mu_A(x), \tag{3.9}$$

was in dieser Definition natürlich nur für normalisierte Mengen Sinn macht.

Das Komplement entspricht der logischen Negation, da eine Komplementmenge A^C zu einer gegebenen Menge A definiert ist als die Menge, die alle die Elemente enthält, die nicht zu A gehören.

$$\mu_\emptyset(x) = 0. \tag{3.10}$$

Bei den bisher vorgestellten Definitionen der Operatoren für unscharfe Mengen handelt es sich, wie wir hervorgehoben haben, um Erweiterungen der bekannten Operatoren für scharfe Mengen. Wie bei den meisten Erweiterungen formaler Konzepte ist es prinzipiell fast immer möglich, auch etwas andere Erweiterungen vorzunehmen; welche man letztlich verwendet, hängt von den konkreten Problemen ab.

Wenn man nun die mengentheoretischen Operatoren etwas anders aber logisch äquivalent versteht als die Definitionen für unscharfe Logikoperatoren, also die unscharfe Vereinigung als das logische unscharfe ODER, die Durchschnittsbildung als das unscharfe UND und die Komplementbildung als unscharfe Negation, dann lassen sich auch andere Bestimmungen für die Unschärfe von Aussagen definieren, die aus unscharfen Aussagen zusammengesetzt werden.

Dies kann vor allem dann interessant sein, wenn man die Prinzipien einer unscharfen Logik auf die Konstruktion von Expertensystemen anwendet und mit den unscharfen Logikoperatoren IF-THEN Regeln konstruiert. Das wird in den nächsten Abschnitten behandelt.

Eine unscharfe bzw. Fuzzy-Logik ist demnach insbesondere dadurch charakterisiert, dass es nicht genau zwei Werte („wahr" und „falsch") gibt, sondern im Prinzip beliebig viele. Natürlich ist es in der Praxis fast immer ausreichend, nur eine kleine Menge an Werten zur Verfügung zu haben. Man sieht jedoch an diesen Beispielen, dass Logikerweiterungen darauf hinauslaufen, die Anzahl der möglichen Wahrheitswerte für die Aussagen und deren Kombinationen zu erhöhen.

Bei unserem Ausflug in die Welt des Unscharfen sei zusätzlich kurz die Möglichkeit behandelt, mit unscharfen Relationen zu arbeiten. Dies ist besonders für die Konstruktion von Programmen relevant, die mit sog. Inferenzregeln arbeiten, also Regeln, die logische Schlüsse ausführen. Derartige Systeme sind insbesondere die sog. Expertensysteme. Unscharfe Relationen sind gewissermaßen wieder nur Erweiterungen der klassischen logischen Pendants.

Aus der scharfen Relation R x = y für reelle Zahlen wird dadurch beispielsweise die Relation **R** „x ist ungefähr gleich y", was durch eine Zugehörigkeitsfunktion der Art

$$\mu_\mathbf{R}(x, y) = e^{-(x-y)^2} \tag{3.11}$$

ausgedrückt werden kann.

Bei der Implikation, also der Inferenzregel „wenn, dann", kann diese Erweiterung zur „Fuzzy-Implikation" beispielsweise so aussehen:

[wenn X ein A, dann Y ein B] (x, y)

$= \text{Impl}(\mu_A(x), \mu_B(y))$

$= \min(1, 1 - (\mu_A(x) + \mu_B(y))).$ (3.12)

Eine unscharfe Relation ist nichts anderes als eine Teilmenge eines cartesischen Produkts von unscharfen Mengen. Den Unterschied zwischen unscharfen und scharfen Relationen kann man sich deshalb leicht auch an einer Matrix-Darstellung klar machen: Während scharfe Relationen durch binäre Matrizen repräsentiert werden, wie die bei Booleschen und neuronalen Netzen verwendeten Adjazenzmatrizen, sind die Matrixelemente bei unscharfen Relationen reelle Zahlen, nämlich μ-Werte; sie ähneln damit den Gewichtsmatrizen bei neuronalen Netzen. Diese Ähnlichkeit ist natürlich nicht zufällig, da die Gewichtswerte bei neuronalen Netzen beschreiben, ob eine Informationsübertragung „mehr oder weniger" stark – oder gar nicht – durchgeführt wird.

Bei prädikatenlogisch oder auch mengentheoretisch formulierten Inferenzregeln geht es stets darum, bestimmte Relationen zwischen den einzelnen Teilen eines logischen Schlusses herzustellen wie z. B. bei den Klassenbildungen in Syllogismen[32]; dabei handelt es sich dann um Relationen von Relationen, nämlich den Klassen. Wenn man nun nur unscharfe Relationen zur Verfügung hat, wie in vielen Wissensbereichen, müssen natürlich auch die μ-Werte für deren Kombination berechnet werden können.

Die wichtigste Technik dabei ist die sog. Max/Min-Methode bzw. Max-Min-Verkettung. Sie ist eine Anwendung der Verknüpfungsregel für unscharfe Relationen, die für scharfe Relationen üblicherweise so definiert ist, dass man mehrere Relationen in einer bestimmten Reihenfolge, nämlich von rechts nach links, nacheinander anwendet.

Gegeben seien zwei Relationen R und S mit den jeweiligen Wertebereichen

$R(x,y) \subseteq A \times B$, und $S(y,z) \subseteq B \times C.$ (3.13)

Dann ist die Relation S•R(x,z), also die „verkettete" Relation S•R zwischen x und z, definiert durch

$S(R(x,y),z).$ (3.14)

---

[32] Wenn man einen klassischen Syllogismus als Beispiel nimmt wie etwa „Alle Hunde sind Säugetiere" und „alle Säugetiere sind Wirbeltiere" und daraus schließen kann „alle Hunde sind Wirbeltiere", dann beruht die Gültigkeit dieses Schlusses darauf, dass drei logische Klassen, nämlich „Hunde", „Säugetiere" sowie „Wirbeltiere" in bestimmten Beziehungen – Relationen – zueinander stehen.

Angewandt wird dies Prinzip gewöhnlich bei Abbildungen, also eindeutigen Relationen; bei nicht eindeutigen Relationen macht dies Prinzip nicht immer praktisch Sinn. Bei unscharfen Relationen jedoch ist es immer möglich, eine Verknüpfung herzustellen, was wir hier für die Max-Min-Verkettung kurz vorführen wollen.

Eine Max-Min-Verkettung für die Relationen **R** und **S** ist definiert mit

$$\mu_{S \bullet R}(x,z) = \max[\min(\mu_R(x,y), \mu_S(y,z)) \text{ für alle } y \in B]. \tag{3.15}$$

Die „Maximierung der Minima" ist im allgemeinen Fall deswegen erforderlich, weil Relationen, wie bemerkt, nicht eindeutig sein müssen und deshalb mehrere y-Werte eine gleiche Abbildung von x- Werten auf z-Werte ermöglichen können. IF-THEN-Regeln liefern ja im allgemeinen Fall keine mathematischen Abbildungen bzw. Funktionen, sondern logische Relationen; die Max-Min-Verkettung trägt diesem praktischen Vorzug aber mathematischen Nachteil von Regeln dieses Typs Rechnung.

Eine sehr ähnliche, ebenfalls häufig verwendete Berechnungsweise ist die sogenannte Max-Prod-Verkettung, in der die Minimumbildung der Max-Min-Verkettung durch das algebraische Produkt ersetzt wird. Formal ergibt dies

$$\mu_{S \bullet R}(x,z) = \max[(\mu_R(x,y) * \mu_S(y,z)) \text{ für alle } y \in B]. \tag{3.16}$$

Fuzzy-Methoden haben ihre praktische Wichtigkeit vor allem in den Bereichen von Experten- und Steuerungssystemen bewiesen. Eine der wichtigsten und frühesten Anwendungen im technischen Bereich ist unter dem Begriff „Fuzzy Control" bekannt.

Wir skizzieren dies Verfahren kurz am Beispiel eines Raumthermostaten, der je nach herrschender Raumtemperatur und Tageszeit die Heizung angemessen regeln soll. Natürlich misst der Thermostat nicht Fuzzy-Werte, sondern eine präzise Temperatur und eine genaue Zeit. Die erste Stufe des Fuzzy-Control besteht also in einer Zuordnung von µ-Werten zu diesen scharfen Messwerten; diese Abbildung scharfer Werte auf das System der relevanten unscharfen Mengen, hier etwa zu den unscharfen Mengen **„kalt" und „Nacht",** nennt man Fuzzyfizierung. Danach werden die Inferenzregeln angewendet; diese werden aus umgangssprachlichen Regeln, z. B. einer Regel wie „wenn der Raum wenig abgekühlt ist und es ist tiefe Nacht, dann wird kurz die Heizung angestellt" abgeleitet in Fuzzy-Regeln übersetzt. Die Anwendung der Regeln resultiert natürlich in Fuzzy-Werten, die durch ein mathematisch-präzises Verfahren, die Defuzzyfizierung, in scharfe Werte transfomiert werden müssen, denn die Heizung wird nicht durch die Angabe „kurz einschalten", sondern durch scharfe Werte z. B. für die Einschaltdauer oder Maximal-Temperatur gesteuert.

Anhand der Fuzzyfizierung von Expertensystemen werden wir dies etwas systematischer behandeln. Fuzzy-Methoden bieten wie eingangs erwähnt, zahlreiche Anwendungsmöglichkeiten, die vor allem in der Kombination mit anderen

Basistechniken wirksam werden. Die bekannteste Verwendungsart, die den Fuzzy-Methoden auch in Technik und Wirtschaft zum Durchbruch verhalf, ist zweifellos die „Fuzzyfizierung" von sog. Expertensystemen.

Expertensysteme sind ursprünglich ein Produkt der Forschungen über Künstliche Intelligenz (KI); sie repräsentieren den sog. symbolischen KI-Ansatz, da es hier darum geht, menschliches Wissen und insbesondere das von Experten in symbolischer Form darzustellen, d. h. gewöhnlich als sprachliche Begriffe und einschlägige Kombinationsregeln. Neuronale Netze dagegen repräsentieren den sog. subsymbolischen KI-Ansatz, da das Wissen hier meistens nicht symbolisch codiert wird (s. o.). Expertensysteme sind gewöhnlich charakterisiert durch eine *Wissensbasis,* die üblicherweise aus zwei Teilen besteht, nämlich den *Fakten* und den *Regeln* (Herrmann 1997; Görz 1993).

Fakten stellen das eigentliche Wissen dar und lassen sich einfach als eine Datenbank verstehen. Die Regeln dagegen repräsentieren die Art, in der ein Experte mit dem Wissen problemlösend umgeht. Expertensysteme werden demnach eingesetzt zur Unterstützung bei der Lösung spezifischer Probleme auf der Basis bestimmten Wissens. Das Problem bei der Konstruktion von Expertensystemen, wenn man spezielle menschliche Problemlösungsfähigkeiten mit ihnen modellieren will, besteht vor allem in der Konstruktion der Regeln: Menschliche Experten können zwar gewöhnlich gut angeben, über welches Wissen sie in Form von Fakten verfügen, aber sie können nur sehr bedingt erläutern, wie sie dies Wissen für Problemlösungen anwenden.

Die nahezu zahllosen Expertensysteme, die es mittlerweile vor allem in Wirtschaft und Technik gibt, operieren im Prinzip nach diesem Muster: Vorgelegt werden bestimmte Eingaben (= Fakten), die z. B. bei technischen Kontrollsystemen Temperatur- und Druckwerte sein können. Die Regeln des Expertensystems, gewöhnlich als Inferenzregeln bezeichnet, verarbeiten die Eingaben und geben darauf Ausgaben z. B. in Form von Antworten auf Anfragen, Steuerungsbefehle bei Kontrollaufgaben u. Ä. m.

Die Bezeichnung „Expertensysteme" für diese Systeme ist nebenbei gesagt nicht sehr glücklich, da es sich bei derartigen Systemen nicht unbedingt um Wissens- und Problemlösungsmodellierungen menschlicher Experten handeln muss. Steuerungssysteme für einfache technische Anlagen wie z. B. Heizungsregler erfüllen dies Kriterium nur sehr bedingt. Logisch korrekter wäre es, von *wissens-* bzw. *regel*basierten Systemen zu sprechen oder noch allgemeiner von *Produktionssystemen,* wobei die Inferenzregeln aufgefasst werden als Regeln zur Produktion bestimmter Ausgaben auf der Basis einschlägiger Eingaben. Da sich der Begriff der Expertensysteme jedoch auch im Bereich der Fuzzy-Logik durchgesetzt hat, werden auch wir ihn ohne weitere Kommentare verwenden.

Fuzzy-Expertensysteme bestehen nun, vereinfacht gesagt, darin, dass a) sowohl die im System implementierten Fakten als auch die Fakten als Eingaben fuzzyfiziert sind. Damit ist gemeint, dass jedem Fakt ein µ-Wert zugeordnet ist; diese Zuordnung erfolgt im System auf der Basis einer implementierten ZGF. Weiter werden b) die Inferenz- bzw. Produktionsregeln, deren logische Grundstruktur von den im System zu lösenden Problemen abhängig ist, ebenfalls fuzzyfiziert, d. h., dass sie Verfahren zur Berechnung der µ-Werte für die Ausgaben enthalten. Dies ist im vorigen Subkapitel anhand einiger gebräuchlicher Verfahren dargestellt worden. Schließlich müssen c) die Ausgaben „defuzzyfiziert" werden, also in eindeutige „scharfe" Werte rückübersetzt werden, um Entscheidungen treffen zu können und Handlungsanweisungen anzugeben.

Bei der Konstruktion von Fuzzy-Expertensystemen müssen demnach sowohl Fuzzyfizierung der Fakten bzw. Eingaben sowie der Inferenzregeln als auch Methoden der Defuzzyfizierung festgelegt werden.

Dies Verfahren kann an einem einfachen Beispiel erläutert werden. Man stelle sich ein Expertensystem zur Entscheidungshilfe bei Aktienkäufen bzw. -verkäufen vor, das sowohl die aktuelle Bewertung von Aktien als auch den Aktienbestand des Käufers berücksichtigen soll. Als Fakten liegen demnach im System vor der Bestand an Aktien zweier Firmen A und B; als Eingaben – „Eingangsvariable" – fungieren die Börsennotierungen der Aktien. Aufgrund der Verkäufe bzw. Käufe variieren die Bestände, so dass das System im Verlauf verschiedener Aktientransaktionen die jeweilig aktuellen Bestände ebenfalls als Eingabevariable zu berücksichtigen hat. Die Werte dieser Variablen werden unscharfen Mengen zugeordnet wie „sehr niedrig", „mittel niedrig", „durchschnittlich", „mittel hoch" und „sehr hoch" für die Börsenwerte der Aktien sowie entsprechend „sehr wenig", „wenig", „mittel", „viel" und „sehr viel" für die Bestände. Die letzteren seien proportional definiert, d. h., ein hoher Bestand an Aktien A bedeutet relativ viel im Vergleich zum Bestand B. Ausgaben sollen Kauf- und Verkaufsempfehlungen sein unter Analyse der beiden Variablenmengen; die Empfehlungen sind selbst unscharfe Mengen, die entsprechend bezeichnet werden wie „viel kaufen", „gar nichts unternehmen", „wenig verkaufen" etc.

Als Inferenzregeln werden dann – mehr oder weniger gut begründete – Kombinationen der beiden Variablenmengen und Empfehlungen für Transaktionen eingegeben. Derartige Regeln könnten beispielsweise lauten:

R_1:   IF Wert Aktien A „mittel niedrig" AND Bestand Aktien A „mittel"

   THEN Kauf „mittel" Aktien A;

also eine relative Beibehaltung der Bestandsproportionen in der Hoffnung auf einen Kursanstieg der Aktien A.

R2:   IF Wert Aktien B „sehr niedrig" AND Bestand Aktien B „mittel"

   THEN Kauf „viel" Aktien B.

Offenbar ist diese Regel für nicht konservative Anleger empfehlenswert.

Bei derartigen Regeln muss darauf geachtet werden, dass die verschiedenen (sinnvollen) Kombinationen von Werten, Beständen und Empfehlungen in den Regeln enthalten sind. Natürlich können die Regeln auch Disjunktionen mit OR sein wie z. B.

R3:   IF Wert Aktien A „hoch" OR (Wert Aktien A mittel
         AND Bestand Aktien A „sehr hoch")
      THEN Verkauf Aktien A „mittel".

Diese Regel gilt offensichtlich für Vorsichtige, die ihre Bestände gerne streuen, also das Risiko diversifizieren.

Die Fuzzyfizierung der Eingangsvariablen, also die Definition der jeweiligen unscharfen Mengen in unscharfen Zahlenwerten, orientiert sich in diesem Fall an den Vermögensverhältnissen des Aktionärs. Das gleiche gilt für die Ausgaben des Systems und damit für die Defuzzyfizierung.

Bei lediglich zwei Firmen ist es sicher kaum erforderlich, ein spezielles Expertensystem zu konstruieren. Anders ist es jedoch, wenn man sich einerseits z. B. auf alle wichtigen Firmen einer oder mehrer Branchen beziehen will, andererseits der Markt so schwankt, dass insbesondere die Variablen für die Aktienwerte sich ständig verändern und drittens man selbst nicht sehr viel Zeit mit den Abwägungen hinsichtlich der verschiedenen Aktien verbringen will und kann. Ein solide konstruiertes Fuzzy-System kann hier durchaus Entscheidungsentlastungen bringen; nicht zuletzt ist es, wenn man es erst einmal hat, bedeutend preiswerter als die Dienste eines Brokers.

Insbesondere kann ein derartiges System durch zusätzliche Algorithmen auch dazu gebracht werden, die Erfolge bzw. Misserfolge der Transaktionen dadurch mit zu berücksichtigen, dass die jeweilige Größe des einsetzbaren Kapitals in Abhängigkeit von der Erfolgsgeschichte zu veränderten Fuzzyfizierungen der Eingangs- und Ausgabevariablen führt. Damit kommt man in den Bereich lernender Systeme; es sei hier nur angemerkt, dass selbstverständlich auch Expertensysteme, ob fuzzyfiziert oder nicht, lernfähig gemacht werden können (Herrmann 1997). Das wohl immer noch berühmteste Beispiel für lernende Expertensysteme sind die „classifier systems" von Holland (Holland et al. 1986), nämlich eine Kombination von regelbasierten Systemen und genetischen Algorithmen.

Die Fuzzyfizierung eines derartigen Expertensystems hat vor allem den offensichtlichen Vorteil, dass das System mit Toleranzen arbeitet und nicht auf kleine Kurs- und Bestandsschwankungen sofort reagieren muss. Es kann sozusagen in Ruhe etwas abwarten, wie sich kurzfristige Marktveränderungen entwickeln. Eben dieser „Toleranzvorteil" von Fuzzy-Systemen wird auch in vielen technischen Bereichen genützt, bei denen allerdings die Fuzzyfizierung vor allem der Eingangsvariablen ein Problem für sich darstellt. Die Implementation von Kontroll- und Entscheidungsprozessen in Form von Expertensystemen, also IF-THEN-Regeln und logischen Operatoren, hat neben ihrer Einfachheit gegenüber klassischen mathematischen Darstellungen in Form von Gleichungen auch noch den Vorzug, dass die IF-THEN-Darstellungen sehr übersichtlich die Berücksichtigung aller möglichen Einzelfälle gestatten.

Ein Fuzzy-Control System z. B., das bei einer technischen Anlage sowohl Temperatur in Grad Celsius als auch den Druck in bar berücksichtigen soll, kann als Standardregel eine AND-Konjunktion haben: IF Temperatur „hoch" AND Druck „hoch" THEN Anlage herunterfahren. Ein menschlicher Operator wird die Anlage sicher schon herunterfahren, wenn zwar die Temperatur deutlich unter der kritischen Grenze liegt, der Druck jedoch bereits problematisch geworden ist. Ein scharfes AND wird dies bei einem normalen Expertensystem nicht bewirken. Eine entsprechend vorsichtige Fuzzyfizierung der Temperatur- und Druckwerte bzw. mögliche Modifizierungen des AND-Operators können dies sehr wohl.

Wir bemerkten oben, dass schon bei „scharfen" Expertensystemen gewöhnlich das Hauptproblem in der Definition der Inferenzregeln liegt. Das kleine Aktienbeispiel hat dies deutlich gemacht; insbesondere ist hier fraglich, wer denn wohl der Aktien"experte" ist – der Risikoanleger oder der Vorsichtige? Bei Fuzzy-Expertensystemen tritt noch das Problem der Regelunschärfe hinzu oder genauer das Problem, wie die Unschärfe der Eingangsvariablen auf die Ausgabevariablen abgebildet werden sollen. Allgemein gibt es dazu mehrere Standardverfahren, die wir oben erläutert haben.

Die IF-THEN-Regeln wie in dem kleinen Aktienbeispiel sind nichts anderes als Relationsbestimmungen zwischen den Variablen für die Werte der Aktien x, denen der Bestandswerte y und den Ausgabewerten z. Die genaue Berechnung der μ-Werte für die Ausgaben hängt jetzt von den jeweiligen logischen Operatoren ab, die in den Regeln verwendet werden, was hier nicht weiter dargestellt werden soll.

Schließlich muss noch das Problem der Defuzzyfizierungen angesprochen werden, die, wie mehrfach bemerkt, aus unscharfen Ergebnismengen eindeutige Anweisungen oder Empfehlungen herstellen sollen. Auch hier gibt es unterschiedliche Vorgehensweisen.

Wenn die Anweisungen und Empfehlungen lediglich binären Charakter haben sollen wie „Kaufen oder nicht", „Abschalten oder nicht", ist streng genommen *kein spezielles* Defuzzyfizierungsverfahren erforderlich, da es dann genügt, die jeweiligen Toleranzgrenzen, also die Grenzen der zulässigen μ-Intervalle festzulegen. Anders sieht das jedoch aus, wenn es detailliertere Anweisungen und Empfehlungen sein sollen wie z. B. „setze den Druck auf 0,3 bar" oder „kaufe 340 Aktien A".

Die mathematisch einfachste Methode, die hier zur Defuzzyfizierung angewandt werden kann, ist die sog. „Mean of maximum" Methode, bei der einfach der Mittelwert der Maxima der Ergebnismenge gebildet wird. Ist z. B. die Ergebnismenge in dem Aktienbeispiel ein Intervall zwischen 100 und 300 und liegen die μ-Maxima bei 40, 100 und 250, dann wäre nach dem Mean-of-maximum-Verfahren die Empfehlung offensichtlich 130 – Kaufen oder Verkaufen. Diese wird auch in dem nächsten Beispiel verwendet.

Mathematisch aufwändiger ist die „Schwerpunktmethode" (center of gravity, center of area). Bei diesem Verfahren geht es darum, den Schwerpunkt der Ergebnismenge zu bestimmen, der dann das eindeutige Ergebnis ist. Derartige Schwerpunktberechnungen erfolgen nach mathematischen Standards und sind für integrierbare Funktionen nach den bekannten Formeln durchzuführen. Ob man diese oder noch andere Verfahren wählt, ist weitgehend eine Frage der praktischen Verwendungen der Expertensysteme.

3.3 Fallbeispiel: Aufwandschätzungen mit Hilfe eines Fuzzy-Expertensystems

Ein regelbasiertes Fuzzy-Expertensystem kann helfen, Anzahl und Umfang der notwendigen Expertenbefragungen zu reduzieren und die Ergebnisse effektiver zu verwerten. Das hier vorgestellte System ermöglicht den Benutzern, eigene linguistische Variablen (Fuzzy Sets bzw. unscharfe Mengen) zu definieren und anschließend Regeln zu formulieren, die diese Variablen nutzen.

Die Benutzerschnittstelle wurde in Excel eingebunden, damit die ohnehin existierende Tabellen und Werkzeuge mit dem Einsatz des „FuzzyExpert-Systems" ergänzt werden können, da diese die Basisdaten für Regeln und linguistische Variablen enthalten.[33]

Das Modell orientiert sich an der Drei-Punkt-Methode (bottom-up), wobei die jeweiligen Kategorien (pessimistisch, realistisch und optimistisch) als Fuzzy Sets dargestellt werden können. Sind Daten von mehreren Experten vorhanden, dann kann ebenfalls die Delphi-Methode eingesetzt werden, wobei die Angaben der verschiedenen Experten entsprechend als fuzzyfizierte Werte betrachtet werden. Die Vorgehensweise ist beiden Fällen gleich:

Zunächst müssen die Kategorien benannt werden, die für die Analyse von Bedeutung sind. Für diese Kategorien müssen die jeweiligen Intervalle und Fuzzy Sets (Fuzzy-Mengen) festgelegt werden. Für das Beispiel wurden folgende Kategorien gewählt:

- Budget in Mio. Euro. Intervall: 0 – 20, Fuzzy Sets: niedrig / mittel / hoch
- Durchschnittliche Prioritätszahl (PRZ) aller Projektrisiken. Intervall: 0 – 10; Fuzzy Sets: klein / groß
- Anzahl der am Projekt beteiligten Fachbereiche bzw. Disziplinen. Intervall: 0 – 10; Fuzzy Sets: einfach / komplex

---

[33] Das Programm wurde von Martin Bongardt, Silas Graffy und Michael Lübbe implementiert.

- Risikorückstellung in Prozent des Projektbudgets. Fuzzy Sets: wenig / viel
- Projekt ablehnen als Wahrheitswert „ja"
- Projekterfahrung des Projektleiters in Berufsjahren. Intervall: 0 – 30; Fuzzy Sets: unerfahren / erfahren / sehr erfahren

In dem Programm kann der Benutzer zu allen Kriterien die Fuzzy Sets auswählen, die er für geeignet hält (s. Abb. 3.4):

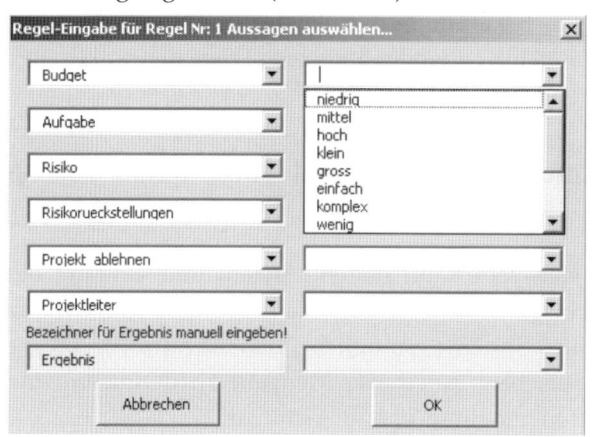

Abbildung 3-4: Kriterien und dazugehörige Fuzzy Sets

In diesem Beispiel muss also zunächst definiert werden, ob das Budget „niedrig", „mittel" oder hoch ist.

Die Zugehörigkeitsfunktionen (ZGF) können wie folgt definiert werden:

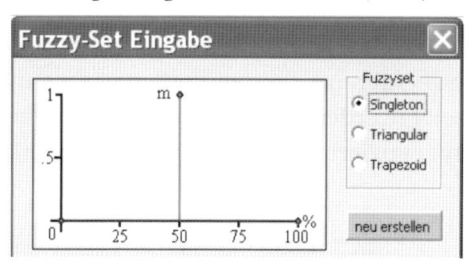

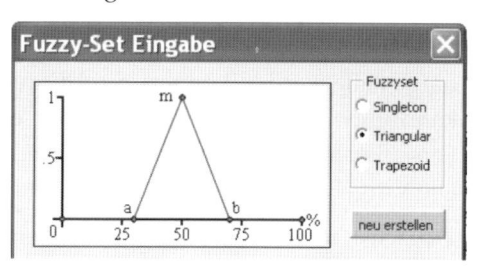

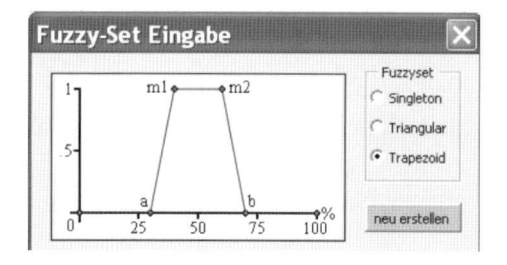

Abbildung 3-5: Unterschiedliche Auswahlmöglichkeiten für Zugehörigkeitsfunktionen

Bei der Singleton-Auswahl (oben links) kann nur ein Wert definiert werden. Diese ZGF ist z. B. wichtig, wenn es darum geht, ob ein Projekt abgelehnt werden soll (s. Beispiel w.u.). Die Triangular- (oben rechts) und die Trapezoid-Funktionen (unten)

3 IT-Projektmanagement

haben jeweils gültige Wertebereiche (a und b)[34] sowie die µ-Werte, die definiert werden müssen. In der folgenden Tabelle werden alle Angaben für das Modell zusammengefasst:

Tabelle 3-1: Benutzerangaben

ZGF	Fuzzy Set	μ_1	μ_2	a	b	
Trapezoid	niedrig	0	3	0	2	Budget in Mio. Euro: 0-20 niedrig / mittel / hoch
Triangular	mittel	5	2,5	2,5		
Trapezoid	hoch	15	20	3	0	
Trapezoid	klein	0	4	0	3	durchschnittliche PRZ aller Projektrisiken: 1-10
Trapezoid	groß	7	10	3	0	
Trapezoid	einfach	0	2	0	3	Anzahl der am Projekt beteiligten FB / Disziplinen: 0-10 Aufgabe einfach/komplex
Trapezoid	komplex	5	10	3	0	
Trapezoid	wenig	0	20	0	30	Risikorückstellung in % des Projektbudgets
Trapezoid	viel	70	100	30	0	
Singleton	ja	1				Projekt ablehnen als Wahrheitswert ja
Trapezoid	unerfahren	0	0	0	2	Projekterfahrung in Berufsjahren: 0-30
Trapezoid	erfahren	2	6	2	2	
Trapezoid	sehr erfahren	10	30	3	0	

Anschließend müssen die Regeln definiert werden. Eine Regel kann wie folgt lauten: Wenn die Aufgabe komplex ist, dann ist das Risiko groß.

---

[34] Der Parameter a bestimmt den Abstand zwischen μ_1 und nächst kleinerem Wert mit Zugehörigkeit 0; b ist der Abstand zwischen μ_2 und den nächst größerem Wert mit Zugehörigkeit 0.

Tabelle 3-2: Mögliche Regeldefinition

Wenn (Bedingung)	Dann (Konklusion)	
Aufgabe: komplex	Risiko: groß	
Aufgabe: einfach	Risiko: klein	
Risiko: groß	Risikorückstellungen: viel	
Risiko: klein	Risikorückstellungen: wenig	
Budget: hoch	Risiko: groß	Projekt ablehnen: ja
Budget: niedrig	Projektleiter: unerfahren	
Budget: mittel	Projektleiter: erfahren	
Budget: hoch	Projektleiter: sehr erfahren	

Diese Regeln können prinzipiell sehr komplex miteinander verknüpft werden und insbesondere werden diese durch die Fuzzy Sets erweitert, indem ein Benutzer bestimmen kann, dass z. B. die erste Regel lautet: *Wenn die Aufgabe mittel komplex ist, dann ist das Risiko mittel groß.* Sie könnte durch verschiedene Verknüpfungen erweitert werden, in dem es z. B. auch heißen kann: *Wenn die Aufgabe komplex ist und Projektleiter unerfahren, dann ist das Risiko groß.*

Anschließend werden die Fakten für ein aktuelles Projekt angegeben und das Ergebnis der Berechnung erfolgt durch die Defuzzyfizierung nach der „Mean of maximum" Methode.

Beispiel 1:

Ein Projekt soll mit zwei Fachbereichen und einem Volumen von 4.1 Mio. Euro durchgeführt werden. Diese Angaben werden als Fakten eingegeben:

Fakten:

Budget	4.1
Aufgabe	2

Daraus ergibt sich nach der Defuzzyfizierung folgendes Ergebnis:

Akzeptanzkriterien:

Risikorückstellungen	10.0
Projektleiter	2.35
Risiko	2.0

Das System empfiehlt in diesem Fall eine Risikorückstellung in Höhe von 10% des Projektbudgets, da es die Durchschnitts-PRZ auf 2.0 schätzt. Der Projektleiter sollte über eine 2,5-jährige Berufserfahrung verfügen.

3 IT-Projektmanagement

Beispiel 2:

Ein Projekt soll mit einem Volumen von 7,1 Mio. durchgeführt werden. Die durchschnittliche PRZ ist in diesem Fall bekannt und beträgt 4.1:

Fakten:

Budget	7.1
Risiko	4.1

In diesem Fall lautet die Empfehlung des Systems wie folgt:

Akzeptanzkriterien:

Risikorückstellungen	12.5
Projektleiter	4.0

Es soll demnach eine Risikorückstellung in Höhe von 12,5% des Projektbudgets gebildet werden und der Projektleiter sollte vier Jahre Berufserfahrung aufweisen.

Als letztes Beispiel sind folgende Fakten eingegeben worden:

Fakten:

Budget	17
Aufgabe	5

Es handelt sich demnach um ein Projekt mit einem Volumen von 17 Mio. Euro, wobei fünf Fachbereiche bzw. Disziplinen involviert sind. Das Ergebnis ist wie folgt:

Akzeptanzkriterien:

Projekt ablehnen	1.0
Risikorückstellungen	85.0
Projektleiter	20.0
Risiko	8.5

Die Empfehlung lautet, dass das Projekt abgelehnt werden sollte, da das System die Durchschnitts-PRZ auf 8.5 schätzt; dadurch wären eine Risikorückstellung in Höhe von 85% des Budgets notwendig sowie ein Projektleiter, der über eine zwanzigjährige Berufspraxis verfügt.

Bereits diese einfachen Beispiele zeigen, dass mit einem FuzzyExpert-System die Möglichkeit besteht, verschiedene Schätzungen im Bezug auf die Rückstellungshöhe, die notwendige Erfahrung des Projektleiters oder im Bezug auf das Risiko vornehmen zu lassen. Die Kategorien lassen sich individuell erweitern und die Regeln können unterschiedlich komplex miteinander verknüpft werden. Die Ergebnisse können anschließend Experten gezeigt werden, wodurch die Abstimmungszeit verkürzt werden kann. Dies setzt natürlich voraus, dass die Wahl der Kategorien sowie der Regeln, Parameterwahl und die Zugehörigkeitsfunktionen geeignet sind. In zukünftigen Arbeiten werden wir dieses System erweitern und entsprechend testen.

Abschließend sei noch darauf hingewiesen, dass dies Modell offenbar auch für den Bereich der Risikoanalyse von Bedeutung ist. Wir bringen dies Modell jedoch schon hier, weil es einerseits für das Thema dieses Subkapitels wichtig ist und weil wir andererseits für die Risikoanalyse noch drei weitere Fallbeispiele zeigen werden.

3.4 Aktivitätenzeitplan

Mit Hilfe des Projektstrukturplans (PSP) und der Aufwandschätzung wird in dem Aktivitätenzeitplan die Ablaufplanung genau festgelegt. Die Vorgänge müssen in einer logischen Reihenfolge abgearbeitet werden und insbesondere müssen die Abhängigkeiten zwischen den einzelnen Arbeitspaketen berücksichtigt werden.

Um einen Aktivitätenzeitplan zu erstellen, sollten folgende Schritte berücksichtigt werden (Hindel et al. 2009):

1. Aus dem PSP wird die Liste der Aktivitäten abgeleitet.
2. Die Festlegung der Teilschritte, die den Aktivitätsplan ausmachen:
    - Abhängigkeiten / Parallelisierung /Schnittstellen
    - Aufwand
    - Zeitdauer
    - Ressourcen
    - Meilensteine
    - Start- und Endtermine
3. Die Planung ggf. optimieren
4. Aktualisierung des PSP und der Aufwandsschätzung, Dokumentation der Ergebnisse, inklusive Risiken etc.

Aktivitäten sollten im Aktivitätenzeitplan durch die Verwendung von Substantiv *und* Verb bezeichnet werden, um die Aktivitäten von den Arbeitspaketen unterscheiden zu können (z. B. „Pflichtenheft Version X erstellen" und nicht verkürzt „Pflichtenheft Version X").

Wie bereits erwähnt, müssen Aktivitäten in einer bestimmten Reihenfolge stattfinden; demnach müssen Anordnungsbeziehungen festgelegt werden. Es darf nicht vernachlässigt werden, dass gewöhnlich bestimmte Abhängigkeiten zwischen den Aktivitäten vorhanden sind. Es wird allgemein unterschieden zwischen folgenden Beziehungen (Hindel et al. 2009):

1. *Zwingende Anordnungsbeziehungen.* Dabei handelt es sich um logische Abhängigkeiten zwischen den Aktivitäten (Definition der Anforderung vor Implementation).
2. *Wahlfreie Anordnungsbeziehungen*: Hierbei handelt es sich um Wünsche bzw. Vorschläge der Projektmitglieder, die sich auf Grund von Erfahrungen oder Best Practices in der Vergangenheit bewährt haben (z. B. Kostenplan nach Erstellung des PSP).
3. *Externe Anordnungsbeziehungen*: Damit sind äußere Faktoren gemeint, die einen Einfluss auf die Aktivitäten haben (z. B. die benötige Hardware wird noch nicht geliefert, was zu Verzögerungen führt, wenn die Planung nicht richtig erfolgt ist).
4. Für bestimmte Anordnungsbeziehungen können *Vor- und Nachlaufzeiten* entstehen, um die Beziehung zu definieren (zwischen Bestellung eines Gerätes und Benutzung vergehen häufig 14 Tage).

Konkret gibt es verschiedene Anordnungsbeziehungen zwischen den Aktivitäten:

1. *Ende-Anfang-Beziehung* (Normalfolge - NF): Eine neue Aktivität kann erst durchgeführt werden, wenn die vorherige abgeschlossen ist (Implementation vor Test).
2. *Ende-Ende-Beziehung* (Endfolge – EF): Der Vorgänger muss beendet sein, bevor der Nachfolger beenden kann (beispielsweise muss das Testen beendet sein, bevor Qualitätssicherungs-Aktivitäten beendet werden können; die Umsetzung der Software ist erst abgeschlossen, wenn die Integration von Hardware und Software erfolgt ist).
3. *Anfang-Anfang-Beziehung* (Anfangsfolge – AF): Der Vorgänger muss begonnen haben, bevor der Nachfolger beginnen kann (Beginn der Implementation, damit die Dokumentation parallel beginnen kann).
4. *Anfang-Ende-Beziehung* (Sprungfolge – SF): Der Vorgänger wird erst dann beendet, wenn der Nachfolger begonnen hat (der Softwaretest wird erst beendet, wenn die Kundenabnahme beginnt).[35]

Die Anordnungsbeziehungen müssen entsprechend geplant und dokumentiert werden. Als Hilfestellung werden die Methode der Netzplantechnik und die der Balkendiagramme vorgestellt:

Netzplantechnik

Die Netzplantechnik umfasst nach DIN 69900 „alle Verfahren zur Analyse, Planung, Steuerung und Überwachung von Abläufen auf der Grundlage der Graphentheorie, wobei Zeit, Kosten, Einsatzmittel und weitere Einflussgröße

---

[35] Um Verwirrung bei Lesern von Bea et al. zu vermeiden: Die Definition der Sprungfolge ist dort nicht korrekt angegeben.

berücksichtigt werden können" und dadurch „die graphische und tabellarische Darstellung von Abläufen und Abhängigkeiten" (Bea et al. 2008, 163).

Die *Netzplantechnik* gehört zu den häufig verwendeten Techniken und es gibt entsprechende Tools, wie MS Project®, die gut eingesetzt werden können, um die Aktivitäten inklusive Abhängigkeiten darstellen zu können. Es gibt verschiedene Variationen der Netzplantechnik, in denen die wichtigsten Prozesse, nämlich *Vorgänge*, *Ereignisse* und *Anordnungsbeziehungen* unterschiedlich dargestellt werden (Bea et al. 2008). Im Folgenden wird die *deterministische* Variante der Netzplantechnik behandelt (Hindel et al. 2009; Bea et al., 2008; Ruf und Fittgau 2008):

Zunächst müssen die Beziehungen zwischen den Aktivitäten ermittelt und schematisch dargestellt werden, anschließend wird die Aktivitätendauer festgestellt.

Die Aktivitäten werden als Knoten dargestellt. Meilensteine und ggf. Start und Ende der Knoten werden mit der Dauer Null dargestellt. Die Gesamtprojektdauer, Pufferzeiten und kritische Pfade können anhand der Netzplantechnik berechnet und analysiert werden.

Folgende Informationen sollten enthalten sein:
- Aktivitäten-ID und –bezeichnung
- Frühester Start sowie frühestes Ende der jeweiligen Aktivität
- Spätester Start und Ende
- Aktivitätendauer (diese wird durch eine vorherige Schätzung ermittelt und ist nicht mit dem Aufwand zu verwechseln)
- Gesamtpuffer einer Aktivität, die sich aus der Differenz zwischen spätestem und frühestem Start ergibt. Damit wird angegeben, um wie viel Zeit die Aktivität verzögert werden kann, ohne dass sich dadurch die Projektdauer insgesamt verändert.

Zunächst wird im sog. Vorwärtspass der früheste Start berechnet:

frühester Start = frühester Zeitpunkt, zu dem alle Aktivitäten beendet sind = Max (früheste Endtermine aller Vorgänger)

frühestes Ende = frühester Start + Dauer der Aktivität

Im sog. Rückwärtspass wird das späteste Ende und der späteste Start einer jeder Aktivität berechnet:

spätestes Ende = spätester Zeitpunkt der Beendigung einer Aktivität, so dass das Projektende nicht verzögert wird =
Min (späteste Starttermine aller Nachfolger)

spätester Start = spätestes Ende – Dauer der Aktivität

Abschließend wird der Gesamtpuffer berechnet. Dabei handelt es sich um die maximal mögliche Verschiebung des Endtermins einer Aktivität:

freier Puffer = Min (früheste Starttermine aller Nachfolger) – frühester Endtermin der Aktivität

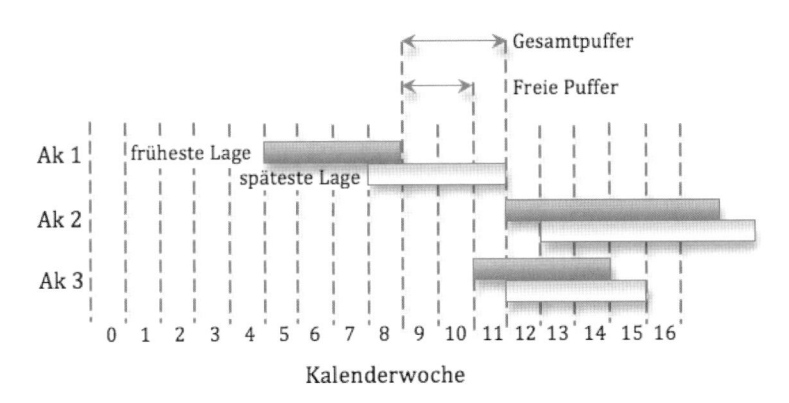

Abbildung 3-6: Beispiel für freie Puffer (nach Hindel et al., 2009, 74)

Kritische Pfade nennt man Wege im Netzplan, bei denen von Vornherein mit Problemen zu rechnen ist. Diese spielen eine Rolle, wenn zum Beispiel die Projektdauer verkürzt werden soll, zugleich jedoch ein Gesamtpuffer von Null vorhanden ist. Zusätzlich bestimmt der kritische Pfad die kürzeste Gesamtdauer des Projekts.

Balkendiagramme

Balkendiagramme (Gantt-Chart und PLANNET[36]) sind eine andere Methodik für die Darstellung der Aktivitätenzeitpläne. Die Aktivitäten werden in Form von Balken in Bezug auf eine Zeitachse dargestellt und die Abhängigkeiten können durch Linien zwischen den Balken dargestellt werden.

Wird eine entsprechende Software verwendet, so ist es möglich, den Projektplan sehr detailliert und übersichtlich darzustellen. In diesem Fall werden in dem Balkendiagramm nicht nur die Abhängigkeiten zwischen den einzelnen Aktivitäten durch die Linien dargestellt, sondern auch die Meilensteine (s. Kapitel 4), die durch die Raute repräsentiert werden.

Personaleinsatz

In der Aktivitätenzeitplanung ist der Personaleinsatz ebenfalls von besonderer Bedeutung. Der Personaleinsatz sollte sehr klug durchdacht werden. Gerade bei der Softwareentwicklung ist es schwierig, mit Personalfluktuationen umzugehen, da die neuen Programmierer eingearbeitet werden müssen. Zu wenig Mitarbeiter bedeutet eine entsprechende Verzögerung bei der Realisierung. Die Qualifikation der Mitarbeiter ist ebenfalls wichtig (drei Experten sind besser als acht mittelmäßige).

---

[36] Dabei handelt es sich um eine Erweiterung der Gantt-Chart-Diagramme (Wieczorrek und Mertens 2008)

Ein Beispiel für die Ressourcenplanung, die ebenfalls mit Hilfe des MS-Project-Tools erstellt werden kann, besteht darin, die Belastung der Programmierer zu berechnen:

Tabelle 3-3: Beispiel für die Ressourcenplanung

Vorgang	Vorgänger	Dauer	Ressourcenbedarf
A	-	5	10
B	-	20	4
C	A	25	2
D	A	20	4
E	B,C,D	12	4
F	B,C,D	15	5
G	C	10	3
H	E,F,G	2	1

Das Belastungsdiagramm sollte nach Möglichkeit aus den Daten generiert werden, die im Netzplan vorliegen. Alternativ ist es auch möglich, den Aufwand in Zeiteinheiten abzutragen unter Berücksichtigung der Arbeitspakete.

Planungsoptimierung

Die Planungsoptimierung kann auf sehr vielen Ebenen stattfinden, von denen lediglich einige Beispiele aufgezeigt werden (Hindel et al. 2009):

- *Änderungen des Strukturplans*: Die Aktivitäten werden aufgeteilt und Teilarbeiten werden vorgezogen, zum Beispiel in eine Phase, in der das Personal nicht ausgelastet ist (Hindel et al. 2009; Bea et al. 2008).
- *Änderung des Personaleinsatzes*: Entweder wird mehr Personal eingestellt oder die Arbeitszeiten des Personals werden verlängert. Ersteres wirkt sich negativ auf die Budgetierung aus, Letzteres kann sich sehr negativ auf die Motivation der Mitarbeiter auswirken.
- *Outsourcing*: Aufgaben werden an andere Firmen vergeben.
- *Zukauf von Standardkomponenten*: Es wird auf Eigenentwicklungen verzichtet und Standardkomponenten gekauft, sofern diese bezahlbar sind.
- *Änderung des Leistungsumfangs*: Funktionalitäten werden gestrichen zugunsten der Termineinhaltung.

Grundsätzlich ist zu beachten, dass jede Änderung auf einer Ebene eine mehr oder weniger starke Auswirkung auf andere Teilbereiche hat, die entsprechend angepasst werden müssen. Da eines der schwierigsten Probleme in diesem Bereich das der optimalen Personaleinsatzplanung ist, stellen wir das nächste Fallbeispiel vor, bei dem eine Optimierung der Personaleinsatzplanung durch einen Genetischen Algorithmus (GA) vorgenommen wird. Weil Genetische Algorithmen zu der Klasse der Evolutionären Algorithmen gehören, stellen wir diesen Bereich im Folgenden etwas allgemeiner vor.

3.5 Evolutionäre Algorithmen und der Genetische Algorithmus

Evolutionäre Algorithmen sind im Kern eigentlich nichts anderes als Optimierungsverfahren, die sich an den allgemeinen Prinzipien der biologischen Evolution orientieren bzw. diese zu simulieren suchen. Die wesentlichen Mechanismen der biologischen Evolution, die auf der Grundlage der klassischen Arbeiten von Darwin und Mendel in der sog. „Modernen Synthese" (Huxley 1942) zusammengefasst worden sind, sind *Mutation, Rekombination* und *Selektion*. Dies sind auch die wichtigsten Komponenten sämtlicher bis vor kurzem entwickelter evolutionärer Algorithmen.[37]

Darwin hatte zwar die wesentlichen Mechanismen der Evolution identifiziert, aber ihm konnte noch nicht bewusst sein, auf welcher Ebene der Organismen diese Mechanismen operieren. Das konnte erst durch die Kombination der Darwinschen Evolutionstheorie mit der von Mendel begründeten Genetik erkannt werden: *Mutation* und *Rekombination* operieren auf dem *Genom* bzw. *Genotypus* der Organismen, während die Selektion den *Phänotypus* bewertet (der Begriff Genom charakterisiert den Genvorrat einer Population). Man kann formal den Genotypus eines Organismus als einen Satz von *epigenetischen und ontogenetischen* Regeln auffassen, die in der Ontogenese den Organismus hervorbringen; je nach Tauglichkeit – *Fitness* – des Organismus ist dieser in der Lage, durch Reproduktion seine Gene an die nächsten Generationen weiterzugeben, während die weniger geeigneten Organismen und Gattungen aus der evolutionären Konkurrenz verschwinden. Die prinzipielle Logik der Evolution operiert demnach zweistufig: Mutation und Rekombination, d. h. Veränderung von Genen und deren Vermischung in der heterosexuellen Reproduktion, wirken auf der genetischen Ebene, während die Selektion deren epigenetisches und ontogenetisches Ergebnis, also den phänotypischen Organismus, bewertet (als *Epigenese* wird, vereinfacht ausgedrückt, die Entwicklung des befruchteten Ei zum pränatalen Organismus bezeichnet, die *Ontogenese* ist die Entwicklung vom neugeborenen zum erwachsenen Organismus). Dies Prinzip der Zweistufigkeit ist auch bei der Konstruktion bestimmter *hybrider Systeme* wesentlich.

---

[37] Wir werden allerdings im nächsten Kapitel zeigen, dass die evolutionäre Biologie dies berühmte Grundschema mittlerweile wesentlich erweitert hat, worauf unser neuer Regulator Genetischer Algorithmus aufbaut.

Mutation und Rekombination, zusammengefasst unter dem Begriff der *Variation*, sind beides prinzipiell stochastische Prozesse, d. h., sie operieren auf der Basis von Zufälligkeit. Für sich genommen können diese genetischen Operationen keine „kreative" Wirkung haben; dafür ist die Selektion verantwortlich. Diese zwingt die Variationsprozesse in bestimmte Richtungen und steuert somit trotz der „Blindheit" der stochastischen Prozesse diese in die Richtung von bestimmten Optima (Dawkins 1987). Allerdings müssen dies, um es hier hervorzuheben, keine *globalen Optima* sein, d. h. nicht unbedingt die bestmöglichen Lösungen.

Formal lassen sich die Prinzipien der Variation und Selektion als Optimierungsverfahren – in der Natur von Gattungen und Organismen in Bezug auf eine bestimmte Umwelt – verstehen. Dabei handelt es sich um Algorithmen, die in einem „Suchraum" operieren, d. h. in einem abstrakten Raum, in dem es unterschiedliche Lösungsmöglichkeiten für bestimmte Probleme gibt. Die Operationsweise eines Optimierungsalgorithmus kann man dann durch eine Trajektorie, also einen Verlauf des Systems in diesem Raum charakterisieren. Die bestmögliche Lösung für das jeweilige Problem wird als globales Optimum bezeichnet; andere Lösungen, sofern das Problem mehrere Lösungen zulässt, die nicht global optimal sind, werden lokale Optima genannt. Dies entspricht den Attraktoren der Zustandsräume: Eine „gute" Lösung wird *normalerweise* von den Optimierungsverfahren nicht mehr verlassen. Ebenso jedoch wie z. B. stochastische Zellularautomaten einen Attraktor zumindest kurzfristig verlassen können, sorgen die stochastischen Komponenten bei Evolutionären Algorithmen dafür, dass auch lokale Optima unter bestimmten Bedingungen verlassen werden können. Wir werden darauf zurückkommen.

Die Effizienz von Optimierungsalgorithmen wird danach bewertet, wie schnell sie überhaupt Optima erreichen, wie „gut" diese Optima sind und außerdem, ob sie bei Erreichen lokaler Optima diese auch wieder verlassen können, um ggf. globale Optima zu erreichen. In der Evolutionsbiologie nennt man den Suchraum, in dem sich die verschiedenen Gattungen evolutionär „bewegen", d. h., in dem sie ihre Anpassungsleistungen erbringen, auch eine „Fitness-Landschaft" (fitness landscape, vgl. z. B. Kauffman 1995); diese kann man sich als ein Gebirge mit niedrigen und mittelgroßen Gipfeln, den lokalen Optima, und sehr hohen Gipfeln, den globalen Optima, vorstellen.

Es sei noch darauf verwiesen, dass insbesondere Physiker nicht von Optima sprechen, sondern von Minima. Die Gründe dafür liegen in der physikalischen Theoriebildung und den verwendeten mathematischen Methoden: Die Physiker suchen primär nach den Minima bestimmter Potentialfunktionen. Wie diese prinzipiell zu berechnen sind, ist vielleicht noch aus der Schule unter dem Stichwort der Differential- und Integralrechnung bekannt. Bei der Einführung in Simulated Annealing wird das Prinzip der Energieminimierung etwas näher erläutert.

Wenn man gegenwärtig von evolutionären Algorithmen (EA) spricht, dann sind vor allem die Genetischen Algorithmen (GA) sowie die Evolutionsstrategien (ES) gemeint. Als weitere bekannte Formen lassen sich noch nennen das Verfahren der *evolutionären Programmierung*, das vor allem von Fogel entwickelt wurde, sowie die von Koza (1992) eingeführte *genetische Programmierung*. Obwohl sich in manchen Anwendungsbereichen die Verwendung der beiden letzteren Verfahren durchaus empfehlen kann, bieten beide nichts *grundsätzlich* Neues: Die evolutionäre Programmierung lässt sich als eine Variante zu den Evolutionsstrategien auffassen und entsprechend ähnelt die genetische Programmierung dem GA.

Das Prinzip des GA ist von John Holland (1975) entwickelt worden; GA sind zurzeit die weitaus gebräuchlichsten evolutionären Algorithmen. Der sog. Standard-GA lässt sich sehr einfach durch einen Pseudocode darstellen:

(a) Generiere eine Zufallspopulation von „Chromosomen", d. h. von Vektoren oder „Strings", bestehend aus Symbolen; im einfachsten Fall sind dies binär codierte Strings.

(b) Bewerte die einzelnen Elemente der Population – die Chromosomen – gemäß der jeweils vorgegebenen Bewertungs- bzw. Fitnessfunktion.

(c) Selektiere „Eltern", d. h. Paare oder größere Subpopulationen nach einem festgelegten Verfahren („*Heiratsschema*") und erzeuge Nachkommen durch Rekombination (*Crossover*).

(d) Mutiere die Nachkommen; d. h., variiere per Zufall einzelne Symbole.

(e) Ersetze die Elterngeneration durch die Nachkommengeneration gemäß dem jeweiligen *Ersetzungsschema*.

(f) Wende Schritte (b) – (e) auf die Nachkommengeneration an.

(g) Wiederhole diese Schritte, bis entweder die Bewertung zufrieden stellend ist oder andere Abbruchbedingungen erfüllt sind.

An einem einfachen Beispiel soll dies Prinzip erläutert werden:

Gegeben seien vier 5-dimensionale Vektoren in Form binärer Strings; dies seien a) = (1,0,1,1,0); b) = (0,0,0,0,0); c) = (1,1,1,1,1); d) = (0,1,0,1,0).

Eine einfache Bewertungsfunktion wäre z. B. die, die den Wert nach der Anzahl der 1-Komponenten bemisst; die Werte W(x) wären dann W(a) = 3, W(b) = 0, W(c) = 5 und W(d) = 2. Die Reihenfolge nach Werten ist dann c, a, d, b.

Ein „Heiratsschema", also ein Verfahren, das angibt, welche Elternvektoren miteinander rekombiniert werden sollen, wäre beispielsweise: Wähle die drei besten Vektoren aus, also c, a und d, und „kreuze" den besten mit dem zweitbesten und den besten mit dem drittbesten.[38] Das ergibt die Elternpaare (c, a) und (c, d). Ein Rekombinations- bzw. Crossoverschema, das sich hier anbietet, ist z. B. die Ersetzung der jeweils ersten beiden Komponenten in einem Vektor durch die letzten beiden Komponenten des jeweils anderen. In unserem Beispiel ergibt das die folgenden neuen vier Vektoren:

„Kinder" von (c, a):
1,0,1,1,1); (1,1,1,1,0);

„Kinder" von (c, d):
(1,0,1,1,1); (1,1,0,1,0).

Bei der Festlegung eines Heiratsschemas ist insbesondere darauf zu achten, dass die Anzahl der Nachkommen gleich der Anzahl der Vorgänger ist. Das ist zwar nicht logisch zwingend und beim biologischen Vorbild ist natürlich bekannt, dass die Anzahl von Kindern größer oder kleiner sein kann als die Anzahl der Eltern. Aus praktischen Gründen jedoch erweist es sich meistens als zweckmäßig, bei der Reproduktion die Anzahl der jeweiligen Vektoren konstant zu halten.

Eine häufig verwandte Form des Crossover basiert darauf, dass man nicht einzelne Komponenten der Vektoren nach dem Zufallsprinzip vertauscht, sondern bestimmte Teile der Vektoren (Subvektoren) vollständig von einem Vektor in den jeweils anderen überführt. Es werden also in einem Vektor W bestimmte Subvektoren ersetzt durch Subvektoren aus einem Vektor V; entsprechend geschieht das dann im Vektor V (das haben wir im obigen Beispiel im Grunde auch schon gemacht). Derartige ausgetauschte Subvektoren werden auch häufig als „Building Blocks" bezeichnet.

Um bei dem kleinen obigen Beispiel eine Mutation durchzuführen, setzen wir die Mutationsrate für die gesamte neue Population von vier Vektoren auf 5%, d. h., bei insgesamt 20 Komponenten wird per Zufall eine Komponente mutiert. Die zu mutierende Komponente sei die dritte im ersten „Kind" von (c, a), was die endgültigen Vektoren (1,0,0,1,1) sowie die drei anderen „Kinder" ergibt. Man sieht sofort, dass bereits die erste Nachfolgergeneration deutlich bessere Werte hat als die erste Generation; außerdem zeigt sich, dass die Mutation das Ergebnis verschlechtert (und nicht etwa verbessert). Dies ist in der Natur durchaus bekannt: Die meisten Mutationen wirken sich ungünstig aus und nur in wirklich großen Populationen verbessern Mutationen das Gesamtergebnis mittel- und langfristig (Dawkins 1987).

Man erkennt an diesem einfachen Beispiel durch Nachrechnen, dass der GA mit Rekombination die Vektoren sehr rasch zu besseren Werten bringt und dass das globale Optimum, nämlich Vektoren der Form (1,1,1,1,1), schnell erreicht wird.

---

[38] Der durchaus anthropomorph wirkende Ausdruck des Heiratsschemas ist tatsächlich ein etablierter Terminus technicus.

Nach Erreichen des Optimums können Mutationen das Ergebnis nur noch verschlechtern; dies wird dann durch eine entsprechende Abbruchbedingung verhindert. Wir werden bei der Betrachtung des Regulator Genetischer Algorithmus im übernächsten Kapitel noch einmal auf dies einfache Beispiel zurückkommen, allerdings in einer weniger simplen Form.

Der GA lässt sich demnach mathematisch als ein *rekursiver Algorithmus* mit stochastischen Elementen verstehen und das macht auch seine immer wieder demonstrierte Effektivität aus.[39]

Aus dem obigen Pseudocode geht hervor, dass man mit dem bisher dargestellten GA streng genommen ein *Algorithmusschema* hat, das im konkreten Fall durch Angabe des jeweiligen Heiratsschemas, des speziellen Crossoververfahrens, der Codierung, Mutationsrate, Abbruchbedingungen und vor allem der Bewertungsfunktion erst zu einem praktikablen Algorithmus gemacht wird. Das ist nicht anders als bei den Evolutionsstrategien und dem Simulated Annealing. Welche jeweiligen Möglichkeiten man wählt, hängt von dem Problem ab, das mit einem GA gelöst werden soll. Man sieht daran, dass es „den" GA nur im Sinne eines Schemas gibt.

Der Standard GA hat kein „Gedächtnis", d. h. eine Elterngeneration geht nach Einsetzen von Crossover und Mutation sozusagen unwiederbringlich verloren. Will man dies vermeiden, kann man sog. elitistische Ersetzungsschemata verwenden, bei denen allgemein gesprochen bessere Elternvektoren zuungunsten schlechterer Kindervektoren beibehalten werden. Für die verschiedenen Möglichkeiten, elitistische Ersetzungssschemata zu konstruieren, sei auf unser Buch von 2009 verwiesen.

Der Vorteil elitistischer Verfahren ist der folgende: Da gute Lösungen nicht zugunsten schlechterer Nachkommenlösungen geopfert werden, ist die Bewertungsfunktion immer monoton steigend; einmal erreichte Optima werden nicht wieder verlassen. Der Nachteil elitistischer Lösungen besteht darin, nicht nur beim GA, dass diese Verfahren zuweilen zu schnell gegen lokale Optima konvergieren, wenn diese in einer Elterngeneration enthalten sind. Der Optimierungsalgorithmus hat dann nur geringe Chancen, einen *kurzfristig schlechteren, aber langfristig günstigeren* Pfad im Optimierungsraum einzuschlagen. Deswegen ist ein elitistischer evolutionärer Algorithmus nicht immer das beste Verfahren.

Optimaler Personaleinsatz gehört – nicht nur im IT-Bereich – zu den kompliziertesten Aufgaben vor allem bei größeren Firmen. Als erstes Anwendungsbeispiel

---

[39] Unter rekursiven Algorithmen versteht man solche, die zur Erzeugung neuer „Elemente" – z. B. bestimmte Werte oder Systemzustände – jeweils auf die in den vorangegangenen Schritten erzeugten Elemente zurückgreifen (daher „re"kursiv) und nach immer gleichen Verfahren daraus die neuen Elemente generieren. Zellularautomaten z. B. sind klassische Beispiele für rekursive Algorithmen.

für einen Genetischen Algorithmus bringen wir deshalb ein Modell für die Optimierungen von Personalplanungen.

3.6 Fallbeispiel: Optimierungen von Personalplanungen durch einen Genetischen Algorithmus

Eine effiziente Personalplanung besteht bekanntlich darin, den Einsatz von Mitarbeitern auf der Basis ihrer jeweiligen Qualifikationen durchzuführen mit dem Ziel, einerseits die Bearbeitungszeit von Projekten möglichst kurz zu halten und die Bearbeitungskosten zu minimieren, andererseits jedoch bestimmte Qualitätsstandards zu halten, von denen die Bindung von Kunden abhängt. Hat ein größeres Unternehmen nicht nur standardisierte Aufträge, sondern ist in der Situation, entscheiden zu müssen, ob innerhalb bestimmter Zeiträume eine Anzahl neuer zeitgebundener Projekte aufgenommen werden können, wird die Entscheidungssituation besonders problematisch. Streng genommen können derartige Entscheidungen nur auf der Basis vorgenommen werden, dass der gesamte Personaleinsatz optimal oder nahezu optimal durchgeführt werden kann (z. B. Litke 2007).

Die Optimierung des Personaleinsatzes für unterschiedliche Projekte mit unterschiedlichen Qualifikationsanforderungen, unterschiedlichen Anzahlen von benötigten Mitarbeitern sowie unterschiedlichen Zeitvorgaben führt jedoch sehr rasch in den Bereich der sog. NP-vollständigen Probleme, also Probleme, deren Lösungszeit exponentiell zur wachsenden Größe zunimmt.[40] Es liegt auf der Hand, dass hier geeignete Optimierungsprogramme adäquate Lösungen bieten können, wobei bei großen Zahlen jedoch herkömmliche Optimierungsalgorithmen für NP-vollständige Problemen häufig überlange Rechenzeiten benötigen. Bei derartigen Problemen ist es nicht selten sinnvoll, Evolutionäre Algorithmen oder auch Simulated Annealing zu verwenden, auch wenn diese nicht unbedingt ein globales Optimum finden. Für praktische Zwecke reichen jedoch meisten befriedigende lokale Optima.[41]

Die Basis für eine möglichst effiziente Personalplanung ist natürlich die Qualifikation der jeweiligen Mitarbeiter. Dabei wird hier unter „Qualifikation" sowohl ein bestimmtes Wissen über spezielle Themenbereiche verstanden als auch die aus diesem Wissen abgeleiteten bzw. mit ihm verbundenen Problemlösungs-

---

[40] Ein bekanntes Beispiel für derartige Probleme ist das berühmte Traveling Salesman Problem (TSP), bei dem es darum geht, für den Besuch verschiedener Städte die kürzeste Reiseroute zu finden. Es gibt mittlerweile zahlreiche Lösungen des TSP mit einem GA.

[41] Das Programm für dies Modell wurde im Rahmen seiner Diplomarbeit in Wirtschaftsinformatik von Sergej Gerbershagen implementiert und anschließend erweitert durch Sascha Enders, Waldemar Fuchs, Tim Dreesen und Sascha Petrovitsch.

fähigkeiten. Wenn demnach bei der Modellbeschreibung von den Qualifikationen der Mitarbeiter gesprochen wird, dann ist damit sowohl deren Vertrautheit mit den jeweiligen Problemen als auch die Fähigkeit gemeint, diese Probleme schneller und ggf. auch qualitativ besser zu erledigen als Mitarbeiter, die nicht über die gleiche Qualifikation verfügen.

Im Modell wird davon ausgegangen, dass in der zu modellierenden Firma die Mitarbeiter in Arbeitsgruppen organisiert sind; eine Arbeitsgruppe ist jeweils für ein bestimmtes Projekt zuständig. Bei der Konstituierung von neuen Arbeitsgruppen muss darauf geachtet werden, dass a) die erforderliche Bearbeitungszeit für ein Projekt möglichst gering gehalten wird, dass b) die Arbeitsgruppe in der Lage ist, die notwendigen Qualitätsstandards einzuhalten und dass c) der Einsatz von Mitarbeitern in einer neuen Arbeitsgruppe für bereits bestehende Arbeitsgruppen möglichst geringe Nachteile zur Folge hat. Geht man nämlich davon aus, dass die Entscheidung für die Annahme eines neuen Auftrags die Konstituierung einer neuen projektspezifischen Arbeitsgruppe bedingt und dass zu diesem Zeitpunkt die weitaus meisten Mitarbeiter bereits in Arbeitsgruppen beschäftigt sind, dann impliziert die Entscheidung für die Annahme eines neuen Auftrags den Abzug bestimmter Mitarbeiter aus ihren bisherigen Arbeitsgruppen und damit bestimmte Folgekosten für diese.

Die im Modell durchgeführten Optimierungen der Personalplanung haben entsprechend das Ziel, bei der Annahme eines neuen Auftrags die Bearbeitungsdauer des neuen Projekts und damit die Folgekosten für ältere Projekte zu minimieren. Um dies Ziel im Modell realisieren zu können, müssen folgende Annahmen gemacht werden:

- Das Qualifikationsniveau eines Mitarbeiters bestimmt die Zeit, die er für die Bearbeitung eines speziellen Problems braucht. Ein Mitarbeiter kann nur an einem Projekt aktiv mitarbeiten, nicht jedoch in mehreren Arbeitsgruppen gleichzeitig.
- Sowohl die Anforderungen für ein Projekt als auch die Qualifikationen der verschiedenen Mitarbeiter sind bekannt und können damit für die Optimierungsverfahren eingesetzt werden.
- Die Bearbeitungsdauer für ein Projekt wird bei vorgegebener Arbeitsgruppe als Durchschnittsbearbeitungszeit errechnet. Eine andere Möglichkeit wäre natürlich, nach dem bekannten Geleitzugprinzip zu verfahren, dass also der langsamste Mitarbeiter die Gesamtdauer definiert. Aus verschiedenen Gründen jedoch ist hier die Durchschnittsberechnung gewählt worden.
- Die Folgekosten für andere Projekte werden proportional zur Bearbeitungsdauer des Projekts berechnet. Entsprechend werden die Projektkosten aus der Dauer abgeleitet.

Als inhaltliche Grundlage für das Modell dient das im folgenden (Abb. 3.7) dargestellte Datenmodell einer Organisation, die aus vier interdependenten Elementen besteht, nämlich den Projekten, den Arbeitsgruppen, den jeweiligen Aufgabenfeldern sowie den Mitarbeitern.

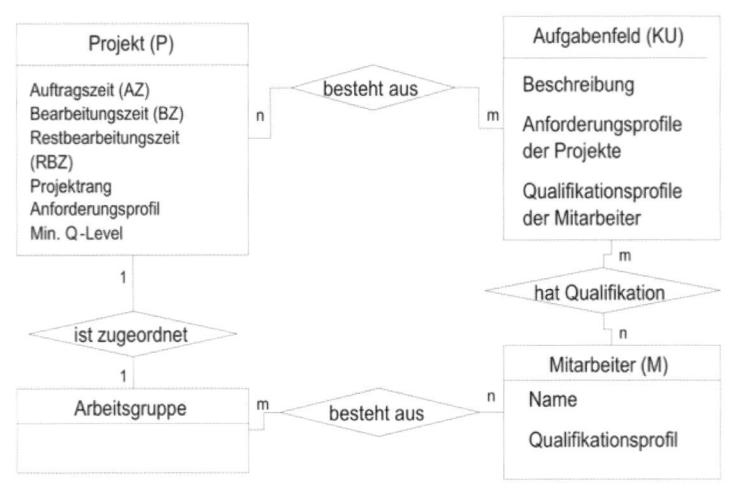

Abbildung 3-7: Datenmodell einer Organisation. KU steht für „Knowledge Unit".

Zur Charakterisierung dieser Elemente werden folgende Zusatzannahmen gemacht:

Eine Arbeitsgruppe und auch nur diese bearbeitet genau ein Projekt. Es gibt also eine bijektive Zuordnung von Projekten und Arbeitsgruppen, so dass im Modell die beiden Begriffe quantitativ als gleich anzusehen sind. Zur Berechnung der optimalen Bildung von Arbeitsgruppen benötigt das Programm folgende Informationen:

- Die Projektdauer entspricht der Zeit, innerhalb derer das Projekt abgeschlossen sein soll. Diese Zeit wird üblicherweise als Vorgabe von außen gegeben.
- Die Bearbeitungszeit ist die Zeit, die eine bestimmte Arbeitsgruppe für die Realisierung des Projekts tatsächlich benötigt. Diese Zeit wird vom Programm berechnet.
- Die Restbearbeitungsdauer gibt für einen bestimmten Zeitpunkt t an, wie viel Zeit noch bis zur Beendigung des Projekts benötigt werden wird.
- Der Projektrang gibt den Grad der Wichtigkeit eines Projekts für die Firma an. Dieser Grad wird bei der Berechnung des Fitnesswertes (s.u.) berücksichtigt. Insbesondere bei der Entscheidung über die Bildung neuer Arbeitsgruppen spielt dieser Wert naturgemäß eine wesentliche Rolle.
- Das minimale Qualifikationsniveau legt fest, ob ein Mitarbeiter für ein bestimmtes Projekt geeignet ist.

Bei der Entscheidung über ein neues Projekt müssen diese Informationen manuell eingetragen werden – abgesehen von der Bearbeitungszeit. Dies gilt insbesondere für den Projektrang, da wichtigere Projekte auch dann neu begonnen werden können, wenn weniger wichtige dadurch benachteiligt werden.

Für die numerische Charakterisierung der Qualifikationen eines Mitarbeiters werden im Modell Qualifikationswerte (Q) von 0 bis 10 für jede Qualifikation vorgegeben, wobei jede Qualifikation einem speziellen Aufgabenfeld zugeordnet ist. Für jeden Mitarbeiter wird ein Qualifikationsprofil erstellt, das sein spezielles Aufgabenfeld sowie sein Qualifikationsniveau enthält. Die Bearbeitungszeit für eine Aufgabe ergibt sich unmittelbar aus dem Qualifikationsniveau und wird im Modell als die Anzahl von Zeiteinheiten definiert, die der jeweilige Mitarbeiter braucht, um eine spezielle Aufgabe zu erledigen. Berechnet wird die Bearbeitungszeit (BZ) als die Differenz zwischen dem maximalen Wert für eine Qualifikation (Q = 10) und dem faktischen Qualifikationsniveau des Mitarbeiters plus 1. Die Grundlage für diese Berechnung ist, dass ein Experte auf einem Gebiet (Q = 10) genau eine Zeiteinheit braucht, um eine Aufgabe zu erledigen. Dies ist eine der Grundlagen für die Fitnessfunktion des GA.

Das hier dargestellte Modell kann natürlich auch dafür verwendet werden, eine bereits etablierte Verteilung von Mitarbeitern auf einschlägige Projekte daraufhin zu überprüfen, ob diese Verteilung nicht zugunsten kürzerer Bearbeitungszeiten und geringerer Kosten verbessert werden kann. Besonders fruchtbar jedoch ist der Einsatz des Programms, wie bereits angemerkt, für die Unterstützung einer Entscheidung darüber, ob ein neues Projekt realisiert werden soll und wie die entsprechende Arbeitsgruppe unter Berücksichtigung der genannten Faktoren zusammen gesetzt sein sollte. Die Operation des Programms in diesem Fall geschieht in folgenden Schritten:

Ein noch fragliches neues Projekt (Prneu) definiert eindeutig eine Arbeitsgruppe (AG). Es wird vorausgesetzt, dass die Anforderungen von Prneu bekannt sind. Entsprechend wird für jede Aufgabe in Prneu ein qualifizierter Mitarbeiter gesucht, dessen Qualifikationsniveau mindestens dem für das neue Projekt erforderlichen entspricht. Findet das Programm überhaupt keinen derart qualifizierten Mitarbeiter bzw. keinen qualifizierten Mitarbeiter für mindestens eine Aufgabe, wird das Projekt nicht angenommen. Es bleibt dann einem Benutzer natürlich freigestellt, ob er entweder das erforderliche Niveau senkt, um doch noch einen Mitarbeiter zu finden, oder ggf. einen externen Mitarbeiter einstellt. Findet sich ein geeigneter Mitarbeiter, prüft das Programm, ob dieser bereits in einer Arbeitsgruppe tätig ist. Ist dies nicht der Fall, wird er der neuen Arbeitsgruppe zugeordnet. Ist dies der Fall, wird nach einem Ersatz für diesen Mitarbeiter bezüglich der alten AG gesucht. Find sich kein Ersatz, wird nach der Rangfolge der Projekte entschieden, ob die alte AG mit ihrer Arbeit warten muss. Findet sich ein Ersatz, dann berechnet das Programm, welche Folgekosten dadurch entstehen, dass der Ersatz ggf. geringer qualifiziert ist als der Mitarbeiter, der abgezogen wird.

Findet sich kein Ersatz, dann wird die Bildung des neuen Projekts verschoben und zwar um die Restbearbeitungsdauer, die das alte Projekt noch benötigt. Das Programm beginnt diese Prozedur für eine Aufgabe und setzt, falls es nicht abbricht wegen Nichtannahme des neuen Projekts, diese für jede einzelne Aufgabe so lange fort, bis eine neue Arbeitsgruppe gebildet ist, bei der a) jeder Mitarbeiter das erforderliche Mindestniveau besitzt und b) die Bearbeitungszeit für die Firma nicht zu hohe Folgekosten verursacht.[42] Damit ist ein Element der Ausgangspopulation für den GA konstruiert. Man sieht, dass es hier nicht ausreicht, eine Ausgangspopulation per Zufall generieren zu lassen, da sonst ständig Arbeitsgruppen gebildet würden, die von den Rahmenbedingungen her nicht zulässig wären. Es ist zwar technisch möglich, mit Zufallsgenerierungen von Arbeitsgruppen zu beginnen und anschließend die nicht zulässigen wieder auszusortieren. Das hier geschilderte Verfahren ist jedoch effektiver, da schneller. Das folgende Schema (Abb. 3.8) gibt für den dargestellten Prozess eine systematische Übersicht:

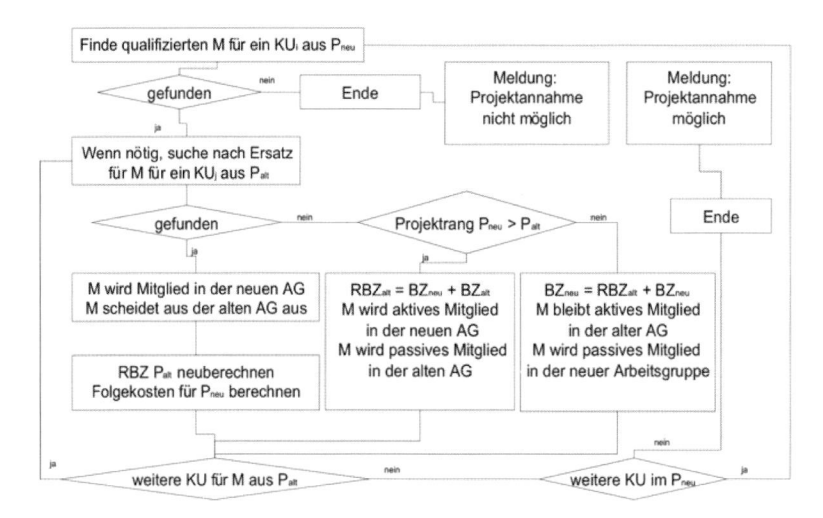

Abbildung 3-8: Prozess der Bildung neuer Arbeitsgruppen

Bei der Suche nach einem Ersatz muss freilich darauf verwiesen werden, dass ein Ersatz für einen Mitarbeiter, der in ein neues Projekt wechseln soll, selbst einen Ersatz braucht, falls er auch in einem anderen Projekt arbeitet. Vereinfacht gesagt läuft dies darauf hinaus, dass das Programm sukzessive eine Liste aller Ersatzkandidaten aufstellt und diejenigen aussucht, die die geringsten Folgekosten bedeuten. Das Programm muss also den Ersetzungsprozess solange iterieren, bis alle Folgeprobleme beim Einsatz eines Mitarbeiters in einer neuen Arbeitsgruppe gelöst worden sind. Dabei kann „gelöst" sowohl bedeuten, dass für alle bestehenden

---

[42] Wir übergehen hier und im Folgenden verschiedene technische Details, da diese den Rahmen des Buches sprengen würden.

Arbeitsgruppen befriedigender Ersatz gefunden wurde als auch, dass eine „alte" Arbeitsgruppe ihre Bearbeitungszeit verlängern muss, da ihr kein Ersatz zugeteilt werden konnte. Ob die zweite Lösung akzeptiert wird, hängt insbesondere vom relativen Rang des neuen Projekts zu denen der bisherigen ab. Ein fiktives Beispiel zeigt Tabelle 3.4, bei der der Mitarbeiter M4 als Ersatz ausgewählt wurde (KU (Knowledge Unit) bezeichnet die Aufgabenfelder bzw. die jeweiligen Aufgaben; BZ ist die Bearbeitungszeit, die ein Mitarbeiter für die entsprechenden Aufgaben braucht):[43]

Tabelle 3-4: Auswahl des Ersatzkandidaten für Aufgabenfeld KU_j im Projekt P

Ersatz-Kandidaten	$\sum BZ_{ik}+BZ_{ij}$	Q-Niveau für KU_j	Anzahl der KU
M23	4	4	1
M3	7	6	2
M45	5	3	1
M67	13	7	3
M4	4	5	2
M31	3	3	1

Es ist bereits hervorgehoben worden, dass die Berechnung der Folgekosten für den Abzug eines Mitarbeiters aus einem bestehenden Projekt ein wesentlicher Teil der Berechnung der Fitnesswerte einer Lösung, d. h. einer vorgeschlagenen Arbeitsgruppe ist. Die Folgekosten werden berechnet in der Form von Zeitverlusten, die durch Abzüge von Mitarbeitern, sei es ohne Ersatz, sei es mit Ersatz durch geringer qualifizierte Mitarbeiter, entstehen. Dabei werden die individuellen Folgekosten pro Mitarbeiter berechnet, woraus sich für alle Mitarbeiter bzw. für alle betroffenen Projekte die Gesamtfolgekosten ergeben. Diese Folgekostenkalkulation wird parallel zum Prozess des Ersetzens von Mitarbeitern durchgeführt.

Tabelle 3.5 zeigt an einem (fiktiven) Beispiel die entsprechende Kalkulation. Dabei sollen Mitarbeiter M1 und M2 vom Projekt P1 in das Projekt P11 wechseln. M1 ist in P1 für die Aufgaben KU1 und KU3 zuständig, M2 für KU2. Ersatz für sie sind die Mitarbeiter M3 für KU1, M4 für KU2 und M5 für KU3. Das ergibt bestimmte Folgekosten, wobei der Endwert von 0.5 bedeutet, dass dieser durchschnittliche Zeitverlust in Projekt P1 entstanden ist und in die Fitnessberechnung für P11 eingeht. Entsprechend werden die Berechnungen für weitere Mitarbeiter durchgeführt, die aus anderen Projekten abgezogen werden – entweder ebenfalls in das neue Projekt P11 oder als Ersatz für M3, M4 und M5.

---

[43] Für weitere Details sei auf die erwähnte Diplomarbeit von Sergej Gerbershagen verwiesen.

Tabelle 3-5: Berechnung der Folgekosten eines neuen Projekts

	M1	M2	M3	M4	M5	ΔBZ(P1)	∑ΔBZ(P1)
BZ für KU1	4		5			$\frac{(5-4)}{10}=0{,}1$	
BZ für KU2		5		7		$\frac{(7-5)}{10}=0{,}2$	
BZ für KU3	5				7	$\frac{(7-5)}{10}=0{,}2$	
∑ΔBZ(P1)							0,5

Bei der Verwendung eines GA zur Lösung von Optimierungsproblemen stellt die Konstruktion problemadäquater Bewertungs- und Fitnessfunktionen häufig das schwierigste Problem dar; das gilt natürlich auch für die anderen naturanalogen Optimierungsverfahren. Wir haben bereits dargestellt, welche unterschiedlichen Faktoren berücksichtigt werden müssen, um den Wert einer Lösung, d. h. einer vorgeschlagenen Arbeitsgruppe, möglichst vollständig zu berechnen. Wir werden diese Funktionen nicht im Detail darstellen sondern nur die allgemeine Logik beschreiben.

Terminologisch muss hier darauf verwiesen werden, dass wir in der allgemeinen Einführung zum GA die Begriffe Fitnessfunktion und Bewertungsfunktion synonym verwendet haben, obwohl hier häufig Unterschiede gemacht werden. Dies ist auch hier der Fall. Wenn wir hier beide Begriffe verwenden, dann sind sie demnach nicht als Synonyma gemeint, sondern steuern jeweils verschiedene Operationen des GA. Gemeint ist damit Folgendes:

Ein GA operiert, wie oben skizziert, auf einer Population von Vektoren, die er durch Rekombination (Crossover) und Mutation verändert. In unserem Fall repräsentiert ein Vektor eine Arbeitsgruppe, die nach den erwähnten Regeln gebildet worden ist. Die Bewertungsfunktion gibt nun an, ob und inwiefern neu gebildete Vektoren besser sind als ihre Vorgänger. Da man im Allgemeinen nicht weiß, wie das globale Optimum für eine Problemlösung aussieht, reicht es normalerweise aus, dass die Bewertungsfunktion über „besser" bzw. „schlechter" und den Grad der Verbesserung entscheiden kann. Die Bewertungsfunktion definiert damit eine Ordnung der jeweiligen Vektoren nach ihren Werten.

Die Fitnessfunktion ist in unserem Fall aus der Bewertungsfunktion abgeleitet.[44] Sie spielt hier gewissermaßen die Rolle der Selektion in der biologischen Evolution. Da in der biologischen Natur die Fitness eines Organismus an der Höhe seiner Reproduktionschancen gemessen wird, gibt entsprechend die Fitness eines Vektors in unserem Modell an, mit welcher Wahrscheinlichkeit er für die Operation des Crossover herangezogen wird. Da es in unserem Modell darum geht, die Werte eines Vektors, d. h. seine Folgekosten und eigene Bearbeitungszeit zu minimieren, erhält der Vektor mit dem geringsten Wert die höchste Wahrscheinlichkeit zur „Reproduktion" und umgekehrt. Man spricht in einem derartigen Fall von einer inversen Fitnessfunktion.

Die Berechnung der Werte wird im Folgenden im Grundsatz skizziert:

Der Bewertungswert ergibt sich aus der Summe aller Folgekosten, die durch die Annahme eines neuen Projektes entstehen, sowie der Differenz zwischen der durchschnittlichen Bearbeitungsdauer des Projektes und der Auftragszeit. Je kleiner der Bewertungswert, desto größer ist der Nutzen für das Unternehmen. Die durchschnittliche Bearbeitungsdauer ergibt sich aus der Summe der Bearbeitungszeiten aller am Projekt partizipierenden Mitarbeiter geteilt durch die Mitarbeiteranzahl im Projekt. Die endgültige Bewertungsformel, von der wir nur einen Teil erläutert haben, sieht dann folgendermaßen aus:

$$BW = BD(P_i) - AZ(P_i) + GFK_i \qquad (3.17)$$

BD bedeutet die Bearbeitungsdauer eines Projekts, AZ ist die Auftragszeit und GFK sind die Gesamtfolgekosten in Bezug auf die in das neue Team integrierten Mitarbeiter.

Es ist eine Standarderkenntnis, dass bei einem genetischen Algorithmus das Crossover die meiste Auswirkung auf die Optimierung hat; die Mutation spielt demgegenüber nur eine sekundäre Rolle. Dennoch kann in den meisten Anwendungsfällen wie auch hier nicht auf Mutation verzichtet werden: Diese verhindert, dass der GA zu schnell in ein praktisch unbefriedigendes lokales Optimum gerät und aus diesem nur durch Crossover nicht mehr herauskommt. Entsprechend bewirkt dann eine Mutation, wie bemerkt, dass zwar sich die Ergebnisse kurzfristig verschlechtern können, längerfristig jedoch wieder besser werden und dass das lokale Optimum verlassen werden kann.

Es gibt keine Standardwerte für die Höhe der Mutationsrate. Da eine zu niedrige Mutationsrate häufig den Optimierungsprozess nicht signifikant beeinflussen kann und eine zu hohe Rate den GA zu stark von günstigen Lösungswegen abweichen lässt, wurde hier eine variable Mutationsrate im Intervall von 2% bis 5%

---

[44] Zuweilen wird auch mit der Fitnessfunktion die Bewertung der einzelnen Vektorkomponenten berechnet; die Bewertungsfunktion bestimmt dann daraus den Gesamtwert des Vektors.

implementiert. Der GA startet mit einer Rate von 2%. Verbessern sich die Ergebnisse nicht wesentlich, wird die Mutationsrate automatisch erhöht, bis eine Verbesserung zu erkennen ist. Anschließend wird ebenfalls automatisch die Mutationsrate wieder gesenkt. Dies wird so lange wiederholt, bis keine Verbesserungen mehr erreicht werden können.

Für den Crossoveroperator wird eine Variante des sog. Position Based Crossvoer (PSB) verwendet. Die Rekombination geschieht bei diesem Verfahren, etwas vereinfacht ausgedrückt, so, dass in den „Nachkommen" jeweils bestimmte Elemente aus den beiden Elternvektoren an die Positionen platziert werden, die die Elemente in den jeweiligen Eltern einnahmen. Dies spezielle Rekombinationsverfahren wurde übrigens auch bereits erfolgreich zur Bearbeitung des genannten Problem des Handlungsreisenden (TSP) eingesetzt.

Zahlreiche Testläufe dieses GA mit fiktiven Datenmodellen und der Bewertungs- sowie Fitnessfunktion demonstrierten, dass der GA in der Tat in der Lage ist, kontinuierliche Verbesserungen der Anfangspopulationen zu erreichen. Allerdings ist aufgrund der komplizierten Bewertungsfunktion bei einer Gesamtmenge von mehreren hundert Mitarbeitern eine gewisse Rechenzeit erforderlich, bis der GA konvergiert. Abb. 3.9 zeigt zur Veranschaulichung das Ergebnis eines vollständigen Durchlaufs mit gegriffenen Daten, das für sich natürlich wenig besagt:

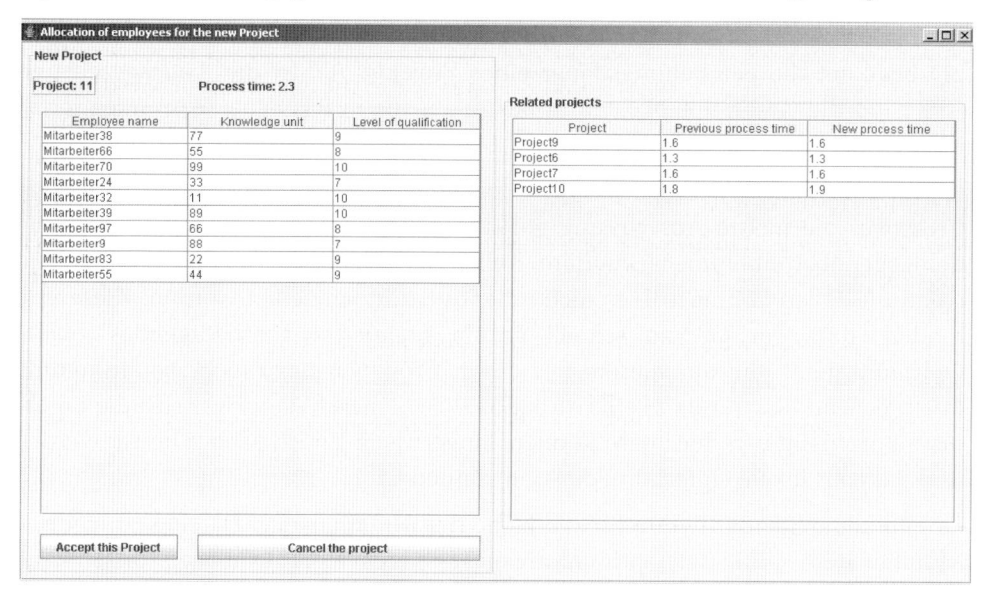

Abbildung 3-9: Ergebnis eines Optimierungsprozesses

Eine empirische Validierung dieses Modells erfolgte durch Daten, die von einer großen Logistikfirma im Ruhrgebiet zur Verfügung gestellt wurden. Die Präsentation einiger Ergebnisse vor Vertretern der Firma ergab, dass bereits dies Modell offensichtlich befriedigend eingesetzt werden kann – so jedenfalls die Aussagen der Experten. Eine zusätzliche Validierung des Modells durch Realdaten dieser Logistikfirma hat ergeben, dass einige Projekte in kürzerer Zeit und wesentlich kostengünstiger hätten bearbeitet werden können, wenn die Mitarbeiter gemäß dem Empfehlungen des GA ausgewählt worden wären.

Natürlich ist es möglich und wünschenswert, das Modell noch zu erweitern. Man könnte z. B. auch individuelle Präferenzen der Mitarbeiter zusätzlich berücksichtigen, sofern diese bekannt sind. Das Gleiche gilt für das Problem, dass nicht alle Mitarbeiter mit allen anderen optimal kooperieren können, so dass sozialpsychologisch begründete Reibungsverluste entstehen. Das sind jedoch Zukunftsperspektiven, da es vorrangig darum geht, anhand realer Daten zu testen, in welcher Hinsicht am jetzigen Modell Modifikationen vorgenommen werden sollten. Erste zusätzliche Beurteilungen des Modells durch Experten auf dem Gebiet der Personalplanung neben den genannten Überprüfungen verschiedener realer Projekte sind allerdings jetzt schon Indizien dafür, dass dies Modell für Entscheidungsprobleme beim Personaleinsatz durchaus eine wichtige Unterstützung liefern kann.

3.7 Risikomanagement

„Ein Risiko ist die Möglichkeit des Eintritts eines Schadens" (Ahrendts und Marton 2008, 10)

Risikomanagement ist ein fester Bestandteil der Projektplanung. Es geht darum, Risiken zu erkennen, zu analysieren und deren Bedeutung für das Projekt festzulegen. Werden Risiken rechtzeitig erkannt, können entsprechende Gegenmaßnahmen eingeleitet werden.

Es gibt viele Variationen des entsprechenden Managementprozesses; die folgenden vier Aktivitäten sind jedoch grundlegende Bestandteile eines jeden effektiven Risikomanagements (rechte Seite); auf der linken Seite wird eine Maßnahmenübersicht gegeben:

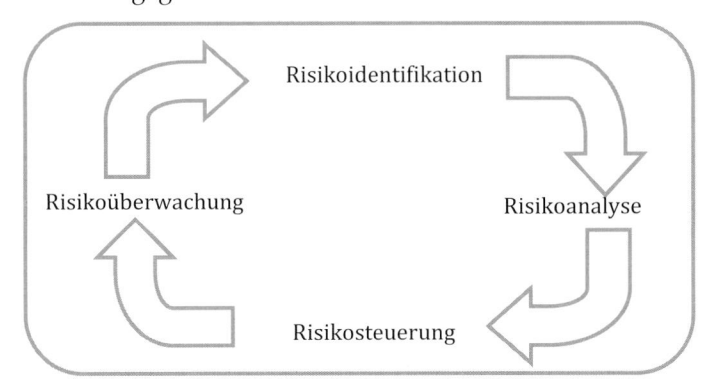

Abbildung 3-10: Risikomanagementprozess (nach Ahrendts und Marton 2008, 14; Gadatsch 2008, 102)

1. In der *Identifikation* sollte eine Risikoliste erstellt werden, die eine Kurzbeschreibung der möglichen Risiken enthält.

2. *Risikoanalyse* bedeutet, sich Gedanken über mögliche Ursachen zu machen und die Eintrittswahrscheinlichkeit sowie die potentielle Risikohöhe richtig einzuschätzen. Je höher die Schätzwerte sind, desto größer ist natürlich das Risiko; der mögliche Schaden ergibt sich dann aus der Risikohöhe.

3. Hinsichtlich der *Risikosteuerung* gibt es vier mögliche Strategien (Ahrendts und Marton 2008):

- *Risikoakzeptanz*: das Risiko wird in Kauf genommen. Ist dies der Fall, wird auf eine Steuerungsmaßnahme verzichtet.
- *Risikoverlagerung*: das Risiko wird übertragen. Häufig wird beispielsweise eine Versicherung abgeschlossen, wenn es absehbar ist, dass ein möglicher Schaden zu hohen finanziellen Verlusten führt. In dem Fall wird also eine finanzielle Belastung in Kauf genommen.
- *Risikoverminderung* oder Risikominimierung: das Risiko kann nicht vermieden und auch nicht verlagert werden. In diesem Fall wird man versuchen, die Eintrittswahrscheinlichkeit zu reduzieren und/oder den Schaden zu minimieren.
- *Risikovermeidung*: die Eintrittswahrscheinlichkeit sowie der mögliche Schaden sind sehr hoch. In diesem Fall sind Gegenmaßnahmen unbedingt erforderlich, um die Risiken zu vermeiden.

4. Die Risikoüberwachung kann im buchstäblichen Sinne des Wortes verstanden werden. Einerseits geht es darum, einen Überblick über Risiken zu haben und andererseits muss überprüft werden, ob die Gegenmaßnahmen effektiv sind.

Risiken sind nicht nur in jeder Projektphase zu berücksichtigen; die Risiken sind bereits ein Entscheidungsfaktor, ob ein Projekt überhaupt angenommen werden soll.

Im Folgenden werden die vier Bestandteile des Risikomanagements näher betrachtet. Da es eine Fülle an Möglichkeiten der Analyse gibt, wird jeweils eine Übersicht gegeben und nur einzelne Teile exemplarisch näher thematisiert (Hindel et al. 2009; Ahrendts und Marton 2008; Gadatsch, 2008; Bea et al, 2008).

Risikoidentifikation

Die Identifikation von Risiken erfolgt unter verschiedenen Gesichtspunkten und nach verschiedenen Methoden. Bea et al. (2008) stellen sieben Methoden der Identifikation dar:

1. *Mitarbeiter- und Expertenbefragung*: Erfahrungswerte werden gesammelt; bei der Befragung mehrer Personen bietet sich die Delphi-Methode an.
2. *Projektumfeldanalyse*: Auseinandersetzung mit den Faktoren, die Einfluss auf den Projektverlauf nehmen können (z. B. Stakeholder).
3. *Kreativitätstechniken*: Anregung kreativer Potentiale der Mitarbeiter durch organisatorische Voraussetzungen. Die bekannteste Methode ist *Brainstorming*.

4. *Systematisch-logische Techniken*: Systematische Vorgehensweise, um Ergebnisse zu erzielen (z. B. Fehler-Möglichkeits- und Einfluss-Analyse, engl. Failure Mode and Effect Analysis (FMEA)). Es werden die Eintrittswahrscheinlichkeit, Bedeutung des Fehlers und die Wahrscheinlichkeit der Fehlerentdeckung ermittelt und mit Punktwerten quantifiziert. Durch Multiplikation der Punktwerte erhält man die Risiko-Prioritätszahl (RPZ), die als Indikator für das Ausmaß des Risikos herangezogen wird.
5. *Checklisten*: Aus der Vergangenheit werden typische Risiken gesammelt und in Checklisten dokumentiert. Auf diese Dokumente kann zurückgegriffen werden, um die Relevanz der Risiken für das aktuelle Projekt zu überprüfen. Diese Methode sollte grundsätzlich mit anderen kombiniert werden, da unmöglich alle Risiken durch dies Verfahren allein erfasst werden können
6. *Szenario-Technik*: Es werden mehrere Szenarien entwickelt, die *Best Case* und *Worst Case* als Extremszenarien beinhalten. Es werden etwa drei bis fünf Szenarien entwickelt, die diskutiert und ausgewertet werden.
7. *Früherkennungssysteme durch Indikatoren, Kennzahlen oder schwache Signale*: Es müssen geeignete Frühindikatoren ausgewählt werden, wie zum Beispiel die Anzahl der Änderungswünsche des Kunden, die sich auf die Termin- und Kostenrisiken auswirken. Kennzahlen sind ebenfalls einzusetzen, die bereits in der Projektplanung identifiziert wurden. Schwache Signale beziehen sich auf qualitative Probleme, die sich durch Befürchtungen oder Erwartungen etc. ergeben. Diese Signale zu berücksichtigen ist äußerst schwierig.

Risikokategorien

Risiken zu klassifizieren ist einerseits eine notwendige Bedingung für die Prävention von Risiken aber leider gibt es dafür andererseits keine einheitliche Klassifizierung, sondern nur verschiedene Vorschläge (Bea et al. 2008; Fiedler 2001; Gadatsch 2008).

Betriebswirtschaftliche Risiken
Technische Risiken   Umwelt Risiken
Zeit-Risiken
           Risikoklassifikation   Zulieferungs-Risiken
    Fachliche Risiken   Personelle Risiken
           Risiken in der Person des Projektleiters

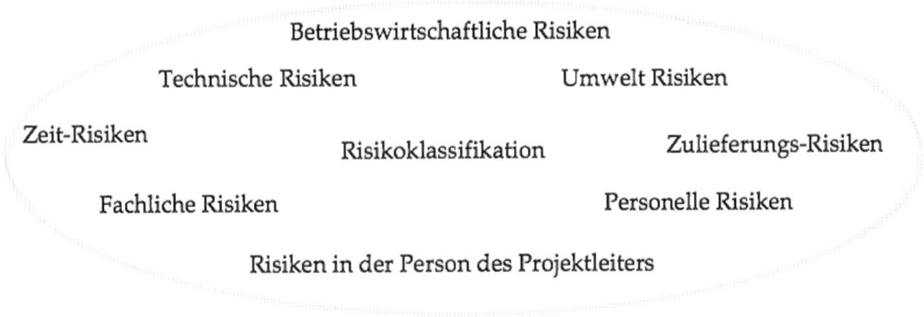

Abbildung 3-11: Risikoklassifikation (nach Bea et al. 2008; Fiedler 2001; Gadatsch 2008).

Jede einzelne Kategorie muss genau überprüft werden, was hier nur exemplarisch vorgeführt wird:

- sind die technischen Voraussetzungen gegeben und die Komponenten technisch kompatibel (technische Risiken),
- ist die Liquidität gesichert, steht das Management bzw. stehen die Mitarbeiter hinter dem Vorhaben (Umwelt-Risiken),
- ist auf die Lieferanten Verlass, gibt es Alternativen (Zulieferungs-Risiken),
- haben die Mitarbeiter die notwendige Qualifikation und können sie im Team zusammen arbeiten bzw. stehen überhaupt genügend Mitarbeiter zur Verfügung (personelle Risiken),
- wird der Projektleiter akzeptiert und hat er genügend Erfahrung (Risiko in der Person des Leiters),
- sind fachliche Veränderungen vorhanden, die nicht zur Kenntnis genommen wurden (fachliche Risiken) und
- wurde genügend Zeit eingeplant (Zeitrisiko)?

Entsprechend können die Risiken, die in der Risikoidentifikation aufgeführt werden, in einzelnen entsprechenden Kategorien dargestellt werden (Hindel et al., 2009).

Risikoanalyse

Für die Risikoanalyse ist erneut eine Quantifizierung der Risiken notwendig, die durch verschiedene Methoden erfolgen kann:

Methoden zur Risikoquantifizierung	
ohne Berücksichtigung von Wahrscheinlichkeiten	Mit Berücksichtigung von Wahrscheinlichkeiten
- Korrekturverfahren - Mehr-Punkt-Verfahren - Sensitivitätsanalyse	- Semiquantitative Analyse - Schätzung mittels Kennzahlen - Simulative Risikoanalyse

Abbildung 3-12: Ausgewählte Verfahrung zur Quantifizierung von Risiken (nach Bea et al. 2008, 371)

Als Beispiel wird die semiquantitative Analyse für die Bewertung vorgestellt, die in der Praxis häufig verwendet wird (Hindel et al. 2009; Pfetzing und Rohde 2009; Bea et al, 2008):

Zunächst muss eine passende Skalierung definiert werden, um die verbalen Aussagen der Experten bzw. Mitarbeiter (qualitative Aussage) in Zahlenwerte übertragen zu können.

Die Beurteilungskriterien für die Bewertungsparameter sollten genau definiert werden, damit nicht unterschiedliche Vorstellungen bei den Teammitarbeitern

3   IT-Projektmanagement

entstehen. Die Ergebnisse sollten schriftlich dokumentiert werden. Die folgende Tabelle zeigt ein Beispiel:

Tabelle 3-6: Quantifizierung der Eintretenswahrscheinlichkeit (Hindel et al. 2009, 179).[45]

Stufe	Wahrscheinlichkeit	Interpretation
1	$0 \leq p \leq 0{,}25$	Es ist eher unwahrscheinlich, dass das Risiko eintritt, aber nicht auszuschließen
2	$0{,}25 \leq p \leq 0{,}5$	Das Risiko wird eher nicht eintreten, es ist aber dennoch möglich
3	$0{,}5 \leq p \leq 0{,}75$	Das Risiko wird eher eintreten als nicht eintreten, es ist aber keineswegs sicher
4	$0{,}75 \leq p \leq 1$	Das Risiko wird mit ziemlicher Sicherheit eintreten

Da Niemand alle möglichen Risiken einplanen kann, sollte eine Prioritätenliste der Risiken aufgestellt werden und die Konzentration sollte darauf gerichtet sein, Risiken mit hohen Listenwerten nach Möglichkeit gar nicht erst entstehen zu lassen. Für die Berechnung der Risikoprioritätszahl (PRZ - oder Risikokennzahl) sollte auch die Wahrscheinlichkeit des Entdeckens berücksichtigt werden (Hindel et al., 2009, 178):

$$PRZ = Eintretenswahrscheinlichkeit * Schadenshöhe * Wahrscheinlichkeit\ der\ Entdeckung$$

Es wird empfohlen, die Risikobeschreibung, die Wahrscheinlichkeit des Eintretens, die Schadenshöhe sowie die berechnete Risikoprioritätszahl zur besseren Übersichtlichkeit graphisch einzutragen. Das Ergebnis der Risikobewertung wird in einer Risikoliste festgehalten.

Die Interpretation für die Schadenshöhe ist schwieriger, da der Schaden an sich definiert werden muss: Bezieht sich der Schaden auf die Qualität, auf die Kosten, auf die Projektdauer etc? Das sind unterschiedliche Kategorien, die entsprechend auch unterschiedlich bewertet werden müssen. Auch hier ist es hilfreich, eine Tabelle zu erstellen, in denen erneut eine Werteskala als Orientierung definiert wird.

---

[45] Hier ist kritisch anzumerken, dass der Begriff des Risikos in dieser Tabelle nicht korrekt verwendet wird. Ein Risiko kann nicht eintreten, sondern der Schaden oder auch das Problem, auf den (das) sich das Risiko bezieht. Richtig müsste es demnach zum Beispiel in der letzten Zeile heißen „Das Problem wird mit ziemlicher Sicherheit eintreten" etc.

Da eine hinreichende Risikoanalyse für jedes Unternehmen und auch für jede Projektplanung buchstäblich lebenswichtig sein kann, stellen wir im Folgenden fünf Fallbeispiele vor, die sich mit verschiedenen Aspekten der Risikoanalyse beschäftigen. Zwei Beispiele arbeiten mit dem von uns neu entwickelten „Self Enforcing Network" (SEN), das bereits vorgestellt wurde. Das dritte Beispiel besteht aus einem speziellen Booleschen Netzwerk; die Grundlogik dieser Technik wird vor dem entsprechenden Beispiel erläutert. Übrigens muss hier noch einmal darauf verwiesen werden, dass die Risikoanalyse ebenfalls eine wesentliche Rolle für das Fuzzy-Experten System spielt. Dies Modell hätte also ebenso auch hier gebracht werden können. Die beiden letzten Fallbeispiele schließlich beschäftigen sich mit der Optimierung von Zeitpuffern, deren Bedeutung gar nicht hoch genug eingeschätzt werden kann.

3.8 Fallbeispiel: Bonitätsanalyse (potentieller) Kunden durch ein SEN

Es gibt zahlreiche Checklisten für „Frühwarnindikatoren" hinsichtlich der Bonität neuer Kunden, auf die wir hier nur verweisen können. Beispielhaft wird eine von Weiß (1995) aufgestellte Checkliste für den Bereich des Rechnungswesens gezeigt; anzumerken ist, dass auch bei dem im Folgenden gezeigten Modell im Wesentlichen die Indikatoren von Weiß verwendet wurden.[46]

Tabelle 3-7: Checklisten für Frühwarnindikatoren

Analyse des Rechnungswesens	ja/nein/ k.A.
1. Treten beim Kunden vermehrt Buchungsrückstände auf?	
2. Fakturiert der Kunde seine Rechnungen zu spät?	
3. Hat der Kunde ein ungenügendes Mahnwesen?	
4. Ungenügende Liquiditäts- und Finanzplanung des Kunden?	
5. Fehlende Kostenrechnung und Kalkulationsinstrumente?	

Jedem potentiellen Kunden wird für die einzelnen Indikatorenbereiche ein bestimmter Wert zugewiesen, der sich aus den Antworten in den jeweiligen Checklisten ergibt. Anschließend wird ein „idealtypischer" Kunde definiert, der gewöhnlich fiktiv ist und der alle Indikatoren optimal erfüllt. Eine entsprechende Liste von Attributen, also den Werten für die verschiedenen Indikatoren, sieht dann so aus:

---

[46] Das Modell wurde implementiert von Dimitri Tolstow

Tabelle 3-8: Frühwarnindikatoren und deren Gewichtung

Frühwarnindikatoren	
Unternehmensführung	1,0
Unternehmensstruktur	1,0
Zahlungsverhalten	1,0
Frühwarnindikatoren	
Kennzahl: Eigenkapitalquote	1,0
Kennzahl: Verschuldungsgrad	0,0
Kennzahl: Fehlbetrag	0,0
Kennzahl: Liquidität	1,0
Kennzahl: Cash – Flow	1,0
Kennzahl: Rücklagenbildung	1,0
Kennzahl: Eigenkapitalrentabilität	1,0
Kennzahl: Gesamtkapitalrentabilität	1,0
Unternehmensfinanzierung	1,0
Beschaffungsbereich	1,0
Produktionsbereich	1,0
Absatzbereich	1,0
Personalbereich	1,0
Rechnungswesen	1,0

Methodisch entspricht der idealtypische Kunde einem Referenztypus, dessen Funktion in der allgemeinen Darstellung von SEN dargestellt wurde. Hier bildet er das Zentrum es Visualisierungsgitters. Ein Benutzer gibt nun die Daten für die einzelnen Kunden ein, woraus eine entsprechende semantische Matrix gebildet wird. Für den Start des SEN werden die Attribute des Idealtypus extern aktiviert und die Resultate visualisiert.

Die Bonität der jeweiligen Kunden ergibt sich dann daraus, wie weit die tatsächlichen Kunden vom idealtypischen Kunden im Zentrum entfernt sind. Je näher die

Kunden dem Zentrum sind, desto akzeptabler sind sie auch. Empirische Überprüfungen haben ergeben, dass ein Kunde noch akzeptabel ist, wenn er nicht außerhalb des achten Kreises (vom Zentrum aus gezählt) platziert wird. Die folgende Visualisierung zeigt die Ergebnisse einer Simulation mit insgesamt sechs Kunden, die unterschiedliche Werte in der Indikatorenliste haben:

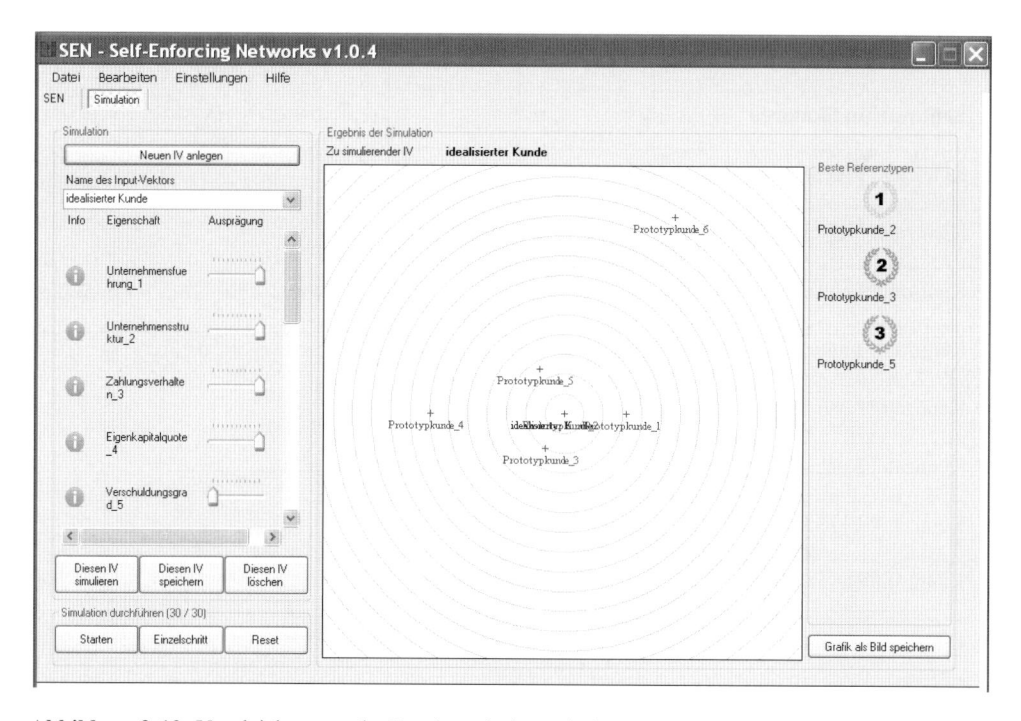

Abbildung 3-13: Vergleich von sechs Kunden mit dem Idealtypus (und damit untereinander); die Bezeichnung „Prototyp" für die eingegebenen Kunden soll nur besagen, dass es sich um fiktive Daten handelt.

3.9 Fallbeispiel: Analyse der Lieferantenstruktur mit einem SEN bei Auslagerung von Teilen der Softwareentwicklung[47]

Bei größeren Entwicklungsprojekten ist es häufig unumgänglich oder auch einfach kostengünstiger, Teile der Gesamtentwicklung auszulagern, d. h. externen Softwarefirmen zu übertragen. Die damit für das auslagernde Unternehmen verbundenen Vorteile sind jedoch gleichzeitig mit erhöhten Risiken verbunden, die sich mit Begriffen wie Zuverlässigkeit oder Qualitätsniveau der potentiellen Lieferanten und damit Kooperationspartner charakterisieren lassen. Ebenso wie im vorigen Beispiel lässt sich auf der Basis entsprechender Kriterien mit einem SEN ana-

---

[47] Realisierung des Modells durch Alexandra Emmerich.

lysieren, welche Softwarefirmen sehr gut, welche weniger gut und welche gar nicht als Partner in Frage kommen. Natürlich hängt – wie bei allen Fallbeispielen – die Validität der Ergebnisse dieser SEN-Simulationen von der Qualität der jeweiligen Daten ab. Die methodische Voraussetzung ist demnach immer, wie gut die Informationen über die zu überprüfenden „Lieferanten" sind.

Es wird wieder eine Checkliste von 24 Attributen erstellt als Basis für die semantische Matrix, in der die einzelnen Kriterien für die Beurteilung der potentiellen Kooperanten von enthalten sind. Wir geben nicht die komplette Liste sondern nur einige Beispiele wie „neueste Zertifizierungen", „Qualitätstreue", „kurze Lieferzeiten", „Kompatibilität der eingesetzten Systeme", „Innovationsfähigkeit", „Datenschutz" und (natürlich) „hohes Qualitätsniveau". Ein idealtypischer Kooperant erfüllt dann alle Kriterien mit einem Wert von 1.0; die faktischen bzw. für die Simulation konstruierten Kooperanten erfüllen die Kriterien je nach Einstufung mit Werten zwischen 0 (das Kriterium ist überhaupt nicht vorhanden bzw. wird praktisch in keiner Weise erfüllt) bis 1.0 (wird hervorragend erfüllt). Für die Visualisierung der SEN-Resultate wird der idealtypische Kooperant wieder in das Zentrum platziert und die als real angenommen Kooperanten werden je nach Nähe zum idealtypischen Kooperanten räumlich platziert. Ein Ergebnis von SEN mit unterschiedlichen realen Kooperanten zeigt die folgende Abbildung:

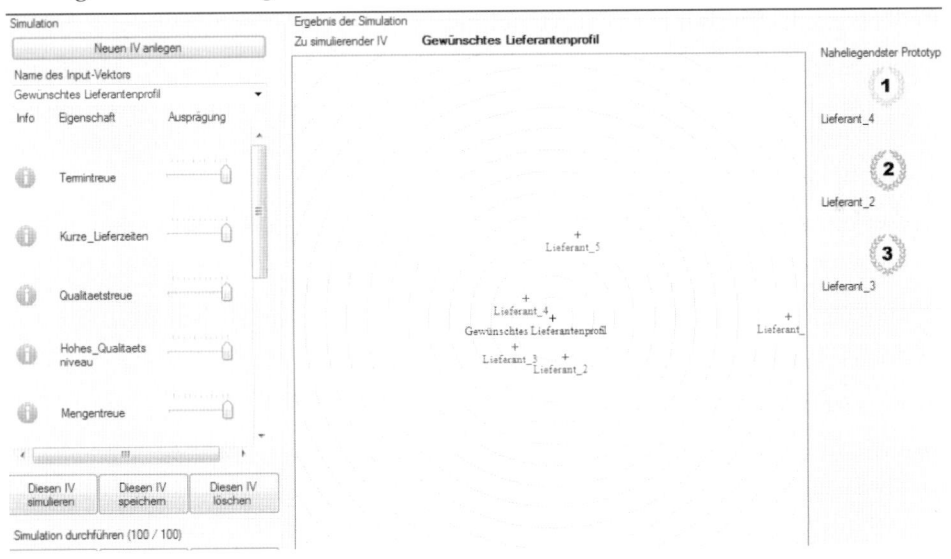

Abbildung 3-14: Analyse potentieller Softwarelieferanten im Vergleich zu einem Idealtypus

„Gewünschtes Lieferantenprofil" kennzeichnet natürlich den idealtypischen Kooperanten. Ansonsten ist diese Visualisierung genauso zu verstehen wie die im vorigen Beispiel.

3.10 Boolesche Netze

Das dritte Beispiel in diesem Bereich setzt gewissermaßen dort an, wo das zweite Beispiel aufgehört hat; dieses lieferte eine allgemeine Klassifikation von potentiellen oder auch faktischen Kooperanten (Lieferanten). Wenn man nun sich den einen oder anderen Kooperanten näher betrachten, beispielsweise Fälle im Zwischenbereich, dann kann es nützlich sein, diesen durch ein weiteres Netzwerk analysieren zu lassen, nämlich durch ein Boolesches Netz. Das SEN würde damit sozusagen die Vorarbeit leisten für die Entscheidung, ob und wenn ja welcher Kooperant im Detail analysiert werden sollte; die entsprechende Feinanalyse liefert dann das Boolesche Netz (BN). Vor der Demonstration des Modells jedoch muss eine allgemeine Einführung in Boolesche Netze erfolgen.

Boolesche Netze (BN) können ohne Beschränkung der Allgemeinheit als *die* elementare Grundform jeder Netzwerkmodellierung bezeichnet werden. Sie sind diskrete dynamische Systeme, die man als einen gerichteten Graph darstellen kann und bei denen bestimmte Regeln, die sog. Booleschen Funktionen, steuern, ob die Elemente des BN – die Knoten im Graphen – aktiv oder inaktiv sind bzw. werden. Die Werte, die ein Element annehmen kann, sind gewöhnlich binär, d. h. 1 oder 0; man kann jedoch auch BN mit anderen Werten für die Zustände der Elemente konstruieren, z. B. mit natürlichen Zahlen n > 1.

Ein BN wird demnach mathematisch definiert durch:

1. die Struktur oder Topologie, bestehend aus einem Set von N definierten Elementen n_i (Knoten) mit einem Set von geordneten Paaren (Verbindungen) $e_{ij} = (n_i, n_j)$, typischerweise repräsentiert in einem zusammenhängenden Digraph oder in einer Adjazenzmatrix (s. u.),

2. die Transformationsfunktionen, ein Set M von sog. Booleschen Funktionen f_i, die für jedes Element n_i bestimmt werden und

3. den Zustand S: ein Set an L Zuständen s_i, die mit natürlichen bzw. binären Zahlen für jedes Element n_i festgelegt werden.

Ein einfaches Beispiel soll dies illustrieren:

Gegeben sei ein binäres BN mit drei Einheiten a, b und c. Als Regeln sollen gelten

$$f(a,b) = c, \text{ und } g(b,c) = a. \tag{3.18}$$

f und g sind definiert durch

$$f(1,1) = 1; f(1,0) = 0; f(0,1) = 0 \text{ und } f(0,0) = 0$$
$$g(1,1) = 1; g(1,0) = 1; g(0,1) = 1 \text{ und } g(0,0) = 0. \tag{3.19}$$

Umgangssprachlich bedeuten diese Regeln, dass z. B. bei a = 1 und b = 1 auch (der Zustand von) c = 1 wird; entsprechend wird bei a = 1 und b = 0 der Zustand von c = 0.

Wenn man sich nun die beiden Funktionen f und g etwas genauer anschaut, dann sieht man, sofern man sich etwas mit mathematischer Logik beschäftigt hat, dass f

3   IT-Projektmanagement

die sog. logische Konjunktion ist und g die logische Disjunktion – umgangssprachlich bedeutet „Konjunktion" die Verknüpfung zweier Aussagen durch „und", Disjunktion ist die Verknüpfung durch „oder". Da diese logischen Verknüpfungen im 19. Jahrhundert durch den englischen Mathematiker George Boole zuerst in Form einer „logischen Algebra" dargestellt wurden, nennt man diese Verknüpfungen mittlerweile auch „Boolesche Funktionen", und Netze, deren Einheiten durch Boolesche Funktionen verknüpft sind, heißen deswegen eben „Boolesche Netze"; zuweilen werden BN auch als logische Netze bezeichnet und die Booleschen Funktionen als logische Junktoren.[48]

Graphisch illustriert sieht ein solches Netz beispielsweise folgendermaßen aus:

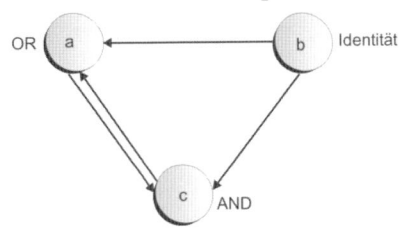

Abbildung 3-15: Ein BN mit 3 Einheiten und 3 Funktionen

„OR" ist die Disjunktion und „AND" die Konjunktion. Die dritte Funktion ergibt sich daraus, dass auf die Einheit b nur diese Einheit selbst einwirkt, allerdings lediglich mit der „Identitätsfunktion", die den Zustand konstant lässt.

Die Dynamik dieses kleinen Netzes ergibt sich folgendermaßen, in Abhängigkeit von den jeweiligen Anfangszuständen zum Zeitpunkt t_0:

Tabelle 3-9: Dynamik eines Booleschen Netzes

	a b c	a b c	a b c	a b c	a b c	a b c	a b c	a b c
t_0	1 1 1	1 1 0	1 0 1	1 0 0	0 1 1	0 1 0	0 0 1	0 0 0
t_1	1 1 1	1 1 1	1 0 0	0 0 0	1 1 0	1 1 0	1 0 0	0 0 0
t_2	1 1 1	1 1 1	0 0 0	0 0 0	1 1 1	1 1 1	0 0 0	0 0 0

etc.

Zu lesen ist diese Graphik folgendermaßen: Sind z. B. alle drei Einheiten im Zustand 1, dann wirken die Booleschen Funktionen f und g derart, dass alle Zustände konstant bleiben; sind a und b im Zustand 1 und c = 0, dann werden im nächsten Zeitschritt alle drei Zustände = 1 etc. Die Zustände (1,1,1) und (0,0,0) sind sog. Punktattraktoren, die von den jeweiligen Anfangszuständen aus in maximal zwei

---

[48] Dies können Sie genauer nachlesen in Stoica-Klüver et al. 2009.

Schritten erreicht werden. Punktattraktoren sind, wie bemerkt, Zustände eines Systems, die nicht mehr verlassen werden, obwohl die Regeln weiter auf das System einwirken.

f und g sind auch noch unter allgemeineren Aspekten interessant. Wenn man die Werte 0 und 1 als sog. „Wahrheitswerte" der Aussagenlogik interpretiert mit 0 als „falsch" und 1 als „wahr", dann zeigt sich, wie bereits bemerkt, dass f die logische Konjunktion ist und g die logische Disjunktion. f und g sind also aussagenlogisch betrachtet zwei der bekannten zweistelligen Junktoren, von denen es genau 2^4 gibt. Wesentlich in diesem Zusammenhang sind neben der Konjunktion und Disjunktion noch die Implikation, die Äquivalenz und das ausschließende Oder (XOR). Alle drei seien kurz als Wahrheitsmatrizen dargestellt:

Implikation $\rightarrow$ Äquivalenz $\leftrightarrow$ XOR $\veebar$

$\rightarrow$	1	0
1	1	0
0	1	1

$\leftrightarrow$	1	0
1	1	0
0	0	1

$\veebar$	1	0
1	0	1
0	1	0

(3.20)

Zu lesen sind diese Wahrheitsmatrizen z. B. für die Implikation $\rightarrow$ folgendermaßen: Wenn beide Teilaussagen – z. B. „wenn es regnet, wird die Straße nass" – wahr sind, dann ist die gesamte Aussage wahr; ist die erste Teilaussage wahr, die zweite jedoch nicht, dann ist die Gesamtaussage falsch; in den beiden restlichen Fällen ist die Gesamtaussage jeweils wahr. Entsprechend gilt für die Äquivalenz, dass die Gesamtaussage wahr ist, wenn beide Teilaussagen entweder wahr oder falsch sind ((1,1 = 1), (0,0 = 1)), sonst ist die Gesamtaussage falsch. Betrachtet man diese logischen Verknüpfungen jedoch nicht als logische Partikel der Sprache, sondern als Wirkungszusammenhänge in einem Netz, dann haben wir die Booleschen Funktionen als Übergangsregeln für die Einheiten des Netzes.

Aufgrund dieser Zusammenhänge kann man BN auch als „Dynamisierungen" der Aussagenlogik betrachten, d. h. als eine Möglichkeit, mit den klassischen Mitteln der Aussagenlogik dynamische Systeme beliebiger Komplexität zu konstruieren. Entsprechend sind BN, wie schon bemerkt, potentielle universale Turing-Maschinen.

BN eignen sich vor allem dazu, netzwerkartige Strukturen und deren Einfluss auf die Dynamik der entsprechenden Systeme zu untersuchen. unterliegen. Soziale Organisationen z. B., ob in staatlichen oder privatwirtschaftlichen Bereichen, zeichnen sich durch ein hohes Maß an Asymmetrie in Form sozialer Hierarchien sowie durch sehr unterschiedliche Grade an „Vernetzungen" aus: Inhaber bestimmter Berufsrollen in größeren Organisationen stehen mit durchaus unterschiedlich vielen anderen Rolleninhabern in Verbindungen; diese Verbindungen weisen dazu noch unterschiedliche Symmetriegrade auf, d. h. A kann von sich aus mit B kommunizieren, aber nicht B mit A.

Damit eröffnen sich für Probleme der Unternehmensberatung neue Möglichkeiten der Unternehmensanalyse, da selbstverständlich nicht nur Kommunikations- und Informationsflüsse in Abhängigkeit von der jeweiligen topologischen Netzwerkstruktur untersucht werden können, sondern auch Probleme des Warentransports u. Ä. Dies ist vor allem dann interessant, wenn man BN hybridisiert, d. h. ihnen durch z. B. Koppelungen mit evolutionären Algorithmen die Möglichkeit gibt, sich selbst zu optimieren.

Die spezielle Topologie eines BN, also dessen „Struktur" wird üblicherweise durch eine *Adjazenzmatrix* angegeben, die aus der Graphentheorie bekannt ist. Eine Adjazenzmatrix für das einfache Beispiel oben sieht so aus:

$$\begin{pmatrix} 0 & 0 & 1 \\ 1 & 0 & 1 \\ 1 & 0 & 0 \end{pmatrix} \tag{3.21}$$

M.a.W.: Ist ein *Matrixelement* $a_{ij} = 1$, dann wirkt das *Netzwerkelement* i auf das Element j ein; ist $a_{ij} = 0$, dann gibt es zwischen i und j keine wirkende Verbindung (wenn auch vielleicht zwischen j und i). Etwas kompliziertere Adjazenzmatrizen spielen auch bei neuronalen Netzen eine wesentliche Rolle. Die Dynamik eines BN wird demnach nicht nur durch die Regeln gesteuert, sondern die Topologie, also die in der Adjazenzmatrix enthaltene Struktur, hat ebenso Einfluss auf das dynamische Verhalten. Dies kann man auch mathematisch durch die sog. Ordnungsparameter bestimmen, worauf hier nur verwiesen werden kann (vgl. Stoica-Klüver et al. 2009).

Zwei erweiternde Hinweise sind hier noch erforderlich: Zum einen können Boolesche Netze, ebenso wie Zellularautomaten, nicht nur binär codiert sein, sondern es können auch ganzzahlige bzw. reelle Codierungen verwendet werden. Dann entsprechen die Übergangsregeln zwar nicht mehr den klassischen Junktoren der Aussagenlogik, sondern können als Funktionen einer mehrwertigen Logik aufgefasst werden. Man kommt damit in Bereiche der mathematischen Logik, die im Kontext der Fuzzy-Logik (s. o.) von Bedeutung sind. Zum anderen können Boolesche Netze nicht nur deterministisch konstruiert werden, sondern können ebenso wie stochastische Zellularautomaten auch mit Wahrscheinlichkeitswerten arbeiten.

3.11 Fallbeispiel: Analyse von Kooperanten durch ein Boolesches Netz

Das Netz des nun folgenden Beispiels besteht aus insgesamt 33 Einheiten bzw. Knoten, die durch ein- bzw. zweistellige Boolesche Funktionen miteinander verbunden sind.[49] Die folgende Tabelle gibt eine Übersicht zu den Knoten:

Tabelle 3-10: Einheiten des BN

Nr. 1	Lieferung	Nr. 2	kurze Lieferzeit
Nr. 3	Termintreu	Nr. 4	Terminuntreu
Nr. 5	Hilfsknoten	Nr. 6	Qualitätstreu
Nr. 7	Qualitätsuntreu	Nr. 8	Hilfsknoten
Nr. 9	Mengentreu	Nr. 10	Mengenuntreu
Nr. 11	Hilfsknoten	Nr. 12	kulant
Nr. 13	nicht kulant	Nr. 14	Hilfsknoten
Nr. 15	lange Lieferzeit	Nr. 16	Termintreu
Nr. 17	Terminuntreu	Nr. 18	Hilfsknoten
Nr. 19	Qualitätstreu	Nr. 20	Qualitätsuntreu
Nr. 21	Hilfsknoten	Nr. 22	Mengentreu
Nr. 23	Mengenuntreu	Nr. 24	Hilfsknoten
Nr. 25	kulant	Nr. 26	nicht kulant
Nr. 27	KO-Kriterium	Nr. 28	KO-Kriterium
Nr. 29	Lieferant ungeeign	Nr. 30	Hilfsknoten
Nr. 31	Hilfsknoten	Nr. 32	Hilfsknoten
Nr. 33	Lieferant beibehal	Nr. 34	

Der Tabelle kann man entnehmen, dass zur Konstruktion eines für die Risikoanalyse und daraus resultierender Entscheidungsunterstützung anscheinend unterschiedliche Klassen von Einheiten erforderlich sind. Hauptsächlich handelt es sich bei den Knoten um Repräsentationen der einzelnen Kriterien, mit denen die Kooperanten charakterisiert werden. Hier wird allerdings keine reell codierte Codierung vorgenommen, sondern es handelt sich um ein binär codiertes

---

[49] Dies Modell wurde ebenso wie das vorige von Alexandra Emmerich erstellt.

Netzwerk. Es geht also nur darum, ob eine Einheit in der Simulation den Wert 1 oder 0 annimmt. Bei einer Übertragung der Werte aus der semantischen Matrix des entsprechenden SEN werden dann die Werte in der Matrix zwischen 0 und 0.5 in das BN mit 0 eingefügt; entsprechend werden die Werte in der Matrix zwischen 0.51 und 1.0 im BN als 1 definiert. Es ist hier daran zu erinnern, dass bei neuronalen Netzen vor externer Aktivierung der Inputneuronen alle Aktivierungswerte der Einheiten gleich Null sind. In einem BN muss dagegen vor Beginn der Simulation festgelegt werden, welche Einheiten welche Werte haben sollen – bei einem binär codierten Booleschen Netz ist das also die Entscheidung über 0 oder 1.

Die zweite Klasse von Einheiten sind die als „Hilfsknoten" bezeichneten. Diese Einheiten wurden eingeführt, um das logische Pendant zu dreistelligen Booleschen Funktionen im Netz einbringen zu können. Der eine Grund dafür ist, dass dies spezielle BN auf der Basis eines von uns entwickelten Shells für die Realisierung bestimmter Boolescher Netze konstruiert wurde; diese Shellversion lässt jedoch nur die Implementation von ein- bzw. zweistelligen Funktionen zu. Gegenwärtig wird zwar an einer Erweiterung des Shells gearbeitet, aber für dies BN stand nur die einfache Version zur Verfügung.

Wenn also im BN ein Hilfsknoten erscheint, dann wird durch ihn eine dreistellige Funktion in dem Sinne simuliert, dass er zusätzlich zu zwei weiteren Einheiten auf eine vierte einwirkt. Dies ist dann erforderlich, wenn eine bestimmte Einheit eben nicht nur von einer oder zwei Einheiten abhängig ist, sondern noch zusätzliche Einflüsse berücksichtigt werden müssen.

Ein zweiter Grund besteht darin, dass ein Hilfsknoten in einer zweistelligen Funktion als „Entscheidungsknoten" fungieren kann: Er legt endgültig fest, wie der Aktivierungswert der Einheit bestimmt wird, auf den der Hilfsknoten gemeinsam mit einer anderen Einheit einwirkt. Dies ist beispielsweise der Fall bei der Einheit 7 im Netz (s. u. die graphische Darstellung), deren Wert von der Einheit 4 und der Einheit 5 als Hilfsknoten determiniert wird.[50]

Die Knoten „KO-Kriterium" schließlich bedeuten, wie der Begriff bereits suggeriert, dass eine Aktivierung des entsprechenden Knotens ein endgültiges negatives Resultat hinsichtlich des zu überprüfenden Kooperanten ergibt. Das BN beendet damit seine Dynamik. Man kann in der Terminologie komplexer dynamischer Systeme auch sagen, dass diese Knoten einen in die Netztopologie eingebauten Punktattraktor generieren.

Die in diesem BN verwendeten Booleschen Funktionen werden hier nur exemplarisch genannt; weitere Informationen zum Gesamtnetzwerk können Interessierte, wie auch zu den anderen Fallbeispielen, von den Autoren erhalten.

---

[50] Dies wirkt natürlich nicht selten wie eine ad hoc Lösung, die jedoch die Konstruktion spezieller Boolesche Netze praktisch durchaus erleichtern kann.

So wirkt beispielsweise die Einheit 1 (Lieferung) durch die Identitätsfunktion sowohl auf die Einheit 2 (kurze Lieferzeit) als auch auf die Einheit 14 (Hilfsknoten); die Einheiten 4 (terminuntreu) und die erwähnte Einheit 5 als Hilfsknoten wirken auf die Einheit 7 (qualitätsuntreu) durch die XOR-Funktion (das ausschließende oder); die Einheiten 2 und 3 (kurze Lieferzeit und termintreu) wirken durch die sog. Postsektion auf die Einheit 4. (Die Boolesche Funktion der Postsektion entspricht der „zusammengesetzten Funktion „p und nicht q"). Die Einheiten 15 und 17 schließlich (lange Lieferzeit und terminuntreu) wirken wieder durch die XOR-Funktion auf die Einheit 27 ein, ein KO-Kriterium.[51]

Zur Vermeidung von Verwirrungen muss noch darauf aufmerksam gemacht werden, dass in einigen Fällen zwei Einheiten durch den gleichen Begriff charakterisiert worden sind, z. B. die Einheiten 4 und 17, die beide „terminuntreu" bedeuten. Der Grund dafür ist streng genommen ein geometrischer: Bei der insgesamt schon recht komplexen Struktur des Netzes ist es bei bestimmten Kriterien erforderlich, sie mehrfach zur Wirkung kommen zu lassen, wobei natürlich die ursprünglich festgelegte n Werte – 0 oder 1, ja oder nein – nicht verändert werden dürfen. Das doppelte Erscheinen mancher Kriterien hat demnach keine inhaltliche Bedeutung, sondern hat seinen Grund einfach in der Struktur. Bei einer anderen Struktur hätte man diese Doppelung auch vermeiden können. Die folgende Abbildung zeigt das Gesamtnetz:

---

[51] In der „klassischen" Aussagenlogik wurden gewöhnlich nur einige der insgesamt 16 zweistelligen Funktionen mit bestimmten Namen versehen, wie Konjunktion (AND), Disjunktion (ODER) oder auch Implikation (wenn – dann). Mittlerweile haben alle Funktionen einen Namen; diese kann man leicht aus dem Internet herausholen.

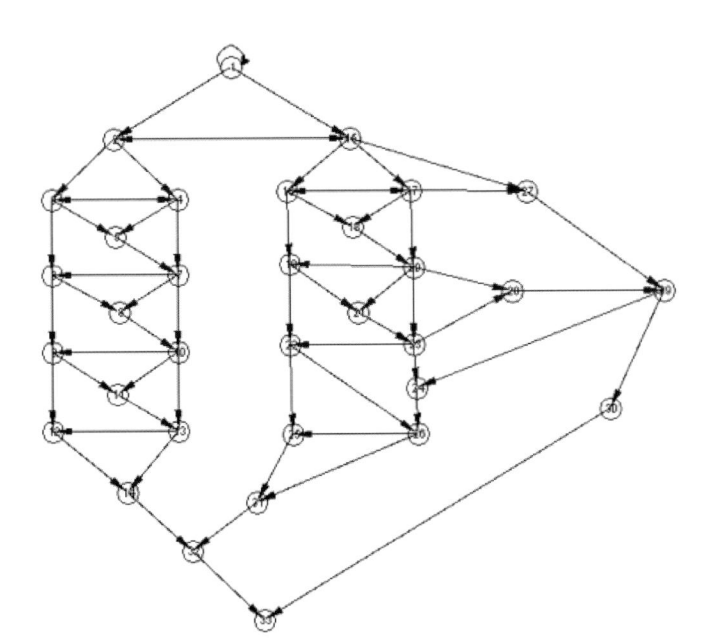

Abbildung 3-16: Das BN zur Analyse eines einzelnen (potentiellen) Kooperanten

Eine Simulation zur Analyse des jeweiligen Kooperanten besteht nun einfach darin, dass das BN gestartet und die gesamte Topologie einmal durchlaufen wird. Alle Einheiten, die ein bestimmtes Kriterium repräsentieren, haben zu Beginn (und behalten auch) einen bestimmten binären Wert. Lediglich die Hilfsknoten, die Knoten der KO-Kriterien und die Einheit 33 (Kooperant beibehalten bzw. neu aufnehmen) sind vor Beginn sämtlich auf 0 gesetzt. Das Resultat einer Simulation ist positiv, wenn am Ende des Durchlaufs die Einheit 33 den Wert 1 erhalten hat; ist dies nicht der Fall, weil z. B. die Einheit 28 als KO-Kriterium den Prozess gestoppt hat, dann ist das Resultat negativ, d. h. man trennt sich von einem bisherigen Kooperanten bzw. man nimmt zu einem potentiellen Kooperanten keinen weiteren Kontakt mehr auf.

Die folgenden Abbildungen zeigen einmal eine Simulation mit positivem Ausgang für den analysierten Kooperanten (linke Abbildung), da die Einheit 33 aktiviert worden ist, und eine mit negativem Ausgang – keine Aktivierung der Einheit 33, dafür jedoch die der Einheiten 27 (KO Kriterium) und 29 (Lieferant ungeeignet).

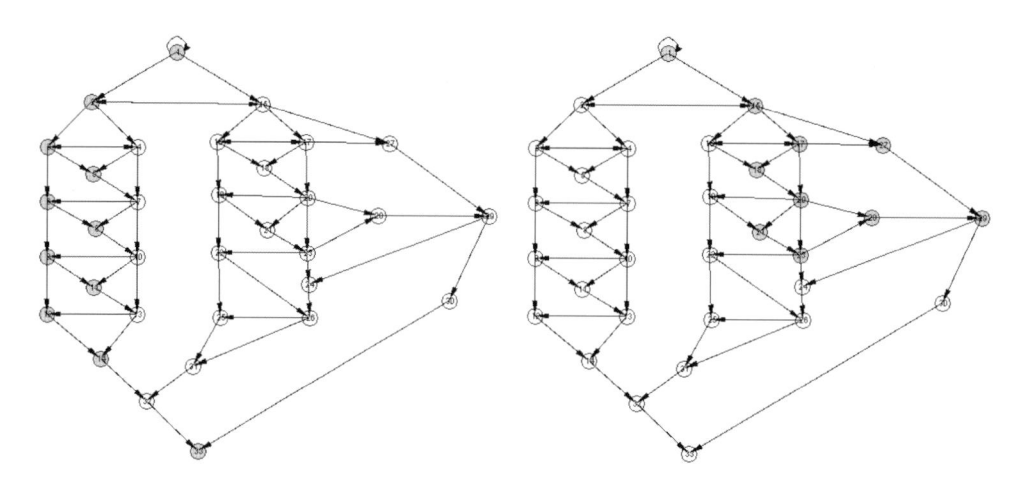

Abbildung 3-17: Simulationen mit positivem und negativem Resultat

Eine methodische Schlussbemerkung ist hier noch angebracht: Bei einem Vergleich der Verwendung eines SEN einerseits und zum inhaltlich gleichen Problem eines BN andererseits zeigt sich sofort, dass die Anwendung eines SEN für einen Benutzer wesentlich einfacher ist als die eines BN. Die Verwendung eines SEN bedeutet für den Benutzer „nur" die Eingabe der entsprechenden Daten in die semantische Matrix des SEN; alles andere erledigt das SEN. Natürlich kann schon die Dateneingabe ziemlich mühsam sein, wenn die Daten erst durch einen aufwändigen Rechercheprozess aufbereitet werden müssen, wie wir bei den nächsten Beispielen, die ein SEN verwenden, zeigen werden. Bei einem BN kommt jedoch noch die zusätzliche und häufig nicht einfache Aufgabe dazu, die Logik des Gesamtproblems in einem geometrischen Modell, nämlich einem komplexen Graph mit geeigneten Funktionen, formal darzustellen. Das lohnt sich jedoch immer dann, wenn man die Struktur des eigenen Problems wirklich verstehen will. Ist man nur an praktischen Lösungen interessiert, reicht gewöhnlich die Simulation mit einem SEN. Für detailliertere Analysen dagegen ist die Übertragung des eigenen Problems in die logische Struktur eines BN immer empfehlenswert. Nicht selten haben uns Studierende vermittelt, dass sie bestimmte Probleme aus ihren Studiengängen erst dann vollständig verstanden hatten, nachdem sie die Probleme in ein BN übertragen hatten.

3.12 Die Optimierung von Zeitpuffern

Es kann gar nicht häufig genug betont werden, dass das Erkennen und von Risiken und die rechtzeitige Planung von Gegenmaßnahmen viele Projekte vor der Pleite retten können. Es gibt zwar auch in diesem Bereich Naturtalente, die ohne vorherige detaillierte Planungen ad hoc auf eintretende Probleme reagieren und durch

Improvisationen die Probleme lösen können. Die meisten Projektmanager haben jedoch diese schöne Fähigkeit leider nicht und deswegen muss hier die Planung das Improvisationstalent ersetzen.[52] Die beiden letzten Beispiele in diesem Kontext zeigen, wie die Optimierung von Zeitpuffern durch den Einsatz naturanaloger Optimierungsalgorithmen unterstützt werden kann.

Es ist natürlich nicht möglich, sämtliche Risikofaktoren hier in Form von Fallbeispielen näher zu behandeln. Wir wählten das Problem einer Zeitpufferoptimierung neben den obigen Beispielen insbesondere deshalb, da wir selbst in verschiedenen terminlich gebundenen Projekten immer wieder erkennen mussten, welche Relevanz eine adäquate Zeitplanung hat. Werden zu viele Zeitpuffer eingebaut, dann werden diese erfahrungsgemäß von den Projektmitarbeitern genutzt, auch wenn dies objektiv gar nicht erforderlich gewesen wäre; dies hat dann natürlich zur Folge, dass damit das Projekt unnötig lange dauert. Werden zu wenige Zeitpuffer eingebaut bzw. zu kurz bemessene, kann ebenso natürlich die gesamte Terminplanung und mit ihr das Projekt scheitern. Die daraus resultierende Aufgabe „so wenige wie möglich, so viele wie nötig" soll exemplarisch durch zwei verschiedene Optimierungsalgorithmen gelöst werden, nämlich durch eine Evolutionsstrategie (ES) und durch ein Simulated Annealing (SA). Da diese beiden Algorithmen in ihrer Grundlogik durchaus verschieden sind, kann an dem gleichen Problem gut dargestellt werden, wie unterschiedlich aber auch ähnlich die jeweiligen Modelle sind und auch sein müssen. Insofern unterschiedliche Ergebnisse auftreten, ist dies ein wichtiger Hinweis dafür, dass es bei komplexen Problemen immer mehrere Lösungen gibt, die gleich gut sein können. Mathematisch heißt dies, dass die Probleme unterdeterminiert sind.

Die Frage, welches der beiden Modelle das bessere ist, kann generell allerdings nicht beantwortet werden. In beiden müssen jeweils verschiedene Parameterwerte eingestellt werden, so dass man stets nur sagen kann, dass bei einem bestimmten Problem und bei bestimmten Parameterwerten das eine Modell besser abgeschnitten hat als das andere. Deswegen lässt sich hier nur der pragmatische Rat geben, dass man die Technik wählen sollte, die man selbst als die vertrauteste empfindet; erfahrene Anwender können natürlich häufig sehen, dass aus problemspezifischen Gründen sich eine bestimmte Technik besonders anbietet (vgl. Stoica-

---

[52] Der englische Feldherr Duke of Wellington, der Sieger über Napoleon bei Waterloo, charakterisierte einmal den Unterschied zwischen ihm und Napoleon auf diese Weise: Napoleon machte aus seiner Armee eine perfekte Maschine, in der alles nach vorgeplanten Strategien abläuft. Wellington dagegen operierte mit seiner Armee wie ein Netzknüpfer, der immer dort neue Knoten in das Netz einfügt, wenn es erforderlich ist. Die meisten Projektmanager sollten sich trotz des Sieges von Wellington lieber an Napoleon halten, auch wenn es bei sorgfältigster Planung immer wieder auftreten kann, dass improvisiert werden muss.

Klüver et al. 2009). Außerdem gilt auch hier die allgemeine Binsenweisheit, dass die gründliche Kenntnis des Problems durch nichts zu ersetzen ist.

Wir werden im nächsten Kapitel auf das Problem des Modellvergleichs noch einmal zurückkommen, indem wir wieder auf das Zeitpufferproblem einen Genetischen Algorithmus und einen von uns neu entwickelten sog. Regulator Genetischen Algorithmus ansetzen. Zunächst jedoch sollen hier die Evolutionsstrategien und deren Anwendung auf das Zeitpufferproblem sowie das Simulated Annealing einschließlich dessen Anwendung dargestellt werden.

3.13 Evolutionsstrategien

Evolutionsstrategien (ES) gehören ebenso wie der Genetische Algorithmus zu den sog. Evolutionären Algorithmen. Sie wurden vor allem von den deutsche Informatikern Rechenberg und Schwefel entwickelt und zwar in verschiedenen Versionen. Die einfachste Version ist die sog. (1+1)-ES.

Das Prinzip dieser ES besteht darin, dass ein zufällig generierter Vektor als „Elterneinheit" vorgegeben ist; dieser wird gewöhnlich reell codiert. Anschließend wird der Elternvektor dupliziert und das Duplikat wird in einer Komponente einer Mutation unterworfen. Diese besteht gewöhnlich darin, dass zu einer zufällig ausgewählten Komponente ein kleiner positiver oder negativer reeller Wert addiert wird. Anschließend werden Eltern- und Kindteile durch eine Bewertungsfunktion verglichen; diese wird häufig auch wie beim Genetischen Algorithmus als Fitnessfunktion bezeichnet. Der bessere Teil wird selektiert, erneut dupliziert, das Duplikat wird mutiert usf. bis befriedigende Ergebnisse erreicht worden sind oder ein anderes Abbruchkriterium wirksam wird. Da zur Selektion jeweils ein Eltern- und ein Kindteil herangezogen werden, heißt diese ES 1+1.

Es liegt auf der Hand, dass diese einfache Strategie nicht sehr schnell zu befriedigenden Ergebnissen führt. Rechenberg erweiterte deswegen die (1+1)-ES zur sog. $(\mu+\lambda)$-ES. Diese besteht darin, dass nicht ein Elternteil, sondern μ Eltern (reell codierte Vektoren) generiert werden, aus denen λ Nachkommen durch Duplikation und Mutation erzeugt werden. Dabei gilt, dass $\lambda \geq \mu \geq 1$ sein soll. Die Erzeugung der Nachkommen geschieht so, dass aus den μ Eltern gemäß statistischer Gleichverteilung λ Eltern zufällig ausgewählt werden; Mehrfachauswahl einzelner Eltern ist zulässig und im Fall $\lambda > \mu$ auch erforderlich. Die ausgewählten Eltern erzeugen λ Nachkommen; diese werden mit ihren λ Eltern wieder bewertet und die besten μ Individuen bilden dann die neue Elterngeneration, die nach dem gleichen Verfahren λ Nachkommen erzeugen usf. Da sowohl die ausgewählten Eltern als auch deren Nachkommen bewertet werden und die Eltern, die besser als ihre Nachkommen sind, „überleben", wird hier wieder das + Zeichen verwendet. Wir werden das Problem der Zeitpufferoptimierung mit einer ES von diesem Typ bearbeiten; man sieht bereits hier, dass im Gegensatz zum GA bei der ES die Mutation die wesentliche Rolle spielt.

3 IT-Projektmanagement

Die $(\mu + \lambda)$-ES entspricht hinsichtlich des Prinzips, auch besonders gute Individuen der Elterngeneration zu konservieren, dem Prinzip, das bei Genetischen Algorithmen als elitistisch bezeichnet wurde. Da diese Verfahren, wie bemerkt, den Nachteil haben, häufig in ungenügenden lokalen Optima stecken zu bleiben, führte Schwefel (1975) bei den ES aus diesem Grund eine zusätzliche Notation ein, die (μ,λ)-ES. Bei dieser ES werden – bei gleicher Generierung der Nachkommen – die Eltern nicht mehr mit den Nachkommen verglichen, sondern es werden aus der Gesamtmenge der λ Nachkommen die μ Besten ausgewählt, die dann als neue Eltern für die Generierung von λ Nachkommen dienen. Falls es gleichgültig ist, welche Selektion vorgenommen werden soll – Eltern + Kinder oder nur Kinder –, spricht man allgemein von einer $(\mu \# \lambda)$-ES.

Diese ES verfügen offensichtlich nicht über Rekombinationsverfahren. Da jedoch aus der Evolutionsbiologie bekannt ist, wie wirksam Rekombination bei der Optimierung von Individuen und Populationen sein kann, wurden die ES ebenfalls mit entsprechenden Möglichkeiten angereichert. Es gibt zwei Standardverfahren, von denen das eine analog auch beim Genetischen Algorithmus verwendet wird und als Crossover bezeichnet wurde.

Eine ganz andere Rekombinationsmöglichkeit besteht darin, die reelle Codierung der ES-Vektoren auszunutzen, und *Rekombination als Mittelwertbildung* der einzelnen Komponenten durchzuführen. Dies geschieht folgendermaßen:

Wenn man sich auf den einfachen Fall beschränkt, dass jeweils zwei Eltern zur Rekombination herangezogen werden – bei den ES spricht man dann davon, dass eine ρ-Gruppe mit $\rho = 2$ gebildet wird -, dann werden aus den μ Eltern λ Paare gebildet. Haben wir also z. B. 10 Eltern und es sollen 12 Nachkommen gebildet werden, dann werden 12 Elternpaare gebildet. Jedes Paar besteht aus zwei reell codierten Vektoren. Der einzige Nachkomme eines Paars entsteht dadurch, dass ein neuer Vektor gebildet wird, dessen Komponenten die (gewöhnlich arithmetischen) Mittelwerte der jeweiligen Komponenten der Elternvektoren sind. Falls demnach die Eltern die Vektoren (3,5,3,1,7) und (5,7,5,3,9) sind, dann ist der neue Vektor K = (4,6,4,2,8). Dieser Vektor wird dann mutiert; dies ergibt offensichtlich 12 neue Vektoren. Je nach gewählter Selektionsstrategie werden anschließend 10 Vektoren ausgewählt, mit denen dann Rekombination über Mittelwert, Mutation und Selektion durchgeführt werden. In der Terminologie der ES wird dies Verfahren – wie auch das Crossover – als $(\mu/\rho \# \lambda)$-ES bezeichnet.

Es sei hier noch angemerkt, dass ES und GA sich in ihrer Operations- und Wirkungsweise vor allem darin unterscheiden, dass der GA eher global auf den Gesamtpopulationen operiert und wirkt, während die ES eher lokal, sozusagen punktuell wirkt. Das drückt auch das eben dargestellte Mittelwertverfahren aus: Während Crossover-Verfahren häufig die gesamte Population drastisch verändern können, modifiziert das Mittelwertverfahren offensichtlich nur in kleinem Maßstab. Der jeweils neue Vektor bleibt in dem Rahmen, den die beiden – oder mehr – Eltern vorgeben und springt nicht in ganz andere Richtungen.

Natürlich wäre zu den Evolutionsstrategien noch viel zu sagen, insbesondere was Varianten und Erweiterungen der einfachen Versionen betrifft. Für die Zwecke dieses Buches jedoch ist diese kurze Einführung ausreichend; Leser, die sich für weiter Aspekte interessieren, seien, wie auch bei den anderen Techniken, auf unsere entsprechende Studie (2009) verwiesen.

3.14 Fallbeispiel: Die Optimierung von Zeitpuffern durch eine Evolutionsstrategie

Eine Lösung des Zeitpufferproblems mit Hilfe einer ES kann nun folgendermaßen durchgeführt werden:[53]

Gegeben sei ein bestimmtes Projekt. Das gesamte Projekt wird in Teilprojekte unterteilt, wobei ein Teilprojekt aus einem Arbeitspaket, einer Aufgabe oder einem Vorgang bestehen kann; letzterer kann auch als Prozess bezeichnet werden, weswegen diese Begriffe im weiteren Verlauf synonym verwendet werden. Es wird angenommen, dass die entsprechenden Prozesse nacheinander ablaufen. Das gesamte Projekt wird durch einen Vektor repräsentiert, wobei die Anzahl der Arbeitspakete durch die Vektorlänge abgebildet wird; jedes Vektorelement repräsentiert also ein Teilprojekt. Ein Vorgang wird dann durch vier Kriterien charakterisiert.[54] Diese vier Kriterien sind *Komplexität*, *Routine*, *Prozessdauer* und *Kosten*.

Die Komplexität spiegelt bspw. die Anzahl an Entwicklern oder beteiligten Externen wider. Zusammen mit der Routine, welche den Wiederholungsgrad dieses Prozesses ausdrückt, bildet die Komplexität das Risiko für diesen Vorgang ab. Mit der Prozessdauer wird die zeitliche Dimension der Aufgabe wiedergegeben. Das Kriterium Kosten stellt die finanziellen Auswirkungen wie z. B. hohe Aufwendungen für teure Spezialisten dar.

Die Angabe des Kriteriums Dauer ermöglicht es, den Einfluss der (geschätzten) Projektzeit auf die Pufferzeiten abzubilden. Hohe Kosten für ein Teilprojekt er-

---

[53] Das Modell wurde durch einen unserer Diplomanden, Ingo Witt, realisiert, der dies auf der Basis eines von uns entwickelten Shells für Evolutionäre Algorithmen und Simulated Annealing durchführte. Das Shell wurde von einer von uns geleiteten studentischen Arbeitsgruppe implementiert, zu der auch Ingo Witt gehörte. Wir übernehmen in leicht modifizierter Form seine Beschreibung der von ihm konstruierten Bewertungsfunktion sowie die Darstellungen der von ihm durchgeführten Modellrealisierungen zum Zeitpufferproblem. Es handelt sich um reale Daten, die uns eine Firma anonymisiert zur Verfügung gestellt hat.

[54] Diese wurden durch praktisch erfahrene Projektmanager bestätigt.

höhen den Druck, dieses möglichst schnell durchzuführen und deswegen möglichst wenig Pufferzeit anzusetzen. Allerdings dürfen hohe Kosten die kalkulierte Pufferzeit bei hohem Risiko nicht zu stark reduzieren. Dies würde dazu führen, dass eine komplexe oder neuartige Aufgabe mit keinem oder wenig Puffern abläuft. Natürlich sorgt der Kostendruck trotzdem dafür, dass der Puffer nur so groß wie eben notwendig ausfällt. Ein Benutzer des Programms gibt die entsprechenden Werte für die Kriterien über die Spaltenüberschriften der Vektorelemente zu den jeweiligen Vorgängen an. Dabei werden die Werte auf natürliche Zahlen von null bis zehn normiert angegeben. Die Eingabe „10, 10, 10, 10" würde also ein komplexes, nichtroutiniertes, langes und teures Teilprojekt beschreiben. Es muss hier erwähnt werden, dass die Vektoren reell codiert werden, also die Vektorelemente Werte von null bis eins in 0.1er-Schritten annehmen können. Der Wert des Vektorelementes bildet dann, mit der Dauer multipliziert, die normierte Pufferzeit für das entsprechende Teilprojekt ab.

Modellierungen mit einer der von uns hier dargestellten Techniken haben stets zwei Grundprobleme zu lösen: Das eine allgemeine Problem besteht in der formalen Darstellung der zu bearbeitenden Aufgabe insgesamt; das ist hier durch die beschriebene Codierung in Vektorform gelöst. Bei der Verwendung von Evolutionären Algorithmen und Simulated Annealing kommt zusätzlich, wie bei allen Optimierungsaufgaben, das Problem einer geeigneten Bewertungs- bzw. Fitnessfunktion dazu. Die Entwicklung einer derartigen Funktion stellt häufig die schwierigste Aufgabe bei der Modellkonstruktion dar. Aus diesem Grund und weil außerdem die im folgenden dargestellte Bewertungsfunktion in allen vier beschriebenen Lösungen des Zeitpufferproblems verwendet wird, gehen wir auf die Fitnessfunktion etwas detaillierter ein.

Die Berechnung der Fitnesswerte für einen Vektor, also die formale Darstellung des Projektes, ergibt sich wie folgt:

Zuerst wird ein Bonus berechnet, welcher für Pufferzeiten der Länge null gewährt wird. Dieser wird durch die erwähnte Erfahrungstatsache begründet, dass Pufferzeiten auch dann in Anspruch genommen werden, wenn sie eigentlich nicht notwendig sind. Wenn ein Vektorelement den Wert null hat, erhält es einen Bonus der Höhe eins. Hat auch das vorherige Vektorelement den Wert null, so wird der Bonus auf 0.5 verringert. Hat zusätzlich auch das Element vor dem vorherigen Element den Wert null, so wird kein Bonus vergeben. Dies begründet sich dadurch, dass bei zu vielen Prozessen mit der Pufferlänge null das Risiko steigt. Sind alle Prozesse unkritisch, so erhält eine Pufferzeit von null auch ohne Bonus eine gute Bewertung.

Anschließend wird das Risiko für den jeweiligen Vorgang durch das arithmetische Mittel der Komplexität und der Routine berechnet. Risiko, Kosten sowie Dauer (Wertebereich immer von null bis zehn) werden jeweils um den Wert des Vektorelementes mal zehn (Wertebereich jeweils von null bis zehn) verringert und ergeben so die Differenzen Risikodifferenz, Kostendifferenz und Dauerdifferenz. Ist die Kostendifferenz negativ, so bedeutet dies einen großen Zeitpuffer bei geringen Prozesskosten. In diesem Fall wird die Kostendifferenz nach Prozesskosten gestaffelt verringert, um die positiven Auswirkungen dieser langen Pufferzeiten zu mindern. Ebenso wird bei geringem Risiko und viel Puffer die daraus resultierende hohe negative Risikodifferenz erhöht und damit das Gesamtergebnis verschlechtert. Liegt allerdings bei hohem Risiko ein geringer Pufferwert vor, so wird auch in diesem Fall das Gesamtergebnis durch Erhöhen der Risikodifferenz benachteiligt. Zur weiteren Verwendung werden alle negativen Differenzen in den entsprechenden Betrag umgerechnet.

Die Differenzwerte werden zu der Summe, die über alle Vektorelemente gilt, hinzugefügt. Da für die Risiko- sowie die Dauerdifferenz gilt, dass ein größerer Wert schlechter ist, werden diese beiden Werte auf die Summe addiert. Bei der Dauerdifferenz wird allerdings nur ein Viertel des eigentlichen Wertes addiert, um den Einfluss zu verringern. Die Kostendifferenz, bei der kleinere Werte schlechter sind, wird von der Summe subtrahiert. Zusätzlich zu den Differenzen wird die eigentliche Pufferzeit, bestehend aus dem Wert des Vektorelementes mal der Vorgangsdauer, zu der Summe addiert.

Wurde die Summe über alle Vektorelemente gebildet, wird diese um den errechneten Bonus verringert. Anschließend wird der Fitnesswert des jeweiligen Vektors errechnet, indem die Summe von einem Maximalwert, und zwar der Vektorlänge zum Quadrat, subtrahiert wird. Der eigentliche Fitnesswert wird dadurch nicht beeinflusst, sondern lediglich sein Wertebereich verschoben. Das Subtrahieren der quadrierten Vektorlänge dient dabei einer grafischen Darstellung und bewirkt, dass die Optimierungskurve im positiven Bereich verläuft. Bei vorgegebenen Werten für die genannten vier Kriterien bedeutet demnach ein hoher Fitnesswert, dass die errechneten Pufferzeiten adäquat für die Teilprojekte und damit für das Gesamtprojekt sind.

Die Bewertungsfunktion ist, wie bemerkt, für alle der hier dargestellten Optimierungsalgorithmen gleich. Eine exemplarische Anwendung einer Evolutionsstrategie auf das Zeitpufferproblem sieht nun folgendermaßen aus, wobei die einschlägigen Parameterwerte sowie die numerischen Werte für die Bewertungsfunktion uns von einer Softwarefirma zur Verfügung gestellt worden waren. Leider konnten aus verschiedenen Gründen die Ergebnisse der ES sowie der anderen Optimierungsalgorithmen nicht in der Firma validiert werden, so dass hier „nur" eine exemplarische Verdeutlichung gegeben werden kann, wie ein ES-Modell für ein gegebenes Problem konstruiert werden sollte. In der folgenden Tabelle sind die wesentlichen Parameterwerte aufgeführt:

3 IT-Projektmanagement

Tabelle 3-11: Parameterwerte für die Evolutionsstrategie

Evolutionsstrategie:	$\mu+\lambda$
μ:	30
λ:	90
Vektorlänge:	8
Bewertung	
Bewertungsfunktion:	Fitnessfunktion wie erläutert
Selektion	
Selektionsschema:	Zufällige Crossover-Selektion
ρ	3
Mutation	
Mutationsart:	manuell
Mutationsvektor S	0.3,0.8,0.5,0.6,0.5,0.4,0.3,0.7

Als Art der Evolutionsstrategie wird die $\mu+\lambda$-ES ausgewählt. Diese elitistische Variante bewirkt, dass der Algorithmus ein dauerhaftes Optimum erreichen kann und der beste Fitnesswert nicht über die vollständige Dauer des Ablaufs sprunghaft variiert. μ repräsentiert die Populationsgröße, die in diesem Fall auf 30 festgelegt ist. Dies bedeutet, dass aus jeder Generation 30 mögliche Lösungen für die Pufferzeiten des Projektes hervorgehen. Der Wert für λ, welcher die Anzahl der Kinder in jedem Durchlauf angibt, wird mit 90 dreimal so hoch wie μ festgelegt. Dies erzeugt in Kombination mit der $\mu+\lambda$-ES einen Selektionsdruck von vier zu eins, so dass aus 120 Vektoren am Ende einer Generation nur 30 in die nächste übernommen werden.

Die zufällige Crossover-Selektion dient im Zusammenhang mit 3 für ρ als Selektionsschema. Jedes Element eines Kindvektors besteht also aus dem entsprechenden Element eines der 3 zufällig ausgewählten Elternvektoren. Dieser relativ hohe Einfluss des Zufalls auf die Reproduktion der Vektoren bewirkt eine starke Variation der Population und stellt damit einen Gegensatz zu dem Plus der $\mu+\lambda$-ES dar. Für die Mutation, auf welcher in der ES das Hauptaugenmerk liegt, wurde die manuelle Mutationsart ausgewählt. Dadurch lässt sich bestimmen, welches Vektorelement, also Teilprojekt, in welchem Ausmaß mutiert werden soll. Hohe Werte an der jeweiligen Stelle des Mutationsvektors S bedeuten, dass dieses Element stärker und auch häufiger variiert wird, niedrige Werte bewirken das entsprechende Gegenteil. Der Vektor S wird so vorgegeben, dass bei Teilprojekten mit ähnlich gewichteten Risiken und Kosten, also Vorgänge mit potenziell gegenläufiger Entwicklung der Pufferzeit, die Werte relativ hoch sind. Ebenso wird für Aufgaben, die vermutlich wenig Puffer benötigen, ein hoher Wert gewählt. Durch evolutionsbiologische Modelle bei den evolutionären Algorithmen z. T. wörtlich übernommen werden, wird auch hier ein etabliertes physikalisches Prinzip buchstäblich übernommen und eingesetzt.

M.a.W., man will erreichen, dass „schlechtere" Lösungen, die aber geeignet sein können, aus einem lokalen Minimum herauszuführen, akzeptiert werden; die Wahrscheinlichkeit dafür soll im Laufe des Optimierungsverfahrens systematisch abgesenkt werden. Man könnte im Prinzip außerdem auf eine „Temperatur" verzichten und p direkt als Kontrollparameter verwenden, der in einem geeigneten Verfahren schrittweise abgesenkt wird.

(3) In der Standardliteratur zu SA wird, wie wir es auch getan haben, eine topologische Struktur des Lösungsraums gefordert, aufgrund derer man entscheiden kann, welche möglichen Lösungen der anfänglich ausgewählten Lösung „benachbart", also ähnlich sind (vgl. z. B. Salamon u. a. 2002). Dabei ist zu beachten, dass die Definition einer derartigen Nachbarschaftsstruktur unabhängig von der jeweiligen objective function erfolgen muss; Ähnlichkeit im Lösungsraum ist demnach nicht zwingend eine Ähnlichkeit des Energieniveaus. Was eine derartige Ähnlichkeit bedeuten kann, kann man sich z. B. anhand von Permutationen einer Menge klar machen: Nimmt man die sog. Grundmenge (1, 2, 3, 4, 5) als Anfangslösung für ein bestimmtes Problem, dann ist eine Permutation P dieser Menge mit P = (1, 2, 3, 5, 4) der Grundmenge sicher ähnlicher, also benachbarter, als eine Permutation P' mit P' = (1, 3, 2, 5, 4), da im Falle von P nur eine Komponente verändert – mutiert – wurde und im Falle von P' zwei. Ähnlichkeit wird hier also definiert als die Anzahl der Mutationsschritte, die erforderlich sind, aus der Grundmenge die jeweilige Permutation zu erzeugen.

3.16 Fallbeispiel: Anwendung eines SA-Modells auf das Zeitpufferproblem

Eine Anwendung der SA-Modellierungstechnik auf das Zeitpufferproblem lässt sich nun wie folgt realisieren; wie bei der ES geben wir eine tabellarische Übersicht über die wesentlichen Parametereinstellungen:

3   IT-Projektmanagement

Tabelle 3-12: Parametereinstellungen

Lösungsraum	
Populationstyp:	reell
Vektorlänge:	8
Anfängliche Lösung:	0.1,0.9,0.3,0.2,0.2,0.4,0.5,0.9 und 0.3,0.6,0.4,0.3,0.7,0.4,0.4,0.8
Topologie	
Topologieauswahl:	Levenshtein Distanz (geringe Werte)
Temperatur	
Anfangswert:	1000 °C
Endwert:	0 °C
Abkühlungsverfahren:	prozentuale Abkühlung (2%)
Abkühlung alle X Schritte:	ja, X=2
Benutze Temperatur als Wahrscheinlichkeit:	ja
Energiefunktion	
Energiefunktion:	Fitnessfunktion wie bei der ES

Der reelle Populationstyp sowie die Vektorlänge in Höhe 8 wurden im vorigen Fallbeispiel bereits dargestellt. Das SA operiert ausschließlich mit einem Vektor, so dass die Populationsgröße immer genau eins ist. Das ist ähnlich wie bei der ES, jedoch deutlich anders beim Genetischen Algorithmus sowie dem Regulator Genetischer Algorithmus (siehe das nächste Kapitel). Um ähnliche Startbedingungen zu erhalten, wird mit (0.1, 0.9, 0.3, 0.2, 0.2, 0.4, 0.5, 0.9) und (0.3, 0.6, 0.4, 0.3, 0.7, 0.4, 0.4, 0.8) der jeweils beste Vektor der beiden zufälligen Startpopulationen als die anfängliche Lösung festgelegt. Es gibt also zu Beginn zwei unterschiedliche Empfehlungen für die Pufferzeiten, die im weiteren Verlauf optimiert werden. Als Topologie wird die Levenshtein Distanz mit geringen Werten ausgewählt; diese Distanzmessung berechnet, etwas vereinfacht gesagt, die Distanz wischen zwei Vektoren als die Anzahl der zulässigen Transformationsschritte, die aus einem Vektor den anderen generieren. Dadurch werden Nachbarn erzeugt, die in einem Vektorelement durchaus stark abweichen können, aber in allen anderen Elementen unverändert bleiben.

Mit dem Anfangswert von 1000°C und dem Endwert von 0°C steht dem Algorithmus ein großer Temperaturbereich zu Verfügung, der die Optimierung über viele Generationen ermöglicht. Dies wird durch die Einstellung, dass die Abkühlung nur alle 2 Schritte stattfindet, zusätzlich verstärkt. Die prozentuale Abkühlung in

Höhe von 2% bewirkt, dass die Temperatur zu Beginn stark und im weiteren Verlauf immer langsamer fällt. Dieser optimale Verlauf der Temperaturfunktion wird genutzt, um daraus die Wahrscheinlichkeit zu berechnen, mit der ein schlechterer Vektor als neue Lösung übernommen wird. Als Energiefunktion, die das Pendant im SA zur Fitnessfunktion der anderen Algorithmen darstellt, wird die gleiche Bewertungsfunktion wie bei der ES verwendet.

Das Simulated Annealing erreicht in den meisten Fällen entweder das von allen Algorithmen als Bestes realisierte oder ein lokales Optimum mit dem Fitnesswert 61.025. Es kommt aber auch gelegentlich vor, dass der Fitnesswert von 60 nicht überschritten wird. Dem Prinzip des SA entsprechend schwankt die Optimierungskurve anfangs sehr stark. Mit sinkender Temperatur wird die Wahrscheinlichkeit, schlechte Vektoren zu übernehmen, geringer, so dass sich der Kurvenverlauf beruhigt. Dabei arbeitet der Algorithmus meistens bis zum Erreichen der Endtemperatur oder wird erst kurz vorher durch einen Attraktor beendet. In diesem Beispiel ist demnach ein SA der ES vorzuziehen; es muss jedoch immer wieder betont werden, dass derartige Ergebnisse nicht generalisiert werden dürfen.

Die beiden häufig vorkommenden Ergebnisse (0, 0.3, 0, 0, 0.2, 0.5, 0, 0.8) sowie (0, 0.3, 0, 0.1, 0, 0.5, 0, 0.8) mit den Fitnesswerten 61.3 bzw. 61.025 bilden relativ ähnliche Puffer ab. Der erste Vektor empfiehlt Pufferzeiten von 0, 0.3, 0, 0, 1, 2.5, 0 und 1.6 für die jeweiligen Teilprojekte, der zweite Vektor 0, 0.3, 0, 0.8, 0, 2.5, 0 und 1.6.

Da das Problem der Zeitpufferoptimierung, wie bemerkt, von grundsätzlicher Bedeutung ist – praktisch alle Projekte sind termingebunden -, werden wir im nächsten Kapitel zeigen, wie dies Problem durch zwei andere evolutionäre Algorithmen bearbeitet werden kann.

3.17 Risikoüberwachung

Es ist nachvollziehbar, dass die ganze Mühe der Abarbeitung der vorangegangenen Punkte nichts bewirkt, wenn die Risiken nicht stets durch einen bestimmten Verantwortlichen überwacht werden. Daher sind folgende Punkte zu beachten:

- *Indikatoren*: Tritt ein Indikator auf, wie zum Beispiel, dass ein wichtiger Mitarbeiter der eine Feinspezifikation vornehmen muss, aufgrund anderer Projekte nicht zur Verfügung steht, ist es die Aufgabe des Überwachers, die Verantwortlichen zu informieren
- *Auswirkung der Maßnahmen*: Wurden Maßnahmen in der Dokumentation eingeleitet, muss sichergestellt werden, dass sie auch zeitnah umgesetzt werden. Darüber hinaus muss die Effektivität der durchgeführten Maßnahmen überprüft werden.

- *Änderung des Risikos*: Die Einschätzung eines Risikos verändert sich im Laufe des Projektes. In diesem Fall muss eine erneute Analyse und Korrektur stattfinden.
- *Auslösung anderer Risiken*: Durch die Veränderung eines Risikos können andere Risiken ausgelöst werden. Steht der wichtige Mitarbeiter auf Grund anderer Projekte nicht zur Verfügung und wird kein Ersatz gefunden, so wird die Terminplanung nicht mehr eingehalten werden können. Müssen ggf. externe Mitarbeiter herangezogen werden, ergeben sich Verschiebungen in der Kostenplanung.

Alle Beobachtungen und notwendigen Änderungen müssen entsprechend dokumentiert und mitgeteilt werden, wodurch der Vorgang der Managementprozesses als geschlossener Kreislauf angesehen werden kann.

Zu jeder Softwareentwicklung muss ein bestimmtes Vorgehen geplant werden. In dieser Planung kann das Risikomanagement integriert werden, wie im Folgenden gezeigt wird.

3.18 Vorgehensmodelle

Es gibt viele Vorgehensmodelle für Softwareentwicklungen, die zum Teil abhängig sind von der Klassifikation der Produkte. Es wurde bereits erwähnt, dass die Vorgehensweise bei innovativen Projekten anders ist als bei einem Wartungsprojekt, der Entwicklung einer Standardsoftware etc. Zusätzlich ist die Wahl eines Vorgehensmodells auch von der Projektgröße sowie der Projektdauer abhängig. Zu beachten ist auch, dass es für die Erlangung einer *ISO-9000-Zertifizierung* unbedingt erforderlich ist, sich an die dort vorgegebenen Normen zur Qualitätssicherung zu halten, was bedeutet, dass ein vorgeschriebenes Vorgehensmodell verwendet wird (Wieczorrek und Mertens 2008).

In der Praxis zeigt es sich, dass viele Mitarbeiter sich schwer mit Vorgehensmodellen tun, und Softwaremanager sind nicht nur deshalb häufig verunsichert. Wie immer besteht das Problem darin, dass die Modelle entweder für spezielle Probleme entwickelt wurden und sich daher nicht auf andere Projekte übertragen lassen, oder dass bestimmte Tools in der Organisation vorgeschrieben sind, die eine zusätzliche Arbeitsbelastung bedeuten, da sie sich nicht ohne weiteres anpassen lassen. Mangold (2009) beschreibt das Problem sehr illustrativ, indem er darstellt, dass ein Manager keine Zeit hat, sich um die Probleme der Mitarbeiter zu kümmern, da er mit dem Tool noch nicht zurecht kommt. Dabei sollte nicht vergessen werden, dass primär Menschen geführt werden müssen, deren Aufgaben und Beziehungen, und nicht ein Management-Tool.

Vorgehensmodelle sind mittlerweile so entwickelt worden, dass die Qualitätssicherung sowie das Risikomanagement integriert sind, so dass sich zumindest die Auseinandersetzung mit Vorgehensmodellen auf jeden Fall lohnt - auch wenn in der Praxis nicht das „ideale" Modell für ein aktuelles Projekt vorhanden ist bzw. keine ISO-9000-Zertifizierung angestrebt wird.

Zunächst ist es wichtig den Zusammenhang zwischen einem Vorgehensmodell und einem Prozessmodell herzustellen:

„Ein Vorgehensmodell stellt Methoden und Elemente der Softwareentwicklung inklusive des Projektmanagements zu Prozessen und Projektphasen eines standardisierten Projektablaufs zusammen." (Hindel et al., 2009, S. 14)

Ein Prozess „ist eine Struktur, deren Elemente Aufgaben, Aufgabenträger, Sachmittel und Informationen sind, die durch logische Folgebeziehungen verknüpft sind" und in einem Prozessmodell „sind die Prozesse hierarchisch gegliedert und als Landkarte zur Orientierung im Unternehmen dargestellt" (Pfetzing und Rohde 2009, 78).

Im Allgemeinen beauftragt die Leitung eine Gruppe von Personen (Prozessgruppe), die ein Vorgehensmodell definieren soll. So entsteht letztlich eine Prozessarchitektur, in der festgehalten wird, aus welchen Elementen ein Vorgehensmodell besteht und wie diese Elemente zusammenhängen (Hindel et al. 2009). Die Abhängigkeiten zwischen den Elementen können sehr komplex sein, da beispielsweise mehrere Methoden in einer Phase angewandt werden können, ein Dokument von mehreren Mitarbeitern (Rollen) erstellt werden kann und zunächst mehrere Methoden, wie zum Beispiel eine Methode zur Aufwandschätzung oder eine Planungstechnik, anzuwenden sind, um ein Dokument wie die Projektplanung herstellen zu können.

Prozess- und Vorgehensmodelle sind demnach eine Unterstützung bei der Planung und Durchführung von Software-Entwicklungsprojekten. Eine Klassifizierung der vorgeschlagenen Vorgehensmodelle stellt sich als nicht ganz einfach dar, da in der Literatur zum Teil unterschiedliche Modelle für die Softwareentwicklung dargestellt werden.

Die einzelnen Konzepte werden an dieser Stelle lediglich kurz erläutert. Im weiteren Verlauf werden einzelne Modelle detaillierter dargestellt:

- *Empirisch*: Dies basiert auf Erfahrungen, die beim Einsatz eines bestehenden Systems gesammelt wurden. Ein Modell mit vier Stufen beinhaltet beispielsweise: Vorstudie, Hauptstudie, Systembau und Einführung. Das Modell wird zur Verbesserung eines bereits existierenden IT-Systems verwendet.
- *Konzeptionell*: Es handelt sich um sog. Phasenmodelle. Alle Phasen werden vollständig bearbeitet, bevor mit der nächsten begonnen wird. In der Praxis werden sie für kleine Projekte eingesetzt und sind ebenfalls bekannt unter dem Namen *Grand Design*, *One Shot* oder *Big Bang* (Wieczorrek und Mertens 2008).
- *Sequentiell*: Diese Modelle bestehen aus einer relativ strengen Ablauffolge von Phasen. Die einzelnen Phasen unterscheiden sich je nach Entwicklungsproblem (Ruf und Fittgau 2008).

- *Inkrementell* (häufig evolutionäre Modelle genannt): Die Zielsetzung besteht darin, dem Kunden nach einer möglichst kurzen Entwicklungszeit bereits ein Teilsystem zu liefern. Das System wird insgesamt geplant, jedoch in Teilen (Inkrementen) realisiert.
- *Iterativ*: Einzelne Phasen werden wiederholt, jede Phase schließt mit einer Überprüfung ab. Ein *Rücksprung* auf frühere Phasen ist nicht möglich.
- *Agil*: Die inkrementellen Entwicklungszyklen werden so gewählt, dass innerhalb weniger Wochen ein lauffähiges (Teil-)System entwickelt wird.

Unabhängig von dem gewählten Vorgehensmodell soll grundsätzlich sichergestellt werden, dass das Projekt in einheitlichen Phasen durchgeführt wird, ohne wichtige Aufgaben und Schritte zu übersehen (Wieczorrek und Mertens 2008). Das Risiko- sowie Qualitätsmanagement sind mitunter feste Bestandteile von Vorgehensmodellen. Falls dies nicht der Fall ist, sollten das Risiko sowie die Sicherstellung der Qualität stets mitberücksichtigt werden. Allgemein betrachtet ermöglicht eine iterative, inkrementelle Entwicklung eine wesentliche Minimierung von Risiken im Projekt sowie eine optimale Analyse der Anforderungen (Hindel et al. 2009).

Um dies zu verdeutlichen, werden die bekanntesten Modelle im Folgenden dargestellt und zwar unter Berücksichtigung der Projektgröße sowie des Risikomanagements.

Vorgehensmodelle für kleine Projekte

Kleine Projekte sind dadurch charakterisiert, dass die Entwicklungsphase auf mehrere Wochen bzw. Monate geplant wird und das Team relativ klein ist (bis zu fünf Teammitglieder).

Hinsichtlich möglicher Risiken sind Kleinprojekte weniger anfällig; daher wird es nicht verwundern, dass ein Risikomanagement in den Vorgehensmodellen nicht explizit berücksichtigt wird. Das Problem besteht jedoch darin, dass im Falle des Auftretens von Risiken diese sich bedrohlich auf das gesamte Projekt auswirken (Ahrendts und Marton 2008). Aus diesem Grund werden Aspekte des Risikomanagements im Folgenden ebenfalls berücksichtigt.

Wasserfallmodell

Laut einer Umfrage der Computer Zeitung im Jahre 2005 kennen 71% der deutschen Unternehmen das Wasserfallmodell und 41% verwenden es (Kleuker 2009), obwohl dieses Modell häufig als unzureichend kritisiert wird. Eine Begründung für die Verwendung des Modells mag in dessen Einfachheit liegen: Es sind fünf Phasen zu berücksichtigen. Zu Beginn eines Projektes muss die Anforderungsanalyse vollständig vorliegen und Änderungen werden später, nach dem ursprünglichen Modell, nicht zugelassen. Das Modell wurde später insofern erweitert, dass nach jeder Phase, die mit der Realisierung eines Meilensteins abschließen kann, eine Ergebnisprüfung erfolgt. Sollte das Ergebnis nicht zufriedenstellend sein, findet eine Rückkopplung zu einer vorgehenden Phase statt.

Das Wasserfallmodell als sequentielles Modell wird für kleine Softwareprojekte ausgewählt, wenn die Projekte nach einem einheitlichen Ablauf durchgeführt werden können. Insbesondere müssen Anforderungen, Phasen, Tests, Kosten und Risikofaktoren etc. bekannt sein bzw. von Anfang an berücksichtigt werden.

Hinsichtlich des Risikomanagements ist bei diesem Modell unbedingt erforderlich, dass insbesondere in der Planungsphase die Risiken genau eingeschätzt werden. Da keine Rollenverteilung vorgesehen ist, bedeutet es, Verantwortliche für die Risikoüberwachung und Steuerung zu bestimmen und mit den Meilensteinen zu verknüpfen. Die Risikobewertung ist für die Folgephase von entscheidender Bedeutung, da häufig festgestellt wurde, dass die ersten drei Phasen vielversprechend aussehen und insbesondere in den letzten beiden Phasen dann eine enorme Zeitverzögerung auftritt, die vorher nicht bedacht wurde (Ahrendts und Marton 2008; Kleuker 2009).

Das V-Modell

Um einige Nachteile des Wasserfallmodells zu beheben, wurde das Modell zu dem sog. V-Modell weiter entwickelt.

In diesem Modell wird die *Qualitätssicherung* bereits berücksichtigt und zwar durch Verifikation und Validierung. In der *Verifikationsphase* wird geprüft, ob das Produkt gemäß den Spezifikationen entwickelt wurde. In der *Validierung* wird geprüft, ob das richtige Produkt entwickelt wurde. Es wird demnach sichergestellt, dass das Produkt auch das leistet, was es leisten soll (Hindel et al. 2009).

Der Vorteil dieses Modells besteht darin, dass die Qualitätssicherung als fester Bestandteil integriert ist. Die verschiedenen Tests erfordern eine ständige Rückkopplung zwischen Spezifikation und Implementation (Kleuker 2009; Hindel et al. 2009). Das Risikomanagement ist in diesem Modell nicht explizit vorhanden, daher gilt es hier wie bei dem Wasserfallmodell, die Risiken jeweils zu identifizieren und zu überwachen.

Extreme Programming

Extreme Programming (XP) gehört zu den sogenannten *leichtgewichtigen, agilen Prozessmodellen* (Hindel et al. 2009) und ist charakterisiert durch:

- wenige Rollen,
- wenige Phasen,
- stark iterative, inkrementelle Vorgehensweisen (Praktiken),
- Dokumente spielen eine sekundäre Rolle.

Der Quellcode steht bei diesem Modell im Vordergrund. Durch die Interaktion mit dem Kunden, der in diesem Vorgehensmodell explizit eingebunden wird, wird rechtzeitig ein Feedback gegeben, so dass sichergestellt wird, dass der Kunde mit dem Produkt zufrieden sein wird.

Die sog. *Stories* (auch User Stories genannt), vergleichbar mit den Anwendungsfällen in der UML (Unified Modeling Language), dienen der Beschreibung der Benutzeranforderungen. Die Wünsche des Kunden gehen in die Projektplanung und –kontrolle ein. Im Laufe der Entwicklung werden die Stories verfeinert oder erweitert (Hindel et al. aaO.; Kleuker 2009; Ruf und Fittgau 2008).

Das *Planungsspiel* (Planning Game) wird von den späteren Benutzer und dem Entwickler gemeinsam durchgeführt. Die Entwickler stellen eine Aufwandschätzung auf und das Projekt wird in *Releases* aufgeteilt. Die Releases dienen der Kontrolle und können in mehreren Iterationen unterteilt werden; sind die Releases in kurzen Abständen vorgesehen, dann sind mehr mögliche Erfolgserlebnisse vorhanden. Je nach technischem Risiko und nach Priorität kann entschieden werden, welche Stories in welchem Release enthalten sein müssen. Der Einsatz von Prototypen (s. u.) ist für die Kommunikation mit dem Kunden und für die Absicherung der Anforderungen von Vorteil. Für die Softwareentwicklung kann XP mit *Best Practice*-Vorgehensweisen kombiniert werden.

XP ist für kleine Projekte sehr gut geeignet und in der Praxis zeigt es sich, dass schnell Erfolge erzielt werden können, da die Interaktion zwischen Kunden und Entwickler im Vordergrund steht und die Bürokratie keine Rolle spielt (Mangold 2009).

In diesem Modell wird das Risikomanagement ebenfalls nicht explizit vorgesehen. Da die Iterationen sehr kurz sind und die Kommunikation mit dem Kunden sehr intensiv betrieben wird, steht es im Belieben der Verantwortlichen, Risikoanalysen und ein Risikomanagement durchzuführen (Ahrendts und Marton 2008).

Scrum

Bei der Idee zu „Scrum" im Kontext von Projektmanagement haben sich die Entwickler vom Rugby-Spiel inspirieren lassen. Das Team organisiert sich selbst, nur der grobe Rahmen wird vorgegeben. Jedes Teammitglied trägt die Verantwortung dafür, dass das Ziel erreicht wird. Für die Softwareentwicklung hat sich Scrum erst später (in den 90-Jahren) in der Praxis durchgesetzt, insbesondere durch die Kombination mit Extreme Programming.

Der Prozess in Scrum ist gut strukturiert, jedoch sehr flexibel. Die Teammitglieder übernehmen die Verantwortung für die Erreichung des Ziels und durch die tägliche Abstimmung werden Probleme rechtzeitig erkannt und behoben. Durch die Unterteilung in kurze Arbeitsphasen (Sprints) werden die Ergebnisse überschaubar und messbar.

In der *Pre-Game Phase* werden neben Projektplanung (Zusammensetzung des Teams, Bestimmung der Entwicklungswerkzeuge sowie der Standards) als Ergebnis das *Produkt Backlog* durch den *Produkt Owner* definiert. Im Produkt Backlog werden die Anforderungen bekannt gemacht, die zum ersten groben Design des zu entwickelnden Produkts führen (Grobdesign erstellen). Es handelt sich hier um Vorschläge, wie später die Gesamtarchitektur aussehen kann, die im *Design Review Meeting* besprochen werden und bewertet werden.

Die *Game-Phase* beinhaltet ein typisches Merkmal des Rugby-Spiels, nämlich die Sprintphase.[57] In dem *Sprint Planing Meeting* wird geplant, wie im übertragenem Sinne der Sprint (meist ein 30-tägiger Arbeitszyklus) stattfinden soll. In dieser Phase setzt sich das Entwicklungsteam mit dem Produkt Owner zusammen. In der zweiten Phase des Sprint Planing Meetings bestimmt der *ScrumMaster* mit dem Entwicklungsteam zusammen, wie das Ziel zu erreichen ist. Hier entsteht das *Sprint Backlog*, d. h., es wird bestimmt, was genau umgesetzt werden soll. Hier werden Teile des Produkt Backlogs übernommen und die einzelnen Teile werden präzisiert. Die Game-Phase enthält mehrere Sprints, so dass sich die einzelnen Phasen mehrfach wiederholen.

Dem Entwicklungsteam wird in dieser Phase sehr viel Freiraum gelassen. Damit die Abstimmung funktioniert, werden tägliche *Stand-up-Meetings* durchgeführt. Die Zeit dafür wird relativ kurz bemessen, so dass 15-20 Minuten ausreichen sollten (Hindel et al. 2009). Die Meetings dienen dazu, dass jedes Mitglied darüber informiert, welche Ergebnisse bereits erzielt wurden, wie der nächste Planungsschritt aussieht, und dass jedes Mitglied ggf. über Probleme bei der Zielerreichung berichtet. Der ScrumMaster ist dafür verantwortlich, Probleme zu beheben und die Arbeitsfähigkeit des Teams sicherzustellen; er ist jedoch nicht so sehr Leiter als vielmehr Koordinator, vergleichbar der Rolle des Kapitäns beim Fußball oder Handball.

Im *Sprint Review Meeting* wird das jeweilige Ergebnis dem Produkt Owner vorgestellt. Ist der Kunde unzufrieden, müssen Teile des Produkt Backlogs überarbeitet werden, sonst kann in die Post-Game-Phase gewechselt werden.

In der Post-Game-Phase wird das fertige System in die Produktion bzw. Anwendung überführt. Die Erstellung der Dokumentation, die Systemtests und die Auslieferung des Systems finden in dieser Phase statt.

---

[57] Für Nichtkenner des Rugby: Ähnlich wie beim American Football versuchen die Teams beim Rugby sich gegenseitig zu blockieren, indem die Spieler durch Körperkontakt mit den Gegenspielern diese sozusagen festhalten (ohne die Hände). Wenn ein Team den birnenförmigen Ball hat und der ballführende Spielmacher (der Quarterback im Football) eine Lücke in der gegnerischen Abwehr sieht, sprintet er entweder selbst zum gegnerischen Mal oder passt den Ball zu einem anderen Spieler, der dann die Sprintphase durchführt.

Das Scrum-Vorgehensmodell kann auch für mittlere bzw. große Projekte verwendet werden; da ist es jedoch empfehlenswert, mehrere Scrum-Teams zu bilden. Dabei ist eine hierarchische Schachtelung der Scrum-Teams zu konstituieren (*Scrum-of-Scrum*) (Hindel et al. 2009).

Das Risikomanagement wird in diesem Modell ebenfalls nicht berücksichtigt. Ein mögliches Risiko kann dadurch entstehen, dass die Mitarbeiter durch äußere Einflüsse gestört werden (Kleuker 2009). In diesem Fall hat der ScrumMaster die Aufgabe, mögliche Risiken, die sich durch Störungen auf das Team auswirken können, fernzuhalten.

Vorgehensmodelle für mittlere und große Projekte

Die Komplexität eines Projektes bestimmt unter Umständen die Projektgröße, wodurch sich nicht nur die Anzahl der Mitarbeiter erhöht, sondern auch die Anzahl der Planungsschritte sowie der Dokumentationen. Daher werden im Folgenden Vorgehensmodelle beschrieben, die besonders gut für große Projekte geeignet sind, insbesondere da sich der Aufwand dieser Vorgehensmodelle für kleine Projekte meist nicht lohnt.

V-Modell XT

Dieses Vorgehensmodell wurde und wird für sämtliche Bundesbehörden bevorzugt. Mittlerweile hat es auf Grund der Vorteile auch eine breite Akzeptanz in der Industrie gefunden (Hindel et al. 2009; Ruf und Fittgau 2008). Einige Ideen aus dem Extreme Programming wurden aufgegriffen, insbesondere wurden iterativ inkrementelle Vorgehensweisen bei der Systementwicklung eingeführt. Eine besondere Anforderung besteht in der Anpassungsfähigkeit (*Tailoring*). Die Bedeutung des Tailorings wird durch die Bezeichnung des Modells deutlich: XT steht für *Extreme Tailoring*. In diesem Modell werden parallele Aktivitäten unterstützt und die projektspezifischen Erfordernisse werden durch eine hohe Flexibilität berücksichtigt.

Die Ziele werden wie folgt definiert (Ruf und Fittgau 2008):

- die Projektrisiken sollen minimiert werden
- Gewährleistung der Qualität von IT-Produkten
- die Kostenplanung soll transparent und kalkulierbar sein
- Verbesserung der Kommunikation zwischen den Beteiligten
- das Modell soll flexibel gegenüber Modellveränderungen sein.

Es gibt verschiedene Entscheidungspunkte, um ein angepasstes Vorgehensmodell zu entwickeln (Kleuker 2009; Ruf und Fittkau 2008), und zwar für:

- Auftraggeber, die eine Entwicklung an Auftragnehmer übertragen
- Auftragnehmer, die die Systemdurchführung übernehmen
- Konkrete Organisationen, die eine Einführung und Anpassung des Modells anstreben.

Die wesentlichen Bestandteile sind die sog. *Vorgehensbausteine*, in denen Rollen, Produkte und Aktivitäten gekapselt werden. Es handelt sich um einen dokumentenorientierten Ansatz, wobei die Produkte (Arbeitsergebnisse) im Mittelpunkt stehen. Eine Rolle ist verantwortlich für die jeweiligen Arbeitsprodukte, letztere werden durch Aktivitäten bearbeitet.

Durch sog. Projektdurchführungsstrategien (inkrementelle, komponentenbasierte und agile Systementwicklungen) wird die konkrete Reihenfolge im Projekt festgelegt. Zunächst muss ein Projekttyp definiert werden (Systementwicklungsprojekt, Wartungsprojekt etc.) und anschließend wird ein Ablaufplan konzipiert, der die Vorgehensbausteine beinhaltet. Dadurch entsteht ein unternehmensspezifisches Vorgehensmodell, in dem eine Anpassung an die spezifischen Bedürfnisse erfolgt.

In diesem Modell wird ein Risikomanagement in der Aktivitätengruppe *Planung und Steuerung* vorgesehen und läuft parallel zur Projektdurchführung. Die klassischen Ansätze werden vollständig berücksichtigt. Da in diesem Modell über 30 Rollen vorgesehen werden, ist es sinnvoll, die Verantwortlichkeiten für die Risikoüberwachung der jeweiligen Rolle zu bestimmen (Ahrendts und Marton 2008).

Rational Unified Process

Bei dem Rational Unified Process (RUP) handelt es sich um ein Prozessmodell, das die objektorientierte Entwicklung mit der UML (Unified Modeling Language) unterstützt. Der RUP gliedert sich in Phasen und diese in Iterationen. Mit Iteration ist ein zeitlicher Teilabschnitt innerhalb einer Phase gemeint. Jeder Teilabschnitt endet mit einem wohldefinierten und überprüfbaren Ergebnis (Meilenstein). Es werden neun *Kern-Workflows* vorgegeben (Hindel et al. 2009; Kleuker 2009):

- Geschäftsprozessmodell (Business Modeling): Spezielle Anforderungsanalyse, mit der die Prozesse des Kunden verstanden werden sollen; dies betrifft insbesondere die Entscheidungsprozesse, aufgrund derer die spezifischen Kundenwünsche entstehen.
- Anforderungsanalyse (Requirements)
- Design (Analysis & Design)
- Implementation
- Test
- Installation (Deployment)
- Konfigurations- und Änderungsmanagement (Configuration & Change Management): Verwaltung unterschiedlicher Entwicklungsstände (s. u)
- Projekt Management
- Projektumfeld (Environment): Das ist verantwortlich dafür, dass die richtigen Werkzeuge zur Verfügung stehen.

Jeder einzelnen Disziplin (Core Workflow) werden entsprechende Aktivitäten zugewiesen. Diese Aktivitäten verteilen sich auf alle Phasen, jedoch mit einer unterschiedlichen Gewichtung (Hindel et al. 2009).

Dieses Modell eignet sich besonders gut für die industrielle Softwareentwicklung und bietet eine hohe Planungssicherheit. (Ahrendts und Marton 2008). Es findet regelmäßig eine Überprüfung und ggf. erneute Festlegung des Prozessablaufs statt, in Abhängigkeit von den Risiken. Durch dies Vorgehensmodell werden Fehler und / oder Risiken rechtzeitig erkannt und eliminiert. Es werden ebenfalls parallele Aktivitäten unterstützt, Prozessbeschreibung und CASE-Werkzeuge (Computer Aided Software Engineering) sind integriert.

Als Zwischenergebnis entstehen während der gesamten Entwicklung Artefakte. Als Artefakte werden in diesem Zusammenhang Dokumente, Use-Case-Diagramme, Modelle und Modellelemente bezeichnet, die einem Arbeiter gehören (Worker, Rolle) und von anderen Arbeitern geändert oder genutzt werden können. Durch Checklisten (Checkpoints) werden die Artefakte hinterfragt. Artefakt-Reports sind Schablonen, die für die Artefaktberichte verwendet werden können. Die *Reports* müssen jederzeit reproduziert werden können. Es handelt sich hier um eine Tool-Orientierung, in der die Zwischenergebnisse (Artefakte) in den Repositories der Tools vorliegen, aus denen bei Bedarf Reports generiert werden können (Hindel et al. 2009; Kleuker 2009).

Sechs „Best Practices" finden in diesem Modell einen besonderen Stellenwert (Hindel et a. 2009):

- Anforderungsmanagement
- Iterative Entwicklung
- Architekturorientierung
- Visuelle Modellierung
- Qualitätskontrolle
- Change- und Konfigurationsmanagement.

In diesem Modell ist das Risikomanagement vorgesehen, das im Projektmanagement verankert ist. Vorteilhaft wäre nach Ahrendts und Marton (2008) zusätzlich eine Verknüpfung mit den Iterationen und Meilensteinen, damit die Risiken geregelt identifiziert, analysiert und beobachtet werden können. Darüber hinaus fehlen in diesem Modell die Risikostrategien *Risikominderung* oder die Integration einer *Risikomatrix*.

Spiralenmodell / Prototyp

Mit dem Spiralenmodell wird versucht, die bisherigen Vorgehensmodelle als „Sonderfälle" zu integrieren (Gadatsch 2008, 72) und daraus eine individuelle Vorgehensweise für jedes Projekt zu generieren. Man könnte deshalb das Spiralmodell auch als Modellrahmen bzw. Modellshell bezeichnen.

Es werden zunächst Ziele, Anforderungen und mögliche Alternativen definiert. Die Rahmenbedingungen wie Kosten, Termine etc. müssen bestimmt werden. Anschließend erfolgt eine Evaluation der Alternativen und die Risikoanalyse wird durch das Prototyping unterstützt (damit ist die Entwicklung eines Prototypen gemeint). Dann wird das Produkt entwickelt und verifiziert (es werden Tests durchgeführt); schließlich werden die Planungen für die nächste Aktivität durchgeführt.

Insgesamt gilt für das Spiralenmodell, dass das Qualitäts- sowie Risikomanagement jeweils berücksichtigt wird. Es sollte jeweils überprüft werden, ob zusätzliche Maßnahmen berücksichtigt werden bzw. berücksichtigt werden sollten, die im Rahmen anderer Modelle besprochen wurden.

Einsatz von Prototypen in der Softwareentwicklung

Die Verwendung eines Prototyps wurde bereits mehrfach angesprochen, daher wird an dieser Stelle näher darauf eingegangen. Prototypen können unabhängig von den Vorgehensmodellen verwendet werden (Wieczorrek und Merten, 2008; Kleuker 2009). Dabei handelt es sich um unvollständige Programme, die einen Eindruck von dem späteren Produkt vermitteln sollen. Beispielsweise kann ein Prototyp entwickelt werden, um dem Benutzer einen Eindruck zu vermitteln, wie die Oberfläche (GUI) aussehen wird und welche Funktionalitäten vorgesehen sind. Der Benutzer kann dann entscheiden, ob er zusätzliche Eingabefelder braucht, oder sich eine andere Anordnung wünscht etc. Es gibt unterschiedliche Klassifikationen von Prototypen, abhängig von dem Vollständigkeitsgrad, ob sie wieder verwendbar sind oder ob sie bis zur Produktreife ausgebaut werden.

Drei Arten von Prototyping werden näher beleuchtet:
- Exploratives
- Experimentelles
- Inkrementelles

Bei dem explorativen Prototyping werden Systemanforderungen vollständig erfasst und primär in der Studien- und Konzeptionsphase eingesetzt, um die Anforderungen effektiv mit dem Auftraggeber diskutieren zu können. Prototypen sind als Demonstrationsprogramme zu verstehen; sie sind nicht vollständig realisiert. Der Auftraggeber hat auf dieser Weise sehr schnell eine Vorstellung der vorgesehenen Funktionalitäten und kann ggf. früh die Änderungswünsche mitteilen. Bei dem obigen Beispiel mit der Oberfläche handelt es sich demnach um einen explorativen Prototyp.

Beim experimentellen Prototyping stehen Architekturmodelle und einzelne Systemkomponenten sowie deren Wechselwirkungen im Vordergrund. Die Leistungsfähigkeit einzelner Elemente, insbesondere die Erweiterbarkeit sowie die

Performance eines Systems, wird untersucht. Diese Prototypen werden überwiegend in der Realisierungsphase eingesetzt. Damit kann der spätere Realisierungserfolg abgeschätzt werden.

Das inkrementelle Prototyping wird – wie der Name schon andeutet – häufig im Zusammenhang mit inkrementellen Vorgehensmodellen verwendet. Ein unvollständiger Prototyp wird weiterentwickelt, zum Beispiel für Kernanforderungen. Dieser Prototyp dient als Basis für die Entwicklung des nächsten Prototyps und nach jeder Erweiterung finden ausführliche Tests statt (Wieczorrek und Mertens 2008).

Der Vorteil der Prototypen besteht auf den ersten Blick darin, dass einzelne Systemelemente in den Kernanforderungen umgesetzt und getestet werden können. Die Prototypen können sehr schnell entwickelt werden und ermöglichen einen guten Einblick in die Vorgehensweise. Folgende Gefahr ist jedoch nicht außer Acht zu lassen: Häufig wird suggeriert, dass ein Produkt bereits vorliegt, was definitiv nicht der Fall ist. Ein Projektmanager oder ein Auftraggeber, der sich nicht mit dieser Technik auskennt, kann sehr leicht den Eindruck gewinnen, dass das Projekt bereits sehr weit fortgeschritten ist. Damit ist ein hoher Risikofaktor auf mehreren Ebenen verbunden.

Auswahl eines Vorgehensmodells unter Berücksichtigung der Risikoanalyse

Es wurde bereits thematisiert, dass es nicht ohne weiteres möglich ist, sich für ein Vorgehensmodell zu entscheiden. Ein Manager sollte grundsätzlich die Vorgehensweise mit seinem Team besprechen, damit die Akzeptanz erhöht wird. Es wird immer wieder Mitarbeiter geben, die als Erstes nach einem Vorgehensmodell fragen und andere, die bei dem Wort bereits die Augen verdrehen. Es ist wichtig, dass ein Vorgehensmodell nicht zum Selbstzweck wird, sondern tatsächlich der Verbesserung der Prozesse, der Kommunikation, der Planungssicherheit etc. dient.

Um Risiken bei der Auswahl des Vorgehensmodells zu vermeiden, sollten folgende Punkte beachtet werden (nach Kleuker 2009, 48):

1. Die Schulung der Mitarbeiter bezüglich des grundsätzlichen Aufbaus des Vorgehensmodells muss gewährleistet sein
2. Die Aufgaben der jeweiligen Rollen sollten den Mitarbeitern bekannt sein; so sind z. B. im V-Modell XT die Rollen und die Beschreibungen sehr genau definiert. Das entsprechende Handbuch umfasst jedoch mehrere hundert Seiten (Pfetzing und Rohde, 2008)
3. Das ausgewählte Vorgehensmodell sollte mit Erfahrungen aus früheren Projekten kompatibel sein und ggf. entsprechend modifiziert werden.
4. Das ausgewählte Modell sollte den Persönlichkeiten der Mitarbeiter angemessen sein.
5. Die Abstimmungen zwischen Modell und anderen Bedingungen müssen konsistent sein (z. B. Lieferbedingungen).

6. Hat oder wünscht der Kunde ein anderes Vorgehensmodell, so müssen Abstimmungen getroffen werden.
7. Die Mitarbeiter sollten Prozesserfahrungen aufweisen oder es muss sichergestellt werden, dass genügend Ressourcen für die Prozessbegleitung zur Verfügung stehen
8. Das Vorgehensmodell muss auf die Prozesse des eigenen Unternehmens abgestimmt werden
9. Bei individuellen Anpassungen sollten diese durch einen Experten erfolgen und schriftlich dokumentiert werden

3.19 Fallbeispiel: Auswahl eines Vorgehensmodells durch ein Self Enforcing Network (SEN)

Bei der Vielzahl der verfügbaren Vorgehensmodelle, von denen wir nur die wichtigsten erwähnt haben, ist einsichtig, dass eine Entscheidung für ein bestimmtes Vorgehensmodell bzw. gegen andere Vorgehensmodelle oft sehr schwierig sein kann. Dies gilt vor allem für Projektmanager, denen dies Gebiet noch relativ unvertraut ist. Aus diesem Grund haben drei Studenten von uns ein spezielles Self Enforcing Network (SEN) implementiert, das eine Auswahl von Vorgehensmodellen ermöglicht. Der Grundgedanke ist dabei der folgende:[58]

Es wurden vierzehn Standardmodelle ausgewählt und durch insgesamt 63 Attribute („Kriterien") charakterisiert. Dabei wurde eine reell codierte semantische Matrix konstruiert, in der die Werte jeweils angeben, ob ein Attribut überhaupt einem Vorgehensmodell zugeschrieben werden kann (ein Wert ungleich Null in der Matrix) und wenn ja, in welchem Maße. Zur Verdeutlichung dieses Vorgehens zeigen wir in der folgenden Abbildung einen Ausschnitt aus der Matrix, die als Ganzes natürlich zu groß für eine Abbildung ist (14 * 63 Elemente):

Elemente der IT VM	CRYSTAL	ASD	FDD	DSDM	SE	LSD	RUP	V-Modell 97	V-Modell XT
Variablen v	Extreme Pro	Scrum (deuts	Crystal ist nic	Adaptive So	Feature Driv	Dynamic Sy:	Simultaneou	Lean softwar	Der Rational Un
Flexibilität									
Einsatzflexibilität	0,8	1	0,7	0,3	0,7	0,8	0,7	0,3	0,5
Standardsoftware-Einschränkungen z.B. SAP-Nähe von ARIS	0	0	0	1 (Produkte |	0	0	0,8 (von IBM)	0	0
Sind Vorgehensmodelle Benchmark-fähig, d.h. Aufnehmen von /Erweitern durch Kennzahlen	0,3 (tendenzi	0,3	0,3	0,7	0	0,3	0,5	0,5	1
Können Vorgehensmodelle bestehende Benchmarksysteme (z.B. CMMI, ITIL, …) unterstützen	0	0,3	0	1 (ist kompat	0	n.a.	0,7 (Using RI	0,5	0,7
Anpassbarkeit von VM an das Unternehmen	0,5	0,7	0,7	0,5 (eher für	0	0	0,7	0,3 (eher um	0,7
Konfigurierbarkeit (zur Objektgliederung, Analyse zu die Grundbestandteile, Synthese der Grundbestandteile zu höheren Baugruppen, Kombinationsmöglichkeiten und Kombinationsstatus)	0,1	0	0,7	0,7 (hat ein c	1	0,8	0,5	0,3	1
dezentrale Organisation	0	0,1	0,1	0,3	0,7 (Da bei S	0,1	0,7 (für große	0,5	0,7

Abbildung 3-18: Teil der semantischen Matrix zur Oberkategorie Flexibilität

---

[58] Es handelt sich um Mathis Christian, Michel Ouedraogo und Nils Zündorf.

Je höher die Werte in der Matrix sind, desto stärker kann das entsprechende Attribut dem Vorgehensmodell zugeordnet werden; „Einsatzflexibilität" beispielsweise kann Scrum im maximalen Maße zugeordnet werden.

Hier ist selbstverständlich auf ein methodisches Problem aufmerksam zu machen. Die Validität des gesamten Systems, also SEN, steht und fällt mit den Werten in der semantischen Matrix. Diese sind von den Konstrukteuren aufgrund von Literaturrecherchen und eigenen praktischen Erfahrungen als Projektmanager sowie als Softwareentwickler im IT-Bereich zweier großer Firmen aufgestellt worden; eine empirische Validierung der Ergebnisse von SEN, auf die wir unten hinweisen werden, demonstriert, dass die Werte in der Matrix zumindest ein hohes Maß an Plausibilität aufweisen. Dennoch geht hier unvermeidbar eine subjektive Komponente in die Systementwicklung ein, da natürlich andere Experten bezüglich der Vorgehensmodelle auch andere Werte für besser halten können. Falls wir dies spezielle SEN für allgemeine Verwendung frei geben würden, müssten beispielsweise durch Verfahren ähnlich der Delphi-Methode die Matrixwerte noch intersubjektiv überprüft werden.

Aus der semantischen Matrix wird dann nach den beschriebenen Lernregeln die Gewichtsmatrix für das eigentliche Netzwerk erstellt. Für eine Benutzung des SEN fungieren dabei die verschiedenen Vorgehensmodelle als „Referenztypen", d. h., sie stellen gewissermaßen den Bezugsrahmen für die Eingaben eines Benutzers dar. Auf der Oberfläche des SEN erhält nun ein Benutzer die Möglichkeit, selbst anzugeben, welche Attribute er von einem gewünschten Vorgehensmodell erwartet und wie wichtig diese für ihn sind; die Wichtigkeit wird wie in der semantischen Matrix durch numerische Werte repräsentiert. Der Gedanke hier ist natürlich, dass ein Benutzer zumindest allgemein weiß, was er von einem für ihn geeigneten Vorgehensmodell erwartet, dass er jedoch nicht weiß, welches reale Vorgehensmodell diesen Bedürfnissen entspricht. Für die Visualisierung der Ergebnisse von SEN wird die Eingabe des Benutzers im Zentrum der graphischen Darstellung platziert. Zu beachten ist, dass diese Form der Verwendung von SEN anders ist als beispielsweise die bei der Bonitätsanalyse. Dort wurde ein „idealtypischer" fiktiver Kunde ins Zentrum platziert, der alle Kriterien optimal erfüllt. Die tatsächlichen Kunden wurden dann vom Idealtypus angezogen. Hier ist es gewissermaßen umgekehrt.

Der Start von SEN erfolgt durch eine externe Aktivierung der Neuronen, die die Eingabe des Benutzers repräsentieren. Dabei werden die externen Aktivierungswerte vom Benutzer nach der Relevanz der verschiedenen Attribute für ihn ausgewählt; ein hoher Aktivierungswert bedeutet demnach eine hohe Relevanz des Attributs für den Benutzer. Nach einigen Durchläufen stabilisiert sich das Netz, d. h.

es erreicht einen Punktattraktor.[59] Der Benutzer hat jetzt die Möglichkeit, sich diese Ergebnisse numerisch zeigen zu lassen, was jedoch einige Vertrautheit mit derartigen Systemen verlangt. Deswegen bezeichnen wir diese Möglichkeit als „Expertenansicht". Für normale Benutzer ohne Kenntnisse derartiger Systeme ist die Visualisierung vorteilhafter, die von Beginn an bei der Aktivierung von SEN gezeigt wird. Zu Beginn ist, wie bemerkt, die Benutzereingabe im Zentrum, und die Referenztypen sind nach dem Zufallsprinzip an der Peripherie des Bildes angezeigt. Abbildung 3-19 zeigt dies:

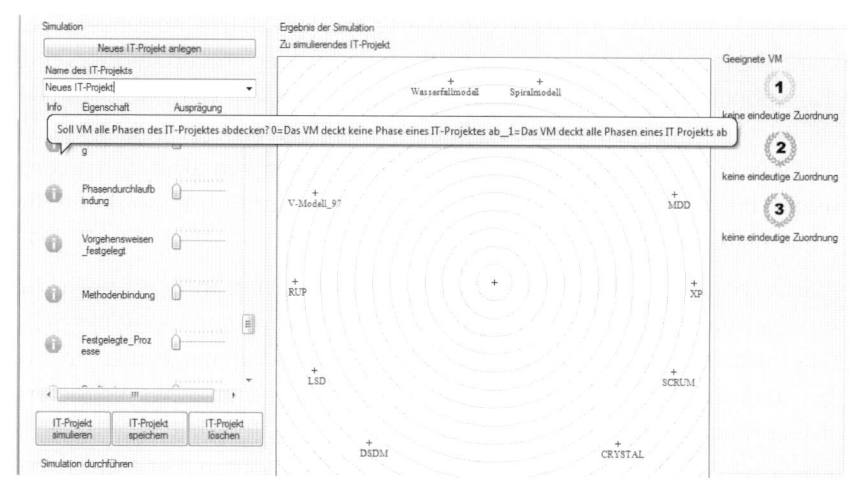

Abbildung 3-19: Startzustand eines SEN zur Auswahl von Vorgehensmodellen

Nach dem Start von SEN werden die Referenztypen mehr oder weniger stark von dem Zentrum, also der Benutzereingabe, „angezogen". Der Benutzer kann diesen dynamischen Prozess verfolgen - entweder als automatisch ablaufender Prozess oder als manuell gesteuerter, der den Vorgang Schritt für Schritt sichtbar macht. Wenn das Netzwerk seinen Endzustand erreicht hat, findet natürlich auch auf dem Monitor keine Veränderung mehr statt. Die verschiedenen Vorgehensmodelle sind dann in unterschiedlichen Abständen zum Zentrum platziert; dabei ist dann das Vorgehensmodell für den Benutzer das am besten geeignete, das dem Zentrum am nächsten ist. Dies Modell weist dann nämlich die meisten der Attribute auf, insbesondere auch in der Wichtigkeit für den Benutzer, die vom Benutzer eingegeben worden sind. Die Abbildung 3-20 zeigt die Endzustände von SEN auf der Basis einer Eingabe, die einem realen Fall entspricht:

---

[59] Es kann durchaus vorkommen, dass SEN keinen Punktattraktor erreicht, sondern einen der Periode 2 – es oszilliert zwischen zwei Endzuständen. In dem Fall müssen die Werte in der semantischen Matrix überprüft werden und insbesondere stärker differenziert werden. Der Fall ereignet sich jedoch nur selten.

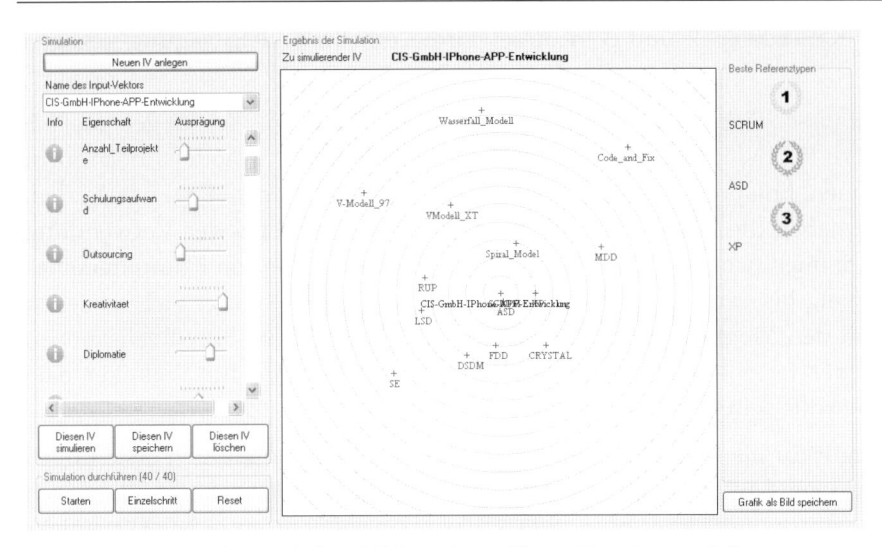

Abbildung 3-20: Endzustand eines SEN zur Auswahl von Vorgehensmodellen

Da die verschiedenen Vorgehensmodelle z. T. sehr ähnlich sind, sind die meisten von ihnen relativ dicht um das Zentrum platziert. Man kann jedoch erkennen, dass Scrum von dem System als das am besten geeignete ausgewählt wurde. Diese Auswahl und die zweit- und drittplatzierten Modelle werden zusätzlich verbal angegeben.

Die in Abbildung 3-20 gezeigte Auswahl entspricht einer Eingabe, die von einem der Studierenden vorgenommen wurde, die dies SEN implementiert hatten. Er hatte als Projektmanager in einem IT-Unternehmen, nämlich Commerce Internet Service (CIS) solche Kriterien als Eingabe ausgewählt, die nach seiner Einschätzung für das Unternehmen tatsächlich erforderlich waren. Nach einiger Mühe und Recherchen konnte er dann selbst - sozusagen manuell - Scrum als das am besten geeignete Vorgehensmodell auswählen (nach seinen Angaben brauchte er dazu fünf Manntage). Nachdem dies SEN erstellt worden war, wurde durch SEN nicht nur seine eigene Arbeit bestätigt, sondern SEN hatte auch das tatsächlich in der Firma verwendete Vorgehensmodell ausgewählt. Auch die beiden anderen von SEN gewählten nachfolgenden Kandidaten waren in der Firma als gute Möglichkeiten diskutiert worden. Dies ist zumindest ein plausibles Argument für die empirische Validität dieses SEN. Zusätzlich wurde für einen anderen Bereich der Firma, in dem noch kein Vorgehensmodell festgelegt war, eine andere Eingabe erstellt. Das von SEN daraufhin vorgeschlagene Vorgehensmodell wird gegenwärtig in der Firma ernsthaft geprüft, nicht zuletzt deswegen, weil keiner der Beteiligten auf die Idee gekommen war, gerade dies Modell zu verwenden.

Eine weitere Eingabe erfolgte auf der Basis der Bedürfnisse einer anderen Softwarefirma und wurde von dem zweiten Studierenden vorgenommen, der dort bereits als Softwareentwickler arbeitet. Auch hier lieferte SEN einen Vorschlag, nämlich RUP, der in diesem Unternehmen tatsächlich eingesetzt wird. Ebenso waren die Kandidaten 2 und 3 in dieser Firma ernsthaft in Erwägung gezogen worden.

Diese Ergebnisse zeigen, dass ein SEN für derartige Aufgaben sehr gut geeignet ist, insbesondere für Benutzer, die sich im Bereich der Vorgehensmodelle noch nicht gut auskennen. Entsprechend positiv ist die Konstruktion dieses SEN zu bewerten. Außerdem haben diese und ähnliche Erfahrungen von uns bei der Verwendung eines SEN immer wieder gezeigt, dass gerade Benutzer, die von Computersimulationen wenig bis gar nichts verstehen und auch nicht unbedingt viel verstehen wollen, von den Möglichkeiten und Resultaten der jeweiligen SEN-Realisationen immer wieder fasziniert waren. SEN kann demnach gerade für Praktiker eine wesentliche Hilfe sein.

Insgesamt gilt für alle hier angesprochenen Themen, dass sie auf den ersten Blick eher abschreckend wirken, insbesondere wenn jetzt schon klar ist, dass dies noch nicht alles ist, was für ein erfolgreiches Projektmanagement nötig ist. Mit einiger Erfahrung wird jedoch deutlich werden, dass viele Konzepte, Prinzipien und Berechnungen für unterschiedliche Aspekte des Managements verwendet werden können. Insbesondere können dabei, wie schon mehrfach gezeigt wurde, einschlägige Simulationsprogramme eine wichtige Erleichterung bieten. Daher lohnt es sich, sich die Logik aller Aspekte zu verdeutlichen, um die Gemeinsam-keiten erkennen zu können. Insbesondere wenn Projekte scheitern oder zu scheitern drohen, ist es sinnvoll, sich noch einmal auf diese allgemeinen Grundlagen und Prinzipien zu besinnen, um zukünftige Probleme zu vermeiden oder zumindest besser zu handhaben.

4 Projektsteuerung und Projektkontrolle

In diesem Kapitel werden die Projektsteuerung und Projektkontrolle thematisiert, da eine hohe Qualität nur gewährleistet werden kann, wenn die Prozesse innerhalb eines Projektes gezielt gesteuert und kontrolliert werden. Damit wird das Ziel formuliert, letztlich ein *prozessorientiertes Qualitätsmanagement* zu erreichen (Wagner und Käfer 2008). Häufig werden die genannten Managementprozesse in den Unternehmen zu unterschiedlichen Zeiten eingeführt. Das Prozessmanagement wird laut Wagner und Käfer (aaO.) in den Firmen erst viel später als das Qualitätsmanagement eingeführt. Dabei könnten hinsichtlich der jeweiligen Rollen Synergien entstehen; mit Synergien sind die Effekte gemeint, die durch das Zusammenwirken verschiedener Komponenten des Gesamtsystems entstehen.

4.1 Projektcontrolling

In diesem Zusammenhang können einige Probleme auf sozialer Ebene entstehen. Es wurde bereits darauf hingewiesen, dass es zu Missverständnissen kommen kann, wenn ein Projektmanager nicht aus dem Informatikkontext kommt und auf Controlling besteht. Es kann dann vorkommen, dass Softwareentwickler direkt ablehnend reagieren, da sie häufig nichts von Kontrolle halten. Das Missverständnis besteht darin, dass sich die Programmierer unmittelbar und persönlich kontrolliert fühlen und nicht genau einschätzen können, worum es tatsächlich geht. Von dem Manager wird also viel Fingerspitzengefühl und Takt verlangt, damit er ein Einsehen bei den Entwicklern erreicht, denn schließlich handelt es sich um eine Kontrolle. Es muss deutlich gemacht werden, dass die *Prozesse* im Zentrum des Controlling stehen und nicht der einzelne Programmierer.

Es ist daher sehr wichtig, sich einerseits darüber im Klaren zu sein, dass Programmierer ihren Freiraum brauchen und sich selbst nicht ständig als kontrolliert sehen wollen, andererseits jedoch die Kontrolle über den Fortschritt im Sinne einer Qualitätssicherung erfolgen muss. Je nach Ausbildung der Softwareentwickler (die *Quelle* im Kommunikationsmodell) kann es ihnen sogar merkwürdig erscheinen, dass die gesamte Entwicklungsarbeit bzw. Teilaufgaben in Kennzahlen erfasst werden sollen. Für eine störungsfreie Kommunikation und Akzeptanz des Controllings ist es daher erforderlich, dass alle Mitarbeiter den Sinn und Zweck des Controllings verstehen.

Der Controller hat folgende Funktionen, die zum Leitbild eines Unternehmens „erhoben" werden können (International Group of Controlling (IGC)):

Controller Leitbild:

„Controller gestalten und begleiten den Management-Prozess der Zielfindung, Planung und Steuerung und tragen damit eine Mitverantwortung für die Zielerreichung" (IGC[60], in Ruf und Fittgau 2008 188).

Controller sorgen für Transparenz, koordinieren Teilziele und Teilpläne, moderieren und gestalten den Management-Prozess, leisten die Informationsversorgung und sind für die Controllingsysteme zuständig. In Ruf und Fittgau (aaO.) wird das schöne Bild aufgestellt, dass der Controller der *Navigator* oder *Steuermann* ist, während dem Management die Rolle des *Kapitäns* zugewiesen wird. Damit wird erneut die Bedeutung des Controllings hervorgehoben.

Die bereits mehrfach erwähnten Kennzahlen gehören zu den notwendigen Hilfsmitteln, damit komplexe Sachverhalte einfach beschrieben werden können. Für IT-Projektcontrolling haben Kennzahlen eine Bedeutung für die:

- Operationalisierung der Projektziele,
- Erarbeitung von Plänen, um Soll- / Ist-Vergleiche durchführen zu können,
- prägnante Darstellung der Informationen.

Es ist jedoch darauf zu achten, dass mit den Kennzahlen nur ein kleiner Ausschnitt erfasst und beschrieben werden kann und dass diese interpretationsbedürftig sind. Erst durch Vergleiche der einzelnen Kennzahlen mit Erfahrungswerten aus der Vergangenheit (Zeitreihenanalysen) oder aus anderen Projekten lässt sich eine Aussage hinsichtlich der Kennzahlen insgesamt ableiten.

Da es eine hohe und unüberschaubare Anzahl an Kennzahlen geben kann, sollte zusätzlich darauf geachtet werden, dass diese zweckmäßig sind und nach Möglichkeit, zumindest teilweise, automatisiert ermittelt werden können (Ruf und Fittgau 2008).

Die Kennzahlen können wie folgt klassifiziert werden:

- *Absolute Zahlen*: Einzel-, Summen, Differenzzahlen und Mittelwerte. Damit können zum Beispiel die Anzahl der Entwickler (Einzelzahlen) oder die durchschnittliche Fehleranzahl je 1.000 Lines of Code (Mittelwert) erhoben werden.
- *Verhältniszahlen*: Gliederungszahlen, Beziehungszahlen und Indexwerte.
  Gliederungszahlen: Sie beziehen sich zum Beispiel auf den Budgetanteil der Softwareentwicklung, der als Teilgröße zu der übergeordnete Größe des Gesamtaufwandes betrachtet wird.
  Beziehungszahlen: Diese erstellen einen sinnvollen Zusammenhang zwischen verschiedenen Größen, wie zum Beispiel die Änderungsdichte der Software,

---

[60] www.igc-controlling.org/DE/_leitbild/leitbild.php (in Ruf und Fittgau 2008 188)

4 Projektsteuerung und Projektkontrolle

die dadurch berechnet wird, dass die Anzahl der Änderungsanforderungen durch die Zeiteinheit (Zeitraum) geteilt wird. Beziehungszahlen können noch weiter unterteilt werden, zum Beispiel in *technische Beziehungszahlen* (Kosten für Server, pro Terabyte etc.) und *betriebswirtschaftliche Beziehungszahlen* (Kosten pro Arbeitsplatz etc.)

Indexzahlen: Dabei handelt es sich um dimensionslose Größen, die sich zum Beispiel auf die Kundenzufriedenheit oder Benutzerfreundlichkeit beziehen können.

Um die konkrete Vorgehensweise darzustellen, werden lediglich einige Aspekte des Controllings und der Kennzahlermittlung aufgezeigt, nämlich für:
- Fortschrittsüberwachung
- Änderungsmanagement
- Berichtserstattung

4.2 Fortschrittsüberwachung

Die Fortschrittsüberwachung und damit der Ist-Zustand des Projektes sind für das Management äußerst wichtig und durch die Ermittlung dieser Kennzahl kann der Manager überprüfen, ob der Projektplan zu einem bestimmten Zeitpunkt eingehalten wurde, oder ob es zu Abweichungen gekommen ist. Der erreichte Wert wird somit in Beziehung zum Planungswert gesetzt.

In kleineren Projekten berichten die Entwickler direkt dem Projektleiter, der anschließend die Information an seinen Vorgesetzten und den Kunden weitergibt. In größeren Projekten sind zwangsläufig mehrere Führungsebenen vorhanden und als zusätzliches Gremium kommt der Lenkungsausschuss hinzu. In diesem Fall erfolgt die Fortschrittsüberwachung auf zwei Ebenen:
- auf der Aktivitätenebene
- auf der Projektebene.

4.2.1 Fortschrittsüberwachung auf der Aktivitätenebene

Auf der Aktivitätenebene berichten die Entwickler den jeweiligen Fortschritt, je nach Hierarchieebene und Projektgröße, entweder direkt dem Projektleiter oder den Personen, die dazwischen geschaltet sind, wie Team- oder Teilprojektleiter.

Damit der Projektleiter die notwendigen Berichte verfassen kann, benötigt er genaue Informationen zum:
- Erfassen des Aufwands
- Erfassung des Fertigstellungsgrads
- Erfassung des Restaufwands und des voraussichtlichen Endtermins
- Ampelberichte

Erfassung des Aufwands

Die Erfassung des Aufwands kann durchaus problematisch sein, da die Angaben grundsätzlich korrekt sein müssen. Die folgende einfache Formel funktioniert daher nur unter der Bedingung, dass die entsprechenden Angaben korrekt sind (Hindel et al., 2009, 86):

$$Fertigstellungsgrad = \frac{erbrachter\ Aufwand}{geplanter\ Aufwand}$$

Die Erstellung einer aus den Kennzahlen abgeleiteten Prognose nach mehreren Berichten ist nicht ganz einfach, denn die Prognose kann völlig unterschiedlich aussehen. In der folgenden Abbildung wird eine mögliche Interpretation (rechte Seite der Abbildung) der vorliegenden Berichte (linke Seite) dargestellt:

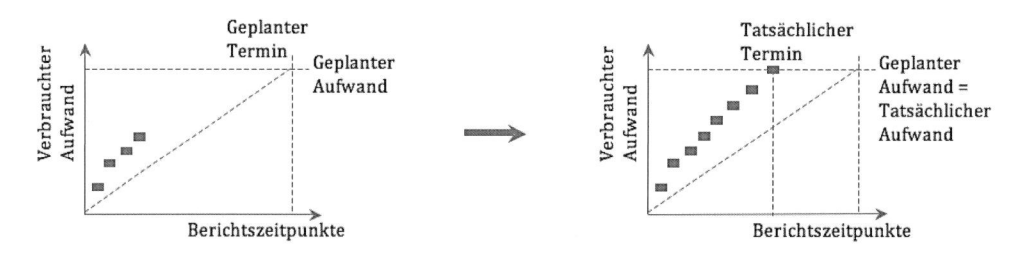

Abbildung 4-1: Mögliche Interpretation anhand der erfassten Aufwandszahlen (nach Hindel et al. 2009, 87). Die Diagonale stellt die „Ideallinie" dar, hinsichtlich der Aufwands- und Terminplanung.

In diesem Fall kann der Manager oder Controller nach den ersten Berichten folgern, dass die Mitarbeiter sehr gut in der Zeit sind und früher mit dem Projekt fertig werden als geplant. Das wäre natürlich ein Idealfall für alle Manager. Realistischer ist jedoch folgende Situation:

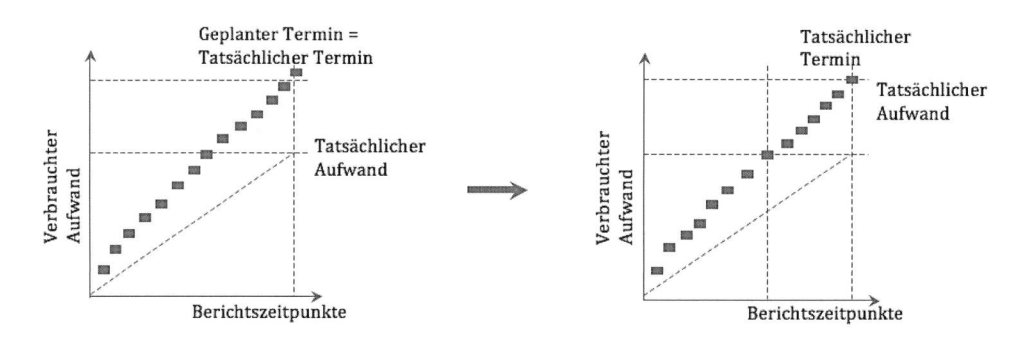

Abbildung 4-2: Eine andere Interpretation anhand der erfassten Aufwandszahlen (nach Hindel et al. 2009, 87).

4 Projektsteuerung und Projektkontrolle

In diesem Fall ist der Aufwand wesentlich höher als geplant, obwohl die Terminplanung eingehalten werden konnte. Diese Interpretation sollte ggf. durch Rückfragen abgesichert werden und es ist insbesondere wichtig, dass die Aufwandszahlen durch den Restaufwand ergänzt werden, den Fertigstellungsgrad und die Information, ob die Aktivität abgeschlossen ist. Natürlich gibt es auch noch den Fall, dass die Aufwandsplanung eingehalten werden konnte, nicht aber die Terminplanung. Wie das gemäß der obigen Darstellungsweise aussieht, ist leicht vorzustellen. Den schlechtesten Fall, dass beide Planungen nicht eingehalten werden konnten, stellen wir ebenso nicht dar und überlassen die Vorstellung Ihrer Phantasie bzw. vielleicht auch Ihrer eigenen Erfahrung.

Erfassung des Fertigstellungsgrads

Diese Erfassung erfolgt häufig in Prozentangabe, was erneut nicht unproblematisch ist (Hindel et al. aaO., 89):

$$geplanter\ Aufwand = \frac{erbrachter\ Aufwand}{Fertigstellungsgrad}$$

Es wird immer wieder darauf hingewiesen, dass die Problematik bei der Angaben des Fertigstellungsgrads im sog. 90%-Syndrom liegt (Hindel et al. 2009; Wieczorrek und Mertens 2008). Die Angaben zum Fertigstellungsgrad haben sehr häufig einen linearen, unauffälligen Verlauf, da die Entwickler zu Beginn eher optimistisch in ihren Angaben sind. Es kann jedoch auch schwierig sein, einen realistischen Fortschritt anzugeben, wenn die Entwickler nicht geschult sind, diesen in Kennzahlen anzugeben. Anfangs erfolgt daher zum Beispiel die Prozentangabe des Fertigstellungsgrads in 10-Schritten bis zur Grenze von ca. 75%. Dann merken die Entwickler, dass die Implementation doch schwieriger ist als gedacht, und werden vorsichtiger und geben die Angaben zum prozentualen Fortschritt immer geringer an. Dadurch entsteht eine asymptotische Kurve gegen 100%, die wie folgt aussieht:

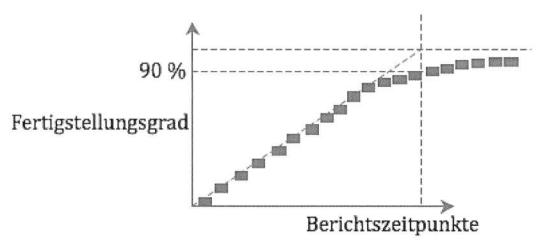

Abbildung 4-3: Das 90%-Syndrom (nach Hindel et al. 2009, 89)

Diese Kurve ähnelt stark der berühmten Paradoxie von Achilles, dem schnellsten Läufer der Griechen, und der langsamen Schildkröte, der Achilles zwar immer näher kommt, die er jedoch nie einholt. Wenn man dies berühmte Beispiel hier wörtlich überträgt, dann heißt das, dass eine endgültige Fertigstellung (= 100%) nie erreicht wird und dass von daher immer Abstriche gemacht werden müssen.

Glücklicherweise gilt diese Kurve nicht immer, sondern nur häufig, da es ja durchaus Projekte gibt, die tatsächlich zu 100% fertig werden (man kann auch mathematisch zeigen, dass und wo Achilles die Schildkröte eben doch einholt).

Erfassung des Restaufwands und des voraussichtlichen Endtermins

Alternativ kann der Restaufwand direkt berechnet werden, d. h., den noch zu erwartenden Aufwand bis zum Abschluss der Aktivität, um daraus die Zahlen für den Fertigstellungsgrad zu aktualisieren (Hindel et al., aaO., 90):

$$Fertigstellungsgrad = \frac{erbrachter\ Aufwand}{erbrachter\ Aufwand + Restaufwand}$$

Der Restaufwand stellt erneut eine unsichere Größe dar, da die Schätzwerte sich durch unvorhergesehene Probleme sehr schnell ändern können. Für die Erfassung der Informationen kann ein Berichtsformular verwendet werden, das einfach mit Excel erstellt werden kann.

In diesem Formular wird die weit verbreitete Ampelmethode eingesetzt, um die Einschätzung abzugeben: Der Berichtende beschreibt gemäß der Ampelfarben in drei Stufen seine Einschätzung hinsichtlich der Probleme, die sich auf Kosten, Termine, Funktionalität oder Qualität beziehen.

Die hier aufgezeigten Beispiele zeigen bereits die Problematik, den Fortschrittsgrad tatsächlich zu erfassen, umso mehr, da hier noch nicht einmal alle Einflussfaktoren berücksichtigt wurden. Allgemein lässt sich der Fortschrittsgrad in vier verschiedenen Kategorien einteilen, die für eine vollständige Rückmeldung notwenig sind (Ruf und Fittgau 2009):

- *funktionaler Fortschrittsgrad*: Beispiel: Die erstellen Programmfunktionen werden mit den geforderten Funktionen verglichen.
- *zeitlicher Fortschrittsgrad*: Vergleich zwischen geplanter und benötigte Dauer
- *ressourcenbezogener Fortschrittsgrad*: Bewertung der bisher benötigten Ressourcen (Personal- und Sachressourcen)
- *qualitativer Fortschrittsgrad*: dieser ist schwer zu messen und gehört zu den Aufgaben eines Controllers oder eines IT-Managers.

Einige Beispiele für die Fortschrittsmessung werden im Folgenden behandelt.

4.2.2 Fortschrittsüberwachung auf der Projektebene

Auf der Projektebene werden die Fortschrittsdaten von unten nach oben weiter gegeben, so dass der Projektleiter seinerseits genaue Angaben über den Projektfortschritt machen kann.

Oberhalb der Aktivitätenebene müssen viele Daten zusammengefasst werden, damit der tatsächliche Stand des Projektes auf einen Blick abgeleitet werden kann.

4 Projektsteuerung und Projektkontrolle 187

Es gibt zwei Verfahren für eher größere Projekte, nämlich die Meilenstandtrendanalyse und die Earned Value Analysis.

Meilenstandtrendanalyse

Meilenstandtrendanalyse (MTA) wird ebenso als „Termintrendanalyse" oder als „Zeit/Zeit-Diagramm" bezeichnet (Hindel et al. 2009). Mit der MTA ist es möglich sehr schnell festzustellen, wie sich die Projektmeilensteine im Laufe der Zeit entwickeln. Insbesondere die Korrekturen der Termine sind sehr leicht erkennbar.

Das Prinzip ist recht einfach, wie dem folgenden Diagramm zu entnehmen ist:

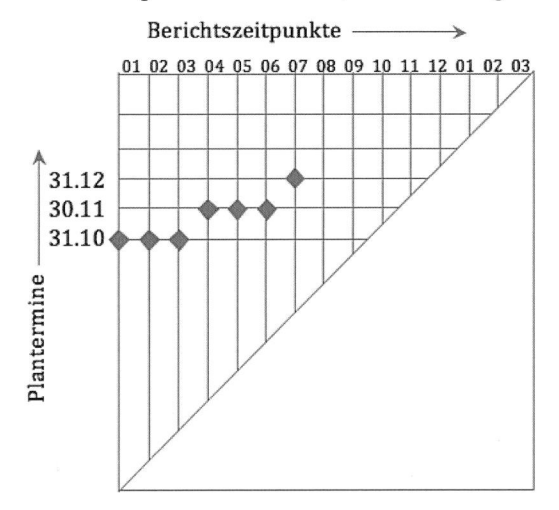

Abbildung 4-4: Meilensteinanalyse (Hindel et al. 2009, 94)

Die Daten sind wie folgt zu lesen:

In einer Achse werden die Berichtszeitpunkte festgehalten (angegeben für die Monate), auf der anderen Achse werden die Plantermine eingetragen. In dem obigen Beispiel wird ersichtlich, dass in den ersten drei Monaten der Termin 31.10. als Fertigstellungstermin angegeben wurde. Im April (04) wurde der Termin bereits auf den 30.11. gesetzt und im Juli war es klar, dass der Meilenstein nicht vor dem 31.12. realisiert werden kann.[61]

Earned Value Analysis

Earned Value Analysis (EVA) wird immer häufiger für die Fortschrittsbewertung eingesetzt. Mit einem kleinen Satz an Kenngrößen können Aussagen über die Kosten- und Terminsituation eines Projektes gemacht werden. Da es etliche

---

[61] Für weitere Details s. Hindel et al. 2009, 95ff

Variationen von EVA mit unterschiedlichen Kenngrößen gibt, wird hier nur exemplarisch gezeigt, welche Kenngrößen die wichtigsten sind und was für Aussagen getroffen werden können.

Zunächst müssen drei grundlegende Kenngrößen berechnet werden, nämlich: *Planned Value* (PV), *Actual Cost* (AC) und *Earned Value* (EV).

Die Kenngröße Planned Value (PV), auch als Budgeted Cost of Work Scheduled (BCWS) bekannt, gibt an, wie hoch die Kosten laut Kostenplanung für die Aktivität angesetzt waren.

PV = *Planmenge* ∗ *Planpreis*

Actual Cost (AC), oder Actual Cost of Work Performed (ACWP) ist die Kenngröße für die tatsächlichen Kosten der Aktivität. Die Informationen werden aus den Berichten für Personalaufwendungen und den sonstigen Kosten entnommen.

AC = *Istmenge* ∗ *Istpreis*

Earned Value (EV), oder Budgeted Cost of Work Performed (BCWP), bezeichnet den tatsächlichen Wert der geleisteten Arbeit. Hier wird demnach berechnet, was die Aktivität laut Plan hätte kosten sollen sowie der tatsächliche Arbeitsfortschritt. Der Wert ergibt sich aus den Plankosten multipliziert mit dem Fortschrittsgrad der Aktivität.

EV = *Istmenge* ∗ *Planpreis*

Aus diesen Werten werden weitere Kenngrößen berechnet:

- *Cost Variance* (CV): Maß für die Kosteneinhaltung

    CV = $EV - AC$ CV ist die Differenz zwischen dem Wert der geleisteten Arbeit und den tatsächlichen Kosten.

- *Schedule Variance* (SV): Maß für die Termineinhaltung bzw. für den Fortschritt laut Plan

    SV = $EV - PV$ SV ist die Differenz zwischen dem Wert der geleisteten Arbeit und den geplanten Kosten zum Berichtszeitpunkt.

Aus diesen Kenngrößen kann das *Earned Value* berechnet und in einem Diagramm dargestellt werden:

4 Projektsteuerung und Projektkontrolle

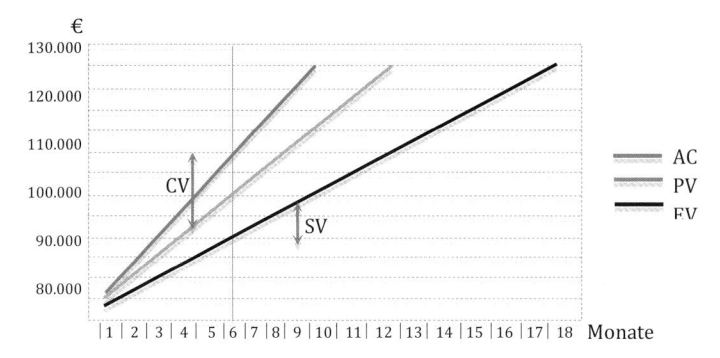

Abbildung 4-5: Beispiel für Earned Value (nach Hindel et al. 2009, 97)

In diesem Beispiel wird davon ausgegangen, dass ein Projekt über 12 Monate laufen und 120.000 € kosten soll (es fallen nur Personalkosten an). Die graue Linie als lineare Darstellung der Kosten über ein Jahr steht für PV, das nach 6 Monaten 60.000 € beträgt. Der AC-Wert ist jedoch bei 80.000 € angelangt, da mehr Personalkosten durch zusätzliches Personal entstanden sind. Der Arbeitsfortschritt ist jedoch nur bei 33% und nicht wie vorgesehen bei 50%, da unerwartete Probleme aufgetreten sind. Der EV beträgt demnach: 0.33 * 120.000€ = 40.000€. CV ergibt sich dann: 40.000€ - 80.000€ = -40.000€. Die geleistete Arbeit hat demnach 40.000 € mehr gekostet als geplant. SV beträgt 40.000 € - 60.000 € = -20.000 €, d. h. der Arbeitsfortschritt liegt um 20.000 € zurück.

Zusätzliche Kenngrößen können ermittelt werden wie der *Cost Performance Index* (CPI) und der *Schedule Performance Index* (SPI)

Der Cost Performance Index (CPI) bezeichnet das Verhältnis zwischen dem Wert der geleisteten Arbeit und den tatsächlichen Kosten.

Der CPI wird wie folgt berechnet:

$$CPI = EV + AC$$

Der CPI lässt sich wie folgt interpretieren:

CPI > 1: Der Personalaufwand war geringer als geplant, es wurde effizient gearbeitet oder es wurden anfänglich zu viele Puffer eingebaut.

CPI = 1: Der Kostenplan wird eingehalten.

CPI < 1: Der Personalaufwand war höher als geplant oder es wurde nicht effizient gearbeitet. Es können auch unerwartete technische Probleme aufgetreten sein (insbesondere wenn SPI < 1).

Der *Schedule Performance Index* (SPI) berechnet das Verhältnis zwischen dem Wert der geleisteten Arbeit und den für den Berichtszeitpunkt geplanten Kosten.

Der SPI-Wert wird nach der Formel berechnet:

$$SPI = EV + PV$$

Der SPI-Wert wird wie folgt interpretiert:

SPI > 1: Die Aufgabe war leichter als angenommen. Im Zusammenhang mit CPI < 1 ist davon auszugehen, dass der SPI-Wert nur durch einen höheren Personalaufwand erreicht wurde. Eventuell wurden zu viele Puffer eingebaut.

SPI = 1: Der Zeitplan wird eingehalten.

SPI < 1: Eventuell zu geringer Personaleinsatz, insbesondere wenn CPI > 1. Es können auch unerwartete Probleme aufgetreten sein, insbesondere wenn CPI < 1.

CPI = 40.000 € ÷ 80.000 € = 0.5 (die Arbeit war doppelt so teuer als geplant)

SPI = 40.000 € ÷ 60.000 € = 0.66 (erst 66% der Arbeit wurde zum Berichtszeitpunkt geleistet, somit liegt die Arbeit um 33% zurück)

CPI und SPI stellen eine Möglichkeit dar, mit nur zwei Kennzahlen den genauen Zustand des Projektes zu beurteilen. Im Optimalfall pendeln diese beiden Werte um 1 herum (Hindel et al. 2009, Pfetzing und Rohde 2009):

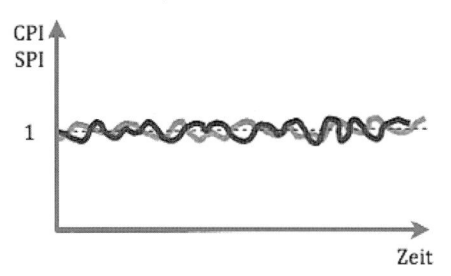

Abbildung 4-6: CPI- und SPI-Werte in einem gut geplanten Projekt (Hindel et al. 2009, 99)

Eine weitere Kenngröße, die berechnet werden kann, ist die *Estimate at Completition* (EAC), in der die Gesamtkosten auf Grund der aktuellen Projektsituation prognostiziert werden können:

$$EAC = BAC \div CPI \quad BAC = \textit{Budget at Completition} = \textit{ursprünglich geplante Gesamtkosten}$$

Es gibt noch weitere Kenngrößen und Auswertungen, die hier nicht weiter behandelt werden. Da in der Literatur keine einheitliche Formelangabe vorherrscht, muss dies bei der Berechnung und Interpretation der Kennzahlen beachtet werden und insbesondere müssen die Formeln für die Prognose entsprechend angepasst werden. Zum Beispiel ist der Unterschied nicht unerheblich, wenn der CPI-Wert dadurch berechnet wird, dass die Soll-Kosten durch Ist-Kosten geteilt werden, wodurch sich in dem Beispiel der Wert 0,5 ergibt, oder ob die Ist-Kosten durch Soll-Kosten geteilt werden. In diesem Fall wäre der Wert 2 (80.000 ÷ 40.000). Es ist evident,

4 Projektsteuerung und Projektkontrolle

dass die weiteren Berechnungen erheblich abweichen können, wenn die Formeln nicht einheitlich verwendet werden (Bea et al. 2008).[62]

Grundsätzlich ist zu bedenken, dass Fehler bei den Berechnungen auftreten können, falls nicht genügend Aktivitäten im Projekt vorhanden sind. Es sollte demnach darauf geachtet werden, dass viele kleine Aktivitäten im Vergleich zu der Gesamtdauer des Projektes vorhanden sind, um sich auf die Berechnungen verlassen zu können. Daher ist es einsichtig, dass die Earned Value Analyse eher für große Projekte geeignet ist, die sich in viele kleinen Aktivitäten unterteilen lassen.

Abschließend lässt sich festhalten, dass der Fortschrittsgrad nach verschiedenen Methoden ermittelt werden kann, wobei die Effizienz einer jeder Methode von der Genauigkeit der erhobenen Daten abhängt. Gadatsch (2008) unterscheidet die Messung des Fortschrittsgrads nach folgenden Kriterien:

Tabelle 4-1: Berechnung des Fortschrittsgrads (vereinfacht nach Gadatsch 2008, 95)

Methode	Methode / Berechnung
Mengenproportionaler Fortschrittsgrad	$GF\% = \dfrac{Ist - Leistungsmenge}{Plan - Leistungsmenge} * 100$
Zeitproportionaler Fortschrittsgrad	$FG\% = \dfrac{Ist - Zeitdauer}{Plan - Zeitdauer} * 100$
Meilensteinorientierter Fortschrittsgrad	$GF\% = \dfrac{Anzahl\ erreichter\ Meilensteine}{Gesamtzahl\ Meilensteine} * 100$
(geschätzter) qualitativer Fortschrittsgrad	$FG\% = subjektiv\ geschätzer\ FG$

Die Problematik besteht grundsätzlich darin, wie bereits mehrfach betont, realistische Messgrößen zu finden, um den Projektfortschritt zu erfassen. Da jede Änderung eine Auswirkung auf die Projektplanung sowie auf die Berichtserstattung hat, muss ein Konfigurations- und Änderungsmanagement stattfinden. Für jede Softwareentwicklung ist ein Versionsmanagement als Teil des Konfigurationsmanagements unumgänglich, um Katastrophen zu vermeiden. Diese Formen des Managements werden in den folgenden Abschnitten näher erläutert.

---

[62] Für weitere Details siehe Hindel et al. 2009; Ruf und Fittgau 2008; Gadatsch 2008.

Allerdings geht es auch anders, Probleme der Fortschrittsanalyse zu lösen, was wir mit einer weiteren Anwendung von SEN sowie zweier weiterer Evolutionärer Algorithmen zeigen wollen. Damit wollen wir nicht sagen, dass die dargestellten Methoden obsolet wären, sondern nur, dass sich die Verwendungen eines SEN und Evolutionärer Algorithmen als Ergänzungen der bisher behandelten Verfahren durchaus anbieten können.

4.3   Fallbeispiel: Fortschrittsanalyse von Projekten auf der Basis eines SEN

Management von Projektportfolios hat auf den ersten Blick wenig mit der Fortschrittsanalyse einzelner Projekte zu tun. Bei dieser Art des Management geht es explizit nicht primär um die Analyse einzelner Projekte sondern um die Optimierung von Projektportfolios und damit verbunden um die Entscheidung, ob ein neues Projekt aufgenommen werden soll oder nicht (vgl. Mach et al. 2004). Dazu werden wir im Folgenden ein Beispiel geben. Allerdings müssen die Projekte, die in das Folio aufgenommen werden, also als gut klassifiziert wurden, regelmäßig überprüft werden, ob sie dieser Klassifizierung noch gerecht werden und ob es sich eventuell sogar empfiehlt, das Projekt abzubrechen. Insofern ergibt sich aus dem Management des Projektportfolios die Aufgabe der Fortschrittsanalyse und einer daraus resultierenden Bewertung der jeweiligen Projekte. In diesem Fallbeispiel wird gezeigt, inwiefern die Klassifikation eines neuen Projekts zur Aufnahme in das entsprechende Portfolio führt; das entspricht einem realen Prozess. Anschließend wird eine fiktive Veränderung der Charakteristika des neu aufgenommen Projekts eingeführt, die zu einer erneuten und zwar eher negativen Bewertung des Projekts führte. Beide Klassifikationen wurden durch ein SEN durchgeführt.[63]

Aufgabe des Modells ist es, neue Projekte in die Kategorien „erfolgreich", „mittel" („stuck in the middle") und „nicht erfolgreich" einzuordnen. Natürlich ist auch eine differenziertere Kategorisierung möglich, aber für die hier intendierte Beschreibung der Unterstützung des Portfoliomanagements durch ein SEN ist diese einfache Form ausreichend. Für die Einordnung ist maßgeblich, in welchem Grad ein Projekt insgesamt 27 Kriterien (Attribute) erfüllt; der Grad wird in reellen Zahlen zwischen 0 und 1.0 angegeben. Die Kriterien sind in „quantitative" und „qualitative" Kriterien unterteilt. Zur Verdeutlichung zeigen wir einen Teil der quantitativen Kriterien in Tabelle 4-2:

---

[63]   Nina Chengappa, Andrea Groß und Meike Hill realisierten dies Modell.

4 Projektsteuerung und Projektkontrolle

Tabelle 4-2: Ausgewählte quantitative Kriterien

Kriterium	Erläuterung
Kapitalwert	Die Summe der Barwerte aller durch diese Investition verursachten Zahlungen. Durch Abzinsung auf den Beginn der Investition werden Zahlungen, die zu beliebigen Zeitpunkten anfallen, vergleichbar gemacht ; Contra: Komplexe Berechnung
Interner Zinsfuß	Mittlere Rendite einer Investition. Ist der Interne Zinsfuß größer als der Kalkulationszinsfuß ist die Investition wirtschaftlich.
Anzahl betroffener Mitarbeiter	Hier dient ein einfaches Rating-Schemata zur Bewertung. Diese Ratingklassen können z. B. hoch-mittel-niedrig sein.
Projektdauer	Welchen zeitlichen Rahmen hat das Projekt? Sprechen zeitliche Gründe evtl. gegen das Projekt?
Kundenzufriedenheit	Die Verbesserung des Kundenservice führt zur höheren Kundenzufriedenheit, welche wiederum die Kundenbindung erhöht

Im Modell werden natürlich auch die quantitativen Kriterien durch Ordinalwerte dargestellt, da es ja um den Erfüllungsgrad geht.

In der nächsten Tabelle wird ein Auszug aus den qualitativen Kriterien gezeigt, für die selbstverständlich die entsprechende Ordinalbewertung gilt.

Tabelle 4-3: Einige qualitative Kriterien

Kriterium	Erläuterung
Produktqualität	Verbesserte Produktqualität bewirkt erhöhte Zufriedenheit der Kunden
Verbindung zur Unternehmensstrategie	Trägt das Projekt zur Erreichung der strategischen Ziele des Unternehmens bei?
Verbindung zur Geschäftsbereichsstrategie	Passt bspw. ein geplantes IT-Vorhaben in die technische Architektur des Unternehmens?
Einführungsrisiken	Welche Risiken bestehen in der Implementierungsphase, die das Projekt verteuern, zu Zeitüberschreitungen führen oder das Projekt zum Scheitern verurteilen können?
Projektportfoliozugehörigkeit	Passt das Projekt ins Portfolio des Unternehmens?

Erfolgreiche Projekte sind natürlich solche, die die meisten oder alle Kriterien erfüllen bzw., wie bei dem Kriterium der Risiken, nur niedrige Werte aufweisen. Entsprechend ist die Einordnung in die anderen Kategorien zu verstehen. Als Referenztypen für das SEN werden dann idealtypisch drei Projekte definiert, die in allen Kategorien die besten, mittlere und schlechte Werte aufweisen. Vom Visualisierungsalgorithmus werden die drei Referenztypen an die Peripherie des Visualisierungsraums platziert.

Als neues zu klassifizierendes Projekt wurde eines ausgewählt, das tatsächlich von uns selbst 2009 im Auftrag der Deutschen Telekom durchgeführt worden war. Es handelte sich dabei um die Aufgabe, ein Modell für eine Prognose über den möglichen Verkaufserfolg neuer Handymodelle zu erstellen. Wir zeigen hier allerdings dies Modell nicht, da es im nächsten Kapitel etwas genauer beschrieben wird. Die charakterisierenden Werte für die verschiedenen Kriterien wurden den drei Studentinnen, die das Portfoliomodell erstellten, von uns gegeben. Allerdings müssen wir, dem Ergebnis der Simulation vorgreifend, zu unserer Ehrenrettung anmerken, dass wir diese Werte für die einzelnen Kriterien dem Manager der Deutschen Telekom zur Überprüfung gegeben hatten, der für unser Telekomprojekt als Kontaktmann für uns fungierte. Er bestätigte unsere Werte in jeder Hinsicht.[64]

Das Ergebnis der Simulation zeigt die folgende Abbildung:

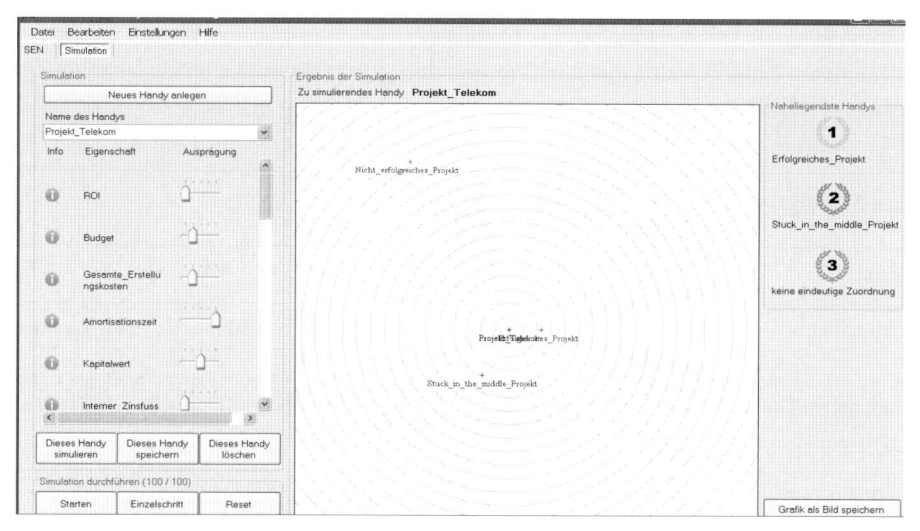

Abbildung 4-7: Ergebnis der Klassifizierung durch das SEN

---

[64] An dieser Stelle möchten wir dem fraglichen Manager, Herrn Wolfram Mach, für seine liebenswürdige Unterstützung danken.

4 Projektsteuerung und Projektkontrolle

Offensichtlich wurde unser Telekomprojekt vom SEN in die beste Kategorie eingestuft. Auch diese Einstufung wurde von unserem Kontaktmann voll bestätigt, was uns natürlich auch nachträglich noch erfreute.

Die folgende Fortschrittsanalyse ist nun allerdings völlig fiktiv und soll lediglich zeigen, dass diese Modellierungsmethode, die eine Entscheidungsunterstützung hinsichtlich einer Ergänzung des Projektportfolios bezüglich eines neuen Projekts liefern kann, auch für eine Fortschrittsanalyse des aufgenommenen Projekts sinnvoll eingesetzt werden kann. Dazu wurde angenommen, dass das Telekomprojekt im Verlauf der Realisierung einige Schwächen aufwies: Beispielsweise wurde das Budget überzogen, die abgesprochenen Terminpläne wurden nicht eingehalten, der Prototyp der Software entsprach nicht den Wünschen des Kunden und andere Defizite mehr. Deswegen erwies es sich als sinnvoll aufgrund dieser noch informellen Fortschrittsanalyse das Telekomprojekt erneut vom SEN klassifizieren zu lassen und zwar natürlich mit den neuen fiktiven Werten für verschiedene Kategorien. Das Ergebnis dieser fiktiven Klassifizierung zeigt Abbildung 4.8:

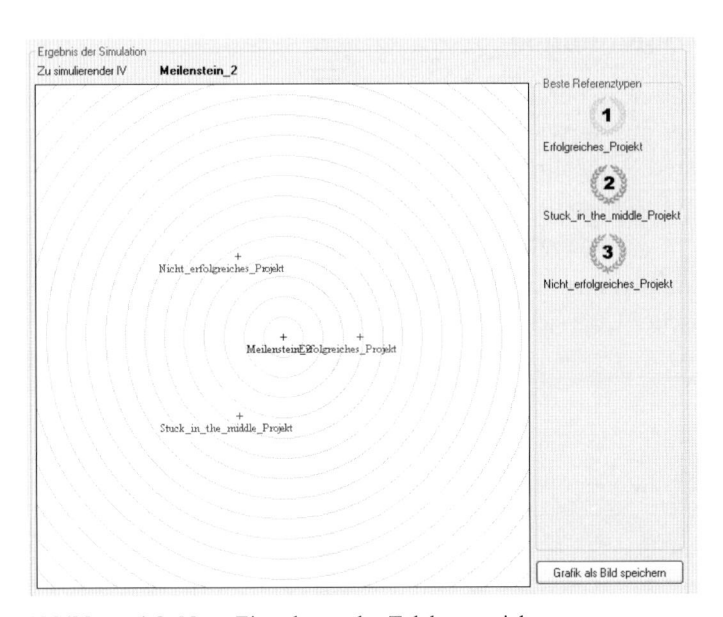

Abbildung 4-8: Neue Einordnung des Telekomprojekts

Man sieht, dass die Einordnung unseres realen Projekts sich verschlechtert hat – glücklicherweise nicht in der Realität. Die verantwortlichen Manager bei der Deutschen Telekom hätten hier intervenieren müssen, denn das Projekt wird zwar als erfolgreich eingestuft, die Kategorie „Erfolgreiches Projekt" entfernt sich jedoch vom Zentrum durch die veränderte Eingabe der Situation bei der Überprüfung eines Meilensteins. Darüber hinaus wird „nicht erfolgreiches Projekt" näher herangezogen. Somit kann frühzeitig eine Veränderung im Projekt wahrgenommen und beobachtet werden.

Eine weitere Möglichkeit, die Fortschrittsanalyse durch Verwendung der von uns behandelten Modelle zu unterstützen, soll noch einmal am Problem der Zeitpuffer durch zwei weitere Fallbeispielen dargestellt werden. Wir wiesen bei den vorher thematisierten Problemen regelmäßig auf die Notwendigkeit hin, die zeitlichen Kriterien für die Projektrealisierung ständig zu überprüfen. Insbesondere wird sich immer wieder ergeben, dass trotz bester Zeitpufferplanung – evtl. durch eine ES oder ein SA – der tatsächliche Verlauf des Projekts von den anfänglich angenommenen Zeitbedingungen wesentlich abweicht. Das ist auch u. a. bei der fiktiven Verschlechterung des Telekomprojekts angenommen worden. Dann ist auf der Basis der mittlerweile bekannten Zeitsituation auch häufig eine erneute Bestimmung der erforderlichen Zeitpuffer erforderlich. Deswegen stellen wir, wie angekündigt, zwei weitere Möglichkeiten zur Zeitpufferoptimierung vor, nämlich den Genetischen Algorithmus (GA) sowie den von uns neu entwickelten Regulator Genetischer Algorithmus (RGA).[65]

4.4 Fallbeispiel: Lösung des Zeitpufferproblems durch einen Genetischen Algorithmus

Da der Genetische Algorithmus bereits im vorigen Kapitel allgemein dargestellt wurde, braucht darauf hier nur verwiesen zu werden. Die Grundlogik ist – wie bei der ES und beim Simulated Annealing - wieder die gleiche, nämlich die formale Repräsentation des Gesamtprojekts in Form eines Vektors.

Eine Anwendung eines GA auf das oben behandelte Zeitpufferproblem sieht dann beispielsweise folgendermaßen aus; wir stellen wieder die wichtigsten Parametereinstellungen in tabellarischer Übersicht dar:

---

[65] Wie beim ES-Beispiel und dem SA-Modell übernehmen wir hier die Realisierungen von Ingo Witt in seiner Diplomarbeit.

Tabelle 4-4: Parametereinstellungen für den GA

Population	
Populationstyp:	reell
Vektorlänge:	8
Populationsgröße:	30
Bewertung	
Bewertungsfunktion:	Fitnessfunktion wie bei ES und SA
Selektion	
Selektionsschema:	Roulette Wheel Selection
Heiratsschema:	Rank Selection
Rekombination:	Uniform Crossover
Mutation	
Mutationsrate:	4%
Mutationsweite:	1
Ersetzung:	
Ersetzungsschema:	Standard-elitistisches Verfahren

Die Populationsgröße wird auf 30 festgelegt. Das bedeutet, dass jede Generation 30 potentielle Lösungen für die Pufferzeiten des Projektes liefert. Im Verlauf des GA werden diese 30 Vektoren entsprechend des im Pseudocode vorgestellten Ablaufs rekombiniert und mutiert. Als Bewertungsfunktion wird die im vorigen Kapitel vorgestellte Funktion verwendet. Das Selektionsschema Roulette Wheel Selection bietet in Kombination mit dem Heiratsschema Rank Selection die Möglichkeit, Vektoren mit unterschiedlicher Güte zur Rekombination auszuwählen. Roulette Wheel Selection bedeutet vereinfacht gesprochen eine Zufallsauswahl, Rank Selection eine Wahl nach den besten Fitnesswerten. Dabei ist die Wahrscheinlichkeit, dass gute Vektoren ausgewählt werden, relativ hoch. Es können aber ebenso zwei schlechtere Vektoren selektiert werden, die rekombiniert zumindest einen besseren Vektor ergeben. Für ein klassisches Ein-Punkt- oder Zwei-Punkt-Crossover als Rekombinationsverfahren bietet die Problemstellung keine sinnvolle Bruchstelle der Vektoren. Deswegen wird das Uniform Crossover ausgewählt, um die Vektoren an zufälligen und unterschiedlichen Positionen zu kreuzen und so möglichst vielfältige Kindvektoren zu erhalten.

Die Mutationsrate von 4% bewirkt, dass ca. 10 Elemente, also Puffer von Teilprojekten, jeder Generation variiert werden. Die Mutationsweite von 1 ist dabei sehr wichtig, da auch kleine Veränderungen um 0.1 große Auswirkungen auf den Fitnesswert haben können. Mutationsweite bedeutet, wie bei der ES, den Wert, um den bei reeller Codierung eine Vektorkomponente verändert wird. Als Ersetzungsschema wird das standard-elitistische Verfahren ausgewählt. Dieser elitistische Verlauf ist notwendig, da sonst, auf Grund des Selektions- und Heiratsschemas, kein dauerhaftes Optimum erreicht werden kann. Allerdings wirken diese beiden Schemata auch einer zu schnellen Homogenisierung der Population entgegen, so dass ein nicht-elitistisches Ersetzungsschema nicht notwendig ist.

Der Genetische Algorithmus erzielt in den meisten Fällen das beste erreichte Optimum mit einem Fitnesswert von 61.3. Dabei wird fast immer in den ersten fünfzig Generationen ein Fitnesswert über 60 erreicht, und dieser dann innerhalb der nächsten sechzig Generationen weiter verbessert. Dies bedeutet, dass der GA im Schnitt ca. achtzig Generationen benötigt, um das beste erreichte Optimum zu erlangen. Anschließend endet der Ablauf in einem Attraktor, da das Optimum auf Grund des elitistischen Ersetzungsschemas nicht wieder verlassen wird.

Auf die Problemstellung angewendet bedeutet das Ergebnis von (0, 0.3, 0, 0, 0.2, 0.5, 0, 0.8), dass für die Teilprojekte Pufferzeiten von 0, 0.3, 0, 0, 1, 2.5, 0 und 1.6 empfohlen werden. Der GA ist damit besser als die ES und in etwa gleichwertig zum SA.

4.5 Fallbeispiel: Bearbeitung des Zeitpufferproblems durch einen Regulator Genetischen Algorithmus

Die heuristische Orientierung der etablierten Evolutionären Algorithmen an der biologischen Evolution basiert, wie bereits im vorherigen Kapitel dargestellt, auf der sog. *Modern Synthesis*; diese besagt, dass es Gene gibt, die die ontogenetische Entwicklung des Organismus determinieren, und dass auf diesen Genen die Variation, nämlich Mutation und Rekombination operiert. Gesteuert wird der gesamte Prozess durch die Selektion auf der Ebene des Phänotypus. Wesentlich dabei ist vor allem die Annahme, dass es nur einen Typus von Genen gibt, auch wenn jedes Gen unterschiedliche Entwicklungsaufgaben wahrnimmt. Dieser Annahme folgen, wie gezeigt wurde, die bisher entwickelten Evolutionären Algorithmen, was auch für das erwähnte Genetische Programmieren und das Evolutionäre Programmieren gilt.

Seit einiger Zeit ist jedoch der evolutionären Molekularbiologie deutlich geworden, dass es mindestens zwei verschiedene Gentypen mit deutlich unterschiedlichen Funktionen gibt.[66] Der eine Typus wird als „Baukastengene" bezeichnet und entspricht im wesentlichen der Genvorstellung, die noch für die Modern Synthesis charakteristisch war, also die Determination der individuellen Ontogenese durch Ausprägung der einzelnen Körpereigenschaften. Der zweite Typus, der bereits

---

[66] Tatsächlich wird gegenwärtig sogar angenommen, dass es drei Typen von Genen gibt, wovon hier allerdings abstrahiert wird.

4 Projektsteuerung und Projektkontrolle

Ende der Sechziger durch Jacob und Monod entdeckt wurde, wird als *Steuergen* oder auch als *Regulatorgen* bezeichnet. Diese Gene bestimmen nicht die Entwicklung spezieller Eigenschaften, sondern „steuern" die Baukastengene, indem sie diese an- oder abschalten. Ob also bestimmte Baukastengene aktiv sind und dadurch die Entwicklung spezifischer Eigenschaften ermöglicht werden, entscheidet sich danach, ob die jeweiligen Steuergene selbst aktiv sind oder nicht. Die biologische Evolution findet also nicht nur durch die Entstehung bestimmter Baukastengene statt, sondern auch durch die Entstehung von Steuergenen (vgl. dazu Carroll 2008).[67]

Ein mathematisches Modell, also ein Evolutionärer Algorithmus, der diesen molekularbiologischen Erkenntnissen als heuristische Grundlage Rechnung trägt, lässt sich dann folgendermaßen charakterisieren:

Die traditionellen Evolutionären Algorithmen sind formal als eindimensionale Systeme – wie die Vektoren in den Fallbeispielen – auffassen, deren Elemente durch die genetischen Operatoren von Mutation und Crossover miteinander verbunden sind. Genauer gesagt bestehen diese Systeme aus einer Population eindimensionaler Teilsysteme, was jedoch die Dimensionszahl des Gesamtsystems nicht erhöht. In der folgenden Abbildung wird dies noch einmal verdeutlicht mit einer Population aus zwei eindimensionalen Elementen:

1	1	0	1	1	0	0	0	1	1	0	1	1	0	0	0
1	1	0	1	1	0	0	0	1	1	0	1	1	0	0	0

Abbildung 4-9: Zwei eindimensionale Elemente einer Population Evolutionärer Algorithmen

Ein Regulator Genetischer Algorithmus (RGA) ist demgegenüber ein zweidimensionales System – wieder genauer: besteht aus einer Population zweidimensionaler Teilsysteme –, das durch die Verknüpfungen zwischen der Ebene der Regulatorgene und der der Baukastengene eine einfache topologische Struktur erhält. Dies lässt sich folgendermaßen visualisieren:

---

[67] Damit lässt sich z. B. erklären, warum so verschiedene Organismen wie Mäuse und Menschen ungefähr die gleiche Anzahl von Genen auf der Baukastenebene haben, aber phänotypisch völlig verschieden sind. Menschen haben nämlich wesentlich mehr Regulatorgene.

```
┌─┬─┬─┬─┐
│1│1│0│0│
└─┴─┴─┴─┘
```

```
┌─┬─┬─┬─┬─┬─┬─┬─┬─┬─┬─┬─┬─┬─┬─┬─┐
│1│1│0│1│1│0│0│0│1│1│0│1│1│0│0│0│
└─┴─┴─┴─┴─┴─┴─┴─┴─┴─┴─┴─┴─┴─┴─┴─┘
```

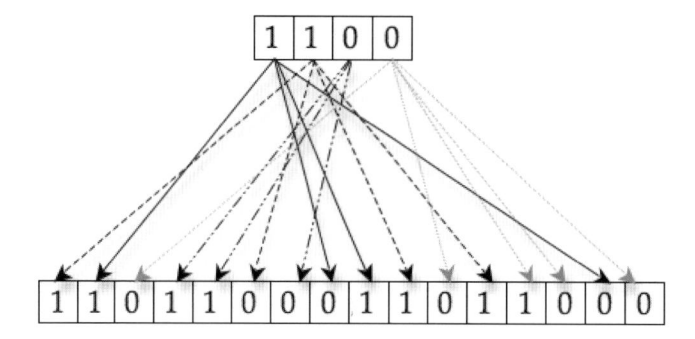

Abbildung 4-10: Bild eines Elements eines RGA-Systems

Gemäß dem biologischen Vorbild gibt es wesentlich weniger Regulatorgene als Baukastengene, was bedeutet, dass jedes Regulatorgen mehr als ein Baukastengen steuert. In Anlehnung an eine topologische Terminologie lasen sich dann die mit einem Regulatorgen verknüpften Baukastengene als „Umgebung" des Regulatorgens bezeichnen; hier ist jedoch, im Gegensatz beispielsweise zu Zellularautomaten, „Umgebung" keine symmetrische Relation sondern eine antisymmetrische. Im einfachsten Fall einer binären Codierung beider Ebenen bedeutet eine 1 als Wert eines Regulatorgens, dass die mit ihm verknüpften Baukastengene aktiviert sind und damit eine bestimmte Funktion erfüllen; ist ein Regulatorgen im Zustand 0, dann bleiben die entsprechenden Baukastengene inaktiv.

Man braucht natürlich nicht bei einer binären Codierung zu bleiben, sondern kann für eine oder beide Genebenen reelle Codierungen einführen. Ein Regulatorgen, das z. B. im Zustand 0.5 ist, schaltet dann die entsprechenden Baukastengene mit einer mittleren Intensität ein, d. h., die Funktion der Baukastengene wird nur zu einem mittleren Maße aktiviert.

Eine Bewertungsfunktion operiert nur auf dem Baukastenvektor. Dies entspricht insofern dem biologischen Vorbild, da nur durch die Baukastengene ein Phänotyp gebildet wird und nur dessen Fitness bewertet wird. Ein Regulatorvektor ist nämlich für sich genommen weder gut noch schlecht, sondern immer nur in Bezug auf einen Baukastenvektor zu bewerten. Wenn eine reelle Codierung vorliegt, dann muss die Bewertungsfunktion natürlich berücksichtigen, in welchem Maß ein Baukastengen aktiviert worden ist.

Als genetische Operatoren fungieren beim RGA die gleichen wie bei den herkömmlichen Evolutionären Algorithmen, also Mutation und Rekombination. Hierbei ist allerdings folgendes zu beachten: Bei den etablierten Evolutionären Algorithmen operieren die genetischen Operatoren nur auf einer Ebene, nämlich den Vektoren, die das jeweilige Problem repräsentieren – s. die Beispiele für die ES und den GA. Beim RGA erhöht sich die Anzahl der Möglichkeiten, die genetischen Operatoren einzusetzen, in fast schon dramatischer Weise: Es gibt insgesamt sieben Möglichkeiten, die Variationen vorzunehmen, nämlich a) auf der Ebene der

4 Projektsteuerung und Projektkontrolle

Regulatorvektoren, b) auf der Ebene der Baukastenvektoren, c) auf beiden Ebenen zugleich, d) eine Variation der Verknüpfungen, also ähnlich wie bei neuronalen Netzen eine Variation der Systemtopologie, e) und f) jeweils Variationen auf einer Genebene und der Verknüpfungen und schließlich g) Variationen beider Genebenen sowie der Verknüpfungen. Es ist natürlich eine Frage des jeweiligen Problems, welche der Ebenen variiert werden soll bzw. ob auch oder nur die Verknüpfungen der Variation unterzogen werden sollen (s. u.).

Erste Experimente mit dem RGA, deren Ergebnisse natürlich nicht generalisiert werden können, zeigten übrigens, dass gar nicht selten die Variation der Verknüpfungen gemeinsam mit der Variation der Regulatorvektoren die besten Ergebnisse brachten.[68] Unter anderem wiederholten wir das kleine Beispiel, das zur Illustration der Rekombination bei der ES gebracht wurde, nämlich binäre Vektoren so zu optimieren, dass am Ende nur Vektoren mit allen Komponenten im Zustand 1 übrig blieben. Wir nahmen allerdings nicht fünfdimensionale Vektoren, sondern Vektoren mit der Dimension 1500. Bei dieser logisch simplen aber rechenaufwendigen Aufgabe zeigte es sich, dass der RGA mit einer Variation nur der Regulatorvektoren einem Standard-GA in Bezug auf die Schnelligkeit deutlich überlegen war. Dies liegt in diesem Fall ganz einfach daran, dass die Regulatorvektoren wesentlich kleiner waren als die Baukastenvektoren und deshalb deutlich weniger Zeit für die optimale Variation benötigten. Es kann durchaus sein, dass die biologische Evolution dies ebenfalls ausnützt, nämlich nicht unbedingt die großen Baukastengenome zu variieren, sondern die viel kleineren Regulatorgenome.[69]

Bei einer Anwendung auf das Zeitpufferproblem wurde nur die Möglichkeit ausgenutzt, die Regulatorvektoren und die Baukastenvektoren zu variieren. Dies zeigt die folgende tabellarische Übersicht:

---

[68] Diese Experimente führte Markus Meijer im Rahmen seiner Diplomarbeit durch, der auch einen RGA mit einem GA in Bezug auf Optimierung von Raumbelegungsplänen einer Universität verglich. Der RGA war gewöhnlich dem GA mindestens gleichwertig.

[69] Literaturrecherchen und Befragungen von Genetikern erbrachten leider keine Antwort auf die Frage, welche Variationen von den sieben logisch möglichen die Natur tatsächlich durchführt. Wahrscheinlich experimentiert die Natur abwechselnd mit unterschiedlichen Möglichkeiten, da sich ja Veränderungen in der Evolution sowohl auf beiden Genebenen als auch bei den Verknüpfungen nachweisen lassen. Die Genetik hat anscheinend dies Problem noch nicht systematisch untersucht.

Tabelle 4-5: Parameter

Population	
Steuervektoreinstellungen	
Populationstyp:	ternär
Vektorlänge:	3
Populationsgröße:	30
Baukastenvektoreinstellungen	
Populationstyp:	reell
Vektorlänge:	8
Steuerung	
manuelle Verknüpfung:	1:{1,6,7},2:{2,8},3:{3,4,5}
Variationsweite:	1
Bewertung	
Bewertungsfunktion:	Fitnessfunktion wie bei ES, GA und SA
Selektion	
Selektionsschema:	Roulette Wheel Selection
Heiratsschema:	Rank Selection
Rekombination:	Uniform Crossover
Mutation	
Mutationsrate:	4%
Mutationsweite:	1
Arbeite mit dem besten Baukastenvektor weiter	ja
Ersetzung:	
Ersetzungsschema:	Nicht-elitistisches Verfahren

Die Projekte werden auch im RGA durch die – in diesem Fall Baukastenvektor genannten – reell codierten Vektoren der Länge 8 abgebildet. Die hier zusätzlichen Steuervektoren können beispielhaft betrachtet als Projektmanager aufgefasst werden, die Einfluss auf die Projekte bzw. deren Pufferzeiten haben und diese dadurch variieren. Die Steuervektoren werden ternär codiert, damit es auch möglich ist, dass sie nicht steuern, also keinen Einfluss ausüben; eine 1 bedeutet, dass die jeweiligen Baukastengene verändert wird, eine 0, dass nichts verändert wird und eine -1, dass die Verknüpfung deaktiviert wird. Die Steuervektorlänge wird auf 3 festgelegt, um dadurch drei Kategorien der Teilprojekte abbilden zu können.

Die ersten beiden Kategorien stehen entweder für risikoreich zu charakterisierende Arbeitspakete oder für solche, die vermutlich keinen Puffer benötigen. Die dritte Kategorie ist für Vorgänge gedacht, für die keine dieser Aussagen zutrifft oder die nicht genau eingeordnet werden können. Die Populationsgröße der Steuervektoren beträgt 30, was im übertragenen Sinne bedeutet, dass 30 Projektleiter jeweils ihren durchaus unterschiedlichen Einfluss ausüben wollen. Als Steuerung wird dafür die manuelle Verknüpfung gewählt. Die Eingabe 1:{1,6,7}, 2:{2,8}, 3:{3,4,5} besagt dabei, dass z. B. das erste Steuervektorelement das erste, sechste und siebte Baukastenvektorelement variiert. Zum ersten Steuervektorelement werden die indifferenten, zum zweiten die risikoreichen und zum dritten die vermutlich pufferlosen Teilprojekte gruppiert. Die Variationsweite der Steuerung liegt bei 1, da, wie bereits erwähnt, auch geringe Änderungen deutliche Auswirkungen haben.

Die Bewertungsfunktion, mit der die Baukastenvektoren bewertet werden, ist dieselbe wie bei allen anderen Algorithmen. Das Selektions- und Heiratsschema entspricht mit dem Roulette Wheel - und Rank Selection ebenso den Werten des GA wie das Uniform Crossover als Rekombinationsverfahren. Allerdings gelten diese im RGA für die Steuervektoren. Gleiches gilt für die Mutationsrate von 4% und für die Mutationsweite der Größe 1. Die Option, dass nach jeder Iteration des Algorithmus mit dem besten Baukastenvektor weitergearbeitet wird, ist aktiviert. Das bedeutet für die Problemstellung, dass alle Projektmanager ihr Wissen in jeder Generation auf dasselbe Projekt anwenden und dass dann das beste Projekt in der nächsten Generation als neue Basis dient. Da diese Einstellung für einen relativ starken Elitismus sorgt, wird zum Ausgleich als Ersetzungsschema das nichtelitistische Verfahren ausgewählt. In dieser Version des RGA werden übrigens nur die Regulator- bzw. Steuervektoren variiert.

Die Ergebnisse des Regulator Genetischen Algorithmus zeigen, dass spätestens nach 55 Generationen ein Optimum von 61.3 erreicht wird. Damit entspricht der Ergebnisvektor (0, 0.3, 0, 0, 0.2, 0.5, 0, 0.8) dem des GA. Dieser Vektor bedeutet einen Puffer von 0, 0.3, 0, 0, 1, 2.5, 0 und 1.6 für die entsprechenden Teilprojekte.

In diesem Beispiel schneidet der RGA deutlich besser ab als der Standard-GA und das Simulated Annealing. Der RGA erreicht ebenfalls die Optima der beiden anderen Modelle, dies jedoch wesentlich schneller. Dies ist umso bemerkenswerter, da unserem Diplomanden nicht die Möglichkeit zur Verfügung stand, neben den Baukastengenen und den Regulatorgenen auch die Verknüpfungen zu variieren. Theoretisch ist es unmittelbar plausibel, dass neben der Variation der Regulatorgene insbesondere die der topologischen Struktur, also der Verknüpfungen, besonders effektiv sein wird. Dies wurde an späteren Experimenten zum gleichen Problem getestet und die Ergebnisse des RGA waren – wie beim Raumbelegungsproblem (vgl. Fußnote 69) – so, dass der RGA hinsichtlich der Optimierungsleistungen dem GA gleichwertig war, wieder deutlich schneller und außerdem hinsichtlich der Zuverlässigkeit ebenfalls besser (der RGA erreichte das Optimum deutlich häufiger). Insgesamt lässt sich daher bei aller gebotenen Vorsicht sagen, dass es sich lohnt, die Möglichkeiten des RGA weiter zu untersuchen.

Es ist übrigens auch leicht möglich, eine ES zu einer RES zu erweitern, was in einem von uns entwickelten Shell auch bereits geschehen ist. Über entsprechende Experimente werden wir in absehbarer Zeit berichten.

Das Zeitpufferproblem lässt sich offensichtlich mit allen naturanalogen Optimierungsalgorithmen recht gut bearbeiten. Das Modell ist stets das gleiche, nämlich die Darstellung des Gesamtprojekts durch einen Vektor, dessen Elemente die einzelnen Teilprojekte repräsentieren. Beim RGA kommt dann noch die Regulatorebene hinzu, die inhaltlich als eine soziale Steuerungsinstanz interpretiert werden kann. Welchen Algorithmus man tatsächlich wählt, ist bei der Ähnlichkeit der Resultate im Grunde eine Frage der Vorliebe bzw. Vertrautheit, wie wir oben bereits erwähnt hatten.

4.6 Konfigurations- und Änderungsmanagement

Das Konfigurationsmanagement ist ebenfalls in einer ISO-Norm definiert: Die „technischen und organisatorischen Maßnahmen zur Konfigurationsidentifizierung, Konfigurationsüberwachung, Konfigurationsbuchführung und Konfigurationsauditierung" (ISO 10007, in Hindel et al. 2009, 188).

Bei dem Konfigurationsmanagement (KM) geht es darum, dass ein Produkt vollständig reproduzierbar sein muss und zwar dadurch, dass alle Teile eindeutig identifiziert werden können. In der folgenden Abbildung werden die Themengebiete des KM dargestellt:

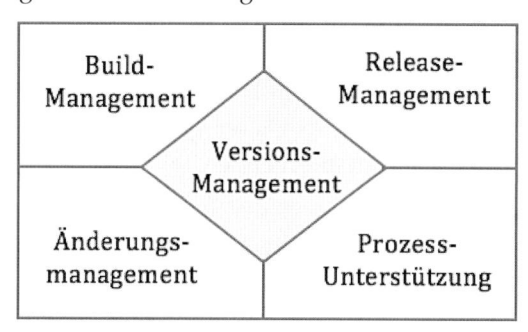

Abbildung 4-11: Konfigurationsmanagement (nach Kleuker 2009, 306)

4 Projektsteuerung und Projektkontrolle

- *Versionsmanagement*: Die Verwaltung aller Produkte (s. u.)
- *Build-Management*: Die Beschreibung des endgültigen Softwareprodukts
- *Release-Management*: Die Koordinierung der Software-Auslieferung beim Kunden. Unerlässlich ist die Information, welche Version bei welchem Kunden installiert ist, um Erweiterungen oder Korrekturen vornehmen zu können.
- *Änderungsmanagement*: Prüfung, ob Änderungen notwendig sind; falls ja, müssen diese bezüglich ihrer Realisierung verfolgt werden. Änderungen sollten grundsätzlich nicht ohne Freigabe geschehen, sie sollten besprochen und dokumentiert sein.
- *Prozessunterstützung*: Die Arbeitsschritte können sehr häufig nur dann effizient durchgeführt werden, wenn sie werkzeugbasiert (durch Tools) unterstützt werden.

Änderungsmanagement

Das Änderungsmanagement geschieht auf der *Projektsteuerungsebene* sowie auf der *operativen Ebene*. Auf Projektsteuerungsebene werden Änderungen gemäß der Projektdefinition entschieden, wie z. B. Termin- und Anforderungsänderungen, Erweiterungen des Funktionsumfangs oder Kürzungen des Budgets. Auf der operativen Ebene werden die Änderungen umgesetzt. Da sich auf dieser Ebene ebenfalls Änderungen ergeben, müssen diese dokumentiert werden (Hindel et al. 2009). Um dies zu verdeutlichen wird exemplarisch auf das Versionsmanagement näher eingegangen:

Versionsmanagement

Die Arbeitsabläufe müssen klar definiert werden: Zum einen muss sichergestellt werden, dass die Arbeiten einer Person von einer anderen nicht gelöscht werden können. Zum anderen muss klar sein, welche Arbeiten zurzeit bearbeitet werden und welche für die Weiterverarbeitung zur Verfügung stehen (Kleuker 2009). Es muss sichergestellt werden, dass nicht unwissentlich zwei Entwickler am selben Problem sitzen und ihre Änderungen jeweils anschließend allen zur Verfügung stellen. Da es leider sehr unwahrscheinlich ist, dass die Änderungen gleichermaßen durchgeführt wurden, kann davon ausgegangen werden, dass anschließend nichts mehr richtig funktioniert. Gravierender ist es, wenn andere Mitarbeiter die unterschiedlichen Versionen weiter bearbeiten. Maßnahmen wie Verzweigung (Branching) und Zusammenfügen (Merging) müssen bekannt sein und durchgeführt werden.

Um die einzelnen aufgeführten Probleme zu konkretisieren, werden die einzelnen Arbeitsschritte eines Softwareentwicklers dargestellt. Ein Entwickler übernimmt einen Aufgabenteil, implementiert schrittweise die Software und führt eigene Tests durch. Nicht selten werden Korrekturen durchgeführt, deren Notwendigkeit entweder durch den eigenen Ehrgeiz oder durch Änderungswünsche von anderen

Entwicklern entstehen; häufig werden Ideen ausprobiert, die später verworfen werden.

Jeder Softwareentwickler kennt das Problem, dass eine Änderung im Programm so „großartig" war, dass anschließend nichts mehr funktioniert. Leider hat er jedoch keine vorherige Version gesichert und weiß nicht mehr, was er genau verändert hat. Um diese Probleme zu vermeiden, muss die Möglichkeit bestehen, auf eine frühere Version Zugriff zu nehmen. So können sehr viele Versionen entstehen, die nur dann sinnvoll genutzt werden können, wenn sie eindeutig dokumentiert sind.

In einem Versionsmanagement werden alle Versionen gespeichert sowie allgemeine Daten. Die Ergebnisse werden in einem sog. *Repository* verwaltet (zum Beispiel in einer Datenbank) und damit kann sich jeder Entwickler über den jeweils aktuellen Stand informieren, Dateien auschecken, um diese zu bearbeiten, und nach der Bearbeitung wieder einchecken.

Nehmen wir nun an, dass z. B. Person A die Datei ausgecheckt hat, um diese zu bearbeiten und Person B ebenfalls dieselbe Datei ausgecheckt und nach der Bearbeitung wieder eingecheckt hat. Würde jetzt Person A, ohne es anzukündigen, seine Version einchecken, würden die Änderungen der Person B verloren gehen. Um diese Probleme zu vermeiden, gibt es grundsätzlich zwei Lösungsansätze, die je-doch nicht von jedem Versionsmanagementsystem unterstützt werden (Kleuker 2009):

- *Pessimistischer Ansatz*: In diesem Fall darf die Person B nicht auschecken können, da die Datei gesperrt wäre für andere Personen, bis A wieder
- eingecheckt hat. Der Ansatz heißt pessimistisch, da jede mögliche Situation zu einem Konflikt führt. So kann beispielsweise A sehr lange für die Änderungen brauchen, während B nur kleine Änderungen durchführen möchte, das Dokument jedoch nicht zur Verfügung hat.
- *Optimistischer Ansatz*: Bei diesem Ansatz können alle Personen die Datei parallel verarbeiten und das System stellt beim Einchecken sofort fest, ob es bereits eine neuere Version gibt. In diesem Fall muss Derjenige, der zuletzt eincheckt, sicherstellen, dass eine Konfliktlösung vorgenommen wird, zum Beispiel, in dem eine neue Versionsnummer eingegeben wird.

Es bleibt festzuhalten, dass keine Version völlig unproblematisch ist. Nach Möglichkeit sollten beide miteinander kombiniert werden, es bleiben jedoch offene Probleme, die (noch) nicht gelöst werden können.

Schließlich müssen sowohl die Ergebnisse der Fortschrittsüberwachung als auch notwendige Änderungen dokumentiert und berichtet werden. Da bereits einige Techniken vorgestellt wurden, wie z. B. die verschiedenen Analyse- und Visualisierungsmöglichkeiten, wird lediglich auf einer allgemeinen Ebene Bezug auf die Berichtserstattung genommen. Bevor dies geschieht, soll jedoch in einem weiteren Fallbeispiel, nämlich zum Änderungsmanagement, gezeigt werden, mit welchen gravierenden Änderungen an einem bereits gestarteten Projekt durchaus

4.7 Fallbeispiel: Reaktion auf der Basis einer SEN-Analyse auf veränderte Projektbedingungen

In Kapitel 3 wurde gezeigt, wie ein SEN unter Realbedingungen für bestimmte Projekte genau die Vorgehensmodelle auswählte, die in den als Grundlage dienenden Softwarefirmen auch tatsächlich verwendet werden. Für die eine größere Firma war dies RUP; die kleinere Firma arbeitet mit Scrum und SEN empfahl dies Modell auch. Für eben diese kleinere Firma nahm einer der beiden Konstrukteure des vorigen Modells nun an, dass bestimmte Randbedingungen eines Projekts in der Firma geändert worden waren (ein fiktiver Fall) und dass es nun die Aufgabe eines Controllers und Änderungsmanagers ist, zu überprüfen, ob dadurch ein neues Vorgehensmodell erforderlich bzw. wünschenswert ist.[70] Offensichtlich ist dies eine ganz ähnliche Annahme wie im Fall der Änderung der Werte für das Telekomprojekt im Fallbeispiel 4.3.

Die angenommenen Veränderungen sind die folgenden:

- Das *Team* wird aufgrund Überlastungen *vergrößert*.
- Das *Risikomanagement bzgl. der Budgetüberschreitung* muss konkretisiert werden (es wurde als ungenügend deklariert).
- Die *Dokumentation* stellt sich als undurchsichtig heraus und muss grundlegend verbessert werden.
- Im Rahmen der defizitären Dokumentations- und Informationsübermittlung, woraus ebenfalls Parallelen zur Budgetüberschreitung festgestellt wurden, müssen *Kommunikationswege* nun doch *festgelegt* werden.
- Das Management möchte aufgrund dieser festgestellten Probleme und Planabweichung, nun doch Vorgaben während der Projektlaufzeit machen können (*Hierarchie-Support*).

Diese z. T. gravierenden Veränderungen der Randbedingungen, die eine wesentlich neue Projektstruktur bedeuten, führen nun zu der Überlegung, ob das bisher verwendete Vorgehensmodell Scrum noch sinnvoll ist. Um diese Frage zu überprüfen, erhielt das in Kapitel 3 verwendete SEN bezüglich dieser Firma die um die veränderten Randbedingungen variierten Eingaben. Wie in der ersten Version stehen die Eingaben im Zentrum. Das Ergebnis der SEN-Analyse zeigt die folgende Abbildung:

---

[70] Der Konstrukteur dieser Variante ist Mathis Christian.

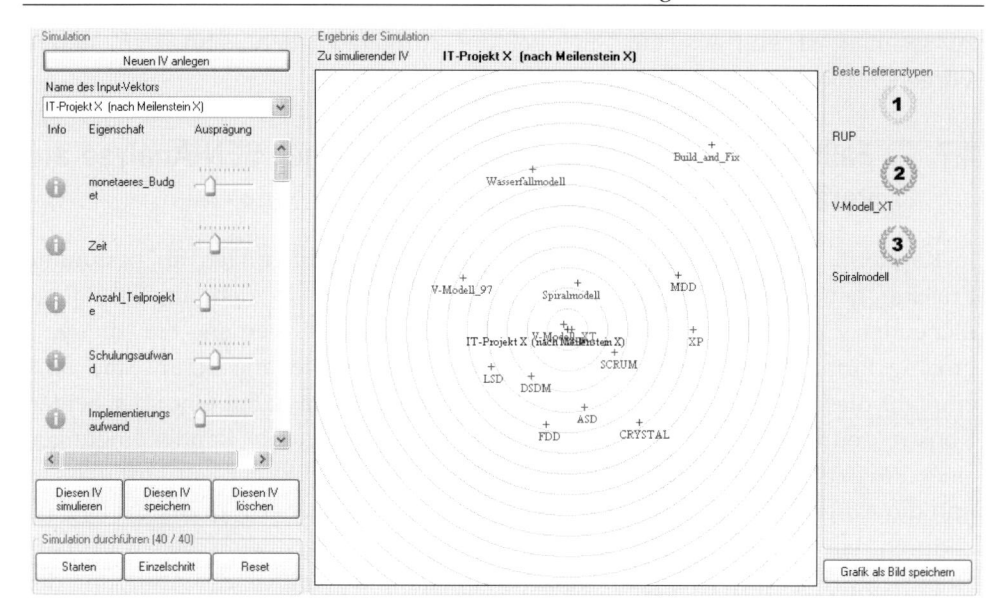

Abbildung 4-12: Neubewertung von Vorgehensmodellen durch SEN

Man sieht, dass SEN jetzt wie für die größere Firma RUP anstatt Scrum vorschlägt, wofür insbesondere die signifikante Vergrößerung des Projektes verantwortlich sein könnte. Das entspricht den üblichen informellen Empfehlungen für Vorgehensmodelle. Die dichte Ballung der verschiedenen Vorgehensmodelle am Zentrum beruhen wie im vorigen Beispiel schon erwähnt darauf, dass viele Vorgehensmodelle sich stark ähneln. Der Visualisierungsalgorithmus von SEN muss sie deshalb sehr nahe an einander platzieren.[71]

Es ist natürlich eine praktische Frage, ob beispielsweise ein Kunde oder die Leitung der Firma damit einverstanden sind, dass für ein bereits laufendes Projekt das Vorgehensmodell geändert wird. Immerhin könnte der Controller damit argumentieren, dass „unsere KI dies aber empfiehlt". Zumindest Science Fiction Fans mit Assoziationen an „Matrix" und andere filmische sowie belletristische Darstellungen künstlicher Intelligenzen ließen sich vielleicht davon überzeugen. Unbeschadet der praktischen Veränderungsmöglichkeiten in einem laufenden Projekt kann ein SEN den Projektverantwortlichen durchaus zeigen, welche Veränderungsmöglichkeiten und –notwendigkeiten für ein deutlich verändertes Projekt bestehen.

---

[71] Wir arbeiten gegenwärtig an einer Zoomtechnik, die es ermöglichen wird, auch bei derartigen Ballungen noch Details zu erkennen und Unterschiede in den räumlichen Platzierungen wahrzunehmen.

Berichtserstattung

Der Projektmanager muss in der Lage sein, alle Berichte genau analysieren zu können. Die Analyse und Berichtserstattung gehört zu den wichtigsten Aufgaben eines Managers und verlangt eine kommunikative wie soziale Kompetenz.

Verschiedene Gruppen möchten über den Fortschritt unterrichtet werden, so zum Beispiel der Bereichsleiter (erwartet z. B. Ampelberichte), Controller (erwartet die neuesten Kalkulationen der Kosten), der Kunde (möchte ebenfalls über den Fortschritt unterrichtet werden) und der Produktmanager (will den Prototyp sehen) (Hindel et al. 2009). Es kann in dieser Situation durchaus vorkommen, dass für den Projektleiter ein Intra-Rollenkonflikt entsteht, wenn er zum einen die (realistische und ehrliche) Berichtspflicht hat, zum anderen die Mitarbeiter vor Sanktionen schützten will und muss, da diese auf Grund verschiedener Probleme noch nicht so weit sind. Die Mitarbeiter erwarten auch eine entsprechende Rückendeckung von dem Leiter. Einerseits muss er den Entwicklern mehr Zeit lassen, in der Hoffnung, dass letztlich die Probleme behoben werden und der Zeitverlust nachgeholt wird, andererseits erwartet die Geschäftsleitung, dass die Planung eingehalten wird und die Berichtserstattung vollständig ist.

Grundsätzlich erfolgt die Berichtserstattung abhängig von der Projektgröße mit Angabe zu den folgenden Punkten (Hindel et al. 2009):

Für das untere Management ist es wichtig informiert zu werden über:

- *Kostensituation*: Entwicklungskosten zum Beispiel aus dem EVA (CPI, EAC etc.)
- *Terminsituation*: Voraussichtlicher Endtermin (SPI), Termintrends (MTA)
- *Leistungsumfang*: Angabe, ob die Funktionalität realisiert wird oder ob Abweichungen erforderlich sind
- *Qualitätssituation*: Information über mögliche Fehler und deren Schweregrad und über mögliche kundenrelevanten Probleme
- *Personalstatus*: Informationen über die Personalsituation; insbesondere die Engpässe müssen dokumentiert werden
- *Risiken*: Zusammenfassung der Risiken
- Ausgewählte *technische Probleme*, sofern sie Kosten, Termine und Funktionsumfang betreffen.

Für das mittlere und obere Management werden die Berichte jeweils unterschiedlich komprimiert, damit das Management auf einen Blick die Situation erfassen kann. Für das mittlere Management werden Ampelberichte hinsichtlich der oben genannten Punkte zusammengefasst, inklusive der Information, ob Maßnahmen eingeleitet wurden oder nicht und ob ein Handlungsbedarf seitens des Berichtsempfängers vorliegt. Das obere Management erhält einen auf ein Minimum reduzierten Bericht, ebenfalls als Ampelbericht, in dem es lediglich wesentlich ist, ob massive Probleme vorliegen, ob sich die Situation verbessert oder verschlechtert hat und ob Maßnahmen eingeleitet werden müssen. Auch hier könnten unsere

Modelle Unterstützung leisten, indem beispielsweise die Berichtserstattung mit einschlägigen Screenshots durchgeführt wird.

Mit diesen Hinweisen zur Berichtserstattung soll die Behandlung von Steuerungs- und Kontrollmöglichkeiten abgeschlossen werden. Es ist ersichtlich, dass zum Thema dieses Kapitels noch wesentlich mehr gesagt werden kann, insbesondere was die verschiedenen Vorgehensweisen sowie deren Vor- und Nachteile betrifft. Im Rahmen diese Buches jedoch genügen hoffentlich die vermittelten Informationen, um die grundlegenden Möglichkeiten unserer Techniken zu verdeutlichen. Leser, die an weiteren Details interessiert sind, können sich anhand der angegebenen Literatur zusätzlich informieren. Auch hier gilt, wie bereits in den vorherigen Kapiteln bemerkt, dass die angegebenen Methoden Orientierungshilfen sind, die das eigene Nachdenken darüber, wie man selbst vorzugehen hat, auf keinen Fall ersetzen können.

5 Ein noch weiteres Feld: Modelle nicht nur für IT-Projektmanager

Wir haben zu Beginn dieses Buches darauf hingewiesen, dass schon der Bereich des IT-Projektmanagements ein weites Feld ist, um mit Fontane zu sprechen. Projektmanagement im allgemeinen Sinne ist natürlich ein noch viel weiteres Feld, in dem Probleme gelöst werden müssen, die für alle Formen von Projektmanagement relevant sind. Deshalb haben wir uns entschlossen, zusätzlich zu den Modellen, die vor allem im IT-Bereich von Interesse sind, noch einige allgemein relevante Fallbeispiele anzugeben. Da die bei diesen Beispielen verwendeten Techniken mittlerweile vertraut sein müssen, werden die entsprechenden Modelle nur generell skizziert und mit beispielhaften Screen-Shots illustriert. Zeigen wollen wir damit insbesondere, dass die Modellierungstechniken, die Thema dieses Buches sind, in der Tat universal einsetzbar sind; der Begriff der universalen Turing-Maschine, mit dem wir unsere Techniken charakterisierten, bekommt dadurch eine sehr konkrete Bedeutung.

Bevor wir auf die einzelnen Beispiele eingehen, sei kurz angemerkt, dass wir natürlich noch wesentlich mehr Modelle entwickelt haben bzw. haben entwickeln lassen, als wir in diesem Buch zeigen konnten. Hinweisen wollen wir in diesem Zusammenhang beispielsweise auf die (realisierte) Möglichkeit, eine Standortplanung mit Hilfe eines SEN durchführen zu lassen. In dem entsprechenden Modell wurde ein optimaler Standort[72] für einen Drive-In Supermarkt gesucht, der mit Attributen wie „Nähe zu einer Autobahnabfahrt", „durchschnittliches Einkommensniveau der Bevölkerung in einem bestimmten Umkreis" etc. charakterisiert wurde. Dieser optimale, wenn auch möglicherweise fiktive Standort wird bei dieser Modellierung ins Zentrum gesetzt und dient als Referenztyp. Als Eingaben (visuell an der Peripherie platziert) wurden reale Orte an verschiedenen Teilen des Ruhrgebiets genommen, deren Attribute den einschlägigen Statistiken entnommen worden waren. Aufgrund der bisherigen Darstellungen von SEN-Modellen ist es vermutlich nicht schwer sich vorzustellen, wie eine bestimmte Lösung aussieht, bei der je nach Attributseingabe bestimmte reale Orte vom Zentrum mehr oder weniger stark angezogen werden.

Ein erster Vergleich mit dem klassischen Steiner-Weber-Modell und dem Verfahren des Analytical Hierarchy Process (AHP) hat ergeben, dass das SEN im ersten Fall wesentlich leistungsfähiger ist und selbst gegenüber AHP einige Vorteile aufweist. Zu erwähnen ist, dass in diesem Vergleich SEN exaktere Ergebnisse

---

[72] Das Modell wurde realisiert von Anastasija Bulavina und Marcel Fechter

als die AHP-Methode produziert hat und dass es sich als besonders vorteilhaft erweist, dass alle Variablen parallel berücksichtigt werden; bei AHP sind nur paarweise Vergleiche möglich. Wir werden in späteren Projekten diese Ergebnisse überprüfen anhand der Wahl eines Standortes für den IT-Support.[73]

Ein zweites hier nur skizzenhaft erwähntes Beispiel ist die logische Rekonstruktion eines theoretischen Modells zur Systematisierung von Wettbewerbsstrategien auf der Basis eines Booleschen Netzes (BN). Bei sämtlichen Beispielen in diesem Buch handelte es sich um die Modellierung bestimmter Probleme, die sich in einem Unternehmen und da vor allem im IT-Bereich ergeben. Dies Beispiel ist offensichtlich in einer anderen Problemdimension anzusiedeln: Es geht darum, ein theoretisches Modell zur Analyse von Wettbewerbsstrategien, nämlich das Modell des amerikanischen Wirtschaftswissenschaftlers M. E. Porter, in der logischen Struktur darzustellen und zu zeigen, inwiefern bestimmte Entscheidungen eines Unternehmens dazu führen können, dass das Unternehmen eine spezifische Wettbewerbsstrategie verfolgen sollte. Das entsprechende Simulationsmodell ist ein Boolesches Netz. Porter selbst hat sein Modell nicht formal dargestellt; die daraus resultierende Schwierigkeit, nur informell gebrachte Zusammenhänge in die logische Struktur eines BN zu übersetzen, wurde von den Konstrukteuren des „Porter-BN" auch zurecht angemerkt.[74]

Porter unterscheidet in seinem bekannten Modell zwischen a) „Kostenführerschaftsstrategie", b) „Qualitätsführerschaftsstrategie" und c) „Nischenstrategie". Die Strategien a) und b) sollten gewissermaßen „rein" verfolgt werden, d. h. die Wahl einer Strategie schließt die Verfolgung einer anderen Strategie aus. Die Nischenstrategie dagegen erfordert die zusätzliche Option für Strategie a) oder b) – wieder ausschließlich. Porter bemerkt ausdrücklich, dass ein Unternehmen nur eine der drei bzw. vier möglichen Strategien verfolgen sollte, um eine Marktdominanz erreichen zu können. Die gleichzeitige Verfolgung mehrerer Strategien führt, ihm folgend, zu einer Situation des „stuck in the middle", also zu einer bestenfalls mittleren Position im Markt. Da die Bezeichnung der drei Strategien sehr illustrativ ist, verzichten wir auf eine genauere Definition – nomen est omen. Die Aufgabe der BN-Konstrukteure war nun, in einem Booleschen Netz derartige Knoten (Kriterien) und Verbindungen einzufügen, dass bestimmte Aktivierungen einzelner Knoten zu einer Wettbewerbsstrategie gemäß den Porterschen Definition führen, also den Knoten aktiviert, der die jeweilige Strategie repräsentiert.

---

[73] Eine weitere Diplomarbeit, die gerade begonnen worden ist, wird sich mit einem Vergleich zwischen AHP und SEN bezüglich einer Standortplanung für Wind- und Wasserkraftwerke beschäftigen.

[74] Bei den Konstrukteuren handelt es sich um Natalia Besseda, Alexander Nikolai und Nadezhda Pancheva.

5 Ein noch weiteres Feld: Modelle nicht nur für IT-Projektmanager

Das Netz hat insgesamt 27 Knoten, von denen einige sog. Hilfsknoten sind. Für die Funktion derartiger Hilfsknoten sei auf Fallbeispiel 3.11 verwiesen, wo die praktische Funktion dieser Knoten erläutert wurde. Abbildung 5.1 zeigt das entsprechende Boolesche Netz, das wir ohne Kommentar darstellen, da es nur darum geht, die Komplexität dieser logischen Rekonstruktion zu verdeutlichen:

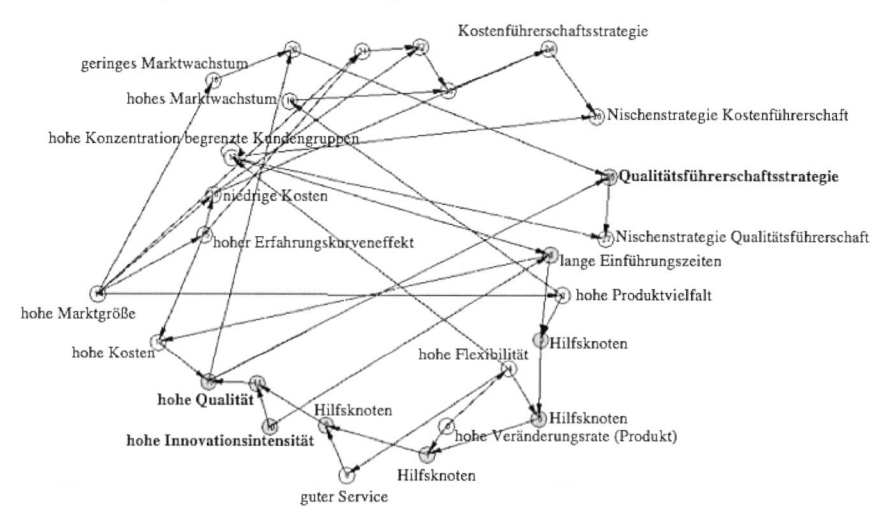

Abbildung 5-1: Zu Beginn der Simulation werden *hohe Innovationsintensität* und *hohe Qualität* (Knoten 10 und 12) aktiviert (fett gedruckt); über verschiedene andere Aktivierungen der Knoten sowie der Hilfsknoten wird die *Qualitätsführerschaft* (Knoten 26) als Strategie durch das Netz empfohlen (fett gedruckt).

Die logische Rekonstruktion und Analyse theoretischer Modelle ist vor allem dann ein wichtiges Hilfsmittel, wenn es darum geht, die Modelle für die Praxis fruchtbar zu machen. Gegenwärtig läuft ein weiteres Projekt zur Analyse der Transaktionskostentheorie (nach Williamson) ebenfalls auf der Basis eines SEN und eines BN. Doch kommen wir nun zu den etwas detaillierter dargestellten Fallbeispielen.

5.1 Fallbeispiel: Modellierung von Businessplänen und der SWOT-Analyse durch Boolesche Netze

Da bei der Erstellung von Businessplänen gewöhnlich auch eine SWOT-Analyse erforderlich ist, stellen wir die jeweiligen Booleschen Netze in einem gemeinsamen Fallbeispiel vor.

Aufgabe des ersten Modells zur Erstellung von Businessplänen ist es, zu zeigen, dass und wie die einzelnen Teile eines Businessplans miteinander zusammenhängen, z. B. Beschreibung der Geschäftsidee, Festlegung der Zielgruppe, Bestimmung des Produkts, Marktanalyse, Durchführung von SWOT (s.u.) sowie Standortbestimmung (s.o.). Als Boolesche Funktionen wurden hauptsächlich die Konjunktion (das logische UND), die Identitätsfunktion und die Kontradiktion verwendet (diese kehrt die Werte einer Einheit um, so dass die empfangende Einheit den gegenteiligen Wert der sendenden erhält). Um einen Eindruck dieses BN zu vermitteln, zeigen wir in den folgenden Abbildungen das Gesamtnetz mit insgesamt 20 Einheiten, kommentieren es jedoch nur allgemein.[75]

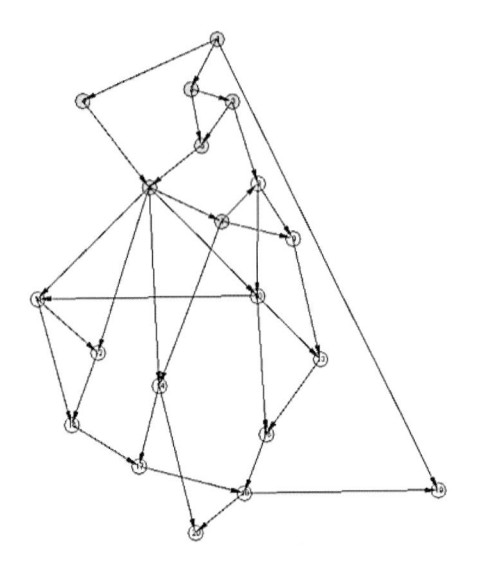

1. Beschreibung der Geschäftsidee
2. Festlegung der Zielgruppe
3. Bestimmung des Produkts
4. HK
5. HK
6. Marktanalyse
7. Vorstellung des Gründers
8. Bestimmung des Personals
9. Bestimmung der Organisation
10. Auswahl des Standortes
11. Durchführung der SWOT
12. Planung der Marketingaktivitäten
13. Auswahl der Rechtsform
14 – 17. HK
18. Aufstellung des wirtschaftlichen Plans
19. Analyse der Förderungsmöglichkeiten
20. Ausarbeitung der Executive Summary

Abbildung 5-2: Ein Boolesches Netz zur Erstellung von Businessplänen, konstruiert von Nurten Bas; HK bedeutet Hilfsknoten.

In diesem Netz wird die *Geschäftsidee* (Knoten 1) aktiviert. Das Netz aktiviert nacheinander die Elemente im Businessplan, die als nächstes bearbeitet werden sollten. Nachdem der Knoten *Vorstellung des Gründers* (Knoten 7) aktiv wurde, werden im nächsten Schritt *Personal* (Knoten 8) und Knoten 14 aktiviert (linkes Bild in Abb. 5-3). Knoten 14 ist ein Hilfsknoten der indirekt eine Verbindung zum Knoten 18 hat, nämlich *Aufstellung des wirtschaftlichen Plans* (Abb. 5-3 rechtes Bild). Somit kann ein Benutzer durch diesen Hilfsknoten einen „Merkposten" erhalten, für welche weiteren Elemente des Businessplans die bisher erarbeiteten Punkte wichtig sind. In der rechten Abbildung wird die weitere Aktivierung im Netz gezeigt.

---

[75] Diese beiden Beispiele werden wir im OnlinePlus-Bereich auf der Internetseite des Vieweg+Teubner-Verlages zeigen, um Interessenten die Möglichkeit zu geben, die Dynamik der Modelle zu studieren.

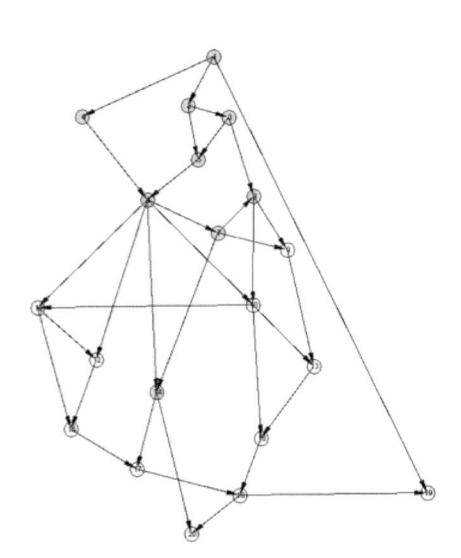

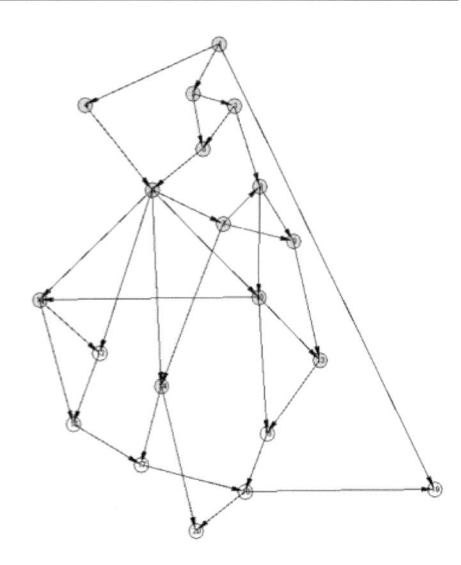

5   Ein noch weiteres Feld: Modelle nicht nur für IT-Projektmanager   215

Abbildung 5-3: Aktivierungen des Booleschen Netzes zur Erstellung von Businessplänen

Das Netz durchläuft alle Einheiten und erst wenn die *Executive Summary* (Knoten 20) aktiv ist, findet keine weitere Veränderung im Netz statt.

Man sieht, welche komplexen Zusammenhänge bei der Erstellung eines Businessplans berücksichtigt werden müssen, die bei einer informellen, d. h. rein sprachlichen Darstellung leicht übersehen bzw. nur ungenau und unvollständig angegeben werden.

Das Modell soll zukünftig erweitert werden, indem eine SWOT-Analyse ebenfalls durch ein BN durchgeführt und in das BN für die Erstellung von Businessplänen integriert wird. Erneut geht es bei dem SWOT-Modell darum, zu zeigen, welchen Einfluss die einzelnen Kriterien aufeinander haben. In der ersten Realisation des Modells wurde das Netz bewusst abstrakt gehalten, um zu zeigen, dass die Interdependenzen zwischen den Kriterien berücksichtigt werden sollten. Werden die vier Kategorien nur für sich betrachtet, kann leicht übersehen werden, dass etwas, das auf den ersten Blick als Stärke gesehen wird (z. B. das Vorhandensein eines guten Personals), große Risiken beinhaltet.

Das Netz besteht aus 11 Knoten, die die Kriterien einer SWOT-Analyse beinhalten, wie Personal, Kosten, Forschung und Entwicklung, Konkurrenz etc. (s. Abb. 5-4). Als Ergebnis sollen einige der Einheiten aktiviert werden, die jeweils für *SWOT* stehen. In dem folgenden Beispiel werden die Knoten Personal und Produkt aktiviert. Das bedeutet, dass ein entsprechendes Produkt vorhanden ist, das auf dem Markt Aussicht auf Erfolg hat und dass das Personal vorhanden ist, um das Produkt zu realisieren.

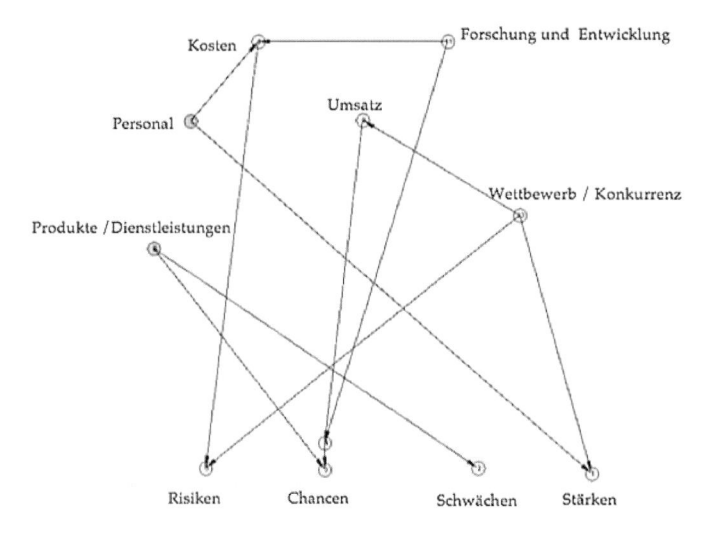

Abbildung 5-4: Modell einer SWOT-Analyse [76]

Die Ergebnisse sehen wie folgt aus:

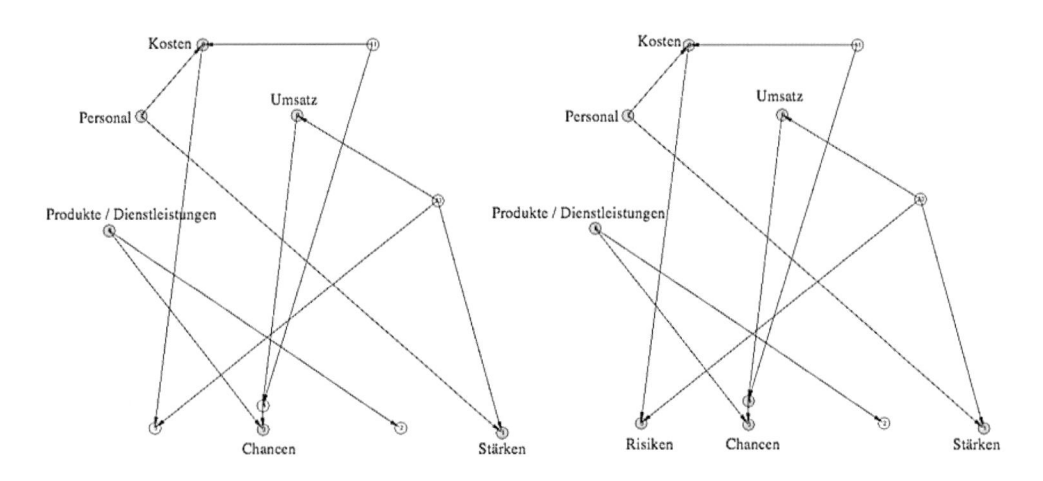

Abbildung 5-5: Ergebnisse der BN-Aktivierung

Im ersten Schritt (linkes Bild) werden zusätzlich der Knoten *Stärken* durch das vorhandene Personal aktiviert sowie der Knoten *Chancen*, da der Knoten „Wettbewerb / Konkurrenz" inaktiv ist. Damit sind zwei wichtige Voraussetzun-gen erfüllt, nämlich dass keine Konkurrenz auf dem Markt vorhanden ist und dass ein Produkt bzw. Dienstleistung sowie Personal zur Verfügung stehen.

---

[76] Das Modell wurde von Mehtap Dutkun, Fatma Kuvvet sowie Gülcin Tazegül realisiert und in das Shell implementiert.

Im letzten Schritt – und das ist der Endzustand (rechtes Bild) -, wird jedoch zusätzlich *Risiken* aktiviert, da die durch das Personal verursachten Kosten zu Risiken führen können.

Je komplexer das Modell wird, desto schwieriger ist es, die Interdependenzen zu identifizieren und deren Auswirkung zu prognostizieren. Daher besteht unser Ziel darin, dass verschiedene Modelle miteinander kombiniert werden können. Zur Zeit arbeiten wir daran, unser BN-Shell so zu erweitern, dass es möglich ist, z. B. in einem Businessplan bei dem Knoten *SWOT* ein Subnetz zu aktivieren, dass die SWOT-Analyse nach dem gezeigten Beispiel durchführt. Somit besteht ein Knoten aus einem BN, das selbst eine komplexe Simulation durchführt. Das Ergebnis des Netzwerkes bestimmt dann auf der Ebene des Businessplanes, den Zustand des Knotens *SWOT*.

Hier muss noch auf einen wichtigen Unterschied zu Fallbeispiel 3.11 aufmerksam gemacht werden: Bei Fallbeispiel 3.11 handelt es sich streng genommen um einen logischen Graphen, da die Werte für die einzelnen Einheiten (Knoten) vom Benutzer festgelegt werden (bis auf die erwähnten Ausnahmen) und sich während eines einmaligen Durchlaufs nicht verändern. Bei den hier gezeigten Booleschen Netzen dagegen handelt es sich um dynamische Netze: Es kommt darauf an, welche Einheiten zuerst aktiviert werden. Die daraus resultierende Dynamik bestimmt dann die Werte der verschiedenen Einheiten und generiert am Ende die Aktivierung eines Knotens, der eine bestimmte Komponente im Businessplan bzw. in der SWOT-Analyse repräsentiert.

5.2 Fallbeispiel: Prognose des möglichen Verkaufserfolgs neuer Handy-Modelle auf der Basis eines SEN[77]

Wir haben in Fallbeispiel 4.3 (Kategorisierung von Projekten hinsichtlich ihrer Erfolgsaussichten) darauf verwiesen, dass es sich bei dem analysierten Projekt um eines handelte, das wir selbst im Auftrag der Deutschen Telekom durchgeführt hatten. Das für uns besonders Interessante bei diesem Fallbeispiel war die Tatsache, dass wir im Rahmen des Telekomprojekts die Technik der SEN-Modellierung überhaupt erst im Detail entwickelten und zum Einsatz brachten. Damit wird in Fallbeispiel 4.3 streng genommen das Projekt der Entwicklung der SEN-Technik durch ein SEN dargestellt und klassifiziert. Das nennt man in der Logik bekanntlich Selbstreferentialität. Natürlich war die Deutsche Telekom primär nicht daran interessiert, Grundlagenforschung im Bereich neuronaler Netze zu finanzieren, sondern sie wollte ein Instrument für Zwecke des Forecasting zur

---

[77] Das Modell wurde von einer durch uns geleiteten Arbeitsgruppe studentischer Hilfskräfte realisiert, nämlich Sascha Petrovitsch, Tim Dreesen, Jonathan Navaro, Waldemar Fuchs und Fatih Önder.

Verfügung gestellt bekommen. Dies beinhaltete jedoch von unserer Seite die Notwendigkeit, SEN überhaupt erst zu entwickeln. Am Ende waren beide Seiten zufrieden: Die Deutsche Telekom hatte ein Modell bekommen, wie sie es wünschte, und wir hatten die Möglichkeit erhalten (und genutzt), unsere Forschungsinteressen zu realisieren – eine sehr befriedigende Win-Win Situation also.

Die Grundidee des speziellen Modells für die Handyprognose ist die folgende: Wir bekamen von der Deutschen Telekom Daten der Attribute von insgesamt 71 Handymodellen zu Verfügung gestellt wie leichte Bedienbarkeit, Design, Touchscreen, Qualität der Internetanbindung, Qualität der eingebauten Kamera, Markenname usf.; insgesamt waren es 28 verschiedene Attribute. Die Bewertung dieser Attribute in Bezug auf die verschiedenen Handymodelle wurde von studentischen Hilfskräften in Abstimmung mit den zuständigen Experten der Telekom vorgenommen. Diese Werte wurden – natürlich – in einer Datenbank gespeichert und in die semantische Matrix des SEN eingelesen. Im SEN dienen die Handymodelle als Referenztypen, die an der Peripherie des Visualisierungsraums platziert sind. Als Eingabe (platziert im Zentrum) fungieren dann die Attribute bzw. Attributswerte, die nach Meinung der Telekomexperten für das neue Handymodell charakteristisch sind, um dessen mögliche Aufnahme in den Vertrieb der Deutschen Telekom es geht. Zusätzlich zu den Attributen und deren Werten für die einzelnen Handymodelle wurden in die Datenbank die bisherigen Verkaufserfolge der Handymodelle eingegeben, die als Referenztypen fungieren. Die Daten über die Verkaufserfolge spielen für die SEN-Operationen keine Rolle, werden jedoch bei einer Interpretation der SEN-Ergebnisse herangezogen und sind die Basis für die prognostischen Schätzungen.

Wenn ein neues Handymodell durch die Operationen des SEN die verschiedenen Referenztypen mehr oder weniger stark anzieht, dann wird im Ergebnis nicht nur schriftlich mitgeteilt, welche drei Handymodelle dem neuen Handymodell am ähnlichsten sind, sondern der Benutzer erhält auch die Information, wie der Verkaufserfolg der drei ähnlichsten Handymodelle bis zum Zeitpunkt der Aufnahme in die Datenbank war. Es ist natürlich umstandslos möglich, die Datenbank zu erweitern, nämlich sowohl durch die Aufnahme neuer Handymodelle und deren Attributen als auch durch eine Aktualisierung der bisherigen Verkaufserfolge. Die Prognose wird dann auf der Annahme durchgeführt, dass ein neues Handymodell sich ungefähr so gut verkaufen lassen wird wie das Handymodell, das als ähnlichstes klassifiziert wurde bzw. ungefähr so gut wie die Durchschnittswerte der Verkaufserfolge der ähnlichsten drei Handymodelle. Abbildung 5-6 zeigt die Klassifizierung eines Handymodells durch das SEN:

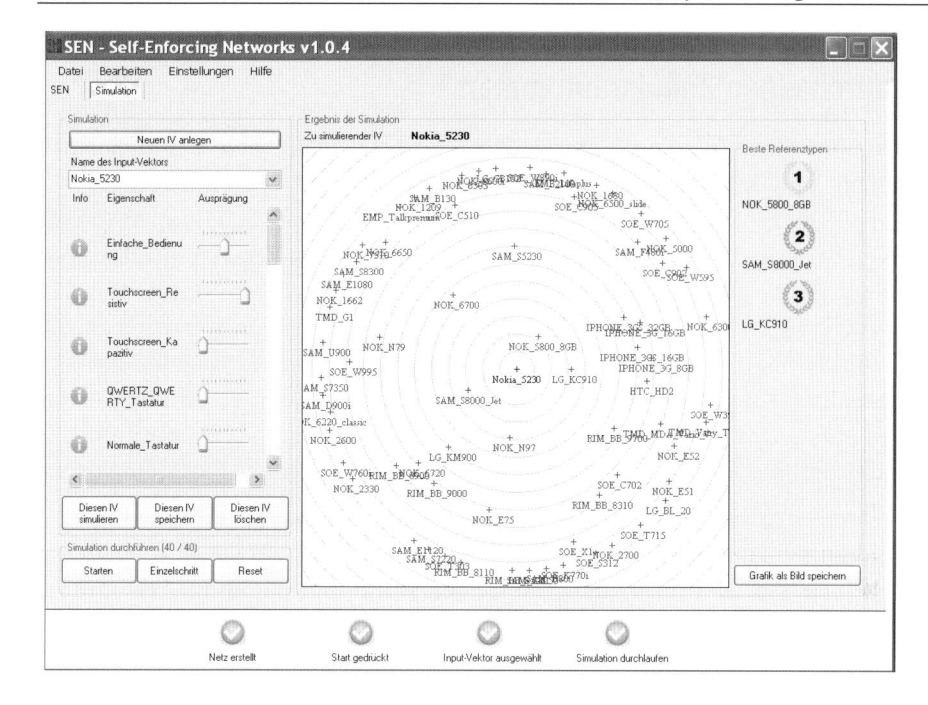

5 Ein noch weiteres Feld: Modelle nicht nur für IT-Projektmanager

Abbildung 5-6: Klassifizierung eines Handymodells

Eingegeben wurde das Nokia 5320; die ähnlichsten Handymodelle sind nun Nokia 5800, Samsung S 8000 Jet und LG KC 910. Die Experten der Deutschen Telekom bestätigten die Validität dieser Testergebnisse. Anzumerken ist hier, dass wir ausschließlich mit bereits eingeführten Handymodellen zu Testzwecken gearbeitet hatten, da wir nur diese Daten zur Verfügung gestellt bekamen.

Eine Prognose auf der Basis bisheriger Verkaufserfolge schon eingeführter Handymodelle ist natürlich eine methodisch nicht unproblematische Vorgehensweise und zwar aus mindestens zwei Gründen: Zum einen kann eine Ähnlichkeitsklassifizierung gerade völlig innovative Produkte kaum erfassen, da gänzlich neuartige Produkte per definitionem den alten Modellen wenig ähnlich sind. Allerdings sind wirklich innovative Produkte zum Glück (für unser Vorgehen) ziemlich selten, so dass für den Normalfall dies Vorgehen zu rechtfertigen ist. Zum anderen könnte man argumentieren, dass bei einer hohen Ähnlichkeit eines neuen Produkts zu einem bisher sehr erfolgreichen etablierten Produkts das neue Produkt auf einen bereits gesättigten Markt trifft und gerade wegen seiner Ähnlichkeit nicht sehr erfolgreich sein wird. Wir müssen es Marketingexperten überlassen, ob dies Argument generell zutrifft. Zumindest scheinen die meisten Handyproduzenten nicht dies Argument zu teilen, da fast alle versuchen, an dem überwältigenden Erfolg des iPhone von Apple durch ähnliche eigene Produkte teil zu haben. Die Experten der Deutschen Telekom jedenfalls waren anscheinend von der Plausibilität unserer Annahme überzeugt.

5.3 Fallbeispiel: Simulation des betrieblichen Mahnwesens durch einen Zellularautomaten[78]

Es ist eine betrübliche aber unhintergehbare Tatsache, dass viele Kunden eines Unternehmens sowohl ungern als auch insbesondere nicht pünktlich zahlen. In vielen, vor allem größeren Betrieben gibt es deshalb eigene Abteilungen, deren Mitarbeiter sich auf die Mahnungen säumiger Kunden konzentrieren. Da diese Mitarbeiter bei Erfolg der Mahnungen zwar dem Unternehmen Profit bringen, selbst aber Unkosten verursachen, lohnt es sich, der Frage nach zu gehen, in welchem Verhältnis die Anzahl von Mitarbeitern in der Mahnungsabteilung zur Anzahl säumiger Kunden und damit zum Erfolg für das Unternehmen stehen kann bzw. muss. Das im Folgenden dargestellt Modell eines Zellularautomaten (ZA) erlaubt zumindest Trendaussagen, denen in einem realen Fall detaillierter nachgegangen werden kann.

Der Zellularautomat simuliert eine fiktive Mahnabteilung sowie eine ebenfalls fiktive Zahl von Kunden und Mitarbeitern der Mahnungsabteilung. Die grundlegenden Annahmen sind:

a) Kunden werden in drei Stufen gemahnt, nämlich zuerst telefonisch, dann schriftlich und dann noch einmal telefonisch.
b) Im Modell werden nur säumige Kunden modelliert.
c) Wenn Kunden nach der dritten Mahnungsstufe immer noch nicht gezahlt haben, dann werden die entsprechenden Vorgänge an die Rechtsabteilung überwiesen; für die Mahnungsabteilung existieren dann diese Kunden nicht mehr.
d) Kunden zahlen in allen drei Mahnungsstufen mit einer gewissen Wahrscheinlichkeit und werden dann wieder zu „normalen" Kunden. Es handelt sich hier also um ein stochastisches Modell.
e) Da die Anzahl der Zellen im Modell konstant ist, werden nach einer bestimmten Zeit, also einer bestimmten Zahl von Durchläufen, die aus dem Mahnungsprozess herausgenommenen Kunden wieder zu Kunden vor Beginn des Mahnungsprozesses.

---

[78] Das Modell wurde entwickelt von Dimitri Tolstow auf der Basis des von uns konstruierten Shells für Zellularautomaten.

5 Ein noch weiteres Feld: Modelle nicht nur für IT-Projektmanager

Tabelle 5-1: Wahrscheinlichkeiten der Übergangsregeln

Wahrscheinlichkeit Kundenzustand	P	1 – P
Kunde in 1. Mahnstufe	$P_1 \rightarrow$ Normaler Kunde; sonst	$1 - P_1 \rightarrow$ Kunde in 2. Mahnstufe
Kunde in 2. Mahnstufe	$P_2 \rightarrow$ Normaler Kunde; sonst	$1 - P_2 \rightarrow$ Kunde in 3. Mahnstufe
Kunde in 3. Mahnstufe	$P_3 \rightarrow$ Normaler Kunde; sonst	$1 - P_3 \rightarrow$ Kunde in Rechtsabteilung

Die Zellen des ZA sind demnach in einem von sechs möglichen Zuständen, nämlich normaler Kunde, Kunde in Mahnstufe 1, 2 oder 3, Kunde in Rechts-abteilung und Mitarbeiter. Die folgende Abbildung zeigt einen möglichen Anfangszustand des ZA mit zwei Mitarbeitern:

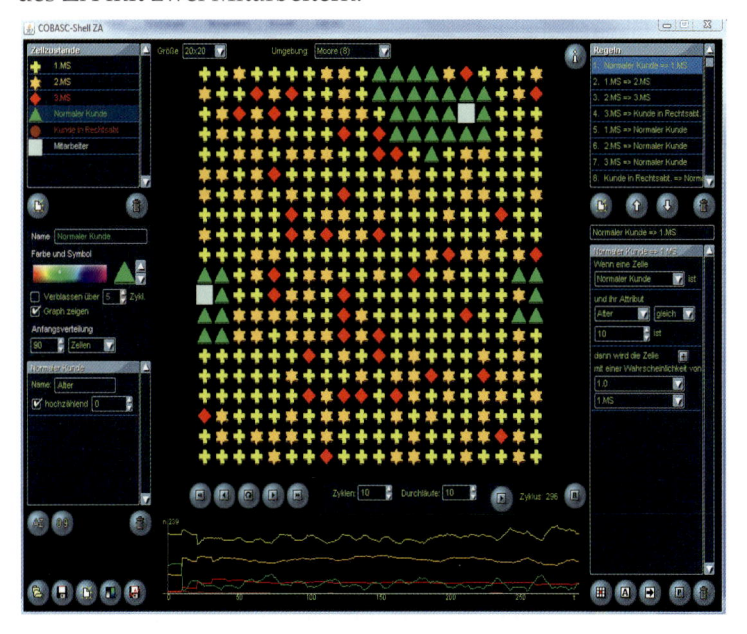

Abbildung 5-7: ZA-Zustand nach 288 Iterationen mit einem zufällig generierten Anfangszustand

Die Regeln dieses ZA sind im wesentlichen, dass die Kunden mit bestimmten Wahrscheinlichkeiten entweder zahlen oder von einer Mahnungsstufe in die nächste wechseln. Die Mitarbeiter „bewegen" sich in die Richtung eines gemahnten Kunden. Dies bedeutet, dass eine Mitarbeiterzelle in eine andere Zelle ihrer Moore-Umgebung wechseln kann, worauf die bisherige Kundenzelle in den Zustand der Mitarbeiterzelle transformiert wird und die bisherige Mitarbeiterzelle in den Zustand der Kundenzelle übergeht. Die Mitarbeiterzelle wiederholt diesen Bewegungsprozess innerhalb ihrer neuen Moore-Umgebung. Die entsprechende Kundenzelle wird nach Kontakt mit einer Mitarbeiterzelle entweder mit einer Wahrscheinlichkeit p ein normaler Kunde oder mit der Wahrscheinlichkeit 1 – p in die nächst höhere Mahnstufe bzw. in die Rechtsabteilung transformiert. Tabellen 5.2 und 5.3 zeigen dies schematisch:

Tabelle 5-2: Eingegebene Wahrscheinlichkeiten

Wahrscheinlichkeit / Kundenzustand	P	1 – P
Kunde in 1. Mahnstufe	P_1 Normaler Kunde = 0,6; sonst	$1 - P_1$ Kunde in 2.Mahnstufe = 0,4
Kunde in 2. Mahnstufe	P_2 Normaler Kunde = 0,7; sonst	$1 - P_2$ Kunde in 3.Mahnstufe = 0,3
Kunde in 3. Mahnstufe	P_3 Normaler Kunde = 0,8; sonst	$1 - P_3$ Kunde in der Rechtsabteilung = 0,2

Für die weiteren Wahrscheinlichkeiten gilt:

Tabelle 5-3: Weitere eingegebene Wahrscheinlichkeiten

Wahrscheinlichkeit / Kundenzustand	P	1 – P
Normaler Kunde	$P_0 = 1$ nach t = 10, Kunde in 1. Mahnstufe	
Kunde in der Rechtsabteilung	P_r Normaler Kunde = 0,5, sonst	$1 - P_r$ Abbruch der Geschäftsbeziehung und nach t = 30 Tagen mit p = 1 normaler Kunde

Bei einer fest vorgegebenen Anzahl von Mitarbeiterzellen und einer ebenfalls fest vorgegebenen Anzahl von Kunden in den verschiedenen Zuständen werden in den Anfangszuständen die räumlichen Platzierungen der Zellen per Zufall generiert. Deshalb werden für jeweils eine feste Mitarbeiterzahl verschiedene Simulationen mit jeweils 1000 Iterationen durchgeführt; die jeweiligen Ergebnisse werden dann zum arithmetischen Mittelwert zusammengefasst. Untersucht wurden Simulationen mit zwei, vier, sechs und acht Mitarbeitern. Die Verteilung der Kunden auf die verschiedenen möglichen Zustände waren 220 Kunden in Mahnstufe 1, 70 in Mahnstufe 2, 10 in Mahnstufe 3, 90 normale Kunden und 6 Kunden in der Rechtsabteilung. Damit sind das Modell und das Experimentaldesign festgelegt.

Da es sich um fiktive Daten handelt und wir mit diesem Fallbeispiel vor allem zeigen wollten, wie man derartige Probleme mit einem ZA-Modell bearbeiten kann, verzichten wir auf eine detaillierte Darstellung der Ergebnisse. Stattdessen geben wir nur einen Trend an, der nicht unbedingt zu erwarten war: Die Erfolge für die Firma, d. h. die Zahl der Kunden, die wieder zu normalen Kunden wurden, steigen nicht linear zur Anzahl der Mitarbeiter an. Wenn man von zwei Mitarbeitern ausgeht und ihre Erfolge mit denen von vier Mitarbeitern vergleicht, dann sind die Erfolge der letzteren nur unwesentlich besser als die von zwei Mitarbeitern. Erst ab sechs Mitarbeitern steigen die Erfolgszahlen signifikant; ebenso erhöhen sich die Erfolgszahlen noch einmal bei acht.

Es ist natürlich schwer zu beurteilen, inwiefern diese Resultate Artefakte sind, d. h. inwiefern bestimmte Eigenschaften des Modells für die Ergebnisse verantwortlich sind und ob eine Veränderung des Modells andere Trends ergeben hätte. Zumindest geben diese Ergebnisse Anlass für einen allgemeinen Hinweis, dass eine Erhöhung der Mitarbeiterzahl und damit eine Erhöhung der Personalkosten nicht unbedingt eine entsprechende Verbesserung der Erfolge bedeuten muss. Modelle wie dieser Zellularautomat können, mit aller gebotenen Vorsicht, als ein Hilfsmittel betrachtet werden, die Höhe der notwendigen Personalkosten abzuschätzen.

5.4 Fallbeispiel: Optimierung der Einführung von Standards in Informationssystemen mit einem Genetischen Algorithmus (GA)[79]

Nicht nur aber auch in Informationssystemen gehört die Einführung von Standards zu den wesentlichen Problemen beim Management derartiger komplexer Systeme. Beispiele für Standards in Informationssystemen sind etwa SQL als Datenbanksprache, Protokolle wie TCP/IP, Standards zur Datenübertragung bzw. Standardsoftwarelösungen (vgl. z. B. Buxmann 1998). Bei der intendierten Einführung von Standards, deren allgemeiner Nutzen hier nicht weiter erläutert werden muss, entsteht zwangsläufig ein klassisches Optimierungsproblem: Einerseits können „Informationskosten" eingespart werden, also Kosten, die durch die Übermittlung von Informationen entstehen. Andererseits verursacht die Einführung von Standards selbst Kosten; darüber hinaus lohnt sich für ein Informationsnetz die Einführung von Standards nur, wenn sich möglichst viele Akteure im Netz an der Einführung bestimmter Standards beteiligen. Wenn man ein derartiges Informationsnetz als gerichteten Graphen repräsentiert, bei dem die Knoten die Akteure bzw. Teilsysteme und die Kanten die Informationswege bezeichnen, kann man die Informationskosten als „Kantenkosten" und die Einführungskosten als „Knotenkosten" bezeichnen. Ziel einer Optimierung ist demnach stets, das günstigste Verhältnis zwischen Knotenkosten und Kantenkosten zu finden: So wenig Knotenkosten wie möglich und eine maximale Senkung der Kantenkosten durch Inkaufnahme der Knotenkosten.

Grundsätzlich ist zu unterscheiden zwischen einer dezentralen Optimierung und einer zentralen: Bei einer dezentralen Optimierung geht jeder Akteur im Netz – jeder Knoten – von der Perspektive aus, seinen individuellen Nutzen zu

---

[79] Das Modell wurde konstruiert und implementiert von Kathrin Jansen

maximieren. Die Entscheidung also darüber, ob er einen Standard einführt und wenn ja, welchen, hängt ausschließlich von seiner speziellen Kosten-Nutzen Analyse ab. Bei einer zentral durchgeführten Entscheidung über den Einsatz von Standards wird – von einer zentralen Instanz – im Gegensatz nur der Nutzen für das Gesamtsystem betrachtet, unabhängig davon, ob der einzelne Akteur davon profitiert oder nicht. In diesem Modell geht es nur um die zentral analysierte Lösung des Optimierungsproblems, obwohl es sicher reizvoll wäre, beispielsweise durch einen Zellularautomaten ein dezentrales Modell zu entwickeln und zu testen (vgl. Fallbeispiel 2.14).

Wenn es bei Einführung von Standards nicht nur um die Frage geht, ob ein bestimmter Standard eingeführt werden soll, sondern zusätzlich die Wahl zwischen mehreren Standards getroffen werden muss, dann wird ein derartiges Optimierungsproblem mathematisch rasch zu einem NP-vollständigen Problem, also zu einem Problem, bei dem durch Vergrößerung der Zahl der zu untersuchenden Einheiten die benötigte Rechenzeit bei den herkömmlichen Verfahren exponentiell ansteigt (vgl. Fallbeispiel 3.6 zur Personaleinsatzplanung durch einen GA). Hier können naturanaloge Verfahren durchaus Vorteile bringen. Beispielsweise berichtet Buxmann (1998), dass seine Gruppe für ein Informationssystem mit 10 Elementen und 7 Standards, zwischen denen ausgewählt werden musste, ein Programm mit Mitteln des linearen Programmierens etwa zwei Wochen Rechenzeit benötigte, um die optimale Lösung zu finden. Der Vergleich mit einem erweiterten Simulated Annealing Programm erbrachte das Ergebnis, dass dies Programm nur etwa eine Minute brauchte. Einschränkend muss jedoch hinzugefügt werden, dass im zweiten Fall in ca. ein Prozent der Durchläufe das globale Optimum nicht gefunden wurde, das aus den Berechnungen des ersten Programms bekannt war. Dennoch liegt der Vorteil auf der Hand. In diesem Fallbeispiel jedoch geht es nur um eine einfache Version mit einem Standard.

Bei den Fallbeispielen zur Zeitpufferanalyse haben wir gezeigt, dass die Verwendung naturanaloger Optimierungsalgorithmen am besten dadurch geschieht, dass das Gesamtproblem als Vektor dargestellt wird; im Fall der Zeitpufferanalyse geschah dies durch die Zerlegung des Gesamtprojekts in Teilprojekte, die die Komponenten des Gesamtvektors darstellten. In diesem Modell bietet es sich natürlich an, die Komponenten des entsprechenden Vektors als die Akteure in dem Informationsnetz zu definieren, also die Knoten im Graphen. Die Vektoren sind binär codiert, also mit 0 und 1. Wenn eine Komponente den Wert 1 hat, bedeutet dies, dass der Akteur einen Standard eingeführt hat; beim Wert 0 liegt kein Standard vor. In der Bewertungsfunktion – s. u. – wird dies durch eine binäre „Indikatorvariable" x_i berücksichtigt. Im Fall des einfachen Vektors (0, 1, 0, 0) – nur Akteur Nr. 2 hat einen Standard eingeführt – ist also nur die Variable $x_2 = 1$.

Die Mutation ist im Fall der binären Codierung einfach die Veränderung von 1 auf 0 und umgekehrt. Beim Crossover wird in diesem Modell eine blockweise Vertauschung von Teilvektoren gewählt, die sehr häufig genommen wird. Der GA in diesem Modell ist „schwach elitistisch", da ein Teil der Elternvektoren (aber nicht alle) beibehalten wird, die besser sind als die besten Kindvektoren. Die Selektion (die Auswahl für das Crossover) erfolgt danach, dass die jeweils besten Vektoren herangezogen werden, so dass hier das berühmte Darwinsche Prinzip des „survival of the fittest" übernommen wird. Man kann jetzt natürlich sowohl die genetischen Operatoren (Mutation und Crossover) sowie das Selektionsschema variieren, um die günstigsten Modellvarianten heraus zu finden. Diese Details, die von Kathrin Jansen in entsprechenden Experimenten zusätzlich untersucht wurden, brauchen hier jedoch nicht weiter zu interessieren.

Bei der Verwendung von Optimierungsalgorithmen ist immer das Hauptproblem, eine geeignete Bewertungsfunktion zu finden. Das hier bearbeitete Problem macht da keine Ausnahme. Da dies der Kern des Modells ist, soll die Grundlage der im Modell verwendeten Bewertungsfunktion etwas näher betrachtet werden:

Nehmen wir den einfachsten Fall eines Informationsnetzes, das aus nur zwei Knoten 1 und 2 besteht. Für den Knoten 1 fallen Kosten K_1 (Knotenkosten) zur Einführung eines Standards und für den Knoten 2 die Kosten K_2 an. Im Falle einer Einführung kompatibler Standards bei beiden Teilnehmern kann Knoten 1 die Informationskosten c_{12} bzw. Knoten 2 die Informationskosten c_{21} einsparen. Werden nicht kompatible Technologien verwendet, sind vom Knoten i folgende Kosten zu tragen: $K_i + c_{ij}$. Eine Koordination der Entscheidungen ermöglicht demnach, dass die beiden beteiligten Akteure einen Vorteil in Höhe von $(c_{12} + c_{21})$ - $(K_1 - K_2)$ realisieren können (Buxmann 1999). Hier wird allerdings vorausgesetzt, dass beide Akteure den Standard einführen. Da dies nicht immer der Fall zu sein braucht, wird neben der oben beschriebenen Indikatorvariable x_i eine weitere Binärvariable y_{ij} für die Informationskosten (Kantenkosten) eingesetzt, also anstatt einfach c_{ih} jetzt $c_{ij} * y_{ij}$. Sie nimmt den Wert 0 an, wenn beide mit der Kante verbundenen Knoten i und j standardisieren ($x_i = 1$ und $x_j = 1$), weil nur dann gemäß der Annahme die Informationskosten auf der Kante eingespart werden können. Andernfalls wird $y_{ij} = 1$ und die auf die Kanten bezogenen Informationskosten fallen an.

Unter Berücksichtigung der obigen, hier allerdings leicht veränderten Überlegungen ergibt sich dann die folgende Bewertungsfunktion:

$$f = \sum_{i=1}^{n} K_i * x_i + \sum_{i=1}^{n} \left(\sum_{j=1}^{n} c_{ij} * y_{ij}; \quad \forall \quad i,j; j \neq i \right) \tag{5.1}$$

Es ist wichtig, sich klar zu machen, dass es sich hier mathematisch gesehen um die Bestimmung eines Minimums und nicht Optimums handelt, da es ja darum geht, die Gesamtkosten zu minimieren (vgl. die Hinweise zu Evolutionären Algorithmen allgemein sowie zum Simulated Annealing in Kapitel 3). Für den

Genetischen Algorithmus bedeutet dies, dass für die Selektion vor allem die Vektoren mit den niedrigsten Werten herangezogen werden. Informell lässt sich die Bewertungsfunktion auch so beschreiben: Je mehr Akteure Standards einführen, desto höher sind die Kosten im ersten Summanden (viele x_i sind gleich 1); je mehr Akteure, die direkt interagieren, Standards einführen, desto weniger Informationskosten fallen an (viele y_{ij} sind gleich 0) und desto geringer also ist der zweite Summand.

Damit ist das Modell, insbesondere in seinem schwierigsten Teil, abgeschlossen. Da es bei diesem Fallbeispiel vor allem darauf ankam, zu zeigen, wie durch einen GA das Problem der Einführung von Standards bearbeitet werden kann und in den Experimenten nur fiktive Daten verwendet werden konnten, skizzieren wir nur kurz einige Resultate, die mit den Kostenangaben der beiden folgenden Tabellen durchgeführt wurden. Untersucht wurden Netze mit 5, 6, 7 und 8 Knoten.

Tabelle 5-4: Informationskosten

Knoten	1	2	3	4	5	6	7	8
1	0	4	20	7	10	15	2	20
2	4	0	10	7	7	4	12	10
3	15	12	0	15	25	5	10	5
4	7	7	15	0	7	7	7	7
5	10	7	20	8	0	10	4	12
6	10	4	10	7	10	0	7	7
7	4	20	12	8	4	4	0	5
8	7	10	8	6	15	10	5	0

Tabelle 5-5: Standardisierungskosten

1	2	3	4	5	6	7	8
30	50	36	75	25	20	22	40

5 Ein noch weiteres Feld: Modelle nicht nur für IT-Projektmanager

Einige Ergebnisse sehen dann beispielsweise so aus:

Tabelle 5-6: Ergebnisse mit den eingegebenen Kosten

Netzgröße Knoten	Generationen	doppelte Vektoren erlaubt	Crossover (Block)	Mutation	Optimum bei Schritt	Wert letzter Schritt (Durchschnitt)	Optimum gefunden in % der Fälle
5	100	Ja	2 Stellen	-	1-2	209,35	80%
5	100	Ja	3 Stellen	3,0%	1-5	208,00	100%
6	100	Ja	3 Stellen	2,1%	1-7	242,30	87%
7	100	Ja	3 Stellen	1,8%	1-4	275,90	87%
8	100	Ja	3 Stellen	1,6%	1-5	382,45	47%

Netzgröße Knoten	Generationen	doppelte Vektoren erlaubt	Crossover (Block)	Mutation	Optimum bei Schritt	Wert letzter Schritt (Durchschnitt)	Optimum gefunden in % der Fälle
5	100	Nein	2 Stellen	-	1-2	208,00	100%
5	100	Nein	3 Stellen	3,0%	1-5	208,00	100%
6	100	Nein	3 Stellen	2,1%	1-7	249,00	80%
7	100	Nein	3 Stellen	1,8%	1-4	262,95	100%
8	100	Nein	3 Stellen	1,6%	1-5	339,00	60%

Zur Vermeidung von Irritationen: Die Ergebnisse stellen die Gesamtkosten dar, die sich aus den eingegebenen Kostenwerten und den Operationen des GA ergeben. Zusätzlich ist hier anzumerken, dass der Begriff „Optimum" (der eigentlich „Minimum" sein müsste), sich aus den jeweils besten Werten in den Experimenten ergibt, da ein objektiv globales Optimum nicht bekannt ist. Der GA ist hier also nicht immer zuverlässig, aber doch hinreichend häufig. Experimente mit dem von uns neu konstruierten Regulator Genetischer Algorithmus (RGA) zeigten, dass der RGA sich häufig als zuverlässiger erwies als der GA. Vielleicht könnte der RGA auch hier eine Verbesserung erzielen. Andere Versionen des GA (s. o.), mit denen noch hinsichtlich des Standardisierungsproblems experimentiert wird, wären möglicherweise auch erfolgreicher. Jedenfalls konnte grundsätzlich gezeigt werden, dass auch dies Problem mit einem Evolutionären Algorithmus bearbeitet werden kann.

Mit den gleichen Netzen wurde anschließend ein Vergleich des GA mit zwei Standard Software Produkten aus dem Bereich des Operations Research, nämlich LINDO und CLIPMOPS durchgeführt. Der Vergleich fiel deutlich zu Gunsten des GA aus, der sich nicht nur als wesentlich schneller erwies (vgl. die obigen Ergebnisse von Buxmann mit einem SA) sondern auch als deutlich flexibler hinsichtlich seiner Einsatzmöglichkeiten. Bestimmte Eingabekombinationen sind anscheinend nur beim GA möglich, bei den anderen Modellen jedoch nicht. Insbesondere dann, wenn mehrere Standards eingeführt werden sollen, dürfte die erhöhte Komplexität bei der Standard Software zu sehr hohen Rechenzeiten führen (s. o.). Naturanaloge Verfahren sind, das zeigen auch die Vergleiche zwischen AHP und SEN, offenbar nicht nur häufig effizienter als Standard Software, sondern auch flexibler einzusetzen.

6 Epilog

Wir haben in diesem Buch versucht, über ein weites Feld zu führen, wobei wir uns natürlich bewusst sind, dass wir längst nicht alle Themen auch nur skizziert haben, die für das Thema des IT-Projektmanagements relevant sind. Lesern, die mit diesem Gebiet vertraut sind, ist natürlich nicht entgangen, dass wir beispielsweise den gesamten Bereich des Qualitätsmanagements überhaupt nicht behandelt haben. Der Grund dafür besteht schlicht darin, dass wir zum Zeitpunkt der Beendigung dieses Buches keine präsentablen Fallbeispiele zur Verfügung hatten. Wir hoffen jedoch, dass die Demonstrationen der verschiedenen naturanalogen Verfahren in den einzelnen Fallbeispielen hinlängliche Aufschlüsse darüber geben, wie diese Verfahren auch in inhaltlich anderen Bereichen wie eben auch das Qualitätsmanagement eingesetzt werden könnten.

Die Vorteile der naturanalogen Verfahren sind hoffentlich deutlich geworden: Sie sind praktisch universal einsetzbar, können also für jedes inhaltliche Problem verwendet werden. Sie sind auch nicht selten effizienter als Standardverfahren, was nicht nur die Schnelligkeit betrifft, sondern insbesondere die Flexibilität, mit der die naturanalogen Verfahren den jeweiligen speziellen Problemen angepasst werden können. Da außerdem, wie bereits in der Einleitung bemerkt, ihre Grundlogik vergleichsweise einfach ist, ist es für jeden Anwender auch ohne allzu große Mühe möglich, die Operationsweise der jeweiligen Systeme zu verstehen.[80]

Freilich gibt es bei den erwähnten Vorteilen – wie immer – auch hier nichts umsonst.[81] Die dargestellten Verfahren sind ja, wie bei den einzelnen Techniken auch zuweilen angemerkt, keine fertigen Programme, in die nur die jeweiligen Daten eingegeben werden müssten. Es sind meistens eher Programm- bzw. Algorithmusschemata, die von einem Benutzer erst einmal vervollständigt werden müssen. Bei der intendierten Verwendung eines evolutionären Algorithmus beispielsweise muss nicht nur der jeweilige Algorithmus überhaupt erst einmal bestimmt werden, sondern anschließend müssen die einzelnen Prozeduren wie Art des Crossover, Mutationsgröße, Heiratsschema, Bewertungsfunktion etc. festgelegt werden.

---

[80] Wir wollen hier allerdings noch einmal betonen, dass die naturanalogen Verfahren nach unserer Auffassung Standardverfahren nicht ersetzen sollen, sondern ergänzen. Nichts wäre törichter, als hier eine Konkurrenzsituation zu postulieren, die nach Lage der Dinge in jeder Hinsicht unsinnig wäre.

[81] Die universale Gültigkeit des melancholischen Gedankens, dass wertvolle Dinge immer einen Preis haben, drückte der amerikanische Science Fiction Autor Larry Niven sehr schön in einigen seiner Bücher aus mit dem Hinweis „There Ai'nt No Thing Like A Free Lunch".

Entsprechend müssen bei einem Zellularautomaten bestimmt werden, was für Objekte durch die Zellen repräsentiert werden sollen, welche Zustände gebraucht werden, wie die Interaktionsregeln aussehen sollen, welche Umgebungen man wählen will usf. Entsprechende Aufgaben stellen sich einem Benutzer auch bei der Verwendung der anderen naturanalogen Verfahren.

Mit anderen Worten: Ein Benutzer eines oder mehrerer der naturanalogen Verfahren muss a) sein Problem logisch genau durchdacht haben, b) das Problem in die Modelllogik des gewählten Verfahrens transformieren, c) das Modell durch Eingabe der problemspezifischen Daten konkret realisieren und schließlich d) auch wissen, wie er die Ergebnisse deuten muss. Dass vor allem der letzte Schritt häufig alles andere als trivial ist, haben wir bereits in der Einleitung hervorgehoben.

Auch die Verwendung eines Shells, das die eigene Programmierarbeit erspart und das von uns mittlerweile für jede der hier beschriebenen Techniken konstruiert worden ist, enthebt nicht der Mühe, die Schritte a) bis d) genau zu reflektieren und durchzuführen. Ein Shell, so lässt sich dies auch sagen, erspart zwar die Mühe des eigenen Programmierens, aber nicht die des eigenen Denkens.

Das muss jedoch kein Nachteil der naturanalogen Verfahren sein. Wir haben bereits darauf verwiesen, dass gar nicht selten Studierende uns sagten, dass sie erst durch den Zwang des Modellierungsdenkens ihre spezifischen Probleme richtig verstanden hätten. Dies galt insbesondere für Themen, zu denen es keine oder nur sehr allgemeine Standardverfahren gibt. Wir selbst haben es auch sehr häufig erlebt, dass uns Probleme unserer sozialen Praxis erst dadurch vollständig verständlich wurden, wenn wir die Probleme in entsprechende Modelle übersetzten. Dies gilt beispielsweise für das Problem, anders denkende Menschen mit Hilfe kognitiver Modelle zu verstehen, indem Modelle konstruiert wurden, deren Verhalten dem der zu verstehenden Menschen ähnelt (Klüver and Klüver 2010). Gerade der Zwang zum Denken in formalen Modellen also kann bereits ein sehr wichtiger Schritt sein, das eigene Problem adäquat zu erfassen.

Falls Leser, die mit den naturanalogen Verfahren bisher nicht oder nur allgemein vertraut waren, nach Lektüre dieses Buches Interesse daran haben, ihre eigenen beruflichen Probleme mit diesen Verfahren zu bearbeiten, würden wir uns über entsprechende Informationen freuen. Da wir gegenwärtig dabei sind, ein Weiterbildungsinstitut auf Onlinebasis für die Vermittlung der Themen dieses Buchs zu gründen, können wir auch professionelle Hilfestellung leisten. Unabhängig jedoch von diesen Plänen wünschen wir allen Anwendern viel Erfolg.

Literatur

Ahrendts, F., Marton, A., 2008: IT-Risikomanagement leben! Heidelberg: Springer

Bea, F.X., Scheurer, S., Hesselmann, S., 2008: Projektmanagement. Stuttgart: Lucius & Lucius Verlag

Bennert, B., 2004: Soft Computing-Methoden in Sanierungsprüfung und -controlling. Wiebaden: Gabler

Berger, P.L., Luckmann, T., 1977: Die gesellschaftliche Konstruktion der Wirklichkeit. Frankfurt a.M.: Fischer

Bigus, J. P., 1996: Data Mining With Neural Networks: Solving Business Problems from Application Development to Decision Support, McGraw-Hill Inc.

Bock-Rosenthal, E., 1992: Soziologische Aspekte sozialer Arbeit mit Einzelnen, Gruppen und Gemeinwesen. In. Biermann, Bock-Rosenthal, B., Doehlemann, :, Grohall, K.-H., Kühn, D.: Soziologie. Gesellschaftliche Probleme und sozialberufliches Handeln. Berlin: Luchterhand

Boehm, B., 1981: Software Engineering Econonomics. Englewood Cliffs: Prentice Hall.

Boerlijst, M., Hogeweg, P., 1992: Self-Structuring and Selection: Spiral Waves as a Substrate for Prebiotic Evolution. In Langton et al., (Hg.), 1992

Butschinek, U., 2003: Möglichkeiten der Modellierung von Organisationen mittels Boolescher Netzwerke. Marburg: Tectum Verlag

Buxmann, P., König, W. 1998: Das Standardisierungsproblem. Zur ökonomischen Auswahl von Standards in Informationssystemen. In: Wirtschaftsinformatik, Jg. 40/2, 122–129

Buxmann, P., Weitzel, T., König, W. 1999: Auswirkung alternativer Koordinationsmechanismen auf die Auswahl von Kommunikationsstandards. In: Zeitschrift für Betriebswirtschaft, 02/99, 133–151.

Carroll, S. B. 2008: Evo Devo. Das neue Bild der Evolution. Berlin: Berlin University Press

Chang, C.K., Christensen, M.J., Zhang, T., 2001: Genetic Algorithms for Project Management. Annals of Software Engineering 11, 107–139

Dawkins, R., 1987: Der blinde Uhrmacher. Ein neues Plädoyer für den Darwinismus. München: Deutscher Taschenbuch Verlag

Doehlemann, M., 1992: Soziologische Theorien und Perspektiven für soziale Berufe. In: Biermann, B., Bock-Rosenthal, E., Doehlemann, M., Grohall, K.-H., Kühn, D., 1992: Soziologie. Gesellschaftliche Probleme und sozialberufliches Handeln. Berlin: Luchterhand

Engelbrecht, A.P., 2002: Computational Intelligence: An Introduction. Canada: John Wiley & Sons

Epstein J.M., Axtell, R., 1996: Growing Artificial Societies – Social Science from the Bottom-Up. Cambridge, MA: MIT Press 1996

Fiedler, R., 2001: Controlling von Projekten. Wiesbaden. In: Gadatsch, A., 2008, aaO.

Füser,K., 1995: Neuronale Netze in der Finanzwirtschaft: Innovative Konzepte und Einsatzmöglichkeiten; Wiesbaden: Gabler

Gadatsch, A., 2008: Grundkurs IT-Projektcontrolling. Wiesbaden: Vieweg+Teubner

Gilsa von, M., Huber, R., Ruß, T., 2004: Virtuelle Projektarbeit. Berlin: Erich Schmidt Verlag

Goldenberg, J., Efroni, S., 2001a: Using cellular automata modeling of the emergence of innovations; Technological Forecasting & Social Change, 293–308

Goldenberg, J., Libai, B., Muller, E., 2001b: Using Complex Systems Analysis to Advance Marketing Theory Development: Modeling Heterogeneity Effects on New Product Growth through Stochastic Cellular Automata. Academy of Marketing Science Review, Vol. No. 9

Görz, G., (Hrsg.), 1993: Einführung in die künstliche Intelligenz. Bonn: Addison-Wesley

Hantschel, G., Zimmermann, H. G., 1996: Neuronale Netze zur Prognose in der Finanz- und Automobilwirtschaft. In: Corsten, H., May, C. (Hrsg): Neuronale Netze in der Betriebswirtschaft: Anwendung in Prognose, Klassifikation und Optimierung; Wiesbaden: Gabler

Herrmann, J., 1997: Maschinelles Lernen und Wissensbasierte Systeme. Berlin: Springer

Hindel, B., Hörmann, K., Müller, M., Schmied, J., 2009: Basiswissen Softwaremanagement. Heidelberg: dpunkt Verlag

Holland, J.H., 1975: Adaptation in Natural and Artificial Systems. Ann Arbor (MI): The University of Michigan Press

Holland, J.H., Holyoak, K.J., Nisbett, R.E., Thagard, P., 1986: Induction. Cambridge, MA: MIT Press

Holland, J.H., 1998: Emergence. From Chaos to Order. Reading, MA: Addison-Wesley

Hornung, R., Lächler, J., 1982: Psychologisches und soziologisches Grundwissen für Krankenpflegeberufe. Basel: Beltz

Hruschka, H., Natter, M., 1996: Analyse von Marktsegmenten mit Hilfe konnektionistischer Modelle. In: Corsten, H., May, C. (Hrsg): Neuronale Netze in der Betriebswirtschaft: Anwendung in Prognose, Klassifikation und Optimierung; Wiesbaden: Gabler

Hugo-Becker, A., Becker, H., 1996: Psychologisches Konfliktmanagement. Menschenkenntnis, Konfliktfähigkeit, Kooperation. München: C.H. Beck

Huxley, J.S., 1942: Evolution, the Modern Synthesis. London: Allen and Unwin

Kauffman, S., 1995: At Home in the Universe. Oxford: Oxford University Press

Kleuker, S., 2009: Grundkurs Software-Engineering mit UML. Wiesbaden: Vieweg+Teubner

Klüver, J., 2002: An Essay Concerning Socio-cultural Evolution. Theoretical Principles and Mathematical Models. Dordrecht Kluwer Academic Publishers

Klüver, J., Klüver, C., 2007: On Communication. An Interdisciplinary and Mathematical Approach. Dordrecht: Springer NL

Klüver, J., Klüver, C., 2010: Social Understanding. On Hermeneutics, Geometrical Models, and Artificial Intelligence. Dordrecht: Springer NL

Klüver, J., Stoica, C., Schmidt, J., 2006: Soziale Einzelfälle, Computersimulationen und Hermeneutik. Bochum-Herdecke: Verlag w3l

Koza, J.R., 1992: Genetic Programming. Massachusetts: MIT

Kühn, D., 1992: Administrative Strukturen und Handlungsformen im Sozialwesen. In: Biermann, B., Bock-Rosenthal, E., Doehlemann, M., Grohall, K.-H., Kühn, D., 1992: Soziologie. Gesellschaftliche Probleme und sozialberufliches Handeln. Berlin: Luchterhand

Lakoff, G., 1987: Women, Fire and Dangerous Things. What Categories reveal about the Mind. Chicago und London: The University of Chicago Press

Langton, C.G., 1992: Life at the Edge of Chaos. In: Langston, C.G., Taylor, C., Farmer, J.D. und Rasmussen, S. (eds.), 2002: Artificial Life II. Reading MA: Addison Wesley

Lewontin, R., 2000: It ain't Necessarily so: The Dream of the Human Genome Project and Other Illusions. New York Review of Books

Litke, H.D., 2007: Projektmanagement. Methoden, Techniken, Verhaltensweisen, evolutionäre Projektmanagement. München: Hanser

Mach, W., Dobiéy,D., Köplin, T., 2004: Programm Management. Projekte übergreifend koordinieren und in die Unternehmensstrategie einbinden, Weinheim: Wiley-VCH Verlag

Mangold, P., 2009: IT-Projektmanagement kompakt. Heidelberg: Spektrum Akademischer Verlag

Mark, G., Gonzalez, V.M. Harris, J., 2005: No Task Left Behind? Examining the Nature of

Fragmented Work. Proceedings of ACM CHI'05, Portland, OR, April 2-7, 321-330.

May, C., 1996: Reihenfolgeplanung mit funktionsbildenden Neuronalen Netzen. In: Corsten, H., May, C. (Hrsg): Neuronale Netze in der Betriebswirtschaft: Anwendung in Prognose, Klassifikation und Optimierung; Wiesbaden: Gabler

Merten, K., 1977: Kommunikation: Eine Begriffs- und Prozessanalyse, Opladen: Westdeutscher Verlag, Opladen

Müller-Schloer, C., von der Malsburg, C., Würtz, R.P., 2004: Organic Computing. In: Springer: Informatik Spektrum, August 4: 332-336

Pfetzing, K., Rohde, A., 2009: Ganzheitliches Projektmanagement. Zürich: Versus Verlag

Rehkugler, H., Poddig, T., 1996: Künstliche Neuronale Netze in der Finanzanalyse: Eine neue Ära der Kursprognosen? In: Corsten, H., May, C. (Hrsg): Neuronale Netze in der Betriebswirtschaft: Anwendung in Prognose, Klassifikation und Optimierung; Wiesbaden: Gabler

Poddig, T., Rehkugler, H., 1996: A 'world' model of integrated financial markets using artificial neural networks. Neurocomputing 10(3): 251 – 273

Qiu, G., Kandhai, D., Sloot, P. M. A., 2007: Understanding the complex dynamics of stock markets through cellular automata. Physical Review 75 pp. 046116 + 11

Ritter, H., Kohonen, T., 1989: Self-organizing semantic maps. In: Biological Cybernetics 61, 241–254

Ruf, W., Fittkau, T., 2008: Ganzheitliches IT-Management. München: Oldenbourg Verlag

Ruppel, A., Siedentopf, J. 2002: Konnektionistisch motivierte Reihenfolgeplanung in Fertigungsleitständen. In: Görke, W., Rininsland, H., Syrbe, M. (Hrsg.): Information als Produktionsfaktor. Berlin: Springer pp. 554 – 563.

Russell, S. and Norvig, P., 2003: Artificial Intelligence: A Model Approach. Englewoods Cliff (NJ): Prentice Hall, Pearson Education

Salamon, P., Sibani, P., Frost, R., 2002: Facts. Conjectures, and Improvements for Simulated Annealing. Philadelphia: siam (Society for Industrial and Applied Mathematics)

Schelling, T.C., 1971: Dynamical Models of Segregation. In: Journal of Mathematical Sociology. 1: 143–186

Schmidt, J., Klüver, C., Klüver, J., 2010: Programmierung naturanaloger Verfahren. Soft Computing verwandte Methoden: Wiesbaden: Vieweg+Teubner

Schöneburg, E., Heinzmann, F., Feddersen, S., 1994: Genetische Algorithmen und Evolutionsstrategien. Eine Einführung in Theorie und Praxis der simulierten Evolution. Bonn: Addison-Wesley

Schwefel, H.-P., 1975: Numerische Optimierung von Computer-Modellen. Dissertation, Technische Universität Berlin

Stoica-Klüver, C., 2008: Data Mining, Neuronale Netze und Direktmarketing. In: Deutscher Direktmarketing Verband e.V. (Hrsg.): Dialogmarketing Perspektiven 2007/2008. Wiesbaden: Gabler

Stoica-Klüver, C., Klüver, J., Schmidt, J., 1007: Besser und erfolgreicher kommunizieren! Bochum-Herdecke: w3l

Stoica-Klüver, C., Klüver, J., Schmidt, J., 2009: Die Modellierung von Komplexität durch naturanaloge Verfahren. Soft Computing und verwandte Techniken. Wiesbaden: Vieweg + Teubner

Tuckmann, B.W., 1965: Developmental Sequence in Small Groups. Psychological Bullein, Nr. 63: 384 – 399

Wagner, K.W., Käfer, R., 2008: PQM Prozessorientiertes Qualitätsmanagement. München: Carl Hanser Verlag

Weiß, B., 1995: Unternehmensdiagnose mit branchenbezogenen Kennzahlen. In: Pütz, C., Schneider-Maessen, J., Weiß, B. (Hrsg): Forderungsmanagement im Unternehmen: Sicherung von Außenständen im In- und Ausland. Heidelberg: Economica-Verl.

Wei, Y.M., Ying, S.J., Fan, Y., Wang B.H., 2003: The cellular automaton model of investment behavior in the stock market; Physica A 325, 507 – 516

Wieczorrek, H.W., Mertens, P., 2008: Management von IT-Projekten. Heidelberg: Springer

Zhou T.,Zhou, P.L, Wang, B.H, Tang, Z.N, Liu, J., 2008: Modeling Stock Market Based on Genetic Cellular Automata; International Journal of Modern Physics; World Scientific Publishing Company

Index

A

Abkühlung 160 f., 163

Ablauforganisation 12 ff., 89

Aktivitätenebene 183, 186

Aktivitätenzeitplan 114

Analogieschätzungen 91

Änderungsmanagement 60, 172, 183, 191, 204 ff.

Anordnungsbeziehungen 114 ff.

Attraktor 59, 75, 120, 158, 164, 198

Attribute 40 ff., 57, 59, 62 ff., 84 ff., 139, 176 ff., 192, 211, 218

Aufwand 61, 89 ff., 114, 116, 118, 169, 171, 185 f.

Autoritätsstruktur 29, 34 f.

B

Balkendiagramme 115, 117

Baukastengene 198 ff., 202

Berichterstattung 183, 206, 209 f.

Bewertungsfunktion 121, 130 ff., 154 ff., 161, 164, 197, 200, 202 f., 224 ff., 229

Bonitätsanalyse 138, 177

Boolesche Funktionen 143, 146, 213

Boolesche Netze 1, 3, 29, 38, 142 f., 145, 147, 213

Bottom Up 3, 27

C

Controlling 43, 45, 50 f., 181 f.

Crossover 121 ff., 130 f., 153, 197, 199, 202 f., 224, 227, 229

D

Dynamik 4, 69, 71, 75, 143 ff., 147, 214, 217

E

Earned Value Analysis (EVA) 187

Eltern 121 f., 132, 152 ff.

E-Mails 25 ff.

Energiefunktion 159 f., 163 f.

Entscheidungsstruktur 35

evolutionäre Algorithmen 1, 5, 158, 164

Evolutionsstrategie 151, 154, 157 f.

Expertenschätzungen 92

Expertensysteme 9, 102, 105, 107, 109

Extreme Programming (XP) 168

F

Fertigstellungsgrad 185 f.

Fitnessfunktion 121, 127, 130 ff., 152, 155, 157, 160, 163 f., 197, 202

Fitnesswerte 129, 155

Formierungsphase 67

Fortschrittsüberwachung 183, 186, 206

Frühwarnindikatoren 138 f.

Führungsstil 33, 46 ff., 68, 78, 84 ff.

Function-Point-Methode 96

Fuzzy-Expertensysteme 6, 105

Fuzzy-Systeme 1 f., 6

G

Gene 119, 198 f.

Gewichtsmatrix 57 f., 177

Graph 56, 142, 150

Größen- und Aufwandsschätzung 89 ff.

Gruppenbildung 46, 64, 66, 68, 73, 75, 78

H

Hierarchieebenen 12 f., 22

I

Informationsflüsse 145

Interaktion 6, 32, 41, 64 ff., 169

Interrollenkonflikt 31

Intrarollenkonflikt 31

K

Kennzahlen 91, 135, 182, 184, 190

Knoten 4, 53, 56, 116, 142, 146 f., 149, 151, 212 ff., 223 ff.

Kodierung 51 f., 91

Kommunikation 19 ff., 25, 32, 37, 49 ff., 60 f., 63, 77 f., 169, 171, 175, 181

Kommunikationskompetenz 43, 46

Kommunikationsmedien 28, 53, 56, 60 f., 63, 78

Kommunikationsmodell 50, 181

Kommunikationsnetze 68, 77

Kommunikationssituation 56, 59, 62, 64

Konfigurationsmanagement 173, 204

Konfliktphase 67

Kooperanten 141 f., 146 f., 149

Kosten 21, 61, 89, 91, 93, 97, 115, 127, 137, 154 f., 157, 168, 174, 183, 186 ff., 209, 215, 217, 223, 225 ff.

L

Leistungsphase 67

Lernen 40 f., 55

Lernregel 55 f., 58

M

Mahnwesen 138

Matrix-Projektorganisation 15

Meilenstandtrendanalyse (MTA) 187

Meilensteine 89, 114, 116 f.

Mitarbeitertypen 69, 84 ff.

Mutation 119 f., 122 f., 130 f., 152 f., 157, 160, 197 ff., 202, 224

N

Netzplantechnik 115 f.

Neuron 54, 59

neuronale Netze 5 f., 9, 29, 38

Normierungsphase 67

O

Objekte 41, 57, 59, 97 f., 230

Operations Research 227

Optimierung 14, 37, 119, 124, 131, 138, 150 f., 153 f., 163, 192, 201, 223

Optimierungsprobleme 3

Optimum 75, 120, 122, 124, 130 f., 157 ff., 164, 198, 203 f., 224, 227

Organisation 11 f., 14 ff., 19 ff., 23, 25, 29, 36 f., 46, 66, 68, 126, 165

Organisationsstruktur 13 f., 16 ff., 29, 34

Index

P

Parametrische Verfahren 91, 93

Periode 59, 178

Personaleinsatz 15, 117, 123 f., 133, 190

Personalplanung 83, 124 f.

Personentypen 81

Planungsoptimierung 118

Prognose 6, 45, 184, 190, 194, 217 ff.

Projektkontrolle 181

Projektsteuerung 181

Projektstrukturplan 89 f.

Prototyp 140, 173 ff., 195, 209

Prozessmodell 166, 172

Punktattraktor 59, 75, 147, 178

Q

Qualifikation 49, 73 f., 76, 79, 117, 124, 127, 136

R

Rational Unified Process (RUP) 172

Redundanz 21 f., 24

Referenztypen 59, 61, 84, 86, 177 f., 194, 218

Regulator Genetischer Algorithmus 119, 123, 163, 196, 199, 227

Regulatorgene 199 f., 203

Reine Projektorganisation 14, 16

Rekombination 119 ff., 130, 132, 153, 197 f., 200 ff.

Restaufwand 185 f.

Risiko 17, 19, 97, 107, 111 ff., 133 ff., 154 ff., 167, 169, 171

Risikoanalyse 114, 134, 136, 138, 146, 174 f.

Risikoidentifikation 134, 136

Risikokategorien 135

Risikomanagement 42, 133, 165, 167 ff., 171 ff., 207

Risikoüberwachung 134, 164, 168, 172

Rolle 13, 15, 19, 29 ff., 36 f., 39, 43 ff., 49, 52 f., 67 f., 76, 78, 81 ff., 117, 126, 131, 138, 145, 152, 168 ff., 172 f., 182, 218

Rollenbegriff 29

Rollendistanz 33

Rolleninhaber 30, 32, 34 f.

Rollenstruktur 34

Russel und Norvig 2003 1

S

Scrum 169, 177, 179, 207 f.

Selbstorganisation 1, 3, 15, 48, 68, 80

Self Enforcing Network 41, 53, 56, 61, 138, 176

semantische Matrix 56, 58, 139, 141, 150, 176, 218

SEN 41, 53, 56 ff., 61, 63 f., 69, 84 ff., 138 ff., 147, 150, 176 ff., 192, 194 f., 207 f., 211 ff., 217 f., 228

Simulated Annealing 1, 120, 123 f., 151 f., 154 f., 158, 164, 196, 203, 224 f.

Simulation 1, 4 f., 9, 29, 41 f., 59, 61 ff., 76, 140 f., 147, 149 f., 159, 194, 213, 217, 220

Soft Computing 1 f.

Spiralenmodell 173 f.

Stabs- / Einfluss-Projektorganisation 15

Standardisierung 13 f.

Standards 14, 109, 170, 223 ff., 228

Standortplanung 211 f.

Steuergene 199

Strukturelemente 19

T

Teams 3, 10, 18, 33, 38 f., 41, 51, 53, 60 ff., 66, 73, 76, 79 f., 83, 170

Temperatur 104 f., 108, 159 ff.

Testen 115

Topologie 3 f., 70, 142, 145, 149, 163

Turing Maschine 2 f.

Typisierung 32 f.

U

unscharfe Mengen 99 ff., 106, 109

unscharfe Relationen 103

V

Vektor 74, 122, 130 f., 152 ff., 157, 163 f., 197, 203 f., 224

Verfahren 1 ff., 5 ff., 38, 57, 59, 92, 104, 106, 109, 115, 121, 123, 128, 132, 135, 152 f., 160 ff., 177, 187, 192, 197 f., 202 f., 211, 224, 228 f., 230

Verkaufserfolg 194, 218

Versionsmanagement 45, 191, 205 f.

Visualisierung 23, 140 f., 177 f.

V-Modell 168, 171, 175

V-Modell XT 171, 175

Vorgehensmodelle 165 ff., 171, 173, 176 ff., 207 f.

W

Wasserfallmodell 167 f.

Wettbewerbsstrategien 212

Z

Zeitpuffer 151, 156, 196

Zelle 39 ff., 44, 69 f., 73 ff., 221

Zellularautomaten 1 ff., 5 f., 38 ff., 42, 69, 73, 76 f., 120, 123, 145, 160, 220, 224, 230

Zentralisierung 13 f.

Zugehörigkeitsfunktion 98, 102

Programmiertechniken für Anfänger und Fortgeschrittene

Jörn Schmidt | Christina Klüver | Jürgen Klüver
Programmierung naturanaloger Verfahren
Soft Computing und verwandte Methoden

2010. X, 265 S. mit 77 Abb., 9 Tabellen und Online-Service. Broschur € 34,95
ISBN: 978-3-8348-0822-6

Inhalt:
Einleitung – Boolesche Netze und Zellularautomaten – Modellierung adaptiver Prozesse – Simulationen mit Fuzzy-Logik – Neuronale Netze – Hybride Systeme

In diesem Buch geht es um die Programmiertechniken, die zur Implementation sog. naturanaloger Verfahren erforderlich sind. Dabei handelt es sich um Zellularautomaten, Boolesche Netze, Evolutionäre Algorithmen, Simulated Annealing, Fuzzy-Methoden und Neuronale Netze. Der Band ist wegen seiner Konzentration auf Programmiertechniken ein Ergänzungsband zu dem Buch „Modellierung komplexer Prozesse durch naturanaloge Verfahren". Es werden keine speziellen Programmierkenntnisse vorausgesetzt, sondern nur die Kenntnis einer der heute üblichen Sprachen wie JAVA oder C#. Die Anleitungen für das Programmieren sind in einem Pseudocode geschrieben, der auch für Anfänger verständlich ist und keine bestimmte Sprache voraussetzt. Nach erfolgreicher Lektüre sind die Leser in der Lage, selbst die genannten Modelle zu programmieren.

VIEWEG+
TEUBNER

Abraham-Lincoln-Straße 46
65189 Wiesbaden
Fax 0611.7878-400
www.viewegteubner.de

Stand März 2011.
Änderungen vorbehalten.
Erhältlich im Buchhandel oder im Verlag.

IT-Management und -Anwendungen

Mario Crameri / Uwe Heck (Hrsg.)
Erfolgreiches IT-Management in der Praxis
Ein CIO-Leitfaden
2010. VIII, 274 S. mit 81 Abb. und 11 Tab. Br. EUR 49,95
ISBN 978-3-8348-0845-5

Jürgen Hofmann / Werner Schmidt (Hrsg.)
Masterkurs IT-Management
Grundlagen, Umsetzung und erfolgreiche Praxis für Studenten und Praktiker
2., akt. und erw. Aufl. 2010. XIV, 408 S. mit 105 Abb. und Online-Service.
Br. EUR 34,95
ISBN 978-3-8348-0842-4

Kay P. Hradilak
Führen von IT-Service-Unternehmen
Zukunft erfolgreich gestalten
2., akt. und erw. Aufl. 2011. XVIII, 174 S. mit 22 Abb. (Edition CIO)
Geb. EUR 49,95
ISBN 978-3-8348-1518-7

Frank Lampe (Hrsg.)
Green-IT, Virtualisierung und Thin Clients
Mit neuen IT-Technologien Energieeffizienz erreichen, die Umwelt schonen und Kosten sparen
2010. XIV, 196 S. mit 33 Abb. und 32 Tab. Geb. EUR 39,90
ISBN 978-3-8348-0687-1

Robert Vogel / Tarkan Kocoglu / Thomas Berger
Desktopvirtualisierung
Definitionen – Architekturen – Business-Nutzen
2010. X, 142 S. mit 35 Abb. und 16 Tab. Br. EUR 39,95
ISBN 978-3-8348-1267-4

VIEWEG+
TEUBNER

Abraham-Lincoln-Straße 46
65189 Wiesbaden
Fax 0611.7878-400
www.viewegteubner.de

Stand Januar 2011.
Änderungen vorbehalten.
Erhältlich im Buchhandel oder im Verlag.